エドゥアルド・ガレアーノ

火の記憶

2　顔と仮面

飯島みどり訳

みすず書房

MEMORIA DEL FUEGO

2 Las caras y las máscaras

by

Eduardo Galeano

もくじ

アメリカの誓い　5
1701——バジェ・デ・サリナス
神の皮　6
1701——サン・サルヴァドル・ヂ・バイア
アメリカの言葉　7
1701——パリ
アメリカの誘惑　7
アメリカの番人　9
1701——オウロ・プレト
目くらましの芸　10
1703——リスボン
黄金という名の通過旅客　11
1709——ファン・フェルナンデス諸島
ロビンソン・クルーソー　12
1711——パラマリボ
女たちは口を閉ざした　14
女たちは髪に生命を運ぶ　15
シマロン　16
1711——ムリ
ひとりぼっちのはずはない　17
1711——サン・バシリオのパレンケ
黒き王、白き聖人と聖なるその妻　18
マリアパリト　19
1712——サンタ・マルタ
海賊稼業から密貿易へ　20
1714——オウロ・プレト
鉱山の医師　21

1714——ヴィラ・ノヴァ・ド・プリンシペ
ジャシンタ 22
1716——ポトシ
オルギン 23
1716——クスコ
聖像画家たち 24
マリア、母なる大地 25
ラ・パチャママ 26
水の精 27
1717——ケベック
冬を信じなかった男 28
1717——デュパ島
道を拓く者たち 29
インディオの肖像《レタブロ》 30
五大湖地方に住むチッペワ・インディオたちの詩 32
1718——サン・ジョゼ・デル・レイ
晒し台 33
1719——ポトシ
ペスト 34
1721——サカテカス
神様を食べるには 35
うっかり魂を失くしたら 37
1726——モンテビデオ湾
モンテビデオ 38
1733——オウロ・プレト
祭礼 39
1736——セント・ジョンズ
燃えさかる炎 40
1738——トリローニー・タウン
クジョー 41
1739——ニュー・ナンニイ・タウン
ナンニイ 42
ジャマイカの巡礼 43
1742——フアン・フェルナンデス諸島
アンソン 44

1753――シエラ・レオネ河
主をほめ讃えん　45
1758――キャプ・フランセ
マカンダル　47
1761――システイル
カネク　48
1761――メリダ
肉の切れ端　49
1761――システイル
聖なるとうもろこし　50
1763――ブラコ・ヂ・タトゥ
尊大な奴らが困った手本となるせいで　51
聖餐式　52
バイアの肖像　53
もうひとつの頭、もうひとつの記憶　54
1763――リオ・デ・ジャネイロ
此処にこそ　55
1763――ティジュコ
世界はダイヤモンド一粒の中に　56
1763――ラ・アバナ
進歩　58
奴隷たちは信ずる――　59
パンヤの樹《ラ・セイバ》　60
帝王椰子　60
野生馬《カバジョス・シマロネス》たち　61
1766――アレコの野
七つの村の物語　62
1767――ミシオネス
イエズス会士の追放　64
1767――ミシオネス
舌を抜かれるままにはならぬ　65
1767――ミシオネス
アメリカで書かれた最初の小説　66
1769――ロンドン
フランシス・ブルックの小説におけるインディオたちと夢たち　67

1769——リマ　副王アマト　68
1769——リマ　ラ・ペリチョリ　69
味時計　70
1771——マドリード　王と王の会談　72
1771——パリ　光の世紀　73
1771——パリ　重農主義者　74
1771——パリ　フランス植民地相、なぜムラートはその先天的《屈辱状態》から解放されるべきでないかを説き明かす　75
1772——キャプ・フランセ　フランスの最も豊かな植民地　76
1772——レオガヌ　ザベス　77
1773——サン・マテオ・ウイツィロポシュコ　物の力　78
1774——サン・アンドレス・イツァパン　主は汝らとともにあり《ドミヌス・ウォビスクム》　79
1775——グアテマラ市　聖なる秘蹟　80
1775——ウエウエテナンゴ　ものを知り、血を流し、語る木々　81
1775——ガド‐サビイ　ボニイ　82
1776——ケープ・コースト砦《キャスル》　錬金術師たちがアフリカ貿易に発揮する非凡な才能　83
1776——ペンシルヴェニア　ペイン　84
1776——フィラデルフィア　連合州《ユナイテッド・ステイツ》　85
1776——モンティセロ　ジェファソン　87
1777——パリ　フランクリン　88
もし彼が女に生まれていたならば　89

1778——フィラデルフィア　ワシントン　91
1780——ボローニャ　クラビヘロ、呪われた地を擁護する　92
1780——サンガララ　山系から海へと、燃え立つアメリカ　93
1780——トゥンガスカ　トゥパク・アマル二世　94
1780——ポマカンチ　織物工場《オブラヘ》は壮大なる船　96
植民地の詩一篇——もしインディオたちが勝利するなら……　97
1781——ボゴタ　コムネロス　98
1781——タマラ　平原　99
1781——シパキラ　ガラン　100
コムネロスの俗謡《ロマンセ》　101
1781——クスコ　大地の臍、神々の家　102
1781——クスコ　ペルーの道は塵と哀哭の道　103
1781——クスコ　拷問室の聖体神秘劇　104
1781——クスコ　インカ風の装束を禁じ、インディオはカスティリャ語を話すよう定めたアレチェの令　107
1781——クスコ　ミカエラ　108
1781——クスコ　聖雨　109
インディオたちは信ずる——　111
インディオたちは天国を称えて踊る　112
1781——チンチェロス　プマカウア　113
1781——ラ・パス　トゥパク・カタリ　114

1782——ラ・パス　自由を求める女たち　115
1782——グアドゥアス　ガラスの眼で、　116
1782——シクアニ　この呪われし名　117
1783——パナマ市　後生を大事にするあまり　118
1783——マドリード　手の復権　119
1785——メヒコ市　学士ビジャロエルによるプルケ酒場非難の弁　120
プルケ酒場　121
プルケ　122
竜舌蘭《マゲイ》　123
筒杯　124
1785——メヒコ市　植民地期の空想文学について　125
1785——グアナファト　風は意のまま、道あるところを吹く　125
1785——グアナファト　銀の肖像　127
1785——リスボン　植民地の職分　128
1785——ヴェルサイユ　馬鈴薯は偉大な貴婦人となる　129
馬鈴薯は愛と罰の落とし子と、アンデスの人々は語り継ぐ　130
1790——パリ　フンボルト　131
1790——プティ・ゴアヴ　たとえ土地と奴隷を持ったにしても　132
1791——ボワ・カイマン　ハイチの謀叛人たち　133
ハイチの愛の歌　134
1792——リオ・デ・ジャネイロ　ブラジルの謀叛人たち　135

1792——リオ・デ・ジャネイロ　ティラデンテス　137
1794——パリ　《人を矯すは人のわざ》　138
1794——ハイチの山あい　トゥサン　139
1795——サント・ドミンゴ　焼けただれた島　139
1795——キト　エスペホ　141
かくエスペホは往時の弁術を愚弄せし　142
1795——モンテゴ・ベイ　戦《いくさ》の道具　143
1795——ラ・アバナ　ガリラヤの叛逆者はまさか自分が奴隷たちのお目付役になるなどと想い描いたことだろうか？　144
1796——オウロ・プレト　アレイジャディニョ　145
1796——マリアナ　アタイデ　146
1796——サン・サルヴァドル・ヂ・バイア　夜と雪　147
1796——カラカス　白い肌買います　147
1796——サン・マテオ　シモン・ロドリゲス　148
1797——ラ・グアイラ　羅針盤と定規　150
1799——ロンドン　ミランダ　151
ミランダが夢に見るはロシアの女帝エカテリーナ　153
1799——クマナ　騾馬の背に賢者一対　154
1799——モンテビデオ　貧者の父　155
1799——グアナファト　支配階級の生活、情熱、そして商売　156
1799——シウダ・レアル・デ・チアパス　荷担ぎ人《タメメス》　157

1799——マドリード　フェルナンド・トゥパク・アマル　158
1800——アプレ河　オリノコに向かって　159
1800——エスメラルダ・デル・オリノコ　毒の名人　160
クラレ　162
1800——ウルアナ　土と永劫　163
1801——グアタビタ湖　水底の女神　164
1801——ボゴタ　ムティス　165
1802——アンティル諸島の海　ナポレオンは奴隷制を建て直す　166
1802——ポワント・ア・ピトゥル　怒れる者たち　167
1802——チンボラソ火山　世界の頂にて　168
1803——フォール・ドーファン　再び焼けただれた島　170
1804——メヒコ市　スペインの最も裕福な植民地　171
1804——マドリード　インディアス枢機会議の監査官《フィスカル》、精白度証書の濫売を慎しむよう進言す、　172
1804——カタマルカ　アンブロシオの罪状　173
1804——パリ　ナポレオン　173
1804——セビリャ　セルバンド師　175
1806——トリニダ島　大博打《アベントゥラス》、不覚の顛末《デスベントゥラス》　177
1808——リオ・デ・ジャネイロ　ユダの火刑、禁止さる　178
1809——チュキサカ　アメリカ独立の叫びが　179
1810——アトトニルコ　グアダルペの聖母　対　レメディオスの聖母　180

1810——グアナファト　エル・ピピラ　181
1810——グアダラハラ　イダルゴ　182
1810——ピエ・デ・ラ・クエスタ　モレロス　184
1811——ブエノス・アイレス　モレノ　185
1811——ブエノス・アイレス　カステリ　186
1811——ボゴタ　ナリニョ　187
歌い手付きギターのための、あべこべ世界の歌《コプラ》　188
1811——チラパ　太鼓腹　189
1811——バンダ・オリエンタルの野　《誰もが誰もただの人、人より偉い者はない》　191
1811——ウルグアイ河のほとり　脱出　192
1812——コチャバンバ　女たち　193
1812——カラカス　ボリバル　194
1813——チルパンシンゴ　独立は革命か虚言か　195
1814——サン・マテオ　ボベス　196
1815——サン・クリストバル・エカテペク　湖が彼を捜しにやって来る　197
1815——パリ　海かはたまた図書館かを渡り歩く航海者　198
1815——メリダ・デ・ユカタン　フェルナンド七世　199
1815——クルス‐クアティア　ラ・プラタ河に、皮革の命運ひとまわり　200
1815——ブエノス・アイレス　名だたる人々は欧州に王を求む　201
1815——プリフィカシオンの野営地　アルティガス　202
1816——バンダ・オリエンタルの野　農地改革　204

1816——チコテの丘　戦《いくさ》の技芸　205
1816——タラブコ　ファナ・アスルドゥイは　206
1816——ポルトー・プランス　ペティオン　207
1816——メヒコ市　《疥癬鸚鵡》　208
1817——サンティアゴ・デ・チレ　堕天使《ルシフェル》がゆく　209
1817——サンティアゴ・デ・チレ　マヌエル・ロドリゲス　210
1817——モンテビデオ　ある偉業に寄せる情景　211
1817——キト　マヌエラ・サエンス　212
1818——コロニアの野営地　底辺の民の戦争　213
1818——コリエンテス　アンドレシト　214
1818——パラナ河　愛国海賊船団　216
1818——サン・フェルナンド・デ・アプレ　死を賭した戦争　217
1819——アンゴストゥラ　教室用掛図——制憲議会　218
1820——ボケロンの渡し　幕切れ　219
あなたよ　220
1821——ラウレルティの野営地　聖バルタサル、黒き王、東方三博士の筆頭祭司　221
1821——カラボボ　パエス　222
1822——グアヤキル　サン＝マルティン　223
1822——ブエノス・アイレス　飛び去る歌びと《パハロ・カントル》　224
1822——リオ・デ・ジャネイロ　往来キケン　225
1822——キト　十二人の乙女がマヨル広場に彼を待ち受け、　226

1823――リマ 拍手のあまり彼らの手は腫れ上がる 227
1824――リマ あらゆる辛酸をはねのけて 228
1824――モンテビデオ 床屋の椅子から窺える、近ごろ都にはやるもの 229
1824――フニンの平原 無言の戦闘 230
1825――ラ・パス ボリビア 232
1825――ポトシ 教室用掛図――山上の英雄 233
1825――ポトシ イングランドへの負債はポトシひとつ分 234
銀山《セロ・デ・プラタ》の呪い 235
1826――チュキサカ ボリバルとインディオたち 236
1826――チュキサカ 何かを生み出す想像力なぞ呪われよ 237
シモン・ロドリゲスの構想――《考えることを教授するには》 238
1826――ブエノス・アイレス リバダビア 240
1826――パナマ 祖国の数とは孤独の数 241
1826――ロンドン カニング 242
1828――ボゴタ ここでは彼女は嫌われ者 243
1828――ボゴタ マヌエラ・サエンスから夫ジェイムズ・ソーン宛の手紙より 244
1829――コリエンテス ボンプラン 246
1829――アスンシオン・デル・パラグアイ フランシア、至高の人《エル・スプレモ》 247
1829――リオ・デ・ジャネイロ 対外債務の雪だるま 248
1830――マグダレナ河 小舟は海へと下る 250
1830――マラカイボ 総督は布告す―― 251

1830——ラ・グアイラ　分割して統治せよ《ディビデ・エト・インペラ》　252
1830——モンテビデオ　教室用掛図——憲法宣誓式　253
1830——モンテビデオ　祖国か墓場か　254
1832——サンティアゴ・デ・チレ　国産工業　255
サンティアゴ・デ・チレの市場の口上　256
1833——アレキパ　リャマたち　258
1833——サン・ビセンテ　アキノ　259
1834——パリ　タクアベ　260
1834——メヒコ市　愛は惜しみなく与う　261
1835——ガラパゴス諸島　ダーウィン　262
1835——コロンビア　テキサス　263
1836——サン・ハシント　自由世界は成長す　264
1836——エル・アラモ　国境の英雄の肖像　265
1836——ハートフォード　コルト《エル・コルト》銃　267
1837——グアテマラ市　モラサン　267
1838——ブエノス・アイレス　ロサス　269
1838——ブエノス・アイレス　《屠殺場《エル・マタデロ》》　270
アメリカの食人習慣《カニバリスモ》についていま少し　271
1838——テグシガルパ　中米がてんでんばらばらに割れ　272
1839——コパン　五十ドルで聖都は売りに出され、　272
1839——ラ・アバナ　太鼓は話し、肉体はもの言う　273

1839——ラ・アバナ　新聞広告　274
1839——バルパライソ　光明もたらす人　276
1839——ベラクルス　《後生だから亭主をおくれよ、老いぼれ、片腕、半身役立たずでもいいからさ》　277
1840——メヒコ市　仮面舞踏会　277
メヒコ上流社会——正しい表敬のお作法　279
メヒコ市の一日を彩る物売りの口上あれこれ　280
メヒコ上流社会——医師の暇乞いのお作法　281
1840——メヒコ市　禁域に沈む尼僧生活の始め方　282
1842——サン・ホセ・デ・コスタ・リカ　時が汝を忘れたとて、大地は忘れず　285
1844——メヒコ市　猛禽たち　286
1844——メヒコ市　サンタ＝アナは　287
1845——ブエルタ・デ・オブリガド　商人たちの侵略　288
1847——メヒコ市　征服《ラ・コンキスタ》　289
1848——グアダルペ・イダルゴ村　征服者《ロス・コンキスタドレス》たち　290
1848——メヒコ市　アイルランド人たち　291
1848——イビライ　赤い石造りの家に白いポンチョの老人ひとり　292
ドミンゴ・ファウスティノ・サルミエントの筆によるホセ・アルティガス　293
1848——ブエノス・アイレス　恋人たち（Ⅰ）　293
恋人たち（Ⅱ）　296
1848——サントス・ルガレス　恋人たち（Ⅲ）　296

1848――バカラル　セシリオ・チ　297
1849――プラット河の岸辺　天然痘《ビルエラ》という名の騎手　298
1849――サン・フランシスコ　カリフォルニアの黄金　299
1849――エル・モリノ　彼らはここにいた　301
灰　302
1849――バルティモア　ポー　303
1849――サン・フランシスコ　リーバイのズボン　303
1850――サン・フランシスコ　開発の道　304
1850――ブエノス・アイレス　低開発の道――ドミンゴ・ファウスティノ・サルミエントの思想　305
1850――ラ・プラタ河　世紀半ばのブエノス・アイレスとモンテビデオ　306
1850――パリ　デュマ　307
1850――モンテビデオ　四歳のロートレアモン　308
1850――チャン・サンタ・クルス　もの言う十字架　309
1851――ラタクンガ　《さすらい歩き、身は裸……》　310
シモン・ロドリゲスの思想――《自力で編み出すか途方に暮れるか》　312
1851――ラ・セレナ　先駆者たち　313
1852――サンティアゴ・デ・チレ　《独立は貧しき者に何を意味したか?》　314
チリ人サンティアゴ・アルコスは獄房から自問する　314
チリの民は天国の栄光を詠頌す　314
1852――メンドサ　手相　316

1853——ラ・クルス　イエズス会士たちの宝物 317
1853——パイタ　三人 318
1854——アモタペ　ある証人の語る、シモン・ロドリゲスの辞世の仕儀 320
1855——ニュー・ヨーク　ホイットマン 320
1855——ニュー・ヨーク　メルヴィル 321
1855——ワシントン准州　《おまえたちは己れの汚物に息詰まらせて死ぬがよい》
とはインディオの長《おさ》シアトルの警告 322
極西《ファー・ウェスト》 323
1856——グラナダ　ウォーカー 324
1856——グラナダ　かつてありき 325
ウォーカー——《奴隷制擁護の弁》 326
1858——ヒーラ河の水源地　アパッチ人の聖地 327
1858——カスキエ　ジェロニモ 328
1858——サン・ボルハ　死よ、死すがよい 329
1860——チャン・サンタ・クルス　ユカタンの叛徒たちの祭祀所 330
1860——ラ・アバナ　万事休すの詩人 331
1861——ラ・アバナ　砂糖の腕 333
砂糖の言葉 334
1861——ブル・ラン　灰色組 対 青色組 335
1862——フレデリクスバーグ　戦争のコンテ 336
1863——メヒコ市　《アメリカのアルジェリア》 337

1863——ロンドン
マルクス 338
1865——ラ・パス
ベルス 339
ボリビアの民に向けたベルスの熱弁より 340
1865——ラ・パス
メルガレホ 340
1865——ラ・パス
史上最短のクーデタ 341
1865——アポマトックス
リー将軍はルビーの剣を敵に奉ず 343
1865——ワシントン
リンカーン 344
1865——ワシントン
賛辞 346
1865——ブエノス・アイレス
三国同盟は三重の汚名《トリプレ・インファミア》 348
1865——ブエノス・アイレス
蜘蛛の唾液で同盟を織り上げる 349
1865——サン・ホセ
ウルキサ 351
1866——クルパイティ
ミトレ 351
1866——クルパイティ
戦争の絵筆 353
1867——カタマルカの野
フェリペ・バレラ 354
1867——ラ・リオハの平原
拷問 355
1867——ラ・パス
外交、又の名を国際関係の科学、について 355
アタカマ砂漠のある岩に刻まれた落書あれこれ 357
1867——ボゴタ
《マリア》と題する小説が出版される 357
1867——ケレタロ
マクシミリアン 358
1867——パリ
原物か写しか、それが問題だ 359
エクアドルの貧しき者の戯《ざ》れ唄 360

1869—メヒコ市
ファアレス 361
1869—サン・クリストバル・ラス・カサス
大地も時も黙しおらず 362
1869—メヒコ市
ファアレスとインディオたち 363
1869—ロンドン
ラファルグ 364
1869—アコスタ・ニュウ
馬どもの蹄に圧《の》され、パラグアイは陥落し、 365
1870—セロ・コラ
ソラノ＝ロペス 366
1870—セロ・コラ
エリサ・リンチ 367
グアラニ語 368
1870—ブエノス・アイレス
サルミエント 369
1870—リオ・デ・ジャネイロ
鏡という鏡が千々の燭台の放つ光を
十重二十重にまき散らし、 370
1870—リオ・デ・ジャネイロ
マウア 371
1870—ヴァスーラス
コーヒー男爵たち 372
1870—サン・パウロ
ナブコ 373
1870—ブエノス・アイレス
バリオ・ノルテ 374
1870—パリ
二十四歳のロートレアモン 375
1871—リマ
ファアナ・サンチェス 376
1873—テンプの野営地
マンビたち 378
1875—メヒコ市
マルティ 379
1875—フォート・シル
南部最後のバッファローたち 380
どこまでもさらなる彼方、さらなる内へ 382

1876——リトル・ビッグ・ホーン　トロ・センタド　383
1876——リトル・ビッグ・ホーン　アルセ・ネグロ　384
1876——リトル・ビッグ・ホーン　カスター　385
1876——ウォー・ボネット溪流《クリーク》　バッファロー・ビル　386
1876——メヒコ市　あの世行き　387
1877——グアテマラ市　文明化の使徒　388
1879——メヒコ市　社会主義者とインディオ　389
1879——チョエレ-チョエル島　レミントンの銃声まかせに　390
1879——ブエノス・アイレス　マルティン・フィエロと牧童《ガウチョ》の黄昏　391
1879——ポルトー・プランス　マセオ　392
1879——チンチャ諸島　グアノ　393
1879——アタカマとタラパカの砂漠　硝石　394
1880——リマ　中国人たち　395
1880——ロンドン　怠惰に生きる権利の擁護　396
1881——リンカーン・シティ　ビリー・ザ・キッド　397
1882——セント・ジョゼフ　ジェシー・ジェイムズ　398
1882——オクラホマ大草原　カウボーイの黄昏　399
1882——ニュー・ヨーク　あなたも人生において成功を得られます　400
1882——ニュー・ヨーク　ジョン・D・ロックフェラー版『天地創造』　401
1883——ビスマルク・シティ　北部最後のバッファローたち　402
1884——サンティアゴ・デ・チレ　金融の手品師は兵士の肉を食う　404

1884—ウアンカヨ　祖国の報い　405
1885—リマ　「悪は上からやってくる」とマヌエル・ゴンサレス＝プラダは言う　406
1885—メヒコ市　「すべては皆のもの」　407
1885—コロン　プレスタン　408
1886—チビルコイ　サーカス　409
1886—アトランタ　コカ・コーラ　410
1887—シカゴ　五月一日が来るたびに、甦るであろう　411
1889—ロンドン　ノース　412
1889—モンテビデオ　サッカー　413
1890—ラ・プラタ河　同志たち　414
1890—ブエノス・アイレス　安長屋　415
孤絶の人《エル・ソロ》　417
タンゴを踏みながら《タンゲアンド》　418
1890—ハートフォード　マーク・トウェイン　419
1890—ウーンデッド・ニー　雪の風　420
スー人の預言歌　421
1891—サンティアゴ・デ・チレ　バルマセダ　422
1891—ワシントン　もうひとつのアメリカ　423
1891—ニュー・ヨーク　思想は我らのものとなりそむ、ホセ・マルティはかく信ず　425
1891—グアナファト　カンタラナス通り三十四番地・その場で写真撮ります　426
1891—プリシマ・デル・リンコン　生を写して　427

1892——パリ
運河スキャンダル 428

1892——サン・ホセ・デ・コスタ・リカ
ニカラグアの若き詩人、その名はルベン・ダリオの預言 429

1893——カヌードス
アントニオ・コンセリェイロ 430

1895——カヨ・ウエソ
自由は一本の葉巻にくるまれ旅をする 431

1895——プラジタス
上陸 432

1895——アロジョ・オンド
山脈のさらなる奥へ 434

1895——ドス・リオス野営地
マルティの遺書 435

1895——ニキノオモ
その名は後のサンディーノ 436

1896——ポルトー・プランス
変装 437

1896——ドス・リオス合流口
鎮魂歌 438

1896——パペエテ
フロラ・トリスタン 439

1896——ボゴタ
ホセ・アスンシオン・シルバ 440

1896——マナオス
乳の涙を流す木 441

1896——マナオス
ゴムの黄金時代 442

1897——カヌードス
エウクリデス・ダ・クーニャ 444

1897——カヌードス
どの死体も骨よりたくさん銃弾を擁す 445

1897——リオ・デ・ジャネイロ
マシャド＝ヂ＝アシス 446

1898——キューバ沿岸部
あとは熟柿の落つるを待て 447

1898——ワシントン
リンチ一万件 448

1898——サン・フアンの丘
テディ・ルーズヴェルト 449

1898——プエルト・リコ沿岸部　今しも熟柿は落ちてゆく　451
1898——ワシントン　マッキンリー大統領、米国は神の直々《じきじき》の命により
フィリピン諸島を手中にすべきであると説く　452
1899——ニュー・ヨーク　マーク・トウェイン、国旗の変更を提起する　453
1899——ローマ　カラミティ・ジェーン　454
1899——ローマ　生まれ出ずる帝国はその力こぶを誇示する　455
1899——セント・ルイス　遠くに　456
1899——リオ・デ・ジャネイロ　殺しつつ癒す術　457
1900——ウアヌニ　パティニョ　459
1900——メヒコ市　ポサダ　460
1900——メヒコ市　ポルフィリオ・ディアス　461
1900——メヒコ市　フロレス＝マゴン兄弟　463
1900——メリダ・デ・ユカタン　サイザル麻《エネケン》　464
メヒコ第二十八大隊のコリドより　465
1900——タビ　鉄の蛇　467
預言者　468

出典一覧

索　引

本書は三部作『火の記憶』の第二巻をなす。アンソロジーではなく、文学的創造の所産としてある。著者はアメリカ、なかでもとりわけラテンアメリカの歴史を語り起こし、その重層性を余すところなく明らかにし、そしてその秘密に分け入ることを意図する。茫洋たるモザイクの地平は、第三巻に至って今日にまで達することとなろう。『顔と仮面』は十八・十九世紀を扱う。

各テクストの冒頭に、そこに語られる逸話の舞台となる年代と地名を掲げる。末尾に括弧入りで示す数字は、著者が参考準拠のために用いた主な文献の番号である。巻末に出典一覧を置く。

原典からの引用部分にはイタリック体〔本訳書では教科書体〕を用いた。

著者は一九四〇年、ウルグアイのモンテビデオに生まれる。本名はエドゥアルド・ヒューズ゠ガレアーノ Eduardo Hughes Galeano である。社会主義派週刊誌『エル・ソル』に挿画や政治漫画を描くことから、ジャーナリストとして出発した。当時の筆名はヒウス Gius、これは発音の難しい父方姓を何とかスペイン語風に表記しようとした苦心の産物である。その後、週刊誌『マルチャ』編集長、日刊紙『エポカ』主筆を務めたほか、モンテビデオで週刊誌数誌を主宰。一九七三年、アルゼンチンに亡命、『クリシス』誌の創刊および編集に携わる。一九七七年よりスペインに居住。一九八五年、帰国。

著書数冊。うち『ラテンアメリカの癒されぬ生傷』*Las venas abiertas de América Latina* は一九七一年、シグロ・ベインティウノ社より刊行〔邦訳『収奪された大地——ラテンアメリカ五百年』、大久保光夫訳、新評論、一九八六年。新版、藤原書店、一九九一年)。カサ・デ・ラス・アメリカス賞受賞作には『わたしたちの歌』*La canción de nosotros*(一九七五年)、『愛と戦争の昼と夜』*Días y noches de amor y de guerra*(一九七八年)。またいま『顔と仮面』にバトンを渡す三部作の第一巻『誕生』(一九八二年)がある。

謝辞——

『誕生』の巻に名を連ねた友人たち、さらに第二巻の全篇に亙り協力し続けてくれた友人たちのほかにも、多くの人々が必要な文献を利用できるよう著者に便宜を図って下さった。中でもマリアノ・バプティスタ・グムシオ、オルガ・ベアル、クラウディア・カナレス、ウゴ・チュンビタ、ガレノ・デ・フレイタス、オラシオ・デ・マルシリオ、バド・フラコル、ピルンチャおよびホルヘ・ガレアーノ、ハビエル・レンティニ、アレハンドロ・ロサダ、パコ・モンクロア、ルチョ・ニエト、リゴベルト・パレデス、リウス、リンコルン・シルバ、シンティオ・ビティエル、レネ・サバレタ゠メルカドの皆さんにお世話になった。

このたび草稿に目を通すという苦行に耐えてくれたのは、ホルヘ・エンリケ・アドウム、マリオ・ベネデッティ、エドガルド・カルバリョ、アントニオ・ドニャテ、フアン・ヘルマン、マリア・エレナ・マルティネス、ラミレス゠コントレラス、リナ・ロドリゲス、ミゲル・ロハス゠ミス、ニコル・ルアン、ピラル・ロヨ、セサル・サルサメンディ、ホセ・マリア・バルベルデ、そしてフェデリコ・ボヘリウスの各氏である。彼らはあれこれと変更を示唆してくれ、おかげで見当違いやら失言やらを回避することができた。

再びエレナ・ビジャグラは一歩一歩、ともに舞いつまろびつ最後の一行に至るまで、謎めいた忍耐強さをもってこの作業につき添ってくれた。

本書を

トマス・ボルヘに、ニカラグアに、捧ぐ。

生まれたとこなぞ知るもんか
おいらが誰かもわからねえ
どっから来たかも知らねえし
どこへ行くのかさっぱりだ

おいらは倒れた木の端さ
倒れた先も誰が知る
おいらの根っこはどこにある？
おいらはどの木の枝分かれ？

（コロンビア、ボヤカの俗謡四行詩）

顔と仮面

アメリカの誓い

蒼い豹《ティグレ》が世界をうち砕くであろう。

別の大地、悪を知らず、死を知らぬ大地が、この大地の破算から生まれ出る。そうしてほしいとこの大地が乞う。死を乞い、生を乞う、この年老いた、屈辱に震える大地。彼女は疲れ果て、内なる眼は泣き暮れて盲《めしい》となった。もはや彼女は時の屑同然、昼また昼を死の床にしのぎ、そして夜また夜ともなれば星々の憐憫をかき立てる。じきに一《いち》の神は、この世界、生まれ変わりたいと望む大地の嘆願に耳を貸し、彼のハンモックの足許に眠る蒼い豹を放つであろう。

その瞬間を待ち受けつつ、グアラニ・インディオたちは見放された大地をへめぐる。

——何かわしらに知らせはあるかね、ハチドリよ?

彼らは休みなく踊り続け、踊れば踊るほど軽やかに、舞い立ちながら、聖なる歌を詠じては、近づくあらた世の誕生を寿ぐ。

——稲妻を放て、稲妻を放て、ハチドリよ!

楽園を探して海の岸辺に、はたまたアメリカの中央にまでたどり着く。密林《セルバ》と山脈と河を渡り歩き、新たな大地、老いも病いも無縁の、たゆまぬ生の祝祭を邪魔立てするもののない磐石の大地を追い求める。詠歌《うた》はとうもろこしがひとりでに育ちゆくことを告げ、矢が自然と束になって空《くう》を切ると告げる。またそこでは罰も赦しも一切無用、禁忌も罪もなき世なのだからと。（72、232）

神の皮

1701――バジェ・デ・サリナス

グアラニの民に連なるチリグアノ・インディオたちは、何年も何世紀もの昔、ピルコマヨ河を上り、インカ人の帝国との境までやって来た。ここに留まり、ここから始まるアンデスの高みを目の前にして、悪も死もなき大地を待った。楽園を追い求める者たちは、ここに歌い踊る。

チリグアノ人は紙というものを知らなかった。紙そして書かれた言葉、印字された言葉を見つけ出すのは、チュキサカのフランシスコ会修道士たちが遠路踏破ののち、鞍袋に納めた聖なる書物を携えてこのあたりに現われてからのことである。

紙というものを知らず、もちろん必要とも思わなかったがために、インディオたちはこれを名指す言葉を持ち合わせなかった。今日これに神の皮と名づける。紙は遠く離れた友へ言伝てを送るのに役立つからである。（233、252）

アメリカの言葉　1701——サン・サルヴァドル・ヂ・バイア

アントニオ・ヴィエイラ神父は世紀の変わり目ちょうどに世を去ったが、その声、寄辺なさを温かく包み続けるその声は嗄《か》れない。不遇な者、追い立てられた者たちを見守る伝道者の言葉は、ついさっき発せられたもののように、絶えず生き生きとブラジルのここかしこ響き渡る。

一夜、ヴィエイラ神父は昔々さらなる昔の預言者たちについて語った。曰《いわ》く、いけにえとして捧げた獣たちの腸《はらわた》に運命の行方を読み取る彼らは間違っていなかった。神父は言った、はらわたに、と。腸であって頭にではない、良き預言者とは理性よりも愛に敏い者だからである。

(351)

アメリカの誘惑　1701——パリ

パリの己れの書斎にあって、賢者が地理に頭を悩ませている。ギョーム・デリルは地と天との精確な地図を引く。彼はアメリカの地図にエル・ドラドを入れるだろうか？　既に習いと化した通り、オリノコ上流のいずこかに謎の湖を描き込むだろうか？　デリルは我が身に問う、ウォルター・ローリーがカスピ海ほど大きいと叙述した金の海はまこと存在するものかと。松明の光に、身を沈め、金の魚のように身をくねらせて泳ぐ貴公子たちは、生身の人として現前するのか、あるいは現前してきたのか？

湖はこれまで引かれた地図のすべてにその姿を現わしている。時にはエル・ドラドと呼ばれ、また時にはパリマという。だがデリルの耳にも目にも、その存在を疑わせる証言が届いている。エル・ドラドを求め、前途洋々たる数多の兵士が遥かなる新世界へ、彼方へ、四方からの風が交差し、とりどりの色《コロレス》と苦悩《ドロレス》の混じり合う地へと分け入ったが、何も見つかっていない。スペイン人、ポルトガル人、イングランド人、フランス人、そしてドイツ人は、アメリカの神々が爪や歯を立てて掘り込んだ深淵を横切り、神々の吐くタバコの煙に熱くじらされた密林《セルバ》を犯し、神々が根こそぎ引き抜いた巨木から溢れ出る河を航行し、神々が唾液と吐息、あるいは夢からこしらえたインディオたちを痛めつけ、殺めてきた。だが黄金という名の逃亡者は、きまって宙に消え去り今また宙に散りゆくばかり、そして湖は誰ひとり到達しないうちに霧消する。エル・ドラドとは、さしずめ棺も屍衣も見当たらぬ墓穴の名。

世界が膨脹し、丸くなったこの二世紀、眩惑を追い求める者たちは、埠頭という埠頭からアメリカの地を指して旅立つ。航海者にして征服者たる神、その神の庇護の下、彼らは船上にひしめき合いつつ無辺の海を横切る。ヨーロッパの戦乱や疫病、そして飢餓にも殺され損なった羊飼いや農民たちともども、隊長に商人、ごろつき、神秘主義者、冒険野郎たちが旅立つ。皆が奇跡を探し求める。海の向こう、血を洗い流し運命を変貌させる魔の海のあちら側には、あらゆる時代を貫く途方もない約束が腕を広げて待っている。あそこで乞食たちは仕返しを果たす。食いつめ者があそこでは公爵となり、悪党は聖人に、絞首台送りを言い渡された者たちが建都の祖となる。愛をひさぐ女たちは無垢なる処女に、それも大口[326]の持参金を携えた令嬢に様変わり。

アメリカの番人

インディオたち、遥か昔々のインディオたちは、アンデス山系にひたすら夜を生きていた。コンドルが彼らに太陽をもたらした。翼あるもののうち最長老のコンドルが、山々の狭間に黄金の小球を落とした。インディオたちはそれを拾うと肺を空にするくらいありったけの息を吐き、黄金を天へと吹き上げ、いついつまでも天に灯してやった。太陽は黄金の汗を流し、その黄金の光線からインディオたちが象《かたど》った獣や草木は、今日大地を埋《うず》めている。

　ある夜、峰々の頂の上、月が三つの暈輪にくるまれて輝いた――ひとつは血の輪、戦乱を告げるもの、ひとつは火の輪、火の海を告げるもの、そして破滅の黒い光輪。そこでインディオたちは、聖なる黄金を担いで小高い荒野に逃げ、黄金もろとも湖と火山の奥底へ身を投げた。

アンデス人に太陽を遣わしたコンドルは、これらの財宝の世話役である。巨大な翼をぴくりともさせず、雪の頂や湖水や湯気の立つ噴火口の上空を舞う。黄金は貪欲な魂がやって来るのを見つけると、コンドルに知らせる——黄金は金切り声を上げ、唸り、叫ぶ。コンドルは垂直に降下すると、その嘴で盗人どもの目を抉り出し、鉤爪で肉をむしり取る。

ひとり太陽のみがコンドルの背、その禿げ上がった頭《かしら》、皺のある首筋を見ることができる。ひとり太陽のみがその孤独を知る。地上から見る限り、コンドルは何者にもたじろぐことなき翼である。(246)

1701——オウロ・プレト
目くらましの芸

ポトシ銀山が蜃気楼のはずはなく、メヒコの深い坑道が妄想や闇ばかりを擁しているのでもない。片やブラジル中央部の河また河は本物の黄金を寝床にする。

ブラジルの黄金はくじ引きでか刃傷沙汰でか、幸運か死かを賭けて持ち主が決まる。命を失《な》くさずに済んだ者たちは莫大な財産を得るのだが、もっとも全体の五分の一はポルトガル国王の手に残る。とどのつまり、この五分の一も言葉の上のことにすぎない。これでもか、これでもか、と黄金は密貿易に流れ、あたりを覆う鬱蒼とした森に生える木の数ほど張り番を立てても、これればかりは避けられない。

ブラジルの鉱山付き修道士たちは、魂の救済より黄金の密輸に時間を割く。中が空ろな木彫りの聖像は、その種の用足しにちょうどよい容れ物となる。遠く海辺にあっては、修道僧ロベルトが、ロザリオの祈りを上げているのかと思うほど熱意を傾けて刻印の偽造に励み、かくて卑しき生まれの金の延べ棒も王家の印章をひけらかす。ソロカバ修道院に身を置くベネディクト会修道僧のロベルトはまた、万能の鍵、どんな錠前でもうち破る鍵をこしらえていた。(11)

1703――リスボン

黄金という名の通過旅客

二、三年前のこと、ブラジル総督が当を得すぎて役立たずな預言を放った。バイアの地から、ジョアン・ヂ・レンカストレはポルトガル国王に警告した、冒険野郎の群れが鉱山地帯を犯罪者と放浪者の聖域に変えてしまうだろうと。さらに何よりもうひとつ、いっそう深刻な危険について注進したのである――スペインに起こったのと同じことが、黄金をめぐり、ポルトガルにも生起し得るでありましょう、スペインはアメリカからその銀を受け取るが早いか、目に涙を浮かべて別れを告げねばならぬのです。ブラジル産黄金はリスボン湾に入港すると、そのままテジョ河を上り、ポルトガルの地には留まらずにイングランド、フランス、オランダ、ドイツを指して行ってしまいかねません……。

総督の声にこだまを返すかのように、メシュエン条約が結ばれる。ポルトガルはブラジルの黄金をイングランド製布地の支払いに充てる。ブラジルというよそさまの植民地が生む黄金をもって、イングランドはその工業発展に途轍もなく弾みをつける。
(11、48、226)

ロビンソン・クルーソー

1709――フアン・フェルナンデス諸島

見張り番が彼方の火を告げる。火を追ってデューク号の海賊《フィリブステロ》たちは方角を変え、船首をチリの海岸へ向ける。

船はフアン・フェルナンデス諸島へ近づく。カヌーが一艘、泡立つ水面を切り、かがり火の列から出迎えにやって来る。甲板に昇り立つのはもつれ髪と垢の塊、熱に震え、口から意味不明の音を吐く。

幾日かのち、船長ロジャースは事情をのみこみ始める。漂流者の名はアレグザンダー・セルキルク、スコットランド産の同業者、帆と風と略奪にかけては博識の主。海賊ウィリアム・ダンピアの遠征隊に混じり、バルパライソの浜辺に到着した。聖書とナイフと銃の御利益により、セルキルクはこれら無人の諸島のひとつに四年以上も生き延びてきた。子山羊の内臓で釣りをする術を身につけ、岩肌に結晶となって光る塩を用いて調理し、アザラシの油で火を灯す。高台に丸太小屋を建て、その脇には山羊の囲い場を作った。一本の木の幹に時の経過を刻みつけた。嵐は彼の許にどこぞの難船の残骸と、やはり溺死寸前のインディオひとりを運んできた。その日が金曜日だったので、彼はそのインディオを金曜日《フライデー》と呼んだ。そして金曜日から草木の秘密を学んだ。大きな船がやって来たとき、金曜日は居残る方を望んだ。セルキルクは戻ってくると誓い、金曜日はこれを信じた。

十年が経つと、ダニエル・デフォーはある漂流者の冒険譚をロンドンで出版する。彼の小説上では、セルキルクはヨーク生まれのロビンソン・クルーソーとなる。ペルーやチリの海浜をすかんぴんにした英海賊ダンピアの遠征は、まっとうな商行為に変貌する。住む人も歴史もない小島は、太平洋からオリノコ河口へとひと飛びに位置を変え、漂流者はそこに二十八年間暮らす。ロビンソンもまたひとりの人食い野人を救う——マスター、《御主人》、それが相手に教え込む最初の英単語となる。セルキルクは自分が捕らえた山羊の耳にいちいちナイフで切り傷をつけていた。ロビンソンは島、つまり彼の王国を区切って売り出すために、分割線を引く。難破船から拾う物は一から十まで値踏みをし、島の生産高を帳簿にし、その時々の収支、災難の借方と幸運の貸方をつけるのである。ロビンソンはセルキルク同様、孤独と恐怖と狂気の厳しい試練を乗り切る。だが救いの手が差し延べられた折には、アレグザンダー・セルキルクは言葉を忘れ、何事にも縮み上がる、おどおどした醜い男となっている。それに引きかえ、ロビンソン・クルーソーは自然を飼い慣らす無敵の人として、その忠実な金曜日とともにイングランドへ戻り、算盤を弾き、冒険をお膳立てする。

（92、149、259）

14

1711――パラマリボ

女たちは口を閉ざした

オランダ人たちは、逃亡が一度目なら奴隷のアキレス腱を切り、なおも企てる者からは右脚を切り落とす。しかしスリナムに自由という名の疫病が広がるのを止める術はない。

船長モリナイはパラマリボまで河を下る。その遠征は首二つを伴って帰る。女捕虜たちの首を斬らねばならなかったのは、それ以上五体もろとも密林《セルバ》を動き回るのは無理だったからである。ひとりの名はフロラ、いまひとりはセリ。いまだその眼差しは天に釘づけとなったまま。鞭と炎と真っ赤に焼けた火挟みにもその口が開くことはなかった。まるで、パラマリボの市《いち》で高く売れるようにと太らされ、油を塗りたくられた遠い日、髪を剃り上げられ、頭に星や半月の模様を描き込まれたその日から、言葉と名のつくものを一切発したことがないかのように。逃げた黒人たちの居場所を兵士たちが問いつめる間じゅう、フロラとセリは沈黙を通した――彼女たちは瞬きもせずに天を見つめ、高みをさすらう山の如き雲の塊を追い続ける。

女たちは髪に生命を運ぶ

磔に処され、あるいは肋骨に鉄鉤を突き通されてぶら下がる黒人がどれほど多かろうが、スリナム海岸に四百を数える農園《プランテーション》では逃亡が絶えない。密林《セルバ》の奥深く、黒い獅子が逃亡奴隷《シマロン》たちの黄色い旗に翻る。弾丸がなければ、火器は小石や骨の円盤を撃ち放つ。ともあれ、オランダ人入植者に立ち向かうとき、最良の同盟者となるのは人を寄せつけぬ木々の茂み。

逃げ出す前に、女奴隷たちは米やとうもろこしの粒、小麦の種、フリホル豆やら南瓜の種を失敬する。彼女たちの野放図な頭髪が穀物庫となる。ジャングルに開かれた隠れ場へたどり着くと、女たちは頭を激しく振り動かし、こうして自由な大地に生命を授ける。

16

シマロン

鰐は丸太のふりして陽光を楽しむ。カタツムリの角の先ではその両目がぐるりとひと回り。サーカスの軽業をもって雄の小鳥は雌に言い寄る。雄蜘蛛は雌蜘蛛の紡ぎ出す危険な巣によじ登るが、そこは褥《しとね》にして屍衣、抱擁ののちは貪り食われる運命である。猿の一団が枝々から下がる野生の果実に襲いかかる――猿たちのけたたましい声は茂みを圧倒し、蟬の連禱や鳥たちの問いかけをかき消してしまう。だが葉を敷きつめた絨毯の上に奇妙な足音が響くや、たちまち密林《セルバ》は黙し、動きを止め、身をすくめて待つ。最初の銃弾が炸裂すると、密林が丸ごとどっと逃げ出す。

銃声はシマロン狩りを告げている。シマロンとはアンティル諸島の言い回し、その意味するところは《自由を求める矢》。スペイン人たちが山へ逃げる雄牛をこう呼んだが、後にこの語は他の言語にもシマラン、マルーン、マロンなど相方を得て、アメリカの津々浦々に密林や沼地、奥深い窪地の庇護を求め、奴隷主から遠く自由の家を築き、おとりの道や生きては出られぬ罠を仕掛けてこれを守る奴隷のことを指すようになった。

シマロンは植民地社会を壊疽へと導く。

ひとりぼっちのはずはない　1711——ムリ

またインディオのシマロンもいる。彼らを修道士や隊長たちの統制下に封じ置くため、チョコ地域には、生まれたばかりのムリのような監獄村が建てられる。

山系を流れ下る黄金の河を求め、白い翼の巨大なカヌーが幾艘もこの地にたどり着いて久しい。以来インディオたちは逃げ歩く。彼らとともに無数の精霊の群れが密林《セルバ》や河をめぐりゆく。

呪術師は精霊を呼び出す声音に通じている。病人を癒すには、ペッカリーや極楽鳥、歌う魚などの棲む葉陰に向かい、愛用の巻貝に息を吹き込む。健やかな者を病に陥れるには、その片肺に死の蝶を送り込む。地であれ水であれ空《くう》であれ、チョコ地方に精霊の宿らぬところなどないことを、呪術師は知っている。

(121)

黒き王、白き聖人と聖なるその妻

1711――サン・バシリオのパレンケ

一世紀以上も前、黒人ドミンゴ・ビオオはカルタヘナ・デ・インディアスのガレー船から逃げ出し、湿地の戦う王となった。犬の軍勢や火縄銃が彼を追い、狩り出し、幾度もドミンゴは縛り首に処された。何日も喝采の高鳴るなか、ドミンゴは一頭の雌騾馬の尾に繋がれてカルタヘナの辻々を引き回され、幾度も男根を切り取られ、丈高い槍に突き立てられた。追っ手たちはたて続けに封土を賜る誉に浴し、何度かは侯爵位まで授けられた。しかし、ディケ水路や下《しも》カウカのシマロン王国《パレンケ》には、ドミンゴ・ビオオが君臨し、何者とも見紛うはずなきあの黒い顔で笑う。

自由を得た黒人たちは、生まれ落ちたときから戦闘のために我が身を鍛え、峡谷と絶壁と毒茨の植わった深い濠に守られつつ、万一に備えて生きている。一帯でも最も重要なパレンケは、ここ一世紀というもの存続し、持ちこたえてきたが、これからは聖人の名で呼ばれよう。その名は聖《サン》バシリオ、というのも、ほどなくマグダレナ河からその肖像が届くのである。聖バシリオは、入城を許される白人第一号。司教冠と錫杖を持ち、奇跡のぎっしり詰まった小さな木の教会を携えてお出ましになるだろう。裸身の群れに慌てふためくこともなければ、主人ぶった口をきくことも決してない。シマロンたちはこれに家と妻をあてがう。あの世で神に雌驢馬をめあわせられずとも済むように、この地にある限り二人揃ってこの世を謳歌するようにと、これに聖女カタリナを見つけてやる。（108、120）

マリアパリト

ドミンゴ・ビオオの未来永劫統治するパレンケの隅々には、有雑無雑の獣あり。中でも恐怖の的は豹《ティグレ》、羽交締めの得意な大蛇、そして蔓にとぐろを巻きつけするりと小屋に滑り込む蛇。目を奪われ、魅了される存在と言えば、何よりもまず、頭から糞を放《ひ》る魚マユパ、そしてマリアパリト。

蜘蛛と同じく、マリアパリトもその求愛者たちを貪り食う。雄が背後から抱き寄せると、雌は顎《おとがい》のない顔を雄に向け、飛び出た大きな両目でよくよく雄を見定めると、歯を突き立て、跡形もなくなるまで落ち着き払って平らげる。

マリアパリトは信仰篤い。その腕はいつも祈りの姿勢を取り、祈りながら食う。（108）

海賊稼業から密貿易へ

1712――サンタ・マルタ

ネバダ山脈の緑の肢体、彼女が爪先を海に浸す、その山裾を分けて、すっくと立つ鐘楼の周囲には、木造り藁造りの家々が並ぶ。そこに住むのはサンタ・マルタ港の白き三十家族。これを囲む、葦と泥とをシュロの葉で覆った粗末な小屋には、インディオ、黒人、それに血の入り混じる者たちが住み、その数など数えようとする者はない。

これまでこのあたりの海辺にとり、海賊は引きも切らぬ悪夢であった。十五年前のこと、サンタ・マルタの司教は教会のオルガンをつぶして弾薬を急ごしらえせねばならなかった。一週間前には、入江を見張る砦からの砲撃をかいくぐり、イングランド船が何隻も浜辺につつがなく朝を迎えた。

誰も彼もこぞって山へ逃げ込んだ。

海賊たちは待った。ハンカチ一枚頂戴せず、家一軒たりとも燃やさずに。

住民たちは不審に思い、そろそろと近寄ってきた。そうしてサンタ・マルタは今や賑々しい市《いち》へと様変わり。一分の隙なく身を固めた海賊たちが、売り買いにやって来ていた。値の駆け引きはしても支払いは確か。

海の彼方、英国の工場は増殖し、市場をせがむ。海賊どもは雪崩をうって密貿易商になり代わる。当人たちの誰ひとり、資本蓄積とやらの御大そうな意味なんぞ知らぬまま。(36)

1714——オウロ・プレト
鉱山の医師

この医師、薬も、ポルトガルものの呆れるほど高価な粉末も信用しない。瀉血も下剤も疑ってかかり、この道の始祖ガレノスやその十戒もどこ吹く風。ルイス・ゴメス゠フェレイラは患者たちに、欧州でなら紛うかたなき異教の振舞い、さもなければ狂気の沙汰ととられかねない、日に一度の入浴を勧め、地元の薬草薬根を処方してやる。幾多の命が医師フェレイラの手で救われたのは、ごくあたりまえの分別とインディオたちの古来先験のおかげ、そしてまた白い乙女《モサ・ブランカ》、つまり死にかけた者たちを甦らせる、砂糖きびの火酒の助けあればこそ。

とはいうものの、飛び道具やらナイフやらで互いの腹を切り裂き合うのが好きな鉱夫たちの性癖を向こうに回しては、ほとんど、いや全くなす術がない。ここではどんな幸運も束の間の栄光に過ぎず、抜け目なさが勇気より幅を利かせる。光るものを裡に隠す黒い泥を奪い合う、非情な戦争の只中にあっては、科学もへったくれもありはしない。王の財務官トマス・ヂ・ソウザ隊長は、黄金を求めて歩き回り、鉛に行き当たった。医師は十字を切ってやることしかできなかった。世間はこぞって、隊長が大樽いっぱいの黄金を隠し持っているはずだと信じていたが、債権者たちに残されていたのは僅か幾たりかの奴隷を分け合うことだけだった。

医師が黒い病人の手当てをするのは稀なこと。ブラジルの鉱山にあって、奴隷如きは使い捨て。医師フェレイラは虚しく奴隷主たちに進言するのだ、もう少し注意深い取り扱いを、今のままでは神の御心に背き、当の御本人たちの利益にも反することになりますぞ、と。黄金の洗い場や地下坑で十年以上使いものになる黒人はいないが、黄金のひと摑みもあれば子供ひとりを新しく買い入れるに足る。つまり塩ひと摑み、雄豚丸一頭ほどもする。(48)

1714——ヴィラ・ノヴァ・ド・プリンシペ

ジャシンタ

彼女はその踏む大地を浄める。ジャシンタ・ヂ・シケイラ、ブラジルのアフリカ女はここプリンシペの町を建て、またクアトロ・ヴィンテンス峡谷に金鉱群を開く。黒い女はたまた緑の女ジャシンタは、この、いまだ地図なき世界にあって、肉食植物のようにその肉体を開いては閉じ、男どもを呑み下し、ありとあらゆる色の子を世に送り出す。ジャシンタが進む、密林《セルバ》を割り、ならず者たちの先頭に立って。

騾馬の背にまたがり、裸足に古ぼけた銃で武装した彼らは、鉱山の入口で良心を木の枝に掛け、あるいは沼地に埋めてゆく――ジャシンタ、アンゴラに生まれたバイアの女奴隷、ミナス・ジェライスの黄金の母。

(89)

1716――ポトシ

オルギン

リマ副王ドン・ディエゴ・ルビオ＝モルシジョ＝デ＝アウニョンは、銀細工の凱旋門が形づくる百二十ものアーチの下、イカルスにエロス、メルクリウス、美少年エンディミオン、ロードス島の巨人、トロイから逃れるアエネアスの姿が壁面に居並ぶトンネルをくぐり、ポトシへと御入城。

ポトシは哀しいかな、もはやかつてのポトシにあらず。その人口は半減。都は副王を、銀ならぬ木造りの道に迎える。ともあれ、威風を誇った往年同様、トランペットと太鼓の音がこだまする――揃いの衣裳で決めた小姓たちは蜜蠟の大松明を手に、馬上の大将たち、総督に判事、代官《コレヒドル》、大使などの足許を照らす……。夜ともなれば、じりじりと熱気はあたりに満ち、仮面舞踏会が踊り出す――都は埃まみれの客人に、スペインの十二傑、フランスの十二貴人、それに十二巫女からの敬意を捧げる。きらびやかな身なりで彼の前に進み出るのは闘将エル・シド、カール大帝、そしてかつてこの世に、あるいは夢の世界にあり得べき限りの妖精たち、アラビアの皇子たち、エチオピアの王たち。
メルチョル・ペレス＝オルギンはこの目もあやなひと日をなぞり直す。千々の登場人物をひとりひとり塗り分け、ポトシを、宇宙一気前のよいこの丘を、大地と血と煙の色を、銀の瞬きを塗り上げ、広大な画布の裾に己れの姿を塗り込む――オルギン、五十路を迎えたメスティソ、鷲鼻、つば広帽子《チャンベルゴ》から降りしきる長い黒髪、片手に掲げるパレット。そしてまた杖頼みの老いぼれ二人を描き、その口から飛び出す言葉を書きつける――
――おまえさん、こんな豪奢な集まりをこれまでに見かけなすったかい
――やれ、ここ百年かそこらはお目にかかったことのない御大尽ぶりよ
おそらくオルギンは気づかない、壮麗なるさまをそっくり写し取るつもりでいながら、それは彼の創造の賜物であることを。やはり気づかない、ポトシの栄華が大地の面《おもて》から消し去られ、誰も副王とやらを思い出さぬ時が来ても、彼の絵は生き続けることを。
（16、215）

聖像画家たち

1716――クスコ

オルギンの師匠ディエゴ・キスペ＝ティトは両眼がつぶれて間もなく世を去った。失明への序奏とな

る濁った視界の下で、彼はインカ人たちの帝国を偲ばせる飾り房を額に垂らし、天国への道を歩む己れの姿を描きおおせた。キスペはクスコのインディオ芸術家のうち最も才能豊かな者であった。彼の絵にあっては、天使たちの間にオウムが舞い、矢の雨に突きまくられた聖セバスティアンの上に止まる。土地の顔や鳥や果実が密輸品よろしく秘かに運び込まれ、欧州や天上の風景にちらちら身を乗り出す。

スペイン人たちがマヨル広場でケーナやポンチョを焼き捨てるのも尻目に、クスコの聖像画家たちは、「最期の晩餐」の食卓にアボカドの実、唐辛子《アヒ・ロコト》、チリモヤ、苺やマルメロの大皿を並べるべく手を尽くし、また聖母の腹から湧き出ようとする幼子イエスや、聖ヨセフに抱かれ黄金の寝台にまどろむ聖母を描く。

人々はとうもろこしの十字を掲げ、あるいはじゃがいもの花輪で十字架を飾る。そして祭壇の足許には南瓜やスイカの供え物。（138、300）

マリア、母なる大地

この地方の教会には、インカの皇女さながらに羽根飾りを戴き、日傘に守られた聖母の姿がよく見かけられ、熱帯の果実と魚と鳥とを振舞う円柱やら刳《く》り形やらを支え持つ猿たちの間に、父なる神は太陽

26

の姿を借りて描かれる。

ある無署名の画布は、太陽と月とに挟まれポトシ銀山に立つ聖母マリアの姿を示している。一方の脇にはローマ教皇、もう一方にはスペイン国王を従えて。だがマリアは丘の上にではなく丘の懐にあり、彼女こそが丘、女の顔と供物を捧げる手とを持つ丘、太陽が大地を肥沃にするように、神に命の種を授けられた、マリアなる丘、マリアなる石。(137)

ラ・パチャママ

アンデス高原にあって、ママとは聖母、そしてママとは大地と時をいう。

誰かが彼女を退け者にして酒を飲もうものなら、大地、母なる大地、ラ・パチャママは機嫌を損ねる。彼女がひどく渇いていると、壺を砕き、渇きをまき散らす。

彼女には生まれたばかりの赤子の胎盤を供えることになっている。胎盤を花々の間に埋め、子供が生き永らえてくれるようにと。また愛が生き永らえるようにと、愛し合う者たちは結び合わせた髪を地に埋める。

大地の女神はその腕に、疲れ果てた者うちひしがれた者を拾い上げる。そもそも彼女から芽吹いた彼らに、旅路の果ての安息の場を与えるべく身を開く。大地の下から、死者たちは大地を花咲かせる。

(247)

水の精

プノ大聖堂の正門にて、シモン・デ・アストは水の精を二体、石に彫り込む。

水の精は罪を象徴するにもかかわらず、彫刻家は怪物の姿を刻まない。彫刻家が生み出すたおやかなインディオの娘二人は、楽し気にチャランゴを爪弾き、その愛には後ろめたさの影もない。彼女たちの名はケシントゥウにウマントゥウ。火と雷を司る神トゥヌパ、その行くところ火の連山を残したあのアイマラの神と交わるため、古《いにしえ》の世、ティティカカの湖水から湧き出でた、アンデスの水の精たち。

(137)

冬を信じなかった男

1717——ケベック

ラブレーが語り、ヴォルテールが繰り返したところによれば、カナダの寒気ときたら、言葉が口から出るや、凍って宙吊りとなるほどの寒さである。四月も終わる頃、ようやく射し始めた陽光が河面の氷を割り、春は蘇生のざわめきを立てながら堰を切って溢れ出る。その途端、途端も途端、冬のうちに唱えられた章句が聞こえてくる。

フランス人入植者たちが恐れおののく相手はインディオよりも冬であり、彼らは眠ってこれをやり過ごす動物たちを羨む。熊もモルモットも酷寒の忌まわしさを知らない——連中がこの世とおさらばしている数ヵ月の間、冬は銃撃のような轟音をもって木々を伐り倒し、人間の血を凍りつかせ、肉を大理石ほど固まらせ、生身を彫像に変えてしまう。

ポルトガル人ペドロ・ダ・シルヴァは毎冬犬橇に乗ってセント・ローレンス河の氷上を渡り、手紙を届け歩いていた。夏場はカヌーを使って旅するものの、時には風の加減でケベック－モントリオール間を往復するのに丸一ヵ月もかかるのだった。ペドロの運ぶ品物は、総督の布告、修道士や官吏たちの報告書、毛皮売りの特価品、友人同士の約束、愛し合う者たちの秘密。

カナダ初の郵便配達夫は、冬に断わりも入れず四半世紀を勤め上げた。今、世を去った。〈96〉

道を拓く者たち

1717――デュパ島

カナダの地図が壁一面を覆う。東海岸と五大湖との間にまばらに散る都市、そして幾ばくかを数える砦。彼方に茫莫と広がる秘境。別の壁には、交叉に組んだモスケット銃の砲先から、タバコの煙に煤けた敵インディオの頭髪がぶら下がる。

揺り椅子に腰をかけ、ピエール・ドゥ・ラ＝ヴェランドリはパイプに歯を立てる。ラ＝ヴェランドリの耳には生後間もない息子の泣き声も入らない。半開きの目を地図に向け、欧州人未踏の奔流を駆け下る場面に身を任す。

彼は胸に一発撃ち込まれ、サーベルで何度か斬りつけられて死んだものとみなされながらも、フランスの戦場から生還していた。カナダでは、自前の畑から上がる小麦と傷痍将官に与えられる恩給のおかげで食うには困らない。だが退屈の極み、妄想に遊ぶ。

傷の残るその両脚こそ、彼の突拍子もない夢うつつの向こうまで達する。ラ＝ヴェランドリの探検行はこの地図を物笑いの種とする。中国の海岸線へと導いてくれる海を探して西進しつつ、北はモスケット銃を撃ち放つと砲身が寒気で破裂する北の地まで達し、南は南で、知られざるミズーリ河を遡ることとなる。いま傍らで泣いている、木の揺りかごのこの子は、ロッキー山脈の越え難い障壁を発見する者となるであろう。

宣教師、毛皮商人が探検者の後を追う。これまでいつもそうだった。カルティエが、シャンプランにラ＝サールもまたそうだった。

欧州はビーバーの、カワウソの、テンの、鹿やら狐やら熊やらの毛皮をいい値で買い上げる。毛皮と引き換えにインディオたちは武器を受け取る。そうして互いに殺し合い、はたまた彼らの土地を奪い合うイングランド人フランス人両者間の戦争に駆り出されて死ぬ羽目となる。さらにインディオたちは、たくましきこと無双の戦士を小心者に変えてしまう火酒やら、この上なくひどい吹雪にも増して猛威をふるう疫病のあれこれをもらい受ける。

(176、330)

インディオの肖像《レタブロ》

カナダのインディオの間には太鼓腹もせむしもひとりとていない、とはフランス人宣教師たち探検者たちの言である。もし足引く者や盲、片目者がいるとすれば、それは戦傷ゆえのもの。

プショは語る。彼らは所有だの羨望だのも知らず、貨幣をフランス人の蛇と呼ぶ。

彼らから見れば同類に服するなど馬鹿げている、とラフィトウも言う。長《おさ》を選ぶが特権は何ひとつ持たせず、威張り散らしたならクビにする。女たちは男に伍して意見し、ものごとを決める。長老たちの助言と皆の寄り合いが最高決議となる。とはいえ、しょせん人の言葉はどれをとっても夢のお告げほど力強く響かない。

ブレブゥフの見るところ、彼らが夢に従うのはキリスト教徒が神の御意志に服するのと同じこと。日々彼らは夢に従う、なぜなら夢を通じて魂は毎夜語りかけるからである。そして冬の終わりが到来し、世界の氷が割れると、夢を称えて延々と、長大な祭礼を奉納する。その折にはインディオたちは仮装し、無礼講が許される。

空腹を覚えれば食べる、とカルティエは記す。食欲のみが彼らの時計。

彼らは放縦なり、とル＝ジュヌは警告する。女と男のどちらからでも、気が向けば婚姻を解消できる。処女性は彼らに何の意味もなさない。シャンプランは二十回も結婚した老女たちを見つけている。

ル＝ジュヌによれば、彼らはさっぱり労働を喜ばないくせに、喜々として法螺を編み出す。芸術には目もくれないが、同じ術でも敵の頭蓋の皮剝ぎとなれば別。復讐に執念を燃やす——報復のために虱やら芋虫やら人肉の味がする虫なら何でも食いまくる。ビアードの請け合うには、彼らは全く抽象概念を解さない。

ブレブゥフに言わせれば、インディオたちは地獄という概念も理解できない。およそ永劫の罰が取り沙汰されるのを耳にしたことなどなかったのである。キリスト教徒が地獄を持ち出して彼らを脅しても、野蛮人たちはこう問うばかり――それでその地獄とやらには、わしの仲良しはおるんかね。(97)

五大湖地方に住むチッペワ・インディオたちの詩

折ふし思うは
我が身の哀れ
その間《ま》に風がこの身をさらう
天空を抜け

灌木が
木陰に腰下ろし
歌うよ

(38、340)

晒し台

1718——サン・ジョゼ・デル・レイ

冒険者の一群は密林《セルバ》を薙ぎ倒し、山を開き、河の流れを変える。そして錆ついた石の間に火が煌めくものを浮き立たせる間にも、黄金を追い回す者たちはひき蛙や草木の根を食べ、飢餓と刑罰という二重の星の下に都市また都市を建ててゆく。

晒し台がしつらえられると、それはブラジルの黄金地帯にまたひとつ市《まち》が誕生したことを知らせる——晒し台はすべての中心、その周囲に家々が並び、小山の頂に教会が建つ——晒し台はそのてっぺんに光輪を戴き、鞭打ちに処すべき奴隷を繋ぐ、一対の手枷をも備える。

晒し台を前に剣を振り上げるアスマル伯が、集住の拠点サン・ジョゼ・デル・レイの誕生を正式に告げている。リオ・デ・ジャネイロからの旅には四ヵ月かかり、彼は道中、猿の肉やら蟻をあぶって食べてきた。

この地は彼に恐慌と吐気をもたらす。アスマル伯ことミナス・ジェライス総督は確信する、叛乱精神というものこそ、この、手に負えない、居所も定まらぬ連中の第二の天性であると——曰く、ここでは星々が混乱を手引きし、水は騒擾を立ち上らせ、大地から暴動の蒸気が噴き上がる——傍若無人に振舞う雲、叛乱を誘う大気、桁はずれの黄金。

伯爵は逃亡奴隷《シマロン》の首を残らず斬り落とせと命じ、叛乱に走る黒い集団を追うべく民兵隊を組織する。種のはずれ者たち、即ち白でも黒でもない、主人と女奴隷の間の望まれざる落とし子たち、千々の血の雑多に混じり合う者たちが、逃亡奴隷を狩る役目。どのみち法の埒外に生まれつき、殺し殺して死ぬのが似合いの男たち。彼らムラートにメスティソは、掃いて捨てても困らない――ここに白い女たちはいないのだから、欠陥持ちや血の汚れた子孫を作らぬようにとリスボンから命ずる王の御心を果たす術はない。

(122、209)

1719――ポトシ
ペスト

三年前、天は警告として脅しの火、災厄の予兆を遣わした――彗星、はぐれ者の太陽、狂った火の玉がポトシの丘に狙いをつけ、告発の尾を引いていた。

この年の初め、サン・ペドロ区に双頭の子供が生まれ、司祭は洗礼を一度で済ませるか、二度授けるべきかと迷っていた。

彗星と奇形をものともせず、ポトシはフランスの流行に浮かれ浮かれて一歩も退かず、その服飾風俗は神の叱責を呼び起こし、男女の恥じらいなぞどこ吹く風、自然を侮り、良民良俗の品位を貶めて余りある。都は貞節と真向からぶつかる乱痴気騒ぎ、どんちゃん騒ぎ、四旬節前の謝肉祭をいつものように三日間繰り広げたが、六人の美しい乙女たちが生まれたままの姿で踊りに身を投じたまさにそのとき、ペストが乙女たちを射抜いた。

ポトシは無数の嘆きと死に苦しむ。神はインディオたちを痛めつけ、彼らは都の罪を贖うべく河ほどの血をまき散らす。

ドン・マティアス・シリアコ＝イ＝セルダ、西洋医学の腕も確かな医師たるその人によれば、神は復讐を目してサトゥルヌスの禍々しき力を雇い入れたのである。その力は血を腐らせ、尿と胆汁とに変えてしまう。

（16）

1721――サカテカス
神様を食べるには

祝祭を告げる鐘が鳴り渡る。鉱山地帯のへそサカテカスはウィチョル・インディオたちと和議をとり結んだ。ナヤリ山地に追い込められても、ウィチョル人は絶えざる迫害にびくともせず、二世紀の間その独立を守り抜いた。そして今、スペイン王室に服従する。彼らが鉱山労働を強制されることけない、そう和議は保証する。

彼らの聖地に向かう巡礼の道みち、ウィチョル人は人手に飢え切った鉱山地帯を通るよりほか、どうにもこうにも手だてがない。火の祖神はサソリや蛇から彼らを守ってくれるが、インディオ狩りに対してはほとんど無力。

地肌剥き出しの丘や果て知らぬ溶岩地を越えに越え、ビリコタ台地を指す長い旅は、神々の道伝いに始源へと遡る旅である。ビリコタでウィチョル人はこの世で初めての鹿狩りを甦らせる。すると、鹿の神が生まれたばかりの太陽を角に乗せ高々と差し上げ、人の生命を可能にするための生贄となることを受け入れ、自らの血をもってとうもろこしに豊穣の力を与えてくれた、あの永遠の瞬間に彼らは還る。

神の中の神たる鹿は、ペヨテという名の、めったにお目にかかれないサボテンに宿る。ちっぽけで見た目のよくないペヨテは岩々の間に隠れている。これを見つけるとウィチョル人は矢を射かけ、仕留めるとペヨテは泣く。それから彼らは汁を絞り、皮を剝き、果肉を輪切りにする。焚火を囲み、ウィチョル人が聖なるサボテンを食べると、陶酔の境地が始まる。狂気すれすれの恍惚の極みでは、すべてが常にしてまたすべては決してあり得ぬものであり、聖体拝領の生起する間、彼らは神となる。 (31)

うっかり魂を失くしたら

お産間近のウィチョルの女がすることは？　彼女は記憶をたどる。生まれ出る子のやって来た愛の夜を克明に思い出す。あらん限りの記憶と歓喜の力を注ぎ込み、そのときに想いを馳せる。こうすれば肉体はかつて味わった至福のうちに開かれて、その子を形づくったあの快楽にふさわしい、立派なウィチョルが生まれ出る。

立派なウィチョルは己れの魂、その生命を照らし出す力を大切にしているが、また魂とは蟻より小粒、呟きより微《かす》か、無の宿り、ほんのささやかな息づかい、ちょっと目を離した隙にいつでも迷子になってしまうことも、よくよく承知の上である。

ひとりの青年がつまずいて山並みを転げ落ちると、ようやっと蜘蛛の絹糸のみで結ばれていたのか、魂は剝がれ、ころころと転がり落ちる。するとウィチョルの若者は意識が遠のき具合が悪くなる。苦しい息の下、切れ切れに、聖なる歌の護り手、呪術の祭司を呼ぶ。

この老インディオは何を探して山並みを掘り返すのか？　病める者が歩いた跡をたどり直す。ひたすら沈黙を守ったまま尖った岩々の間を登り、枝の重なりを一葉ごと改め、また小石の陰にくまなく目をやる。落としものの生命《いのち》はどこだ？　肝をつぶしてどこに居残ってしまったのか？　迷子の魂の泣き声や、時に上げるそよ風ほどの口笛を聴き取れるよう、しずしずと、耳を皿のように広げて進む。

さすらいの魂に行き合うと、呪術の祭司はこれを羽根の先に乗せて持ち上げ、ほんの小さな綿の玉にくるみ、中空の葦に収めて落とし主の許へ持ち帰る。これで持ち主は死なずに済む。

(124)

1726――モンテビデオ湾

モンテビデオ

ウルグアイ河が描く円弧の東方、波うつ牧草地はその腹からクローバーよりたくさんの牛を世に送り出す。ブラジルの遠征者《バンディランチ》たち、国境荒らしの連中は、金銀ならぬ肉と革のこの広大な鉱山めがけ、その欲望を募らせる。もはやラ・プラタ河岸はコロニア・デル・サクラメントの砦上に、ポルトガルの旗が翻る。襲来を喰い止めるべく、スペイン国王はモンテビデオ湾に集住地を築くよう命ずる。

大砲と十字架とに守られ、新都が姿を覗かせる。風がうちつけ、インディオたちの脅威迫る土と岩の岬に芽吹くのだ。ブエノス・アイレスからやって来る入植者の一番手は、十五人の若者、十九人の子供たち、そして名簿には載らない奴隷たちがそこそこの数――それは斧、鍬、熊手を握らせるための黒い手、乳をふくませる胸、道ゆく物売りのひと声と化す、そこそこの数。

建都の祖たちはほとんど残らず文盲だが、国王から郷士《イダルゴ》の恩典を受ける。車座になってマテ茶やジン、葉巻を愉しみながら、ドンと称する権利のお披露目——

——貴殿の健康に乾杯、ドン。

——貴殿にも。

よろず屋にはマテの葉とタバコが香る。要塞の影に革張り小屋が広がるなか、そこは木の扉と日干し煉瓦造りの壁を持つ初めての家。よろず屋では酒と会話とギターが供され、その上ボタンにフライパン、ビスケット、と売り物は何でもござれ。

よろず屋からカフェが生まれる。モンテビデオはカフェの花咲く都となるだろう。街角と名のつくところ、カフェのない街角はなく、カフェは内緒話や大放談の片棒担ぎ、あらゆる孤独が居場所を見つけ、あらゆる出会いの儀式が執り行なわれ、シガレットの煙が乳香の代わりを務める、そこは小さな神殿である。　（278、315）

1733——オウロ・プレト

祭礼

花のアーチがオウロ・プレトの辻々を覆い、その陰を、絹と緞子《ダマスコ》の壁に挟まれ御聖体がゆく。貴石づくめの馬にまたがり四方の風《クアトロ・ビエントス》と七ツ星《シエテ・プラネタス》は行ったり来たり、丈高い玉座には月《ルナ》と妖精《ニンファ》たちと明けの明星《ルセロ・デル・アルバ》が、お付きの天使たちを従えて煌めく。花火と祝祭三昧の一週間が果てるころ、行列は黄金への感謝と、大いなるダイヤモンドへの称賛、神への献身を頌えて進む。

　ダイヤモンドはこの地方の新商品。ついこの間まで、カード勝負を囲む人垣のそこここで得点を記すのに使われていた。それらの水晶もどきがダイヤモンドであると知れるや、ポルトガル王はまず幾かけらかを神と教皇とに奉り、それからヴァチカンを買収し、べらぼうに高くつく「忠誠王」の称号を手に入れた。

　オウロ・プレトの辻々は、上り下りがナイフの刃のように鋭角を成し、住民はその頂と奈落とに分断される。上《かみ》の住民たちにとって祭は義務と化した儀式をひけらかす場にすぎないが、下《しも》の住民たちの祭は疑念と処罰を誘い出す。褐色の肌には呪術の脅威と叛乱の危険が潜む。貧者の歌舞音曲は罪であり、笑いころげるムラータは監獄か流刑かを覚悟せねばならず、どんちゃん騒ぎの日曜には黒人奴隷の首が落ちても不思議はない。

(209)

1736——セント・ジョンズ

燃えさかる炎

ラム酒と墓所の垢と雄鶏の血の混ぜものを同じどんぶりから回し飲み、その宣誓の仕上げを飾った。すると太鼓の地響きが湧き起こった。英領アンティグア島の総督および要人の面々すべてを火薬で吹き飛ばす支度はできていた。そう検事は陳述した。そのように判事たちは信じた。

黒人奴隷が六人、絞首台に縛りつけられたまま餓死し、ほかの五人は八ツ裂きにされる。七十七人は生きたまま火あぶり。ほかの二人は作り話を並べたて、親たちを火刑送りにする代わり、我が身ばかりは生き延びる。

陰謀者たちは炭と化し、もしくは腐肉となり果てても、明け方の海辺をさすらう。引き潮が砂上に海の幸を置き土産としてゆくころ、漁師たちは死者とすれ違う、さらなる彼方への旅を続けるために水や食糧を探し歩く死者たちと。

(78)

1738――トリローニー・タウン

クジョー

植物も人々もジャマイカ西部の鬱蒼たる山地に汗を滴らせる。太陽が慌てて身を隠すのは、敵の長《おさ》が峠道までさしかかったと角笛の長い呻きが知らせるとき。

今回、ガスリー大佐は闘うために来たのではない。イングランド人の奴隷主たちは逃亡奴隷《シマロン》たちに和議をもちかける。永きに亙る戦争の末に奴隷たちが克ち取った自由を尊重し、その居住する土地の所有を認めると約束する。それと引き換えに、逃亡奴隷たちは囚われの同胞たちを取り締まる憲兵役へと転ずる——以後、彼らは砂糖農園《プランテーション》での奴隷蜂起を懲らしめる側に加担し、逃げ場を求めてこのあたりに現われる逃亡者たちを送り返すのである。

長クジョーはガスリー大佐との会見に臨む。クジョーはつばのない帽子を被り、青色が褪せ、袖も取れてしまった上衣をまとう。ジャマイカの赤い土埃に肌の色も服の色もお互い五十歩百歩、とはいえ大佐のチョッキにはボタンのひとつとて欠けず、未だ彼の巻き毛鬘の白さを言い当てることもできる。クジョーはうずくまるとその靴に口づける。（78、86、264）

ナンニイ　1739——ニュー・ナンニイ・タウン

風下地方《ソタベント》の逃亡奴隷《シマロン》たちの長《おさ》クジョーと話をつけてしまうと、ガスリー大佐は島の東部へ向かう。誰ともわからぬ手がラム酒の中に猛毒を滑り込ませ、ガスリーは鉛よろしく馬から落ちる。

何ヵ月かが経ち、峻峰の麓にてアデア隊長は東部の平安を確保する。風上地方《バルロベント》の逃亡奴隷たちの長クアオは、目もあやな太刀と銀色の帽子を輝かせ、条件を呑む。

だが断崖連なる東部でクアオに勝る力を持つのはナンニイ。バルロベントの八方に散る軍団は、蚊の中隊ともどもナンニイに従う。ナンニイとは真っ赤な泥の大女にして神々の愛妾、イングランド兵たちの歯でこしらえた首飾り一連のみを身にまとう。

誰ひとり彼女を見る者はなく、誰もが彼女の姿を見る。死んだと言う者たちもあるが、彼女は裸身の黒い疾風となって、銃撃の只中に躍り出る。敵に背を向けてかがみ込むと、その堂々たる尻は銃弾を引き寄せ絡め取る。時にはこれを何倍にもして投げ返し、また時にはこれを綿玉に変える。

（78、264）

ジャマイカの巡礼

木々のうろから、地の窪みから、岩の裂け目からやって来る。

雨も河もその行く手を塞げない。沼地を、深淵を、森を通り抜ける。霧に惑わされることも、ぎらつく太陽に怯えることもない。山々からゆっくりと、きっぱりと下りてくる。直線をなし、乱れなく横歩きの行進が続く。甲羅が陽光に閃めく。雄たちの部隊が巡礼の先頭に立つ。危険が迫れば彼らの武器、はさみを振り上げる。道を切り拓くために落命し、あるいは片腕を失くす者も多い。ジャマイカの大地は蟹の大軍に覆われ、ぎしぎしと音を立てる。

海への旅路は長い。二、三ヵ月にして、ともかくもたどり着ける者たちは、着くには着くが弱り果てている。それから雌たちが前へ進み出、波の洗うに身を任せると、海が腹子を掻き出してくれる。来た道を戻るのは僅か。百万単位で海への旅に発ちながら、戻れる者はほとんどない。それでも海は砂の下に、新たな蟹の群れを温める。やがてこの一団は母たちのもと来た山々を指して渡りの旅に踏み出し、何者もこれを止めることはできない。

蟹たちには頭がない。彼方アフリカは綿と銅造りの宮殿で、王たる神が頭部を分け与えた折、彼らは間に合わなかったのである。蟹たちには頭はないが、夢を見、分別を知る。

(86)

1742――フアン・フェルナンデス諸島

アンソン

チリ人は信ずる、この海の波は、ホンダワラを手綱に魔女たちが乗り回す、口に泡をたくわえた馬たちなのだと。波は魔女など信じぬ岩々に襲いかかり、岩の城は冷たくつれなく殴打されるばかり。彼方、高みでは、仙人髭の雄山羊が王者の風格を湛えて泡の浮沈に目を凝らす。

フアン・フェルナンデス諸島には数えるほどの山羊しか残っていない。もう何年も前、海賊たちからこの手軽な食糧を取り上げるため、スペイン人がチリから猟犬を連れ込んだのだ。司令官アンソンの部下たちは岩山や絶壁に甲斐なく角の影を追い、捕らえた山羊のいずれかの耳にアレグザンダー・セルキルクの印を認めたと思い込む。

イングランド旗は無傷のまま帆柱に翻る。ジョージ・アンソン卿率いる艦隊は、飢えと壊血病とに押しひしがれてロンドンへ帰り着くが、戦利品の山はそれは壮観、港からこれを引き出すのに雄牛に引かせた荷車を四十台連ねても間に合わないこととなろう。地図学、地理学、天文学、幾何学、そして航海技術の完成を目指すとの名目を掲げ、科学者アンソンは砲撃任せにスペイン船数隻を召し取り、村々に火を放ち、鬘やら縫い取りのある下穿きまで持ち去る。

このころ、海賊稼業から密貿易への移行の狭間に大英帝国は産声を上げる。だがアンソンは昔ながらの海賊《コルサリオ》である。

(10)

主をほめ讃えん

1753——シエラ・レオネ河

神の啓示は雷光のもとに下った。瀆神と酩酊の一夜、船長ジョン・ニュートンがキリストの教えに改心したのは、俄かに吹き荒れた嵐が今まさに、彼の船を大洋の水底へ沈めようとしていたそのときだった。

以来、彼は主に選ばれし者となる。日暮れごと、説教を授ける。常に食前の祈りを欠かさず、日課の始めに讃美歌を詠ずれば、水夫一同だみ声でこれに唱和する。航海を終えるたび、リヴァプールで至高の神への感謝の儀式を特注する。

シエラ・レオネ河河口で荷の到着を待ちつつ、ニュートン船長は恐怖と蚊を払いのけ、アフリカン号とその全乗組員を守り給え、あとは積み込むだけの商品を無事ジャマイカへ届けさせ給えと神に乞う。

ニュートン船長および彼の同業者多数はイングランド、アフリカとアンティル諸島を結ぶ三角貿易に従事する。リヴァプールからは布地や火酒、銃刀を積み込み、アフリカ沿岸で男や女子供と取り替える。どの船もカリブの島々を指し、あちらでは奴隷を砂糖や糖蜜、綿花やらタバコと替え、リヴァプールまで運ぶと次のひと回りを再開する。

暇ができると船長は讃美歌を作曲し、聖なる典礼に奉献する。今宵は船室に引きこもり、移送の途中、泥を食って自殺を図る者たちが出たため到着の遅れている奴隷一行を待つ間、新曲作りにとりかかる。曲名はもう決まっている。讃美歌の題は「イエスの御名はかくも優しく響き給う」。歌い出しの詞も思い浮かび、船長は相棒のランプが右へ左へ揺らす明かりを受け、これでどうかと思われる節回しを口ずさむ。

逃亡奴隷《シマロン》たちの一大会衆を前に、フランソワ・マカンダルは水の入ったコップから一枚の黄色い手布を取り出した——

——最初は、インディオたちだった。

次に、一枚の白い手布——

——今は白人たちが主《ぬし》だ。

そしてそれから逃亡奴隷たちの目の前で黒い手布をひらひらさせると、アフリカから来たりし者たちの時が到来したことを告げた。手布を振る手は片手きりの手、もう片方は砂糖きびを搾る鉄の歯の間に置き去りになっていた。

ハイチの北部草原一帯では、片腕マカンダルが火と毒とを思いのままに操っていた。彼の目配せひとつで砂糖きび畑が燃え立ち、彼の妖術により、砂糖諸侯たちはよだれと血とを吐き散らしつつ晩餐の佳境に昏倒するのだった。

えらや触覚、羽根をまとい、その身をイグアナに、蟻に、蠅に変えることができた。だが、敵方の手に落ちた。そして罪を指弾された。果たして今、生きながら火あぶりの身と化している。

群衆の目にちらちらと映る、炎と炎の間によじられ痙攣する肉体が。そのとき、やおら金切り声が、痛苦と歓喜の雄叫びが大地を切り裂く。と、マカンダルは支柱から身を剝がし、死をふりほどく――唸り、炎を上げながら、一面の煙を突き抜け空に消えてゆく。

奴隷たちにしてみれば、何の不思議もない。彼らは知っていた、あの夜歩きの男が全き影の色に身を沈め、ハイチに留まるであろうことを。


(63、115)

カネク

1761――システイル

マヤ・インディオたちはユカタンの独立を宣言し、次はアメリカの独立なりと予告する。

――スペインの力が我らにもたらしたのは苦痛のみ。ひたすら苦痛のほかに何もなし。

ハシント・ウク、木の葉を撫でさすってはトランペットを響かせるこの男、王となる。その選ばれし名はカネク即ち黒い蛇。ユカタンの王は首に処女懐胎《コンセプシオン》の聖母のマントを結ぶと、他のインディオたちに檄を飛ばす。既にとうもろこしの粒は地を転がり、鬨の声を上げげた。預言者たち、熱き胸の男たち、神々の啓示を受けた者たちが、闘いに斃れる者は目覚めるであろう、と言いおいていた。カネクは言う、自分は権力への愛ゆえに王なのではない、権力は次から次へと際限なく権力を欲するが、瓢箪が満ちれば水はこぼれると。また自分は強者の力に抗する王であると言って、隷属と鞭打ち柱、そして主人の手に接吻するインディオたちの列に終止符を打つと告げる。もはや我々を縛りつけることはできまい――奴らは縄に不自由するであろう。

システイルの村でも、ほかの村々でも、こだまがこだまを呼び、悲鳴に姿を変えた言葉たちが勢いを増す。修道士も隊長たちも血の海をのたうち回る。（67、144）

1761――メリダ

肉の切れ端

夥しい死を費してのち、彼を獄に繋ぐ。聖ヨセフが守護聖人として植民地体制の勝利をもたらしてくれていた。

キリストに笞を当て、キリストの口に飼葉を詰め込んだ、そうカネクは咎めを受ける。刑が言い渡される。メリダの中央広場において鉄槌を喰らわせ、生きながら彼を砕き潰そうというのである。

カネクは騾馬の背に揺られ、ばかでかい紙の王冠にほとんど顔を隠されながら広場に入る。王冠には辱めの言葉が読める——神と王とに楯突きし者。
少しずつ少しずつ彼は解体されてゆく。屠殺場の獣より気の毒にも、死の安息すら恵んではもらえない。そして切れ端と化したその肉は次々炎に投げ込まれる。長々と続く拍手が儀式につき従う。奴隷どもが主人のパンにガラスの粉をふりかけるぞ、拍手の裏ではそう呟く声がする。

(67、144)

1761——システイル
聖なるとうもろこし

死刑執行人たちは、最後の審判の日が訪れても息を吹き返さぬようにとカネクの灰を宙に撒く。彼に従った長《おさ》八名が血も涙もない鉄環《ガロテ》に首を締められ命を落とし、インディオ二百名は片耳を削ぎ落とされる。さらに兵士たちがまつろわぬ村々のとうもろこしの苗床を焼き払い、至高の存在を痛めつけてお仕置きはここに極まる。

とうもろこしは生きている。焼かれれば苦痛に身をよじり、踏みつけられれば腹を立てる。インディオたちがとうもろこしを夢見るように、おそらくはとうもろこしもインディオたちを夢に見る。とうもろこしは時空を取り仕切り、とうもろこしの肉から生まれた人々の歴史を司る。

カネクが生まれたとき、その臍はとうもろこしの穂の上で切り離された。生まれ落ちたばかりの彼の名において、その血の染みのある粒が播かれた。その畑《ミルパ》から獲れた糧を摂り、そして金星の光を湛える澄みきった水を飲み、こうして彼は育っていった。（1、67、144、228）

尊大な奴らが困った手本となるせいで

1763――ブラコ・ヂ・タトゥ

土地に明るい斥候《バケアノ》たちは、月のない夜も昼同然にものが見え、罠をかわして歩いた。彼らのおかげで兵士たちは、知らずに踏むと痛い目に遭う剣の迷路、鋭い杭の林をすり抜けることができ、夜明けどき、自由黒人たちの集落に襲いかかった。

もうもうたる火薬、もうもうたる火の手、イタポアンの浜辺沿いを包む濃密にも鼻をつく大気――この二十年というもの、程近いサン・サルヴァドル・ヂ・バイアの都をあれだけ苛立たせてきた逃亡奴隷《シマロン》たちの隠れ場、さすがのブラコ・ヂ・タトゥも、正午にはもはや見る影もない。

副王はブラジルから逃亡黒人どもを一掃してみせると誓ったが、ここかしこにその芽は吹き出す。隊長バルトロメウ・ブエノがミナス・ジェライスに四千対の耳をもぎ取った働きは徒労に終わる。

銃の台尻がうち鳴らされるのを合図に、ブラコ・ヂ・タトゥの防戦に斃れ損ねた者たちは列を作る。全員の胸にＦの文字、逃亡者《フジド》のＦの焼印が押され、主人の許へ送り返される。隊長ジョアキン・ダ・コ

スタ＝カルドゾ、すかんぴんの彼は子供たちを叩き売りする。（264、284）

聖餐式

薔薇色のベールを被った貴婦人、その名は正史、勝者に口づけを与える彼女は山ほど隠しごとをせねばなるまい。よそに気を取られたふりをするかと思えば、健忘症の仮病をつかい、ブラジルの黒人奴隷たちは従順であきらめがよく、幸せでさえあったかもしれないなどと、まことしやかに語るであろう。けれども農園《プランテーション》の主たちは、一皿ごと、目の前で料理人に毒味を課す。卓上の御馳走の間に、断末魔の長き苦悶をもたらす毒がすべり込む。奴隷たちは、殺す。だが同時に自らを殺め、あるいは逃げる。それが主人から一番の富を奪い取る手段にほかならないのだから。さもなければ叛乱に起つ、踊りながら、歌いながら、叛乱こそ解放と再生の途と信じて。

刈り取られた砂糖きびの香りが農園の大気を酔わせ、大地に人の胸に、炎をかき立てる——火は鞭をなめし、太鼓の連打が響き渡る。太鼓が古《いにしえ》の神々に加護を求めると、神々は迷える息子たちの声に応えこの流刑の地にまで降り来て、彼らの間に混じり、つがい、彼らから楽《がく》をほとばしらせ、けたたましい叫びを絞り出させながら彼らの破砕した生を元通りにしてくれる。

ナイジェリアやダオメーでなら、女たちに大地に豊穣を授け給え、と太鼓は乞う。ここでは違う。ここでは女たちが奴隷を産み落とすはしから、土という土が彼らをことごとく呑み込む。ここでは実りの神が戦《いくさ》の神に道を譲る。太鼓が乞うのは豊穣ではなく復讐である。そして鉄の神オグムは、鍬ならぬ短剣の刃を研ぎ上げる。(27)

バイアの肖像

バイアで命ずる側の者たちに言わせれば、黒ん坊はたとえ祈る癖がついていようと天国には行かない、その堅い髪がちくちくするので我らが主のお気に召さないからな。また彼らに言わせれば、それは眠らず――いびきをかく。食わず――がっつく。言葉を交わさず――ぶつくさぼやく。死ぬのではなく――使い物にならなくなる。曰く、神は白人を創り、ムラートには色をつけた。黒人には悪魔が糞を垂れたのだとさ。

黒人たちの祭という祭は残らず、尻尾と蹄、三ツ又のやすを持つ残虐な黒い悪魔を奉る場かとの疑いを呼ぶが、しかし命ずる側の者たちはまた知っている、奴隷たちも時に気晴らしをする機会があれば、いっそうよく働き寿命が伸び、子供も増えると。生死の懸かる格闘儀式カポエイラは華麗なる演武を装い、カンドンブレもまた、ただやかましいだけの踊りの類として世間を渡る。その上、見かけをごまかすに使える聖母聖人には決して事欠かない——オグムが金髪の騎手聖ホルヘに姿を変えてしまえば、邪神といって禁ずる者など誰もなく、狡智長《た》けた黒い神々はキリストの聖痕にまで隠れ場を見つけ出す。

奴隷たちの聖週間にあっては、裏切り者、白いユダ、色つき漆喰人形を吹き飛ばすのは黒い仕置人の役どころ。奴隷たちが聖母を行列に担ぎ出すとき、黒い聖人ベネディクトこそあらゆる表敬の的となる。教会の認めざるこの聖人。奴隷たちによれば、聖ベネディクトは修道院の料理番、彼ら同様奴隷であった。彼が祈りを上げる間は天使たちが鍋をかき回してくれていた。

聖アントニオは主人たちのお気に入り。聖アントニオは軍服の袖章をひけらかし、給料を取り、黒人たちを見張ることに長けている。奴隷が逃げ出すと主人はごみの陰にこの聖人を追い払う。犬たちが逃亡者を取り押さえるまで、聖アントニオはうつ伏せの苦行を強いられる。

（27、65）

もうひとつの頭、もうひとつの記憶

サン・フランシスコ修道院の日時計から、陰気な碑文が生の無常を道行く者に思い出させる——過ぎゆくいっときまたいっときごと、時は汝を傷つけ、そして最後の一時が汝を殺す。

この言葉はラテン語で書きつけてある。バイアの黒人奴隷たちはラテン語はおろか、字を読むことも知らない。アフリカから陽気で喧嘩早い神々を連れてきた——彼らは神々とともにあり、神々の許へ赴く。死がその入口。太鼓が響き渡るのは、死者が迷わずオシャラの域《くに》へたどり着けるように。あちら、創造主たちのそのまた創造主、その家で彼を待つのは、もうひとつの頭、不死の頭。我々は皆、二つの頭と二つの記憶を持っている。一方の、泥の頭はいつか塵と化すが、もう一方は時や受難の浸蝕に、いついつまでもびくともしない。一方の記憶は死によって殺され、旅とともに役目を終える羅針盤だが、もう一方は集団の記憶、それはこの世で人間が人の運を生きる限り生き続ける。

宇宙の風がどよめき、初めて息をし、そして神々の神が誕生したとき、地と天は分かれていなかった。今はまるで別れた夫婦のようである。けれども天と地は再び結び合うのだ、誰かが死ぬたび、誰かが生まれるたび、そして誰かがその脈打つ肉体に神々を受け取るたびに。

(361)

1763——リオ・デ・ジャネイロ

此処にこそ

四半世紀前のこと、ルイス・ダ・クニャはポルトガル王に進言した、陛下の宮廷をまるごとリスボンからリオ・デ・ジャネイロへお移しになり、この都にて西の皇帝と名乗りを上げられてはいかがかと。

帝都はここ、豊穣の中心に置かれるべきであります、何となればポルトガルはブラジルの富なくして生きられず、ブラジルの方はポルトガルなしでもとりたてて困らないのですから、そうルイス・ダ・クニャは釘を差していた。

王室は今のところ、リスボンに居続ける。だが植民地の中心は北から南へ居を移す。砂糖の港バイアは黄金とダイヤモンドの港リオ・デ・ジャネイロにその地位を譲る。ブラジルはスペイン領との境を荒らしつつ、南へ、そして西へと伸びる。

新首都が占めるのは世界でも絶品の地。ここでは小山の連なりも幾組かの恋人たちに似て、あたりに漂う芳香につい頬はゆるみ、熱い微風が小鳥たちの胸をざわめかす。物も人もすべて音楽からでき上がり、目の前の海はそこで溺れたらどんなに心地よいだろうかと思わせるほど、きらきらと耀《かがよ》う。(48)

世界はダイヤモンド一粒の中に　1763――ティジュコ

龍に見えて仕方ない背高のっぽの赤い岩々に挟まれ、人間の手によってなぶられた赤い大地がうねる――ダイヤモンド地帯が吐き出す火の粉はティジュコの市《まち》の壁という壁を赤く染める。街はずれには小川が走り、彼方には海の色それとも灰の色した山脈が延びる。小川の底から、曲がりくねった流れから現われるダイヤモンドは、山脈を縫い、リオ・デ・ジャネイロからリスボンへ、リスボンからロンドンへと船旅の果て、そこで磨かれ値を数倍にふくれ上がらせた後、全世界にその光々しさを放つ。

相当のダイヤモンドが密輸に流れる。不意を突かれたもぐりの鉱夫たちは、その罪の原因がたとえ蚤の片眼ばかりのカラットであろうとも、土をかけられることもなく横たわり、肉は鴉のついばむに任される。身の程も弁えず石を飲み込んだと覚しき奴隷は、唐辛子の下剤を無理やり押し込まれる。

ダイヤモンドはひとつ残らずポルトガル王、そして王との契約によりこの地に君臨するジョアン・フェルナンデス＝ヂ＝オリヴェイラのもの。彼の傍らに侍るシカ・ダ＝シルヴァは別名わがままシカ《シカ・ケ・マンダ》とも呼ばれる。彼女はムラータでありながら、褐色の肌には禁じられた欧州ものの衣裳をまとい、姫君よろしく着飾った黒人女たちの一団を従え、輿に乗る姿もこれ見よがしにミサへ出向き、寺院では一等席を占めるのである。黄金を十指にはめた彼女の手を前にして、背骨を折り曲げぬ当地の貴族がいろはずもなく、彼女が山の豪邸で催す饗宴に駆けつけぬ者もない。そこではシカ・ダ＝シルヴァが大御馳走と芝居を振舞い、たとえば『メデイアの魅惑』から何から流行の戯曲をいち早く舞台に乗せる。それが終わると客人たちを湖へ舟遊びに連れ出す。その湖はオリヴェイラが彼女のために掘らせたもの、彼女は海が欲しかったのに海はなかったからである。まず金ぴかの梯子段を伝って桟橋へ、それから水夫十人の操る大きな船でひとめぐり。

シカ・ダ・シルヴァは白い巻き毛の鬘をかぶる。巻き毛はその額を覆い、奴隷時分に押された焼印を隠してくれる。

進歩

1763──ラ・アバナ

一年前、大砲をしたたか撃ち放し、イングランド人たちはコヒマルの浜辺から押し入った。延々続く包囲戦を経て、ハバナが降伏書に署名するころ、港の沖には奴隷船が待機していた。入り江に錨が下ろされると、買い手たちは奴隷船に群がり商品をむしった。商人とは、いつものことながら戦士の後を追うものだ。英国が占領する間、ジョン・ケニオンという奴隷商人ひとりだけで、千七百名もの奴隷を売った。いまだ口に入るものをすべて栽培し、機械といえば雄牛の歩みに合わせて砂糖きびを砕く搾汁機ばかりという古色蒼然たる農園《プランテーション》の、その労働力を、彼と彼の同業者たちは倍増させた。

キューバを従える英国天下は漸く十ヵ月続いたにすぎないが、スペイン人たちが植民地を取り戻した暁には、なかなか同じものとは思えぬ姿となっている。イングランド人に横っ面をひっぱたかれ、キューバは農業一色の長い午睡《シエスタ》から目を醒ましていた。島はこの先、奴隷を嚙みしだき、他の一切を蹴散らす巨大砂糖工場へと変貌する。タバコ畑もとうもろこし栽培地も菜園も潰し平《なら》される。森は荒れ果て、小川は干上がる。黒人奴隷の各々は、七年で使い物にならなくなるほど搾るだけ搾りつくされる。

奴隷たちは信ずる——

神々が血と樹液とに喝を入れる、と。キューバの草という草には残らず神が息づいており、それゆえ人と同じく森《モンテ》もさわさわと生きている。森はアフリカの神々の聖廟、アフリカの父祖たちの棲みか、聖域にして、秘密を湛える。誰か神に挨拶を欠く者があると、いきり立ち、健康も幸運も与えてくれない。潰瘍を癒す薬葉を受けとり、不幸への道を封じるには、供物を捧げ参拝しなければならない。森への挨拶には儀式の言葉を用いてもよし、思いつくままの言葉を捧げてもよし。誰もがそれぞれ感ずるまま、身の丈に合わせ、神々と語り合う。

善一辺倒や悪一辺倒の神などあり得ない。救う神はまた殺す神なり。そよ風は爽やか、低気圧は暴れん坊、だがどちらも風である。

パンヤの樹《ラ・セィバ》

——こんにちは、パンヤのおっ母さん。祝福を。

威風堂々たるパンヤは神秘の木。父祖や神々のお気に入り。洪水もパンヤを敬った。また稲妻やハリケーンからも無事である。

この木に背を向けたり、許しなくその影を踏むことはできない。その聖なる幹に斧を振り下ろす者は、自らの胴に一撃を感じる。時にこの木は焼け死ぬことを承知するともいうが、それは火が自分の気に入りの息子であるから。

匿ってほしいと求められれば木はその身を開き、逃亡者を守るために棘で身を覆う。 (56)

帝王椰子

そびえ立つ椰子に棲む黒い男神シャンゴ、キリスト教徒の女に扮すると聖バルバラを名乗る。とさかのような葉がその腕である――あの高みからこの天の砲撃手は火を放つ。シャンゴは火を食べ、稲妻をまとい、雷鳴はその言葉、電光をもって大地を打つ。敵は灰にしてしまう。

戦士にして祭好き、喧嘩早く女に目がないシャンゴは、諍いにも色事にも疲れ知らず。男神たちは彼を忌み嫌い、女神たちは彼を追い回す。弟のオグムからも妻オヤを奪い取った――その彼女、カンデラリアの聖母でもあるというオヤは、シャンゴの傍らで闘う両刀使い。彼は彼を取り巻く女たちのいまひとり、オシュンとは河の中で交わり、二人して砂糖と肉桂の御馳走を食《は》む。（28、56）

1766――アレコの野

野生馬《カバジョス・シマロネス》たち

寺院いっぱいに届けとばかり、イエズス会サン・ハビエル布教団聖歌隊は、幼いインディオ二十名の声をブエノス・アイレスの地に響かせた。大聖堂始め幾つもの教会で歌を披露してきた。そして聴衆は、あたかも天の高みから降り注ぐ彼らの声に、感謝するだけの分別を持ち合わせていた。またバイオリンとマリナ・ホルンから成るグアラニの楽団も奇跡をやってのけた。

楽士たちはヘルマン・パウケ師に率いられ帰途に着く。河沿いの彼らの家は、二週間の旅路の向こう。

道中小高い場所から見はるかす、あらゆるものをパウケは拾い集め、写し取る——植物を、鳥たちを、風習を。

アレコの野にさしかかり、パウケとグアラニの楽士たちは野生馬《シマロン》の供犠に立ち会う。家つきの馬をもとり混ぜ、これら野生の馬を囲い場に引いてくると、作男《ペオン》たちはそこで馬に縄をかけ、そして一頭一頭野原へと連れ出してゆく。それから馬を転がし、一刀のもとに腹を開く。シマロンはなおも疾駆をやめず、己れの内臓を踏みつけながらやがて芝草の間に倒れ込む。あくる日には、犬たちにすっかり舐めつくされた骨ばかりが朝を迎える。

野生馬は群れなして草原《パンパ》をゆくが、その姿はむしろ魚群、風と芝草の間を飛び交う魚たちに似て、飼い馴らされた馬をも自由の悪習に染めてゆく。

(55)

七つの村の物語

1767——ミシオネス

スペイン王は彼の義父ポルトガル王に七つの村を献上していた。空《から》にして差し出したのだが、そこには人が住んでいた。これら七つの村は、ウルグアイ河上流東岸にイエズス会神父たちが開いた、グアラニ・インディオ向けの布教村《ミシオネス》であった。グアラニ地域に数多い布教村ともども、常々攻め立てられて落ち着かぬ国境を守るための、堡塁の役を務めていた。

グアラニ人は出てゆくことを拒んだ。主人が決めたからといって、羊の群れよろしく牧地を変えるものだとでも？　イエズス会士たちは彼らに、時計や鍬、鐘、クラリネット、彼らの言語グアラニで印刷された本の作り方を教えていた。だがそれと同時に、奴隷狩りから身を守るため大砲を製造する術も伝授してあった。

ポルトガルとスペインの兵士たちはインディオを追い立てたが、インディオたちは夜に紛れ、故郷の七つの村へ舞い戻った。インディオたちは再び追い払われ、再び舞い戻ってくるのだが、今度は烈風と化し雷鳴の嵐となって、砦に火を放ちつつ還ってきた。修道士たちが彼らのそばについていることは誰もの気づくところとなった。王の意志は神の御意志なり、とロヨラ修道会の上層部は説いていた、それは即ち我らを試す、人智の入り込む隙なき意志なり――アブラハムが神の声に服しその子イサクの首めがけて剣を振り上げたとき、まさにその瞬間、神は剣の一撃を止めるべく天使をお遣わしになったのだ。しかしイエズス会士たちはインディオたちを犠牲にするつもりはないと言い、インディオも司祭たちも破門すると告げるブエノス・アイレス大司教の脅しもさっぱり通じなかった。教会のお偉方は、スペイン領の境界に押し寄せるポルトガルの攻撃を数え切れぬほど撃退しおおせた、あの布教村の火薬を灰にし、大砲や槍を叩き壊すよう命じたが、無駄だった。

二王室を向こうに回し、七つの村の戦《いくさ》は永きに亙った。カイバテ丘の戦闘にはインディオ千五百名が斃れた。

七つの布教村は跡形もなく平《なら》されたが、ポルトガル王はスペイン王からの捧げ物を終《つい》に享受することがなかった。

両国王は無礼を赦さなかった。カイバテの戦闘から三年後、ポルトガル王はその支配下にある領域という領域から、くまなくイエズス会士を追放した。そしていま、スペイン王がその顰みに倣う。

（76、189）

1767――ミシオネス

イエズス会士の追放

マドリードから、封印を施した書状となって訓示が届く。副王やら総督たちが、アメリカ全土で直ちにこれを執行する。夜半、不意を襲ってイエズス会の神父たちをひっとらえ、もたつくことなく遠路イタリア行きの船にぶち込む。二千名を越える僧が流罪に処される。

スペイン王は、ロヨラの息子たち、すっかりアメリカの息子となり切った彼らを、度重なる不服従とインディオ王国の独立を企てた疑いにより処罰する。

グアラニ人ほど彼らのために泣く者はない。グアラニ地域に数あるイエズス会の布教村《ミシオネス》は、悪と死とを知らぬ約束の地の存在を告げていた。インディオたちはイエズス会士をカライと呼んだが、これは本来彼らの預言者にのみ使われるとっておきの名称だった。

布教村サン・ルイス・ゴンサガの残骸から、インディオたちはブエノス・アイレス総督の許に一通の書簡を届ける。わたしらは奴隷ではありませぬ、とある。お互いに助け合わず、めいめいが自分のことしかかまわないあなたがたの習慣は、わたしらの気に入りません。

間もなく敗走のときが来る。共有財産も生産と生活における協働のしくみも消滅する。布教村の最良の農場《エスタンシア》は最高の値をつけた競り手に売られる。教会、工場《こうば》、学校は崩れ落ちる。牧草地へ小麦畑へ雑草が侵入する。書物の頁は火薬の包みに使われる。インディオたちは密林《セルバ》へ逃れ、あるいは浮浪者、娼婦、酔いどれとなる。インディオに生まれるということが、中傷の意味で使われるかまさしく罪を意味するかの世が再びやって来る。

(189)

1767――ミシオネス
舌を抜かれるままにはならぬ

パラグアイ布教村《ミシオネス》の印刷工房が生み出した本の何点かは、植民地期のアメリカで編まれた書物のうちでも最良の水準に達していた。それらはグアラニ語で刊行された宗教書であり、インディオたちが刻んだ木版の文字や挿絵から成っていた。

布教村ではグアラニ語をもって人々は話し、グアラニ語をもって人々は本を読んだ。イエズス会士たちの追放以来、インディオたちにはカスティリャ語が唯一必修の言葉として課されている。(117)

あきらめて口をつぐみ、忘れ去るなど誰がする。言われた通りに誰がする。

アメリカで書かれた最初の小説　1769——ロンドン

十年前、ロンドンの鐘という鐘は、世界における大英帝国の勝利を祝う余り擦り減った。ケベックの市《まち》は集中砲火の末に陥落し、フランスはカナダにおけるその領地を失っていた。イングランド軍を率いる若き将軍ジェイムズ・ウルフはカナダの害虫どもを圧《の》してみせるととうに公言していたものの、それを見ることなく死んだ。口さがない向きによれば、ウルフは起床のたびに背丈を計り、日々我が身が伸びてゆくのを知っていたが、一発の銃弾がその成長に横槍を入れた格好である。

さてフランシス・ブルックはロンドンにて一篇の小説『エミリ・モンタギューの話』を上梓する。この作品は、砲撃任せに征服した土地の、今度は女心をものにしてゆく、ウルフ麾下の将校たちを描く。著者は気立てのよい太めのイングランド人女性、カナダに住まい筆を執る。二百二十八通の手紙を軸に、新生英領植民地における彼女の印象や経験を縦糸に綴り、軍服の伊達男たちと彼らを想っては溜息を連発するケベック上流社会のうら若き乙女たちとのロマンスを、それ相応の数だけ横糸に織り込む。しつけのよい情熱は仕立屋や舞踏会の広間、島々でのピクニックを経て結婚へと導かれる。大瀑布や荘厳なる湖の数々は適切な舞台装置をしつらえる。（50、52、176）

フランシス・ブルックの小説におけるインディオたちと夢たち

インディオたちはその古めかしい迷信の大半を守り通している。中でも強調すべきは夢の信仰、何度あてがはずれても治らないあの妄信だわ……。ある野蛮人が私たちに預言の夢とやらを語ってくれたとき、それはあるイングランド人将校の死を告げるものだと本人は言うのだけれど、私は笑いをこらえきれなかった。「あんたがた、ヨーロッパのお人たちは」と彼は言ったの、「この世で最も理屈のわからぬお人たちじゃ。我々が夢を信ずるといってせせら笑うくせに、夢の千倍も信じ難いものごとを我々が信ずるだろうと期待しておいでだ。」（50）

副王アマト　1769——リマ

ロザリオの祈り、三聖誦《トリサヒオ》の祈り、九日間《ノベナ》の祈り、死者への祈禱を上げるため、人々が家族そろって跪くころ、副王の四頭立て馬車は蹄の音高く劇場へと駆けてゆく。半開きの格子窓の裏で醜聞の噂がここかしこ、蹄の音に呼応する。祈りが止み、途端に陰口が弾ける——リマの副王、あの気難し屋、癇癪持ち、厄病神の唐変木が場末の女芸人《コミカ》に入れ揚げた。

夜ごと夜ごと、ドン・マヌエル・デ・アマト＝イ＝ジュニエントは小歌劇《サルスエラ》から笑劇《サイネテ》、宗教劇、寸劇に至るまで、ミカエラ・ビジェガスが尻を振り、舞台に踵を高鳴らす場へいくらでも駆けつける。筋立てなど気にも留めない。ミカエラ肉桂《カネラ》、上等の肉桂、肉桂の束と呼んでやりたい彼女が甘い言葉で歌い始めれば、老副王の鬘は跳び上がる——熱烈なる喝采を送り、床を錫杖で突きまくる。彼女は目をしばたかせ、彼女を語るとき抜きにできないあの黒子の下に笑みを浮かべ、スパンコールきらめく胸元をたっぷり披露するお辞儀をしては、これに応える。

副王は兵営の人であって夜会の人ではなかった。無愛想なしかめ面のまま独り身を通し、北アフリカの戦争で得た五すじの古傷を携え、辻々から牛馬泥棒を一掃し、定職《オフィシオ》も稼ぎ《ベネフィシオ》もないのらくら者を追い払うべくリマにやって来た。空というより屋根を思わせる鉛色のこの空の下、自殺願望を抱くに至った。そして人々を縛り首に処すことで、自殺の誘惑にうち克った。

赴任から八年が経ち、副王は他人のものを自分の懐に入れることを覚え、唐辛子《アヒ・ロコト》やテンジクネズミの辛口料理が食べられるようになり、女人の衿ぐり加減をオペラグラスで検分する術も身につけた。バルパライソから彼を乗せて来た船は、船首に女の裸像を飾っていた。（26、245）

ラ・ペリチョリ　1769——リマ

リマ娘の御多聞に洩れず、胸元ははだけても、ミカエラ・ビジェガスは白サテンの小さな靴に足の方はしっかとくるみ、人目を忍ぶ。やはりリマ娘の誰もがするように、腹部にまでルビーやサファイアを飾り立てては御満悦。たとえ模造品であろうとも。事実、模造品であったのだが。

地方の貧しいメスティソの娘に生まれたミカエラは、リヨンの絹やフランドルの毛織物を眺めたり触ってみたりがただただ楽しくて、この都の店々をへめぐり歩いていたものだが、家柄自慢の女主人をもつ猫がその首に黄金とダイヤモンドの首輪をしているのを見つけた折には、唇を噛んでいたのだった。

ミカエラは喜劇《ファランドゥラ》の世界に活路を見出し、ひとたび上演が始まれば、その間は女王に、妖精に、伊達女《マハ》に、はたまた女神になる道を確保した。おまけに今では日も夜も問わぬ当代随一の愛妾として、雲なす黒人奴隷たちの群れが彼女を取り巻き、その宝石類は真正なること疑いの余地なく、伯爵たちはその手に口づける。

リマの御婦人方は彼女をペリチョリと嘲り呼んで仇を討つ。その名は副王が授けたもの、副王が歯なしの口で雑種の雌犬《ペラ・チョラ》と彼女に呼びかけるとこうなるのである。踏み台伝いに腰高の寝台の上へあの女を引っぱり上げながら、副王は魔除け代わりにこう悪態をついたのよ、そう御婦人方は噂する。なぜなら彼女のせいで副王は、危険な発作に見舞われ、胸を灼く痛み、じっとりと濡れそぼつ我が身、日照りの如き焦燥を患い、震えながら遠き日々へと押し戻されたからである。（93、245、304）

味時計

牛乳娘を皮切りに、七時にはリマの喧騒が産声を上げる。後に控えるは高徳の誉れもふんぷんと、薬湯売りの娘。

八時には凝乳売りが行き過ぎる。

九時、別の声が肉桂菓子はいかがと呼びかける。

十時、おいしいよ、食べとくれよとタマルが買い手を捜す。

十一時はメロンとココ菓子と焼きとうもろこしの出番。

正午の往来をそぞろ歩くバナナ、パッションフルーツ、パイナップル、緑のビロードに包まれたクリーム・チリモヤ、とろけそうな果肉請け合いのアボカド。

一時にはあつあつハニー・ケーキの御到着。

二時、ピカロン売りが告げるピカロンとは、咽喉に詰まるほどおいしい揚げパン《ブニュエロ》、そしてその後ろから肉桂をまぶしたウミタがまかり出て、この味を舌が覚えたら二度と忘れられない。

三時になると心臓肉のぶつ切りアンティクーチョの売り子が現われ、それに蜂蜜と砂糖を売る呼び声が続く。

四時、薬味売りは香辛料と口の中の火種を売る。

五時を打つのはレモンで締めた生魚のセビチェ。

六時、くるみの刻。

七時、屋根の上で天日に晒し、食べごろとなったマサモラ。

八時、風味《サボル》と色どり《コロル》取り揃え、一陣の清涼な風となって、アイスクリームがこの家あの家の夜の扉をいっぱいに開け放つ。


（93、245）

王と王の会談

1771——マドリード

ペルーの熱砂の地から大きな箱が王宮に届く。スペイン国王はこれらの箱を送り出した官吏の報告を読む——こちらはインカ人に先立つこと遥かなる、モチーカの王の墳墓一式にございます、モチーカ人やチムー人の末裔たちは今や戦慄すべき赤貧に生き、しかもみるみる数が減り、彼らの谷はひと握りの悪しきスペイン人の手に落ちております。

箱が開かれる。千七百年前の王がカルロス三世の足許に姿を現わす。歯も爪も髪もいまだ朽ちず、羊皮紙のような肉が骨に貼りつき、その風格溢れる衣裳は黄金と羽根飾りに輝く。笏はとうもろこしの花輪を被ったとうもろこしの神であり、遠来の客人につき添う。そして王と一緒に埋葬されていた甕や壺もまたマドリードまで旅をした。

スペイン国王は、亡き同輩を取り囲んでいた陶器類をしげしげと、だが呆気にとられて見つめる。モチーカ人の王はあたりに悦楽を侍らせ横たわっていた——陶器細工が象《かたど》るのは、思い思い千々に抱き合い、千々につがう、原罪など知らぬ幾組もの恋人たち、彼らはこの不遑なる行為のせいで我々が地上に生きる運命へと落とされたことなど知る由もなく、お楽しみの只中にある。

(355)

光の世紀　1771──パリ

欧州では大聖堂や王宮の尊い壁がひび割れる。蒸気機関や大部な『百科全書』などなど、産業革命という止めようのない破城槌に身を固めたブルジョワが打って出る。

パリからは不穏な思想が芽吹き、愚かな烏合の衆の頭上を舞いつつ、この世紀にお墨付きを与える。学習熱と知識欲の時代──光の世紀は人間の理性を、思考する少数者の理性を、カトリック教会の教義《ドグマ》と貴族の特権の目の前に高々と掲げてみせる。断罪も迫害も流刑も、片やイングランドの哲学者たち、片や多作なデカルトことあらゆることがらを疑い始めた男、この両者の後取りたる賢者たちを景気づける以上のものではない。

重力の法則から聖職者の独身主義に至るまで、啓蒙思想家たちに無縁の論題は有り得ない。奴隷制度が彼らの攻撃に絶えず晒されるのは当たり前。『百科全書もしくは科学・技芸・手工業の解読辞典』の編纂を指揮するドゥニ・ディドロの考えるに、奴隷制は自然と矛盾する──子供が親の財産であるはずはなく、妻が夫の、下男が旦那の、臣下が王の財産であるはずはないのと全く同じ理由により、ある人間はその主人の財産であるはずがなく、これに背くところを信ずる者は人と物とを混同しているのである。エルヴェシウスは欧州へ到着する砂糖樽に人の血の染みついていないものはないと語り、ヴォルテールの生んだ登場人物カンディドはスリナムで片手片足のない奴隷に行き合うが、その片手は砂糖きび搾汁機に食われ、片足は逃亡の罰として切り落とされたのであった――

――あんた方が欧州で砂糖を食う代価がこれだ。

我々が黒人を人間と認めているとすれば、我々のうちに何とキリスト教徒の僅かであるかも認めること、とモンテスキューは説く。奴隷制を祝福するような宗教は禁止されるに値する、そう僧《アベ》レイナルは断言する。ジャン・ジャック・ルソーにとり、奴隷制を認めては、恥ずかしくて人間ではいられない。

(95、98)

重農主義者

1771――パリ

犯罪というにとどまらず、奴隷制は経済的誤謬である、と重農主義者たちは言う。ピエール・デュポン＝ド＝ヌムールは『市民日録《エフェメリドゥ・デュ・シトワイヤン》』誌最新号において説く、奴隷制は古典的耕作手段を永らえさせ、アンティル諸島および大陸部アメリカにおけるフランス植民地の発展を妨げると。労働力の消耗分をひっきりなしに補充しようが、奴隷制は投資資本の浪費と損失を意味する。デュポン＝ド＝ヌムールは提案する、奴隷の早死、逃亡奴隷《シマロン》の引き起こす火事、連中とのうち続く戦争が課す出費、収穫の段取りはさんざんな失態、無知もしくは悪意によって道具は台なし、この種のことが引き起こす損失を計算に入れるべきであると。曰く、悪意と怠慢とは、主人に奪われた人格の一部を取り戻すために奴隷が用いる武器である。また不器用さは、知能を発達させる刺激の絶対的な不足に呼応している。奴隷を造り出すのは奴隷制であって、自然ではない。

自由な労働力のみが効率よく生産を上げられる、と重農主義派経済哲学の論者たちは言う。彼らの考えでは、私有財産は神聖なもの、しかし価値の生産は自由の下でのみ十全に実現され得るのである。

(98)

フランス植民地相、なぜムラートはその先天的《屈辱状態》から解放されるべきでないかを説き明かす

1771――パリ

陛下の熟考遊ばしたところ、かかる慈悲の類は自然が白人と黒人の間に設けた差異をうち砕くこととなりかねず、また政治的観点からの先入見は有色人およびその子孫たちが決してまたぎ越すことのできぬ開きとして、これまで注意深く維持されてきたのであります。いずれにせよ、有色種がどのような段階に留まり続けているかを問わず、かかる種に先天的に備わる屈辱状態を和らげぬことが公序良俗にと

っては緊要であり、劣等たる先入見は奴隷自身の胸中に埋め込まれてこそいっそう有用にして、まさしく植民地の安寧に貢献する主たる手段となります……。(139)

1772――キャプ・フランセ
フランスの最も豊かな植民地

修道士たちはみさき座《コメディア・デル・カポ》の歌姫マドモアゼル・モランジュに手向ける死者の祈禱を拒んだが、ハイチの六つの劇場で、また六つを越える寝室で、取り返しのつかない彼女の死を悼む涙が流される。芝居の道は永遠の神罰を受けた下賤な職業、とすれば、死者のための祈りに価する俳優などひとりもいはしない。それでも役者のひとりが鐘を手に、キリスト受難の像を胸に、黒い僧衣をまとい剃髪の跡も冴え冴えと、ラテン語で讃美歌を詠じつつ、今は亡き名花の葬列の先頭を行く。

墓地の手前で早々と、おまわりたちがバリトン男とその一味を追い回すが、彼らは瞬く間に姿を隠す。群衆が彼らを庇い、彼らを匿う。ハイチの度し難い眠気の隙間に気の利いたおふざけの涼風を吹き込む彼ら、いったい全体、こうした道化者に共感を覚えぬ者があるだろうか？

フランス植民地随一の富に輝く当地の舞台では、パリで初演されたばかりの演目が拍手を浴び、劇場はあたかも本国の如く、それが叶わぬまでも本国に似ようとする。ここでは肌の色に従って観客の席が決まる――中央には大理石、右手に銅、そして黒檀つまりまばらな数の自由黒人は、左手に座る。

見せ物に集う財産持ちの人々は、扇の波間を渡る船といった風情だが、埃まみれの鬘の下は暑熱のおかげで水びたし。白い肌の御婦人はひとりひとりが宝石屋さながら――黄金に真珠、ダイヤモンドがきらきらと華麗に縁取る汗ばんだ胸、その胸は服従と欲望をせがみ、絹地からせり上がる。

ハイチで最も力ある入植者《コロノ》たちは太陽と間夫とを気にかける。黄昏とともに太陽の罰が軽くなるまでは戸外に出ず、頃合をみてようやく、椅子駕籠や何頭立てもの大型馬車から恐る恐る首を出す。片や御婦人方は気前よく愛に生き、また気前よく夫を亡くすことでも名を馳せる。

(115・136)

1772――レオガヌ

ザベス

歩くことを覚えた当座から、逃亡した。踝《くるぶし》に重い重い鎖を縛りつけられても、鎖に繋がれたまま大きくなった。だが矢来を飛び越えること数知れず、そしてまた数知れぬほど、犬どもが彼女をハイチの山あいに召しとった。

熱い鉄もて、その頬に家紋《フロル・デ・リス》が焼きつけられた。鉄の首輪と鉄の腕輪をはめられ、搾汁小屋《トラピイェ》に閉じ込められたが、彼女は砂糖きびを砕き潰す圧《の》し棒の間に指を沈み込ませ、それからがぶり、鉄の包帯に噛みつくとこれを引きちぎった。止めを刺されんと再び鉄に繋がれた彼女、いま、呪いを口ずさみながら末期の苦しみを嘗める。

この鉄の女ザベスは、ナントに住むガルボー＝デュ＝フォール夫人の所有物。

（90）

物の力

1773――サン・マテオ・ウイツィロポシュコ

この村の教会は破れ教会。スペインからやって来たての司祭が、かくも陰惨な廃屋に神は金輪際お住まいになるべきでないと決意し、作業に取りかかる――堅牢な壁を建てるため、偶像を崇めた時代の遺構から石を運んで来るようインディオたちに命ずる。

脅しも罰も彼らを服従させることはできない。インディオたちは、父祖の父祖たちが神々を崇めたその場から、石を動かすことなど御免蒙る。それらの石は何も叶えてくれはしないが、忘却からは救ってくれる。

（135、322）

主は汝らとともにあり《ドミヌス・ウォビスクム》

1774――サン・アンドレス・イツァパン

インディオたちは、とにもかくにも自分たちの神々の名を口にするたび、いずれの神と言わず唾を吐くよう命じられている。

彼らに課される新手の踊りは「征服の踊り」であったり「モーロ人とキリスト教徒の踊り」であったり、つまりアメリカ侵略と異教徒駆逐を祝うもの。

身体を覆うことを強いられる、なぜなら偶像崇拝との闘いはまた裸身、危険な裸身との闘い、何となればこれを見つめる者の脳に甚しい裂傷を与える、とグアテマラ大司教はのたまう。

主よ称えられよ《アラバド》の祈り、天使祝詞《アベマリア》、主の祈り《パドレヌエストロ》をそらで繰り返すよう課せられている。

グアテマラのインディオたちはキリスト教徒になったのだろうか？

サン・アンドレス・イツァパンで公教要理を授ける修道士は確信が持てない。彼は聖なる三位一体を説明するのに一枚の布を折り、インディオたちに見せたという――見よ――一枚の布に三すじの折り目。神もまたかく三態にして一なり、こうしてインディオたちは、神は布でできていると合点したそうな。

インディオたちは聖母を羽毛の輿に乗せて練り歩き、彼女を光の祖母と呼んでは、明日も太陽を引き連れ来給えと夜ごと冀う。けれども彼らがそれ以上に傾倒し慕うのは、彼女が足下に踏みつける蛇の方である。出来のよいとうもろこしと立派な鹿を授け、敵を倒す手助けをしてくれるなじみの神、蛇に彼らは香を捧げる。聖ホルヘよりも龍を褒め称え、龍を花で覆いつくし、また騎士サンティアゴの足許を埋める花々は、使徒ではなく馬に敬意を表するためのもの。彼ら同様、いわれなき罪を問われた者としてイエスを認めるが、十字架を称えるのは犠牲の象徴としてでなく、その形が雨と大地の豊穣なる出会いを意味しているからである。（322）

聖なる秘蹟　1775——グアテマラ市

インディオたちは、雨、収穫、種播きの日々と符合しない限り、復活祭の儀式に臨まない。グアテマラ大司教ペドロ・コルテス＝ララスは新たな布告を発し、このように魂の救済を忘れ去る者たちを威嚇する。

インディオたちはミサにも集わない。人が呼ぼうが鐘が呼ぼうが応じない。村々を、とうもろこし畑《ミルパ》を、馬を走らせ探し回り、力づくで彼らを引きずって来なければならない。欠席には鞭打ち八回の罰が課せられるものの、マヤの神々の機嫌を損ねるミサへの恐怖が鞭へのそれに勝ってもおかしくない。大地との間で日々とり交わされる農作業という名の聖体拝領式に、ミサというやつは年五十回も割って入る。とうもろこしの死と再生の巡行に一歩一歩つき添うことは、インディオたちにとって、ひとつの祈りの術である。そして大地という途方もない神殿は、生命再生の奇跡を日々彼らに証《あか》す。彼らにすれば、大地はその隅々までもが教会であり、森そのものが聖地である。

広場の晒し台で罰を受けることから逃れようと、幾人かのインディオが告解室へ足を運び、そこで罪の意識を身につけ、祭壇の前に跪き、とうもろこしの神を口に入れることで聖体を受ける。それでも、森深く古《いにしえ》の神々にまず捧げてからでなければ、子供たちを洗礼盤に向かわせることはない。神々の御前で彼らは甦りの歓びを寿ぐ。生まれ出ずるものはことごとく、再び生まれるのだ。

(322)

1775——ウエウエテナンゴ

ものを知り、血を流し、語る木々

修道士は香の白い靄をくぐり抜け、ウエウエテナンゴに入る。異教徒たちもこうして真の神に敬意を捧げているところなのだと彼は信ずる。しかし、司祭の眼差しが向けられて病を得ることのないよう、母たちは嬰児をマントでくるむ。たちこめる香は感謝でも歓迎でもなく、悪魔祓いのためである。コパルの樹脂を燃やし、煙の帯をうねらせながら、キリスト教徒の持ち込んだ疫病が止むよう古《いにしえ》のマヤの神々に嘆願する。

その体内を流れる樹液が香となるコパルは聖なる木。また夜ともなれば女人に化身するパンヤ、また杉の木、そのほか人間の苦しみに耳を傾ける木々はすべて聖なる木々である。(322)

ボニイ　1775――ガドー サビイ

銃弾の雨あられが、オランダからやって来た兵八百名の行く手を開く。逃亡奴隷《シマロン》の村ガドーサビイは軋み、陥落する。煙と火に遮られた向こうでは、血まみれの顔また顔が密林《セルバ》の際に消える。

欧州戦争の古強者、スイス人大佐フルジョーは、廃墟の間に駐屯することを決める。闇迫るころ、木の茂みからは謎めいた声が響き、唸りを上げて飛来する銃弾に、兵士たちは身を伏せざるを得ない。

部隊は銃撃と罵声、また挑発と勝利の歌に取り囲まれて夜を過ごす。逃亡奴隷たち、見えざる者たちは、フルジョー大佐が地につっ伏したまま、降伏すれば自由と食糧を保証すると言うと、高笑いを上げる。

――餓鬼め！――茂みから無数の声が彼に吠える――かかし野郎！

それらの声はオランダ兵たちを白い奴隷と呼び、ここスリナムの地はもうすぐ残らず長《おさ》ボニイの指揮下に入ると告げる。

夜明けが包囲を解いたとき、フルジョー大佐は部下たちの傷が銃弾ではなく小石やボタン、硬貨の仕業だったことに気づく。また物や言葉が砲弾よろしく飛び交いオランダ人たちを釘づけにしていた間、逃亡奴隷たちが夜っぴで米やユカ、山芋《ニャメ》の袋を密林深く運び去っていたことにも。

ボニイが作戦の立案者。逃亡奴隷たちの領袖ボニイはその体軀に鉄の刻印を持たない。その母は奴隷であったが主人の寝台から頓走し、密林の中で彼を自由人に生み落とした。(264)

錬金術師たちがアフリカ貿易に発揮する非凡な才能

1776――ケープ・コースト砦《キャスル》

船長ペレグ・クラークがアフリカ沿岸を走り回って随分になる。

船は悪臭を放つ。購入済みの奴隷を甲板に上がらせ水浴びさせよと船長は水夫たちに命ずるが、鎖をはずすが早いか、黒人たちは海へ身を躍らせる。故郷の陸《おか》へと泳ぎゆく彼らを流れが呑み込む。

商品の損失は奴隷《ひつじ》の群れを導く老練な牧者クラーク船長の栄誉に泥を塗り、ロード・アイランドの奴隷商人たちの令名をも傷つける。北米の造船所は、ギニア貿易向けにいっそう丈夫な船を建造したと鼻高々。その水上牢獄はあまりの上にもあまりに上出来、おかげで奴隷叛乱は平均四年半に一度しか記録されず、これはフランス製奴隷船の場合の四分の一、その道に特化したイングランドの会社の平均と比べても半分の頻度である。

間もなくアメリカ合州国と化す十三植民地は、その奴隷商人に多くを負っている。魂と肉体の良薬であるラム酒は、アフリカ沿岸で奴隷に姿を変える。その後これらの黒人たちはジャマイカ、バルバドスのアンティル両島で糖蜜に転ずる。そこから糖蜜は北へと旅し、マサチューセッツの蒸留所でラム酒に変貌する。さてそこでラム酒は再びアフリカに向け海を横切る。航海のたびごと、ついでに島々でタバコ、板材、金物、小麦粉に塩漬け肉を売り、香辛料を買い込む。余った黒人の行き着く先はサウス・カロライナ、ジョージア、ヴァージニアの農園《プランテーション》である。

かくして奴隷貿易は航海士、商人、金貸しや、造船所、蒸留所、製材所、塩漬け肉の加工場、製粉所、農園、保険会社などの所有者を太らせる。

(77、193)

1776——ペンシルヴェニア
ペイン

その名は『コモン・センス』。年始めに刊行された冊子がまるで水かパンの如く北米植民地内に行き渡る。ほんの二、三年前この地へやって来たイングランド人の著者トム・ペインはひと思いに独立を宣言せよと呼びかける——自前の政府を持つ権利は我らが自然権なり。なにゆえ我らはためらうのか？

君主政とは、とペイン曰く、馬鹿げた統治形態なり。ペインは政府というものを、良くてせいぜい必要悪、ひどい場合は耐え難い悪とみなす。しかも君主政は最悪も最悪の例。まっとうな正直者ならば誰であれ、これまでに王冠を受けたあらゆるごろつきどもに勝る、そう彼は言ってのけ、ジョージ三世こそ大英帝国の正真正銘の獣王、と名指す。

全世界にあって、とまた曰く、自由は非情なる狩りの対象となっている。欧州大陸では自由を何やら奇異なものと見、アジアやアフリカはかれこれ相当前にこれを叩き出し、イングランド人はこれに立ち退けと警告したばかり。ペインはアメリカの入植者《コロノ》たちに説く、この地を自由人の避難所に変えよと——汝ら、逃亡者を受け入れ、人が人として生きる条件の庇護される場を遅滞なく整えよ！ (243)

連合州《ユナイテッド・ステイツ》　1776——フィラデルフィア

イングランドはこれまで北米大西洋岸の十三植民地に余分な注意を一切払って来なかった。なにぶん黄金も銀も砂糖も出さない。ついぞ欠くべからざる存在であった試しなく、その成長に横槍入れるまでもなかった。それらの植民地は勝手に歩んできた——ピルグリム・ファーザーズが初めてニュー・イングランドという名の岩だらけの地を踏みしめた、遥かな昔以来そうであったのだ――なるほど地面の固いことといったら、種を播くのに銃弾を撃ち込まねばならないほどだったという。さて今、成長期の真只中にさしかかり、十三のイングランド植民地は走ることを必要とする。

十三植民地は西部に飢えている。多くの開拓者がライフル一丁、斧一丁、ひと摑みのとうもろこしを袋に詰め、山々のあちら側へ雄飛することを夢見る。だが英王室はアパラチア山脈の峰々を以て境界とし、そこから向こうの土地はインディオに取りおいた。十三植民地は世界に飢えている。その船はもはや海という海を席巻している。だが英王室は、植民地がものを買うについては王室の言う通りのものを買い、ものを売るには王室の決める通りの場所で売るよう強いる。

大砲一発、一気に絆は切れる。十三植民地はかくも遠く離れた島の王に服従と金を貢ぎ続けることを拒む。自前の旗を掲げ、アメリカ連合州と名乗ることを決め、茶とは縁を切り、国産品たるラム酒を愛国飲料と宣言する。

すべて人は生まれながらに平等である。独立宣言はそう謳う。奴隷たち、五十万もの黒人奴隷たちは知る由もない。(130、224)

1776——モンティセロ

ジェファソン

独立宣言、即ち合州国の出生証明書の起草者は、多才多芸の人にして、好奇心も千々にまたがる。温度計に気圧計に書物に、と読み取り読み解くこと疲れ知らず、トマス・ジェファソンは自然の啓示を追いかけ、人間の思想のあらゆる次元を両腕の中に取り込もうと、問いかけ、見つけ出す。夢物語かと見紛う膨大な蔵書と、石や化石や植物から成る小宇宙とを手中に揃えつつある。また新プラトン派哲学、ラテン語文法、ギリシア語の構造、歴史上いったい社会がどのように組織されてきたかについては、人智及ぶ限りのすべてを知っている。生地ヴァージニアにかけては、どの家のどの子、どの老人だろうと、どの草の葉脈までをも知りつくし、世の技術についても常に最新の話題を押さえている。蒸気機関、新型の犂、バターやチーズを生産する独創的手法など、試しては喜ぶ。モンティセロの邸宅は、当人自ら想いめぐらし、図面を引いて瑕疵なく建ててみせたもの。

清教徒は人口を勘定するのに魂《アルマ》を単位としていた。ジェファソンは人種という個体によってこれを数える。種のうち、黒人はほとんどどれをとっても同じである。黒人はそこそこの記憶力を持つが想像力はかけらもなく、そのお粗末な知性では決してユークリッドを理解することもなかろう。ヴァージニアの貴族ジェファソンは民主主義、正確には地主たちの民主主義、および思想信条の自由を説くも、性や肌の色による序列の体系は擁護する。彼の教育案が女性、インディオ、黒人に及ぶことはない。ジェファソンは奴隷制を断罪する傍ら、今も、またこれからも奴隷主であり続ける。彼は白人女よりムラータたちに惹かれるくせに、人種の純粋さが損われるとなれば色を失い、血の混じり合いは白人入植者を待ち受ける最悪の誘惑と信ずる。

(41、161)

フランクリン　1777——パリ

北米随一の名士、絶望的な任務を帯びてフランスに到着。ベンジャミン・フランクリンはフィラデルフィア始め、愛国派の砦を占領したイングランド植民地軍に立ち向かうべく、援けを求めに来たのである。大使は自らの個人的威信を余すところなく活用し、フランス人の胸に栄光と恨みを燃え立たせようと企てる。

凧を飛ばし、天から降る火や雷鳴が神の憤怒の現われではなく、その正体は大気圏中の電気であることを見究めて以来、世にフランクリンを知らぬ王も平民もない。彼の科学的発見は日常生活に由来する。すぐれて複雑難解なものこそ、すぐれてつましきものの裡に宿る——黎明の光とその光が描き出す、二度と拝めぬ空のシルエット、水にはね入ると波を平らかにする油、葡萄酒に溺れても陽に晒すと生き返る蠅。厳しい暑さに責め苛まれる日々、汗が身体を涼しく保ってくれるのを見て、フランクリンは蒸発作用による冷却の仕組みを考えついた。またストーブやら時計やら、グラス・ハーモニカ、モーツァルトに霊感を吹き込んだあの楽器を発明製作してみせた。本を読むたび遠くを見るたび眼鏡を取り替えるのに飽き飽きし、ガラスを切って同じ枠の中にはめ込み、こうして遠近両用レンズを誕生せしめた。

ともあれフランクリンが人気者となったのは、電気は細く尖ったものの先を求めると指摘し、塔の高みに鋭い鉄棒を据えて稲妻を打ち負かした折である。フランクリンはアメリカの叛徒の代弁者ゆえ、英国の避雷針は先が丸くなくてはならぬ、とイングランド王は命じていた。(79)

もし彼が女に生まれていたならば

ベンジャミン・フランクリンの兄弟姉妹十六人のうち、才能と意志の強さで彼に一番近いのはジェインである。

だがベンジャミンが我が道を拓くべく家を出た年齢に、ジェインの方は貧しい革具職人と持参金なしの結婚をし、十ヵ月後、第一子を産んだ。以来四半世紀、ジェインは二年ごとにひとりずつ子をなした。

幾人かは幼くして死に、それぞれの死は彼女の胸にざっくりと傷を開いた。生き延びた子供たちは食べ物と保護と教導と慰めとを求めた。泣く子をあやしつつジェインは幾晩も夜を明かし、山のような洗濯物を洗い上げ、小僧軍団を風呂に入れ、市場から台所へ駆けつけ、皿の塔を片づけ、読み書き算盤を教え、工房では夫に伍して働き、下宿者の面倒を見てはその宿代で食費を補った。ジェインは献身的な妻にして未亡人の鑑、子供たちがすっかり成長すると病弱な両親や独身を通す娘たち、庇護の手を失った孫たちの世話にかかった。

ベンジャミンは年甲斐もなく凧糸任せに湖上をたゆとうたものだが、ジェインがそうした楽しみを知ることは決してなかった。ジェインには一度とてものを考える時間もなければ、疑うことなど思いもよらなかった。ベンジャミンは愛を追う情熱家であり続けるが、ジェインは性が子産み以上の行為でありうることを知らない。

発明家王国となる国の創始者ベンジャミンはいつの世をも越えた偉大な男。ジェインはいつの世のどんな女たちともほぼ変わらない、その時代の女として、現世の義務を果たし、聖書の呪いを彼女なりに贖った。彼女は正気を保つべくできる限りの手を尽くし、ささやかな静寂を求めたが徒労に終わった。

彼女の例は歴史家たちに見向きもされないことだろう。

ワシントン　1778――フィラデルフィア

兵士うちの一番手は農場主としても音に聞こえ、馬に乗せればその俊足は他をよせつけず、狙った獲物ははずさない、すこぶるつきの狩人でもある。誰にもその手を差し出すことなく、誰にもその目を覗き込ませない。誰も彼をジョージと呼ばない。その口から賛辞が漏れることはついぞなく、かといって不平が漏れるでもない。そして持病の潰瘍やカリエスや熱病がどんなに彼を苛もうとも、常に模範的な度胸と果敢さを示す。

フランスから兵と武器との加勢を得て、ジョージ・ワシントン軍は大英帝国の手からフィラデルフィア市をもぎり取る。アメリカ合州国独立戦争、黒ジャケット対赤ジャケットのそれは、延々悲痛な戦争となりゆく。（224、305）

クラビヘロ、呪われた地を擁護する　1780――ボローニャ

アメリカから追放されたイエズス会士のひとり、フランシスコ・ハビエル・クラビヘロはイタリアでその著『メヒコ古代史』をものす。四巻の書に僧が書きつけるのは勇者ぞろいの民の来歴、つまりはヌエバ・エスパニャをメヒコと呼び始め、既に誇り高く祖国の語を口にするクリオジョたちが、自覚、国民意識、歴史意識を獲得する行為。書物は当時、パリから、ベルリンから、あるいはエディンバラからさんざん叩かれていたアメリカの、擁護の任を買って出る――アメリカには小麦はなかったかもしれないが、それを言うならヨーロッパにもとうもろこしはなかった……、アメリカには柘榴もレモンもなかったが、今や立派にあるではないか、ヨーロッパではチリモヤもアボカドもバナナもチコサポテもなかったどころか今もなく、生やしたくともできないというのに……。

クラビヘロが一心不乱に突撃する相手は新世界を惨状一色に描く百科全書派。ビュフォン伯曰く、アメリカの空は貪欲にして地は雨に腐る、曰く獅子はたてがみを知らずさもしく臆病、貘は象のちんちくりん、曰く彼《か》の地では馬も豚も犬もでき損ない、曰くインディオどもは蛇の如く冷淡で雌を前にして心動かされるでも情熱をかき立てられるでもない。同様にヴォルテールは無毛の獅子や無毛の人間を話題

にし、劣等の民は熱き土地に生まれるとモンテスキュー男爵は説く。山脈というものは本来東西に走るべきものをアメリカでは南北に走っている、と言って僧《アベ》ギョーム・レイナルは憤慨し、その同業者たるプロシア人のコルネイユ・デ・パウはアメリカのインディオを退化した怠惰な獣と描き出す。デ・パウによれば、彼の地の気候は動物を尾なしの骨皮にしてしまう。女たちはあまりに醜いので男と区別できないほどであり、砂糖には味がなく、コーヒーには香りがない。

（73、134）

山系から海へと、燃え立つアメリカ

1780――サンガララ

首斬り役人のサーベルがクスコのマヨル広場に最後の皇帝《エル・インカ》、トゥパク・アマルの首を斬り落としてより二世紀が過ぎた。あのとき死して生まれたとの神話が今かなえられる。お告げの成就――頭は胴とひとつになり、甦ったトゥパク・アマルが襲いかかる。

ホセ・ガブリエル・コンドルカンキことトゥパク・アマル二世は法螺貝の調べに合わせ、我らの巣から蜜を盗む、泥棒蜂の如き悪辣なる統治を断つべくサンガララの村へ入る。その白馬の行くところ、一縷の望みを賭けて後に従う者たちの隊列がふくらむ。石投げで、棍棒で、ナイフで、これら裸の兵隊たちは闘う。彼らはその大半がインディオであり、ポトシの坑道に血へどを吐いては命を投げ出し、あるいは織物工場《オブラヘ》や荘園《アシエンダ》に力尽きる。

太鼓の轟き、雲なす旗の群れ、五万の軍勢は山々の稜線をなぞる――進軍し、行く手を平《なら》すはトゥパク・アマル、インディオや黒人を解放し、我らをかくもおぞましき死の域に置きやった者どもに天罰を下す。使者たちの馬が駆け抜けると、クスコの谷からアリカの海辺、トゥクマンの国境《くにざかい》に及ぶまで、住民は次々決起する、この戦《いくさ》に斃れる者は必ずや甦るであろうから。

大そうな数のメスティソが蜂起に合流する。ヨーロッパの血を引きながらアメリカで生を享けたクリオジョもまた幾人《いくたり》か。


(183、344)

1780――トゥンガスカ
トゥパク・アマル二世

代官《コレヒドル》アリアガの奴隷アントニオ・オブリタスがここトゥンガスカ村の広場に一本の丈夫な綱、首吊り用の綱、騾馬引きの綱をぐいと引くと、旗よろしく揚がったアリアガ、インディオに威張り散らし黒人を所有するアリアガ、アントニオの主人の体を、風が一週間というもの右へ左へもてあそんだ。

絵の具持つこの手は縛り首にした手。アントニオ・オブリタスはいま、ペルーの全奴隷に自由を命じた男の肖像を描く。画布を張る木枠もなく、画板はとうもろこし袋によりかかる。ざらつく木肌の上を往きつ戻りつして色を産み落とすのは、主人を処刑し、もはや奴隷の身と訣別したアントニオの絵筆。トゥパク・アマルは戸外で騎上に威儀を正す。いつもの黒ビロードの上着も三角帽も身につけていない。皇帝《ロス・インカス》たちの後継ぎは太陽の子の装束、王の徽章を誇らし気に輝かす――その頭《かしら》には、先祖たちと同じ羽根兜が乗り、三重の日輪に揺れる飾り房、胸には黄金の太陽、一方の拳は棘の植わった笏を握り命を下す。不動の騎手の周囲には、植民地軍を相手に上げたばかりの勝利の場面が次第に形をなしてゆく。アントニオの手から湧き出るのは雑兵たちと黒い煙、戦《いくさ》に起つインディオ、炎がサンガララの教会を舐め、囚人たちは獄から逃げ去る。

干戈のにらみ合う、会戦と会戦の合間にその絵は生まれる。トゥパクと彼の馬が姿勢を決めてから、ひとしきりの時が経つ。石の如く微動だにしないので、果たして彼らは息をしているのだろうかとアントニオはひとりごつ。鮮やかな色の数々がひたすらゆっくりと画板を埋めてゆく。画家はこの、休戦の長き一瞬に身を委ねる。肖像画が描き上げられてゆく間、画家とそのモデルは時を抜け出し、敗北の到来、あり得べき死を遠ざける。

（137、183、344）

織物工場《オブラヘ》は壮大なる船

1780──ポマカンチ

にしてそれはアメリカの陸の上を航行し、たどりつく当てのない港を目指し櫂を握るインディオたちが夜も日も船足を駆り、決して航海を止めないガレー船──遠ざかる岸辺を指して、船を漕ぎ漕ぐインディオたち、睡魔に打ち負かされそうになると鞭が彼らを叩き起こす。

男が女が、子供が年寄りがこぞって綿や毛を撚り、紡ぎ、仕上げる織物工場。法の定める労働時間《オラリオ》や賃金《サラリオ》なぞどこ吹く風、獄と見紛うこの巨大な工場に投げ込まれたインディオたちは、埋葬の時が訪れるまでそこから外に出ることはない。

クスコの南をゆくトゥパク・アマルは機に縛りつけられたインディオたちを解き放ちつつ進む。大叛乱の風がリマ、ブエノス・アイレス、そしてボゴタの副王たちを現《うつつ》に返す。

（170、320）

97

植民地の詩一篇――もしインディオたちが勝利するなら……

……我らを働かせるつもりだろう
彼らが働く仕打ちそのままに
そしていま彼らが貶められている分
そっくり我らを貶めるだろう
誰ひとり望みをつなげまい
家も荘園《アシエンダ》も栄華にも
誰ひとり名誉に手は届かず
皆が皆平民となるだろう――
我らは彼らのインディオとなり
彼らが領主となるだろう

1781――ボゴタ

コムネロス

ボゴタ大司教は怒りに震え、その革張りの椅子さえ呻く。砂糖菓子よろしくルビーやエメラルドを散りばめたその両手が、紫の僧衣を握りしめる。ドン・アントニオ・カバジェロ＝イ＝ゴンゴラ猊下は口をふくらしたまま呪いの言葉を吐く。口が一杯といっても、ものを食べている最中ではなく、彼の舌も彼に似てでっぷりしているせいである。

とんでもない知らせがソコロの町から届いていた。コムネロス、即ちあたりまえの《コムン》人々が新税に抗して起ち上がり、裕福なクリオジョたちを隊長に任命したのである。富者も貧者も税には腹がすえかねる、何しろ獣脂の蠟燭から蜂蜜まであらゆるものがいじめられ、風すらお情《なさけ》にすがれない――その名も風の売り上げ税《アルカバラ》、行商人が払うところの税である。

岩の町ソコロに叛乱が火を吹くが、そうなるだろうことはボゴタに座す副王も薄々気づいていた。時は市《いち》の日、ところは広場の真正面。平民女性マヌエラ・ベルトランが市会《カビルド》の扉という扉から勅令を引き剝がし、粉々にちぎって踏みつけた。すると衆人は店々を荒らしにかかり、獄を焼いた。今や幾千ものコムネロスが棍棒や鍬に身を固め、太鼓を打ち鳴らしつつボゴタを指してやってくる。スペイン側の武器は緒戦に敗れた。

副王をしのぐ命令者として、大司教は叛徒との会見に臨む腹を決める。口約束で人々をたぶらかすため、彼は宮廷の使節団の先頭に立つだろう。騾馬は泡を喰って彼を見やる。（13、185）

平原　1781──タマラ

トゥパク・アマルの名を叫びつつ、インディオ千五百名がアンデス東部の平原からうち寄せる。山脈を征し、ボゴタへ駆け上るコムネロスの波に合流しようとの腹づもり。平原の総督は雲隠れ、そうして首だけは助かる。

これらの叛逆者は、オリノコに流れ込む支流沿いの草原に住むインディオたち。オリノコの河岸、亀が卵を産みつけるあの河岸に、市《いち》を開くのが彼らのならわしであった。そこには遥か彼方の時代から、ギアナやアマゾン流域のインディオたちも集ってきていた。彼らは塩、黄金、土鍋、かご、網、干魚、亀の油、矢毒、裸体を蚊から守る赤い顔料などをやりとりしていた。巻貝の殻が通貨代わり、だがそれは、ひたすら奴隷目当ての欧州人が到来し、人間と引き換えに斧やはさみ、鏡、火酒などを供するまでのこと。以来インディオたちは次々奴隷の身となり、己れの兄弟を売り、逃亡者がまた追う者となった。

そしてはしかや天然痘で多数の者が命を落とした。（121、185）

ガラン　1781――シパキラ

シパキラの村で和議が結ばれる。大司教が書き下ろし、福音書にかけて誓い、聖別のために大ミサを挙行する和議が。

取り決めでは叛徒の側に理がある。じきこの紙切れが灰と化すだろうことは、コムネロスの隊長たちも先刻御承知。だがボゴタの空をみるみる翳らせ、スペイン王室はもとより一財産こしらえたアメリカ生まれをも脅かしつつある、この途方もない嵐、とどまるところを知らない平民衆生の無軌道を、極力すみやかに拭い去ることは、彼ら富裕なクリオジョたちにとっても必要なのである。

叛将のひとりが罠にはまることを拒む。カルタヘナの褐色人《パルド》大隊からその戦歴を積むホセ・アントニオ・ガランは、闘いを続ける。村から村へ、荘園《アシエンダ》から荘園へ、奴隷を解放し、貢納を廃し、土地を分け与えつつ進む。圧制者に立ち向かう虐げられた者たちの連合、彼の軍旗は高らかにそう謳う。敵味方ともども彼を当地のトゥパク・アマルと呼ぶ。（13、185）

コムネロスの俗謡《ロマンセ》

太鼓を黙らせ
あんたたち、よく聴けよ
これぞまことのロマンセ
コムネロスたちの口癖さ——
山羊は森《モンテ》へ身を投げ
森《モンテ》は空へ身を投げる
空は、はてどこへ
今じぶん誰が知るものか
金持ちは文無しに飛びかかる
なおさらしがないインディオにゃ、
その両方が飛びかかる
仲良く半々山分けさ……

(13)

大地の臍、神々の家

1781――クスコ

エル・クスコ、聖なる都は本来の姿に戻ることを望んでいる。隙もなくひしと肩寄せ合い、互いをいとおしむ昔日の黒い石たち、大地と人の激情にうち克った石たちは、自らを足下に押しつぶす教会や宮殿を振り落とさんと機を窺う。

ミカエラ・バスティダスはクスコを見つめ唇を噛む。トゥパク・アマルの妻は大地の臍《クスコ》、神々に選ばれし地を山の頂から凝視する。嗚乎すぐそこに、インカ人のものであったはずの大都、陶土と煙の色をした都が、ただ手を伸ばせば触れられそうなほんの間近に待つのだ。

幾度となくミカエラが言いつのっても無駄だった。新生皇帝《インカ》は襲撃を決意するに至らない。トゥパク・アマル、太陽神の子は、インディオを殺める気になれない。トゥパク・アマル、あらゆる生命を築きし者の生まれ代わり、復活の生きた証、彼はインディオを殺めるに忍びない。確かにインディオたちなのだ、首長《カシケ》プマカウアの指揮下に、ここスペイン側の稜堡を防衛する役回りにあるのは。

幾度となくミカエラが言いつのり、なお幾度強く言っても、沈黙するトゥパク。彼女にはもはや見えている、すすり泣きの広場《プラサ・デ・ロス・ジャントス》に繰り広げられるであろう悲劇が、そしてどのみち自分は幕切れにまで至る

であろうことも。（183、344）

ペルーの道は塵と哀哭の道　1781—クスコ

銃弾に貫かれても、ある者たちは座したまま、またある者たちは伏したまま、なお守りを崩さず、石つぶてを降りしきらせては我らに攻めかかった……。山岳の斜面は屍の野——死者と槍と破れた旗との間に勝者たちは残る騎銃《カラビナ》を拾い歩く。

トゥパク・アマルの聖都入城は、ざわめく部隊を背後に控えた凱旋者としてのそれではない。驟馬の背に揺られ、体に巻きつく鎖を石畳の上まで引きずりながらのクスコ入城。両脇に居並ぶ兵列の間を、牢獄へと進む。教会という教会の鐘が狂ったように鳴り響く。

トゥパク・アマルはコンバパタ河を泳ぎ切り、落ちのびはしたものの、ランギの村で待伏せに虚を衝かれた。彼を売ったのは、部下の一指揮官にして彼の代父《コンパドレ》でもあるフランシスコ・サンタ＝クルス。

裏切り者は己れの首縊る綱を捜しはしない。二千ペソを頂戴し、貴族の位を受ける。（183、344）

拷問室の聖体神秘劇　1781——クスコ

責め道具の枷に縛りつけられ、裸体に血を滲ませたトゥパク・アマルが横たわる。クスコの獄の拷問室は仄暗く、天井は低い。光がひと筋、叛乱指導者の上に落ちる。荒々しく、人をうちのめす光が。ホセ・アントニオ・デ・アレチェは巻き毛の鬘と晴れの軍服を誇らし気に身にまとう。スペイン国王の代理人、軍総司令官にして最高判事のアレチェはハンドルのそばに腰かけている。ハンドルを回転させれば綱がもう一巻き、トゥパク・アマルの腕と脚とを締め上げ、すると息絶え絶えの悲鳴が聞こえる。

アレチェ——やれ王の中の王、二束三文で売られた王もどきよ！　ドン・ホセ一世、イングランド王家の雇われ手代！　金が権力欲を娶るとな。この結婚を驚く手合いがどこにいるというのだ？　いつものことだ……英国の武器、英国の金。なぜ拒まぬのだ、えぇ？　哀れな奴め。(立ち上がり、トゥパク・アマルの頭を撫でる。) ルター派の異教徒どもが貴様の目をくらませ、分別に暗い覆いを投げたのだ。哀れな奴。ホセ・ガブリエル・トゥパク・アマル、ここらの版図の絶対かつ自然《じねん》の主と……。ドン・ホセ一世、新世界の帝王となー！　(羊皮紙の巻物を解き、声を大にして読み上げる。) 《ドン・ホセ一世、神の恩寵によりて皇帝《インカ》たる者、ペルー、サンタ・フェ、キト、チリ、ブエノス・アイレスと南海の諸大陸の王、至高最上の君主、カエサルたちとアマゾネスたちの頭領、大パイティティに領地を有し、神の慈悲を分け与える弁務官……》(だしぬけにトゥパク・アマルの方へ向き直る。)否と言え！　貴様の懐にあったのだぞ、この声明は……自由など約しおって……。異教徒どもは貴様に密輸の奸計を教え込んだ。自由という名の旗にくるんで来ようが、貴様がもたらそうとしていたのは圧政という圧政のうちでも図抜けて残虐な支配ではないか！　(枷に繋がれた肉体の回りを歩く。)《奴らは我らを犬のように扱う》だと。《我らの皮を剝ぐ》だと。ならば貴様や貴様の手下どもが一度でも税を払ったと言うのか？　貴様は武器を使い馬に乗る特権すら享受したではないか。貴様はずっと血統純なるキリスト教徒として遇されてきたのだぞ！　貴様には白人の暮らしを与えてやったというのに、人種の憎悪を説いて回ったのだ。我々が、貴様のにっくきスペイン人が、貴様に語る術を教えてやったのだ。それが貴様の台詞ときたらどうだ？　《革命を！》貴様に綴り方を教えてやったのは我々だ、ところが貴様は何を書いた？　《戦争を！》(腰を下ろす。トゥパク・アマルに背を向け、脚を組む。)貴様はペルーを台無しにしおった。犯罪、火つけ、盗み、冒瀆……。貴様と取り巻きの狼籍者《テロリスタ》らがこのあたり一帯に地獄を持ち込んだ。スペイン人はインディオに土を舐めさせているだと？　身売りの強制を止め、織物工場《オブラヘ》を開いて正当な賃金を払えととっくにわしは命令済みじゃ。十分の一税や関税も廃止してやった……。まともな扱いが復活してなお何ゆえ戦い続けた？　おとぼけ皇帝よ、貴様のせいでいったい幾千の死者が出たと思っているのだ？　貴様は攻め入った土地にどれほどの苦痛を置き土産にしたことか？　(立ち上がるとトゥパク・アマルの方へ身を傾けるが、こちらは目を開かない。)ミタ制は犯罪もいいところで、鉱山へ行くインディオは百人のうち二十人しか戻らないだと？　わしは強制労働をなくすよう、とうに指示を出しておるぞ。第一その忌まわしいミタ制は貴様らインカの先人が発明したのではなかったか？　インカめら……。インディオにあれ以上ひどい仕打ちを加えた者がほかにあったか。己れの血管を流れる欧州の血を全否定するのか、ホセ・ガブリエル・コンドルカンキ＝ノゲラよ……。（一息置いて、敗者の肉体の回りをめぐりつつ口を開く。）貴様への宣告はもう用意ができておる。わしが思案し、書き上げ、署名したのだ。（その手はトゥパクの口許で空《くう》を切る。）貴様を処刑台へ引きずってゆき、刑吏が貴様の舌を引き抜くのだ。手足を残らず馬四頭に縛りつけてやる。貴様は四つに裂かれるのだ。（裸の胴に手をやる。）ピチュの丘で貴様の胴を炎に投げ込み、灰を風に散らすのだ。（顔に触れる。）貴様の首をティンタの村で三日間絞首台にぶら下げ、それから杭に打ちつけ村の入口に立ててやろう、皇帝の称号を十一持っているというのに因んで、鉄の細釘を十一本打った王冠を冠せてな。（腕を撫でてやる。）片腕はトゥンガスカへ送り、もう一方はカラバヤの王都《クスコ》で御開陳としよう。（そして脚を。）片脚をリビタカの村へ、もう片方をサンタ・ロサ・デ・ランパへ。貴様の住んだ家という家は取り潰しじゃ。貴様の土地には塩を撒いてやる。貴様の子孫にはこの先何世紀も悪名が降りかかることだろうよ。（蠟燭を灯すとトゥパク・アマルの貌の上へかざす。）今ならまだ間に合うぞ。言え――貴様の始めた叛乱を継いでいるのは何者だ？　共謀しているのは誰なのだ？（媚びるように。）まだ間に合うぞ。絞首台がいいのか。今なら屈辱も懊悩も避けられる。名前を挙げろ。言うんだ。（耳許で。）貴様は自分で自分の首を締めるんだな、殺し屋インディオめ！（再び語気を和らげて。）貴様の倅イポリトの舌を切り落とすぞ。女房のミカエラも舌を切って鉄環《ガロテ》の喉締めを食らわすか……。後悔するより助けてやったらどうだ。女房をな。貴様の女房を不名誉な死から救ってやれ。（近づく。待つ。）貴様の引きずる罪は神が御承知だ！（拷問具の車輪を乱暴に回転させると身もちぎれるような呻きが聞こえる。）神《アルティシモ》の裁きの場を前にして沈黙で言い逃れようなどと思うでない、傲慢なインディオめ！（残念そうに。）嗚呼！こんな有様で永罰に堕ちる魂があろうとは、嘆かわしいことだ……（激昂して。）これで最後だ！共犯者は誰だ？

トゥパク・アマル（やっとのことで頭を上げ、目を開き、遂に口を開く）——ここにはお前と私のほか共犯者なぞいるものか。お前は抑圧者として、私は解放者として、ともに死に値する。（183、344）

インカ風の装束を禁じ、インディオは
カスティリャ語を話すよう定めたアレチェの令

1781——**クスコ**

インディオは邪教の装束を用いるべからず、なかんずく邪教徒貴人の位を示す装束は、かつてこれをその皇帝《インカ》が用いたことの再現に資するほかなく、かかる行為が甦らせる記憶は、支配者たる民《ナシオン》への憎悪をいやが上にも掻き立てる以外の効果を持たず。彼ら第一の神たる太陽をここかしこに配するなど、見てくれは滑稽至極しかも我らの純なる宗教とほとんど相容れぬ振舞いは許されぬ。本決定はここ南アメリカ全土《アメリカ・メリディオナル》をくまなく覆い、かような装束をことごとく一掃すべし……皇帝《インカ》を描いたあらゆる絵画肖像の類についても同様に処すべし……。

　またこれらインディオがスペイン人に対して抱いた憎悪から放たれ、法の示す装束に則り我らスペインのしきたり通り身を整え、さらにカスティリャ語を話すよう、学校ではその使用を従前にも増して強力に採り入れるものとす。カスティリャ語習得に足る期間を措いてのちなおその使用に抗する者は、厳格かつ正当この上なき処罰を下されるべし……。

(345)

1781——クスコ

ミカエラ

　この戦《いくさ》、産みの苦しみで大地を軋ませたこの戦は、ミカエラ・バスティダスに休息も慰めも与えなかった。小鳥の頸をしたこの女人は津々浦々を回っては人集めをし、新たな同志となけなしの銃とを、誰が乞うたか遠眼鏡を、コカの葉や食べごろのとうもろこしの実を、前線へ送るのだった。馬たちは速駆けの足を休めることなく山を越え、彼女の命令を、通行許可状を、報告や書簡を運び、持ち帰る。スペイン人が守りを固め、叛徒の意気をくじき、追い散らしてしまう前に、ひと思いに兵をクスコへ突撃させて下さい、そうトゥパク・アマルに迫る言伝ても幾度となく送った。チェペ、いつもそう書いていた。チェペ、わたしの大切な方、お気をつけ下さいといやになるほど言ってきたのに……。

インディオたちがすすり泣きの広場《プラサ・デ・ロス・ジャントス》と呼ぶクスコのマヨル広場、馬の尻尾に引きずられたミカエラが進み入る。パラグアイからマテ草を運んでくるのに使う、あの革袋に押し込まれて彼女は来る。馬はまた、処刑台の方へ、トゥパク・アマルを、そして彼と彼女の子イポリトとを引きずってゆく。いまひとりの息子フェルナンドはこれを見る。

（159、183）

聖雨

1781——クスコ

少年は顔をそむけたいのだが、兵士たちが見ることを強いる。フェルナンドは、刑吏が兄イポリトの舌を抜き、彼を絞首台の階段から突き落とすさまを目にする。刑吏はまたフェルナンドのおじのうち二人を吊るし、そのあとトゥパク・アマルの肖像を描いた奴隷アントニオ・オブリタスを吊るし、斧の数撃で切り刻んでしまう。それでもフェルナンドは見る。両手は鎖に、両足は枷に押さえられ、両脇の兵士二人に眼差すことを強いられ、フェルナンドは刑吏がトマサ・コンデマイタを鉄環《ガロテ》にかけ喉締め上げるのを見る。アコスの女首長《カシカ》、彼女が率いる女性大隊は、スペイン軍を徹底的に打ちのめしていた。それからミカエラ・バスティダスが絞首台に上り、フェルナンドの目は鈍る。刑吏がミカエラの舌をつかまえる間にも彼の目は曇り、拷問の仕上げに母親が座らされると、涙のカーテンが少年の目を塞ぐ――華奢な首筋は締め上げても要を得ず、首に縄を回して、あちらこちらへ振り回し、腹や胸を足蹴にして女を始末しなければならない。

もはや何も目に入らず、何も耳に入らないフェルナンドは、九年前にミカエラから生まれた子。いよいよ父トゥパク・アマルが引き出され、仰向けに、その手足が馬四頭の腹帯に繋がれるのも目に入らない。騎手たちは拍車を打ち込み四方へ散るが、トゥパク・アマルはちぎれない。それは宙吊りになり、まるで蜘蛛さながら。拍車に腹を切り裂かれ、後足でいきり立つ馬たちが力の限りに突進しても、トゥパク・アマルはちぎれない。

折しもクスコ渓谷は日照り続きのさなかにある。馬たちの奮闘をよそにトゥパク・アマルがなおちぎれぬまま迎えた正午ぴったり、そのとき滝のような激しい雨が突如天からなだれ込む――殴りつけるように降りしきる雨、それは神か太陽かはたまた何者かが、今このとき世界中の目を雨で盲《めしい》にしてしまえと決意したかに思わせる。

(183、344)

インディオたちは信ずる――

イエスはクスコへやって来るのに白い服をまとったと。羊飼いの子供がその姿を見、彼と戯れ、その後を追う。イエスもまた子供であって、地と空の間《あわい》を走る――濡れもせずに河を渡り、インカ人の聖なる谷を鴻毛もかくやとばかり滑り抜ける。傷ついたばかりのこの土地の痛みを呼び覚ますまいと気づかいながら。アウサンガテの峰、凍った息吹きが生命の力を放射するその山裾から、コイジョリティの山を指して歩む。この山の麓、古《いにしえ》の神々の宿に、イエスはその白い衣を落とす。上手へと岩場を歩き、立ち止まる。つと、岩の中へ入り込む。

イエスは敗者たちに身を捧げたいと望み、彼らゆえに石となる。ちょうどこの地の古き神々のように、石はこう言い、これからも言うだろう――我は神なり、我は汝らなり、我は斃れし者たちなり。

いついつまでも、クスコ渓谷のインディオたちは行列を成して山を登り、石に詣ることだろう。激流に身を清め、松明を手に踊りを捧げ、踊ってかれを慰める――石の奥深く砕けつきたイエスの悲しみはかくも、かくも深い。

インディオたちは天国を称えて踊る

クスコより遥か遠く、テペウア・インディオたちもまた、イエスの悲嘆を憂えた。新来の神がメヒコへ到着して以来、テペウア人は楽団を伴って教会へ寄り集い、踊りやら仮装自慢、風味豊かなタマル、上等の火酒を神に供えてきた。だが彼を景気づける手だてはなかった。髪を胸の上に力なく這わせ、苦しみ続けるイエスを見かね、テペウア人は老いぼれ《ロス・ビエホス》踊りを編み出した。

これは仮面を被った男二人によって踊られる。ひとりはラ・ビエハ、いまひとりはエル・ビエホ。老いぼれ二人は海から供え物の海老を携え、持病に歪んだ体を羽根飾りの杖に預けてサン・ペドロの村を回る。道すがら、にわか仕立ての祭壇を前に彼らが立ち止まっては踊る傍ら、歌い手は喉を響かせ楽士は亀の甲羅を叩く。お茶目な媼《ラ・ビエハ》は体を振り振り誘いかけ、かと思えば逃げるふり、翁《エル・ビエホ》はその後を追い、背中から媼をつかまえるとしっかと抱え、宙に抱き上げる。媼は死にそうに笑い転げながら足を空《くう》にばたつかせ、杖を振って身を守ると見せかけるや、突進してはつまずき笑う翁の体にかぶりついて御満悦、その間じゅう周りは挙げてやんやの大騒ぎ。

イエスは老いた二人の熱愛ぶりを目にすると、額を上げ、初めて笑った。以来、テペウア人が彼のためにこの無礼講を踊ってみせるたび、頬を緩める。

イエスを悲嘆の淵から救ったテペウア人は、悠久の昔、ベラクルス山地の支脈走るあたりに、綿玉から生まれ落ちた。《夜が明ける》と言う代わりに彼らはこう言う——神がおわす。（359）

プマカウア

1781——チンチェロス

中央に、モンセラトの聖母がきらり光彩を放つ。跪き、感謝のしるしに祈るマテオ・ガルシア＝プマカウア。その妻と、縁者や指揮官から成る従者の一群は、列を成して後方に控える。プマカウアの身なりはスペイン風に、チョッキと上着、バックルのついた靴。彼方で繰り広げられる戦闘を見やれば、兵士も大砲もおもちゃと映る——ピュー《プ》マ《マ》たるプマカウアは龍トゥパク・アマルを倒す。高みには、来た、見た、勝った、の文字が読める。

数ヵ月をかけ、無名の一芸術家は仕事を了えた。チンチェロス村の教会は、首長《カシケ》プマカウアが対トゥパク・アマル戦争で披露した栄誉と忠誠、それらを不朽のものとする図を誇らしく柱廊の上に飾る。

プマカウア、彼もまたインカ人の後裔ながら、スペイン国王から勲章を、クスコの司教からは全免償を授かった。（137、183）

1781——ラ・パス

トゥパク・カタリ

話す言葉はアイマラ、彼の民の言葉のみ。いまだボリビアとは呼ばれぬここら一帯の副王を名乗り、妻を副王妃に指名した。ラ・パスの都を制する高地の、そのまた窪地の奥に宮廷を置くと、周囲を固めつくした。

片足を引いて歩き、若くして既に皺の刻まれた顔に深々と沈む両の目は、異様な輝きを灯していた。黒いビロードに身を包み、命ずるは杖を、闘うは槍をもってするのだった。呪いのミサを挙げたと覚しき司祭は首を刎ね、密通者、裏切り者は腕を切り落とした。

トゥパク・カタリへと転ずる以前のフリアン・アパサは、教会の香部屋係《サクリスタン》を務めるパン職人だった。妻バルトリナ・シサともども四万のインディオ軍をまとめ上げ、副王がブエノス・アイレスから派遣した部隊を追い詰めた。

敗北を重ね味方を山と殺されながらも、その彼を捕らえる術はなかった。夜のうちに動いてはあらゆる包囲をあざ笑い、遂にスペイン人は彼の親友トマス・インカ＝リペ、通称善人《エル・ブエノ》に対し、ティティカカ湖岸アチャカチ地方の総督職を提供する手に出たのであった。

(183)

自由を求める女たち　1782——ラ・パス

神と国王への供え物として誕生した新世界のスペイン諸都市は、平らげられた大地にふさわしく心が寛い。その心臓部マヨル広場には処刑台に政庁、聖堂、監獄、法廷そして市場が並ぶ。絞首台と噴水の周りを群衆が行き交う。マヨル広場、即ち要塞広場《プラサ・フエルテ》、練兵場《プラサ・デ・アルマス》では貴紳と乞食とがすれ違い、銀の拍車を履く騎手と裸足の奴隷、魂を手向けにミサへ赴く信仰篤き女性たちとほてい腹の素焼き壺にとうもろこし酒《チチャ》を運ぶインディオたちとがすれ違う。

本日、ラ・パスのマヨル広場には呼び物がかかる。現地民《インディヘナ》の蜂起を率いた女首領二人が生贄となるのだ。トゥパク・カタリの妻バルトリナ・シサは首に縄をかけられ、その縄は馬の尻尾に縛りつけられ、兵営からやってくる。グレゴリア・アパサ、トゥパク・カタリの妹は仔驢馬に乗せられ連れて来られる。めいめい斜十字に組まれた笏代わりの棒を右手に持ち、額には棘の冠が突き刺さる。その行く手を、囚人たちが木の枝で掃き清める。バルトリナとグレゴリアは広場を幾周もし、石つぶての雨や、インディオの女王と囃し立てる人々の嘲笑に押し黙って耐えつつ、処刑の時が訪れるのを待つ。その首と手とは、一帯の村から村へ晒し回すべし、そう宣告は命ずる。

太陽、老いた太陽もまた、儀式に臨む。（183、288）

ガラスの眼で、

1782――グアドゥアス

木製の檻から、ホセ・アントニオ・ガランの首はチャララの村を見はるかす。生地のチャララでは彼の右足を御開帳。片手はソコロの広場に突き立てられている。

植民地社会のお歴々は不遜の罪を悔い改めた。富裕なクリオジョたちは、ガランのように、トゥパク・アマルのように、トゥパク・カタリのように、伝染病が人の形を得、日々憤怒の嵐となって広まってゆく事態を避けるためならば、スペイン王室に税を納め、これに服従し続けることを選ぶ。コムネロス随一の指揮官でありながらガランはともに叛乱の先陣を担った同志たちに裏切られ、追われ、捕らえられた。執拗に続く追跡の果て、最後まで彼に従った部下十二名もろとも、あるあばら屋で敵の手に落ちた。

勿体を絵に描いたような大司教ドン・アントニオ・カバジェロ＝イ＝ゴンゴラは、ガラン斬首に用いたサーベルを研ぎ了える。大盤振る舞い、眉唾ものもいいところの和議文を火中へ投げ込む一方で、猊下はかの恨みがましき平民を相手に、汚名の上塗りを施しておられた――ガランはただ謀叛ゆえに四ツ裂きに処されたのでなく、いかがわしい素性の生まれに加え、実の娘を愛人とした咎まで加わった。

今や大司教は安楽椅子を二脚手にしている。教皇に仕える身を委ねる座のほかに、ボゴタ副王の座も彼のものとなっていた。（13、185）

1782――シクアニ
この呪われし名

ペルーにおけるトゥパク・アマルの戦いを引き継いだ、その従弟ディエゴ・クリストバルは、和議を交わした。植民地当局は赦しと刑の減免をあまねく約した。

地にひれ伏し、ディエゴ・クリストバルは国王への忠誠を誓う。インディオたちは大挙して丘を下り、武器を引き渡す。元帥は祝杯の宴を供し、司教は感謝のミサを挙げる。リマの地から副王は、家という家が三晩の間こぞって明かりを灯し続けるよう命ずる。

これより一年半が経つと、ところはクスコ、歓喜の広場《プラサ・デ・ラ・アレグリア》にて、刑吏はこの、今から絞首台に吊るそうというトゥパク・アマルの従弟の肉を、真赤な火挟みでひとつまみずつむしり取ってゆくだろう。その母親にも絞首と四ツ裂きの刑が待つ。判事フランシスコ・ディエス＝デ＝メディナの宣告に曰く、国王国家のいずれにも、此奴の、またあらゆるトゥパク・アマルの種子ないし血統が残存するは得策な

らず。この呪われし名が土地の者を焚きつけ要らぬ騒擾感傷を巻き起こした廉により。（183）

後生を大事にするあまり　1783——パナマ市

陽が射し初《そ》めるとともに、大地は潤すものを哀願して湯気を立て、生者は影を求め、我が身に風を送る。暑熱が生者をつかまえ生気を奪い取るなら、あおいでくれる者のいない死者たちにはどうしてくれようというのか？

主だった死者たちは教会に眠る。それがカスティリャの乾いた台地《メセタ》のしきたりならば、この煮えたぎるパナマでもそれに倣わなければならない。信者たちが墓石を踏み、あるいはその上に跪くと、下から死が囁く——さあ、お前を迎えに来ようぞ。だが人々は死の恐怖、とり返しのつかない喪失の記憶より、崩れた肉の腐臭に涙する。

自然界の解明に携わる賢人セバスティアン・ロペス＝ルイスは報告書を書き、彼《か》の地の習慣も当地においては不衛生の極み、公衆衛生の見地からすれば致命的悪習であり、パナマの郷士はどこか離れた墓所に葬られるのがより健全であろう、と明記する。彼の受け取る答といえば、死者は教会にあってつつがなく、今日までなされてきたところが今日も今後も踏襲されるべし。（323）

手の復権

1783——マドリード

風に乗せてトランペットは告げる、スペイン国王が人の手を請け出す決意をなされたと。今この時から、手仕事に従事する郷士はその貴い身分を失わずに済む。国王のたまわく、実業に手を染める者、またその家族の名誉は傷つかず、スペイン人にふさわしからぬ手工芸はなし。

カルロス三世はその王国を時流の先端に戻したい。廷臣カンポマネスは産業、大衆教育、農業改革の振興を胸に期す。アメリカの地にうち立てた偉大な帝国の手柄から、スペインの懐には名誉が落ちる、収益は他の欧州諸王国の徴するところ。スペインが自前で生産しない商品のお代に、植民地の銀はいったいいつまで支払われ続けるのか？　カディス港から船出する物産がイングランド製、フランス製、オランダ製、ドイツ製のものなら、スペインの独占体制とは何を意味するのか？

郷士と名のつく輩、修道士同様スペインにはあり余るが、その手が役に立つのはスペインゆえに身を亡ぼすか、でなければスペインを亡ぼすかの二つにひとつ。たとえどんなにうらぶれようと、その手で栄光以外の何かを生み出す気になるほど落ちぶれてはいない。鶏の翼が飛ぶことを忘れて久しいように、これらの手が働くことを忘れて久しい。

学士ビジャロエルによるプルケ酒場非難の弁　1785――メヒコ市

「プルケ酒場のどれもこれもが、姦通、妾囲い、凌辱、窃盗、強盗、殺人、喧嘩、傷害、その他の犯罪の温床となっている……そこは、すさまじくも堕落しきった無軌道な狂乱の裡に男女ともが別人と化す修羅場であり、その口からはこれ以上望むべくもない猥褻さの塊、卑猥極まりない言葉、退廃と下司、毒舌と挑発に満ち満ちた産物が吐き出されるが、それは放蕩三昧の人間たちならば声高に口にできるというものでなく、かくも饐えた臭いを放つ、むかつく飲料の発する気が、人を錯乱に陥《おとしい》れればこそ……。これはしも、男や女が犬の如く通りにへたばり、同じく酔いどれ御者の馬車に轢かれ、かくも不遇なめぐり合わせのままあの世へ送り込まれる顚末を目にしても恐怖を覚えぬ判事たちの、怠慢、手抜き、寛容の為せる業である。」(352)

プルケ酒場

副王が竜舌蘭酒《プルケ》をメヒコ市から追放すると、この流れ者は街外れに逃げ場を見つけた。緑の灌木の酒……。場末の酒場では気前よく酒を湛えた大ぶりの甕と、お前のせいで俺《おい》らはお手上げ、お前のせいで俺らはくたばり、お前のせいで這いつくばるときたもんだ、そう酒を待ち焦がれる空《から》の筒杯の間とを、酒場の主人《プルケロ》がせわしなく往き来する。その間にも片隅では嬰児が思い切り泣き叫び、別の隅では老人が酔いつぶれて眠り込む。

馬たち、驢馬たち、闘鶏用の鶏たちは、鉄輪に繋がれ外で待つうちに老いさらばえる。中では色とりどりの甕がいくらも受けて立つといわんばかりの名を呈す――《あたしを圧《の》さないで》、《酒豪の酒》、《勇ましき女》……、いったん中へ入れば外の世界の法も時間もお呼びではない。土床をダイスが転がり、樽の上では賭に興ずるカードの花が咲く。陽気な竪琴の調べに合わせ、飲んだくれが歌い、踊りに目がない男女は幾組も埃を舞い立て、修道士は兵士と議論し、兵士は馬方に俺の男っぷりのほどを知らんか、釣りがくるほど男だわい、と喧嘩を吹っかけ、太鼓腹の酒場の主人は合いの手を入れる――もう一杯どうかね？

（153、266）

プルケ

おそらくプルケはインディオたちにその古《いにしえ》の神々を返してくれるのだ。大地や火に撒きかけ、あるいは星々に筒杯を掲げることで、彼らはプルケを神々に差し出す。ひょっとすると神々は、母なるマヤウエルの四百もの乳首がふくませてくれていたプルケを今も渇えているのだ。

おそらくインディオたちもまた、力を奮い立たせ復讐に立つべく飲むのだろうか。いやきっと忘れ忘られるために飲み干すに違いない。

司教たちに言わせれば、プルケは怠惰と貧困の元凶であり、偶像崇拝と叛乱をもたらす。蛮民の蛮習、とは国王に仕える一官吏の言葉――竜舌蘭のねっとりした酒精の効果によって、とその言葉は続く、子は親と、臣下は主人と縁を切る。

(153、331)

竜《マ》舌《ゲ》蘭《イ》

緑の剣に身を固め、メヒコの砂漠の旱魃にも雹にも、氷の夜にも激昂する太陽にも、竜舌蘭はびくともしない。

プルケは竜舌蘭、別名乳ふくませる木に発し、また竜舌蘭からは動物にあてがう飼葉、梁や屋根葺きの素材、柵に用いる杭、焚火にくべる薪が採れる。肉厚のその葉は紐や袋、敷物、石鹸に紙、紙というのは古き絵文書《コディセ》用のそれのことだがそうしたものを与えてくれ、その棘は針やピンとして使われる。

竜舌蘭が花開くのは死を迎えたときのみ。別れを告げるかのように身を開き、花をつける。のっぽの茎は帆柱か雄茎の風情、どっと開いた黄色い花々に囲まれ、竜舌蘭の芯から雲間を衝いてそそり立つ。それからこの主茎はくずれ落ち、かれとともに竜舌蘭もくずれ落ち、すっぽり根こそぎ大地に倒れる。

メスキタルの乾いた谷に、花咲く竜舌蘭を見かけることは稀である。主茎が覗きかかるころ、インディオの手がこれを去勢し傷をえぐり回し、こうして、乾きを癒し、滋養と慰めを与えてくれるプルケが竜舌蘭から溢れ出る。

（32、153）

筒杯

メヒコの陶工は長い歴史をもつ。エルナン・コルテスより三千年も前にその手が壺や人形《ひとがた》に造り変えた粘土は、火の力で堅くなり、時に逆らう。遥か時代が下り、アステカ人は、優れた陶工とは陶土に息吹きを与え、物を生かすと説いていた。

遠い日々の伝統が日ごと大瓶や大甕や壺に、とりわけ筒杯へと殖え広がる——トナラの象牙風筒杯、メテペクの筒杯は喧嘩好き、太鼓腹でつやのあるオアハカの筒杯、チリリコの慎ましやかな小ぶりの筒杯、そしてトルカの筒杯は赤味を帯び、黒いフーラー土の筋がつく……。焼粘土の筒杯は祭礼や厨房をとり仕切り、囚人や乞食の友となる。ガラスの杯からは見下されたプルケを迎え入れ、愛し合う者たちの証となる——

俺が死んだら、この身の塵《バロ》で
筒杯《ハロ》をこさえておくれ、かみさんよ
もし俺が恋しくなったら、飲んどくれ——

口がぴたりと吸い寄れば
あんたの亭主《チャロ》のくちづけさ

（18、153、294）

植民地期の空想文学について

1785——メヒコ市

メヒコ副王マティアス・デ・ガルベスはインディオ労働者の益を図る新たな布告に署名する。インディオは正当な賃金、まともな食物、医療手当を受けるべし、また昼の休憩は二時間、変えたければいつでも主人を変えてよしとす。

（146）

風は意のまま、道あるところを吹く

1785——グアナファト

澄み切った空気の奥深く、光の奈落が走り、山脈の黒壁の間《ま》に間に砂漠が煌めく。砂漠から立ち上がる丸屋根や尖塔の輝き、あれはメヒコの鉱山都市の群れ。副王領首都に匹敵する人口のグアナファトこそ、中でも筆頭の貴婦人。椅子駕籠に担がれてミサへ赴く都の主たち、その後を乞食の大群が追いかけ、口づけ《ベソ》小路からころりん《レスバロン》小路、四方の風《クアトロ・ビエントス》小路へ、裏通りと路地の迷路を渡り歩き、そして時の歩みに磨かれた敷石の隙間から、草と幻影が顔を出す。

グアナファトでは教会の鐘が暮らしの指針、だが人生を司るのは運である。人を喰ったどこその怪し気な賭博師が運命のカードを配る。何でもここでは、金銀を踏みしめずにはどこへも行けやしないものの、すべては地下をのたくる鉱脈次第、そのおぼしめすまま、頂戴できたり振られたり。昨日は幸運な殿方が、一発当てたお祝いに、極上のワインを誰彼なく振る舞い、奮発して笛とビウエラの夜曲《セレナータ》を奏でさせ、カンブレ産の薄手のレースにビロードの半ズボン、ラメ入り絹布の上衣、オランダものの礼装用シャツを買い込んだ。さて今日になると、彼を一日《ひとひ》限りの王子に仕立てた純銀の鉱脈は、跡形もなく逃げ失せる。

対するインディオたちの生活は、運と無縁。アマルガム生産の現場では、水銀を吸い込むせいで、いつまでも震えが止まらず、歯は抜け落ち、坑道にあっては命取りとなる煤塵や毒気を吸い込み胸が裂ける。時には火薬の破裂に合わせて肉片と散り、あるいは石を担いで運ぶ下り坂、人夫頭を背負う上り坂、それゆえ馬もどき《カバジト》と呼ばれつつ、インディオたちは足を滑らせ虚空へ落ちる。

（6、261、349）

銀の肖像

1785——グアナファト

こんもりと草木の茂る庭園に、御婦人方の扇がさんざめく。教会の壁に誰かが小便を引っかけ、広場のはじでは乞食が二人、日なたに座り、互いの虱を拾い合う。石造りのアーチの下、だぶだぶの法衣をまとう学識ある博士は「人間の権利」について講じ、路地を行く修道士がぶつぶつと永罰をひとりごつ相手は、途中で彼の前を横切る酔っ払い、娼婦、ならず者。都からそう遠くないあたりでは、手配師たちが縄もてインディオを狩る。

グアナファトがポトシの王座を奪ってひとしきりの時が経つ。世界に冠たる銀の女王は人手に飢え切っている。

労働者、つまり自由な賃金奴隷は、一生涯、貨幣のかの字を目にするどころか、債務に縛りつけられている。その子供たちは彼らの債務を相続し、また苦痛への獄への飢餓への恐怖、古き神々と新しき神とを引き継ぐ。

（261、349）

植民地の職分

1785——リスボン

ポルトガル王室はブラジルの織物工房をすっかりお払い箱にするよう命ずる。以後は奴隷向けの粗末な衣類以外何ものも生産してはならじとのお達しである。女王の名により大臣メロ＝エ＝カストロは相応の指示を送る。大臣の所見によれば、ブラジル・カピタニア領の大半において、上は金銀のモールに至る各種等級の織物を産する工場、機屋がもろもろ設けられ、さらに広がる勢いである。これらは、とその言は続く、有害なる掟破り——もしこのまま続くなら、重要極まりないこれら植民地の利便と富が、住民の財産と化す結果に終わるであろう。ブラジルがかくも肥沃にして実り豊かな地である以上、かの住民たちはその上に立つ首府から全き独立を保つこととなろう——従って、右に言う工場および機屋を廃することは必要不可欠なり。

(205)

1785——ヴェルサイユ
馬鈴薯は偉大な貴婦人となる

遡ること二世紀半前、スペイン人征服者《コンキスタドル》たちがペルーからかのじょ《ラ・パパ》を持ち帰った。インディオたちが太鼓判を押す推賞品であったがために、欧州はかのじょを豚に、囚人に、死にかけた者たちに振り向けた。豚小屋から、監獄から、病院から逃げ出そうとするたび、馬鈴薯は愚弄と罰とに傷ついてきた。ところによってはかのじょは禁じられ、ブザンソンでは癩を誘うとまで責められた。

アントワーヌ・パルマンティエは獄中で馬鈴薯を知った。パルマンティエがプロシアの獄に繋がれていたとき、食物としてあてがわれたのはこればかり。初めは白けた味に思えたが、そのうちかのじょが好きになり、可愛気やおつな味まで見出した。

今はパリで自由の身、パルマンティエは宴を催した。列席したのはダランベール、ラヴォワジェ、米国大使ベンジャミン・フランクリンその他の著名人。パルマンティエは彼らに馬鈴薯尽くしの献立を供した——馬鈴薯パン、馬鈴薯スープ、ピューレ、お好みソース添え馬鈴薯サラダ、揚げ馬鈴薯、馬鈴薯ドーナツに馬鈴薯パイ。デザートには馬鈴薯タルト。飲み物は馬鈴薯焼酎。パルマンティエはかのじょのために申し開きを行なった。滋養に優れることをぶち上げ、舌にも血にも必須と宣言し、雹に動じず栽培のたやすい馬鈴薯は欧州の飢餓をうち負かすものと言ってのけた。招待客はすっかり馬鈴薯漬けとなった挙句、感きわまり確信に酔って喝采した。

その後パルマンティエは国王を説き伏せた。ルイ十六世はパリ近郊サブロン平原の御料地に馬鈴薯を栽培するよう命じ、兵士を配して周囲を固め、日夜警備にあたらせた。こうして禁断の実に対する好奇心と欲望とをまんまと刺激しおおせた。

ヴェルサイユでの聖別をもって、もう後ろ指など差させない。王妃マリー・アントワネットはさながら歩く馬鈴薯の花園と身を飾り、アントワーヌ・パルマンティエの頰に至高の接吻を刻印する。いまだ首を失う前の国王ルイも、彼に抱擁をつかわす。フランスの貴族という貴族が馬鈴薯礼賛の場に詰めかける。この王国にあっては、美食の業《アルテ》という宗教のみが唯一、無神論者の存在を知らない。(156、250)

馬鈴薯は愛と罰の落とし子と、アンデスの人々は語り継ぐ

言い伝えられるところによると、皇帝《エル・インカ》は聖なる掟を破った愛し合う男女に刑を課した。揃って生き埋めにするがよい、との決断が下った。

女の方は既に太陽神への捧げ物とされた処女であった。神殿から逃げ出し、ある農奴に身を委ねてい

たのだった。

揃って生き埋め、そうエル・インカが決めたのだ。二人は互いに縛り合わされ、深い井戸の底に仰向けに埋められたが、土が彼らを覆いゆく間、何の不平も聞かれなかった。

夜が到来すると、星々は風変わりな軌道を描いた。間もなく河床の黄金は姿を消し、王国の野は埃と石だらけの実りなき地と化した。恋人たちを封ずる大地のみが旱魃を免れた。

位高き祭司たちはエル・インカに、恋人たちを掘り起こし、荼毘に付してその灰を風に撒くよう助言した。そのようになされよ、とエル・インカは決した。

だが恋人たちの遺骸は見つからなかった。せっせと深々どこまでも土を掘り返した果てに出てきたのは、一本の根茎だけだった。その根は殖え広がり、そのときから馬鈴薯は、アンデスに生きる人々の主食(248)となった。

フンボルト

1790——パリ

二十歳にして、アレクサンダー・フォン・フンボルトは海と革命とを見つけ出す。

ダンケルクの海原は彼から言葉を奪い、カレーでは波間から湧き上がる満月が彼の喉から叫び声を絞り出した。驚嘆すべき海、それは革命《レボルシオン》の露わな姿《レベラシオン》——そしてパリ、あの七月十四日から一年を迎えたパリでは、生まれたばかりの自由を称えて歌い踊る人々にまぎれ、フンボルトはお祭り気分漲る辻々の甘美な喧噪の間を漂う。

彼は答を求めては、問いに出会って生きてきた。片時も休みなく文献に、天や地に問いかけては、魂の謎、宇宙の不思議、黄金虫や岩石の秘密を追い求め、彼をくらくらあたふたさせるこの世界にも生身の男女にも、常に夢中であり続けた。アレクサンダーは決して幸せになれないさ、彼の兄にして母親のお気に入りだったヴィルヘルムはこう言っている。

齢二十歳、人生に心逸《はや》り、出立の熱に駆られるフンボルトは、フランス革命の旗に永遠の忠誠を誓い、バルボアやロビンソン・クルーソー同様、太陽が南中を止《や》めない土地へと、海原分ける旅を誓う。

(30、46)

1790——プティ・ゴアヴ
たとえ土地と奴隷を持ったにしても

財布のふくらみは時として、肌の色よりものを言う。ハイチでは、貧しいムラートは黒人とみなされ、相当の金を手許に集めた自由黒人はムラートになる。金のあるムラートは白人になろうと大枚をはたく。

とはいえ、主人と女奴隷の間に生まれた子が博士の号を得、旦那様と呼ばれ、剣を帯び、白人女に触れても腕を失くさずに済むような魔法の文書は、まず滅多に手に入らない。

絞首台から下がるのは、パリで高らかに謳われたばかりの市民権を自分にも、と主張したムラート。槍の先高く掲げられ、プティ・ゴアヴの町を練り歩くは、議員になろうと企てた、別のムラートの首。(115)

ハイチの謀叛人たち

1791――ボワ・カイマン

古参の女奴隷、神々も心を許す彼女が、黒猪の喉に山刀《マチェテ》を沈める。ハイチの大地が血を飲み下す。戦《いくさ》と火の神々から庇護を得て、二百人の奴隷は自由の誓いを歌い踊る。禁じられたヴードゥーの儀式は雷鳴に明々と照らされ、二百人の黒人はこの強いられた苦悩の地を祖国へと改める決意をなす。

ハイチはクレオール語のもとに建てられる。ちょうど太鼓のように、クレオール語は、アフリカから引き剝がされた者たちがアンティル諸島のあちこちで話す共通のことば。それは農園《プランテーション》の内側から、天に見放された者たちが己れの存在を認め抵抗する必要を感じたとき芽吹いた。アフリカの諸言語に由来し、アフリカの調べを引き連れ、ノルマンディやブルトンの言い回しからも糧を授かった。カリブ・

インディオやイングランド人海賊、さらにはハイチの東を押さえるスペイン人入植者《コロノ》の単語を拾った。クレオール語のおかげでハイチ人は、言葉を交わすと互いに触れ合った気持ちになれる。

クレオールはことばを、ヴードゥーは神々を一堂に会せしめる。それらの神々は人間を従える主人《アモ》ではなく、踊りに入れ揚げ、人間を愛する者《アマンテ》たち。とり憑いた相手の肉体を楽《がく》と光に、跳ね回る全き光、神聖な光のうねりに変えてしまう。

（115、265）

ハイチの愛の歌

俺は薪《レニャ》みたいに焼けちまう
この脚は砂糖きび《カニャ》みたいに裂けちまう
何を食べても喉を通らず
特上の火酒が水に化ける
君を想うと
目は水びたし
この胸の痛みが相手では

分別なんぞ勝ち目なし

麗しの君、確かじゃないのかい
もうすぐ戻ってくれるというのは？
ああ！　帰っておくれ、俺だけの君！
信じてみても五感の蜜にはかなわない
どうか手間取らないでくれ
きりきり痛むよ
飢えに苦しむ小鳥を
檻から自由にしておくれ

ブラジルの謀叛人たち　1792——リオ・デ・ジャネイロ

ほんの半世紀前には、この世界と同じほど永らえると思われていたブラジルの鉱山だったが、黄金もダイヤモンドも細る一方、そのくせポルトガル女王と女王におんぶの宮廷へ納めるべき貢納は、日に日に重くなってゆく。

彼《か》の地からは、飢えた役人が山のように送り込まれるが、鉱山技師はひとりとて来ない。彼の地からは、綿布工場も奴隷用衣類の作業以外は妨げられ、彼の地からは、手を伸ばせば届くところに眠る鉄を掘り出すことも禁じられ、火薬の製造も止められる。

スポンジのように我々を吸いつくす欧州と袂を分かつため、ひと握りの名士《セニョレス》たちが謀議を企てる。鉱山や荘園《アシエンダ》の所有者、修道士、詩人、医師、この道何年という密輸業者らは三年前に蜂起を企て、この植民地を独立共和邦に変え、そこでは黒人もムラートも当地生まれならば自由の身、そして誰もが国産の服を着用するよう提起していた。

モスケット銃の第一声が鳴り響く前に、密告者たちが漏らした。総督はオウロ・プレトの謀叛人たちを逮捕した。拷問に晒され、彼らは白状した。そして微に入り細に渡って互いに仲間を非難し合った。バシリオ・ヂ・ブリト＝マリェイロは、黒人やムラート、インディオその他、愚かしい連中の悪習に染まるのがブラジルに生まれた者の不幸だと説を立てて弁明した。囚人中随一の開明派クラウディオ・マヌエル・ダ・コスタは口を割らず、もしくはあまりに喋りすぎたために、独房で首を吊り、もしくは絞首刑に処された。

黙秘した男がひとり。ジョアキン・ジョゼ・ダ・シルヴァ＝シャヴィエル見習士官、通称ティラデンテス即ち奥歯抜き《サカムエラス》が口を開いたのは、僅かにこう言明するためだった――

――責任を問われるべきは私ひとりだ。

（205、209）

ティラデンテス

1792――リオ・デ・ジャネイロ

蠟燭の明かりには死体かと映る。桁外れに太い鎖で窓枠に繋がれ、被告人たちはこの十八時間というもの、一言も洩らさず判事の言葉を聞く。

判決を書き上げるのに判事は六ヵ月も手間取った。よくよく夜が尽き果てようという頃合に、裁きが知れる――有罪とされるのは六名。かかる六名は縛り首の上、首を刎ね、四ツ裂きに処す。

そこまで言うと判事は黙し、片やブラジル独立をもくろんだ者たちは非難と謝罪、罵声と涙、悔悛かはたまた抗議かの押し殺した叫びとを交わし合う。

果たして、未明に女王の恩赦が届く。有罪六名のうち五名は死刑の代わりに流刑《デスティエロ》とする。だが唯一、誰をも密告せず皆からは密告された残るひとりは、夜明けに絞首台へと歩む。彼ゆえに太鼓はうち震え、触れ役の陰気な声が生贄を告げて街なかをへめぐる。

ティラデンテスは全き白人の部類には属さない。見習士官として軍隊入りした万年見習士官は、親不知を抜いてやっては俸給の足しにした。彼はブラジル人がブラジル人であることを望んだのだ。そのことを痛いほど知る小鳥たちは、太陽が昇る間に山向こうへ姿を消す。

《人を矯すは人のわざ》　1794――パリ

とは黒い賢者たちの口癖、そして神々もよく御存知だ。ハイチの奴隷たちはもはや奴隷ではない。

五年の間、フランス革命は聞く耳を持たずにきた。マラーやロベスピエールの抗議も無駄だった。植民地では奴隷制が続いていた――人権宣言などどこ吹く風、遠いアンティル諸島の農園《プランテーション》で他人の財産とされていた人間たちは、依然として自由にも平等にも生まれついてはいなかった。とにもかくにもギニアでの黒人買いつけこそ、ナントやボルドー、マルセイユの革命派商人たちの本業なのだし、またフランスの製糖所にとってはアンティル糖こそ命綱。

トゥサン・ルーヴェルチュール率いる黒人叛乱に悩まされ、パリの政府はようやっと、奴隷制の清算を布告する。

トゥサン

1794――ハイチの山あい

その登場は二、三年ばかり前のこと。パリでは彼を黒いスパルタクスと呼ぶ。

トゥサン・ルーヴェルチュールはおたまじゃくしほど小柄にして、唇がほぼ顔全体を占めている。ある農園《プランテーション》の御者をしていた。年とった黒人が彼に読み書きと、馬の手当てと、人間に話しかける術を伝授した。とはいえ、目ばかりに頼らずしてものを見るべきことはひとりでに身につけたのだったし、今では眠る小鳥の一羽ごとに、飛翔のさまを読み取れる。

(71)

焼けただれた島

1795――サント・ドミンゴ

ハイチの奴隷解放に泡を喰い、スペイン国王はサント・ドミンゴの領地をフランスに譲る。ペンをひと走りさせると、スペイン領のうち最も貧しい植民地とフランス領のうち最も富裕な植民地とに、島を二分していた境界が消える。宮廷を仕切るドン・マヌエル・ゴドイがマドリードで言うには、ハイチの動乱のせいで島全体が白人にとって呪われた土地と化してしまった。

ここはスペインがアメリカに初めて得た植民地であった。帝国はその最初の聴聞院《アウディエンシア》を、その最初の大聖堂を、その最初の大学をここに建て、この地からキューバやプエルト・リコへ向け、征服軍が発っていた。こうして生まれたからには輝かしい運命が予告されていたはずだが、今から二世紀前、サント・ドミンゴは荒れ果てた。総督アントニオ・デ・オソリオがこの植民地を煙にしてしまったのだ。

昼夜を問わず、オソリオは罪深い大地をちりちりと焼き焦がすことに精を出し、家々と言わず砦と言わず荷を積んだ船と言わず、粉挽き場も豚小屋も裏庭も耕作地をもしらみ潰しに焼き払い、ことごとく塩をまき散らすと、不敵にも刃向かう者たちの首をその手で絞め上げげた。炎の爆《は》ぜる音を縫い、最終審判のらっぱが響いた。一年半というもの延々と続いた焼き打ちの果て、火つけ人は自分のせいで荒れすさんだ島の上に立ち上がり、火をもって贖罪の務めを果たした報いに、スペイン国王から二千ドゥカドを受け取った。

フランドル戦争の勇士として鳴らした総督オソリオが、このあたりの土地のお浄めを済ませた。手始めに北部の町々を焼いたのは、イングランドやオランダの海賊どもが北海岸に手を出し、異端ルター派の聖書を持ち込み、聖金曜日に肉を食べるなぞという邪習を広めていたからである。北から既に手をつけていた。以後はもはや止めようがなかった。

エスペホ　1795——キト

斬り捨てては生み出し、斬り捨てては生み出し、彼は歴史を渡り越した。

植民地体制、そして奴隷の教育とも言うべきその教育制度に対し、彼に勝る鋭利な言葉の刃を突き立てる者はなく、キトの令言家たちの仰々しい物言いを完膚なきまでにうちのめした。口から口へ、以後いくらでも殖えはびこってゆくようにと、教会の扉や主だった街角に辛辣な文言を打ちつけた。匿名で書きつけるのは、似非賢者たちの仮面を剝ぎ取り、無知という彼ら本性本来の衣に似つかわしくしてやれるからというのだった。

アメリカの統治はアメリカに生を享けた者たちの手によるべしと説いた。あらゆる副王領、あらゆる聴聞院《アウディエンシア》でいちどきに独立の叫びをこだまさせ、民主主義と共和政を採る諸政府の下、植民地が寄り集い、それぞれ祖国を造り上げようではないかと呼びかけた。

言葉の主はインディオの息子だった。誕生に際し、チュシグ、つまり梟と名付けられた。医者の号を得るために、フランシスコ・ハビエル・エウヘニオ・デ・サンタ＝クルス＝イ＝エスペホと名乗ることにした。いかにも由緒正しい血統らしく聞こえるこの名ならばこそ、彼の発見した、天然痘を始めとする伝染病への対処法をも、実践し普及させることができた。

キトの定期刊行物第一号に当たる『最新文化報《プリミシアス・デ・ラ・クルトゥラ》』は彼が創刊し、編集し、しかも隅から隅まで健筆を振るった。公共図書館の館長を務めた。ついぞ俸給を払ってはもらえなかった。

国王と神に対する反逆の罪を問われ、エスペホは薄汚れた独房に幽閉された。そのままそこで獄死したが、最期の一息をつきながら、借金取りたちに赦しを乞うた。

キト市の紳士録に、イスパノアメリカ独立の草分けたるその末期は載っていない。彼こそキトの生んだ最も才気ある息子なのにもかかわらず。

（17、249）

かくエスペホは往時の弁術を愚弄せし

人の息の虚しきそよぎよさらば。小刻みに脈打つ生命の振動をこの手は逃す、修辞の輝きにまみれた不可解な箴言を耳にすると。朗々と歌のような美辞を喉に響かせ啼く白鳥の、その甘い抑揚に哀調こもる声を聴くことは、えも言われぬ悦楽ならざるか！　不吉なる描写の数々が耳に心地よくこだまするなか、魂は栄光に浴す満足の間合に潜む情趣に気づかぬことよ！
（17）

1795——モンテゴ・ベイ

戦《いくさ》の道具

キューバ犬たちは音に聞こえたその名声に違《たが》わない。彼らを引き連れ、フランス人は逃亡黒人多数を追ってハイチの山狩りに繰り出し、片やニカラグア海岸部にスペイン軍三連隊を殲滅したミスキート・インディオたちは、ほんの数頭のキューバ犬によって苦もなく打ち負かされた。

ジャマイカに住むイングランド人地主たちは犬集めのためウィリアム・ドーズ・クォレル大佐をキューバへ派遣する。議会に言わせれば、これは島の安全および住民の生命が要請するところなり。犬は戦《いくさ》の道具というわけである。はてアジア人は戦闘に象を使っていなかっただろうか？　最高の文明と洗練さを備えた欧州諸国が、とイングランド人プランターたちは理屈をこねる、敵の歩兵隊を追い回すに馬をもってあたる。ならば逃亡奴隷《シマロン》どもの隠れ家を追跡するに犬を使わぬ法があるものか、黒人は犬より野蛮なのだから。

クォレル大佐はキューバで捜しものを確保するが、これもサン・フェリペおよびサンティアゴ侯爵にカスティジョ伯爵の位を持ち、ベフカルの主にして女領主たるドニャ・マリア・イグナシア・デ・コントレラス＝イ＝フスティスの手腕の賜物。男たちと犬たちが帆船マーキュリー号に乗り込む。

モンテゴ湾にたちこめる黄昏の霧。猛犬どもがジャマイカへ到着する。瞬く間に街角から人影が消え、家々の扉は固く閉ざされる。キューバからやって来た農園の用心棒四十人が松明の明かりを浴びて整列する。めいめいが三頭の巨犬を連れ、その腰回りを縛る鎖はぴんと張りつめている。（86、240）

ガリラヤの叛逆者はまさか自分が奴隷たちのお目付役になるなどと想い描いたことだろうか？

1795——ラ・アバナ

キューバの砂糖農園《プランテーション》では、奴隷たちが棄ておかれることはない。主人は労働を課して彼らの身を請け出し、現世という涙の谷に長居せずとも済むように計らい、修道士たちは彼らを地獄から救ってくれる。教会は奴隷たちに、神が汝らを奴隷に造り給うたのだと、身は奴隷でも魂は自由なのだと、純な魂はちょうど白砂糖のように煉獄で茶色の焦げを落とされるのだと、イエス・キリストはすべてを御覧になっており、功徳を拾い上げ罰を下し、報いを与えて下さるお目付役なのだと教え込み、その見返りに、砂糖生産の五分《ぶ》を懐に入れる。

時に、イエス・キリストはお目付役どころか自ら奴隷主その人ともなる。カサ・バヨナ伯爵はある聖木曜日の夜、奴隷十二人の足を洗ってやり、自分の食卓に着かせ、晩餐を分かち合った。感謝のしるしとして奴隷たちは製糖場《インヘニオ》に火を放ち、かくして砂糖きび畑の向かいには、槍先に突き立てられた十二の首が並んだ。

1796――オウロ・プレト　(222)

アレイジャディィニョ

アレイジャディィニョ、つまり片輪者《エル・トゥリディト》、全能の造物主は、先の潰れた腕で刻む。ブラジルの鉱山地帯に至高の美を生み出すこの彫刻家は、鳥肌の立つような醜さの主。彼が買った奴隷のひとりは、かくも不気味な主人に仕えるのを嫌って、自殺を図ったほどである。癩か梅毒かはたまた謎の呪いか、ひとくち、またひとくちと、病が彼を貪りつつある。病に肉片を引きちぎられるたび、彼は木や石を新たな驚異に作り換えては世界へ手渡す。

コンゴニァス・ド・カンポでは彼を待っている。そこまで行き着けるだろうか？　十二人の預言者を彫り上げ、蒼穹高く掲げる力が彼にまだ残っているのだろうか？　神の愛と怒りを告げる預言者たちは、傷ついた獣の痛々しい踊りを舞うのだろうか？

　彼の生命がそこまで保つとは誰も信じていない。オウロ・プレトの街角を奴隷たちに担がれてゆく彼は、いつも頭巾に身を隠し、鑿《のみ》は手の体をなさなくなった手に縛りつけられている。ただ彼らのみがその顔と肉体の廃残を目にする。ただ彼らのみがこの異形《エスペルペント》の主に近づく。アントニオ・フランシスコ・リズボアことアレイジャディニョは崩れゆく、そして彼に唾を喰らわせようなぞと思いめぐらす小僧がいるはずもない。（29、118）

1796——マリアナ

アタイデ

マヌエル・ダ・コスタ＝アタイデは、アレイジャディニョが刻んだ木像に黄金をかぶせ色づけをほどこす。また彼自身も名の通った画家である。ここそこの教会に、アタイデはこの世の天国を創り出す——草花の汁を用い、彼が描く聖母の顔はこの地に生まれた褐色のマドンナ、太陽と星々とが湧き出づる源たるカルモのマリア《マリア・ド・カルモ》、また楽士や歌い手を務める天使たちはむっちりした瞼、分厚い唇に縮れ髪、きょとんとした、あるいはいたずらっぽい瞳の主として描かれる——ムラートの天使は彼の子供たち、そして聖母は子供たちの母である。

マリアナのサン・フランシスコ教会にあっては、狼を羊に変えたあのアシジの聖人もアフリカ人の風貌を帯びる。彼のそばに仕える白い聖女たちは、本物の髪を生やし、正気の消し飛んだ表情を湛える。（123）

夜と雪　1796——サン・サルヴァドル・ヂ・バイア

混血《ムラータ》の愛妾は性の饗宴を、白い妻は社会的名声を与えてくれる。混血男《ムラート》が白い妻を手にするには、我が身を漂白しなければ。金に飽かすことができるなら、その種の文書を買い上げ、奴隷を祖母に持つ烙印《スティグマ》を消し去れば、帯刀着帽、革のブーツに絹の日傘で歩くことを許される。そしてまた、孫たちが恥ずることなく居間に飾れる類の肖像画を描かせる。ブラジルには、熱帯産のどんなモデルであろうと欧州顔に仕立て上げる、腕利きの芸術家たちがやって来ている。卵型した黄金の額が縁どるのは、薔薇色の肌にまっすぐの髪、重々しく隙のない眼差しを送る家長の貌。（65、119）

白い肌買います　1796——カラカス

スペイン王室はもはやインディオの血統を劣ったものとはみなさない。対する黒人の血は末代までも人の生まれに影を差す。裕福なムラートたちは銀貨五百枚で白さの証明書を買うことができる。汝を苛みつくす汚点は除かれたがゆえに、との言をもち、王はカラカスのムラート、ディエゴ・メヒアス＝ベハラノに白人のお墨つきを与える。他の輩を使い、これを遇し、これと付き合い、これの前で身を飾るに汝の哀しき劣性が障りとならぬよう。

カラカスでは、白人のみが大聖堂のミサに与り、また、どこの教会で絨毯の上に跪いても構わない。命令する者たちをマントゥアノスと呼ぶのは、被り布《マンティジャ》が白い御婦人方に許された特権なればこそ。僧や医者になれるムラートはひとりもいない。

メヒアス＝ベハラノは銀貨五百枚をはたいたが、現地の官憲は従うことを拒む。シモン・ボリバルのおじひとりを含む市会《カビルド》のマントゥアノスは、アメリカの市民《ベシノ》にして当地生まれの者《ナトゥラル》にとり噴飯ものの勅令なりと宣言する。市会は国王に問う――当地方の市民にして当地生まれの白人が、いったい如何にして己《おの》が奴隷の、あるいは己が父祖の奴隷の血を引くムラートなぞと肩を並べられるものでありましょう？

（174、225）

シモン・ロドリゲス

1796――サン・マテオ

鼠の耳《ラトン》、ブルボン風の鷲鼻、郵便受け《ブソン》のような口。ほつれかかった赤い玉房がひとつ、若禿隠しの縁なし帽から垂れている。眉の上に懸かる眼鏡がぎらぎらと躍る青い瞳を助けることはめったにない。シモン・カレニョ、選びとりし名はロドリゲス、奇説の類を触れて回る。

ルソー読みのこの男は、下々の民、混血の者たちにも学校の門を開くべきだと考える。女の子も男の子も同じ教室で学ぶべきだ、騎士や修道士より左官、鍛冶屋、大工を育てる方が国のためだ、と。

師たるシモン、弟子たるシモン。二十五歳になるシモン・ロドリゲスと十三になるシモン・ボリバル、後者は邸宅と農園《プランテーション》の数々を受け継ぎ、黒人奴隷千名を所有するベネスエラ一裕福な孤児。

カラカスから遠く離れて、家庭教師は少年に宇宙の秘密を手ほどきし、自由、平等、友愛について語る。少年のために労働する奴隷たちの苛酷な生に気づかせてやり、忘れな草《ノメオルビデス》は別名ミオソティス・パルストゥリスとも称することを話して聞かせる。雌馬の腹からどうやって仔馬が生まれるか、カカオやコーヒーの周期はどうめぐるのかを教える。ボリバルは一人前に泳ぎ、健脚の主となり、馬を操る。種播きや椅子の組立てを学び、アラグアの空に光る星々の名を言い当てられるようになる。師弟は野営の場を選り好みすることもなくベネスエラを渡り歩き、自分たちを造り給うた大地を二人して知りつくす。カンテラの灯火に『ロビンソン・クルーソー』やプルタルコス『英雄伝』を読みまた論ず。(64、116、298)

1797――ラ・グアイラ

羅針盤と定規

師の雲隠れによりボリバルの勉学は途切れる。シモン・ロドリゲス、国王に対する謀叛の容疑者は、以後シモン・ロビンソンと名乗る。ラ・グアイラの港からジャマイカへ、亡命へと船出する。

謀議に集った者たちは、独立共和のアメリカを、インディオの賦役も黒人奴隷制もなく、国王からも教皇からも解放され、人種を問わず理性とイエス・キリストの下に誰もが同胞となれるアメリカを望んでいた。

フランシスコ・デ・ミランダがロンドンに結成した秘密結社の、クリオジョの団員《メーソン》たちが乱の先頭に立っていた。カラカス流刑の身にあったスペイン人の団員三名が同じく罪を問われ、革命やギロチンに通じたフランス人の賢者たちも一枚嚙んでいたという。家宅捜索の結果、危険な武器より禁書の方がたくさん見つかった。

カラカスの中央広場でスペイン《エスパニャ》が四ツ裂きになる。ホセ・マリア・デ・エスパニャ、謀議の頭《かしら》が。

(191、298)

ミランダ

1799——ロンドン

フランシスコ・デ・ミランダがベネスエラを出たのはかれこれ三十年近く前のこと。スペインでは凱旋戦士だった。カディスでフリーメーソンに加わり、アメリカ独立の武器と資金を集めるべく、欧州遍歴に飛び出した。魔法の絨毯に乗り、荷物といえば横笛一本と贋の伯爵位、そして紹介状の束のみを引っ下げ、宮廷から宮廷へと旅してきた。王たちと食卓を、女王たちと床をともにした。フランスでは革命のおかげで将軍となった。パリの民衆は彼を英雄と認め喝采を送ったが、ロベスピエールに裏切り者と断罪され、首を救うためミランダはロンドンへ戻った。偽造旅券に鬘と日除け眼鏡のいでたちで、マンシュ海峡を横断した。

イングランド政府の首班ウィリアム・ピットがその執務室に彼を迎える。アバルクロンビ将軍を呼びにやると、三人は床に広げた巨大な地図の上に、四つん這いになりながら話し合う——

ミランダ（英語で）——すべては彼《か》の諸地方の独立および自由のため、この点はよろしいですかな、さもなくば……（天井を見上げながらカスティリャ語で締めくくる。）……やっておられん。

アバルクロンビ（頷きつつ）――独立と自由。

ミランダ――四千の兵と軍艦六隻が要ります。（地図を指で示す。）手始めにカラカスを襲い、それから……。

ピット――気を悪くしないでくれたまえ、だが君たちに率直に言っておこう。自分には、フランスの忌まわしき体制よりは、むしろスペイン政府の圧制の方がましなのだ。

ミランダ（目を閉じ、カスティリャ語で呟く）――敵の敵は味方。敵の敵は味方。敵の……。

ピット――あの種の革命沙汰の災厄にアメリカ人たちを追いやりたくないのだ。

ミランダ――御懸念のほどは重々拝察致します、閣下。まさしくそのために、フランスの言う破壊的な自由の原理に対して共闘すべく、同盟をお願いしているのです。（地図の方へ向き直る。）カラカスを落とすのはわけないことでしょう……。

アバルクロンビ――だが、もし有色人たちが武器を取るに及んだなら？　もしハイチのように号令一下、蜂起などという事態が生じてしまったら？

ミランダ――我が故郷にて自由の旗を握るのは開化した市民たちであって、その洗練された品行たるや、さしずめプラトンならばその共和国に彼らを、と望むでありましょう。（手をサンタ・フェ地方へと滑らせる。三人の視線はカルタヘナの港に釘付けとなる。）

アバルクロンビ――難しそうだな。

ミランダ――弱みなどなさそうに見えます。しかしこの要塞都市の泣きどころを心得ております。城

壁の左脇に……。（150、191）

ミランダが夢に見るはロシアの女帝エカテリーナ

折々、深々と夜も更けたころ、ミランダはサンクト・ペテルブルグへ舞い戻り、冬宮の奥まった閨房にエカテリーナ大帝を蘇生させる。無数の小姓たちが宙に捧げもつ、女帝のマントの裾は、どこまでも延びゆく絹の刺繡のトンネルさながら、その中をまろび走るミランダはしまいにレースの海に埋もれる。じりじりと待ち焦がれる肉体を指して、ミランダは黄金の留め金、真珠の花綱を弾き飛ばし、軋み合う布地の間に道をつけるが、たっぷりとした襞スカートの彼方では、クリノリンの骨組みが彼を絡め取る。この鎧格子を何とか通り抜け、ペティコートの一枚目にたどり着くと、一気にこれを引き裂く。するとその中からもう一枚、さらに一枚また一枚、と螺鈿を散りばめたサテンのペティコートが十重二十重、この玉葱の被膜を一皮剝くごとに、彼の両手は勢いを失い、やっとのことで最後の一枚を破ったかと思えば、腹帯と留め鉤と細かな結び目と小さなボタンから成る軍隊にがっちりと守られたコルセットの要塞が姿を現わし、その間も高貴なお方、疲れ知らぬ肉の女主人は、呻き哀訴する。

騾馬の背に賢者一対

1799――クマナ

クマナに下船したばかりのヨーロッパ人二人、その目に新世界は入りきらない。河の上に煌めく港は陽光を受け燃え立つかのよう、石積みの砦に隣り合う白木や竹造りの家々、そしてその向こうには、緑の海、陸の緑、入り江が光をまき散らす。すべてはとことん新しく、手をつけられたことも目にされたこともないもの――フラミンゴの羽毛にペリカンの嘴、二十メートルもあるココ椰子の木々、見渡す限り広がるかのようなビロードの花々、蔓と葉むらがまとわりついてすっかり膨んだ幹、鰐たちのいつ果てるとも知れぬまどろみ、空色の、黄色の、赤色の蟹たち……。熱砂の上に裸身を眠らせるインディオたちがいれば、縫い取りのあるモスリンを着込んだムラータたちは、裸足の裏に触れるものを愛し気にさすする。ここでは、失楽園の中央から禁断の実を差し出さぬ樹木など見当たらない。

アレクサンダー・フォン・フンボルトとエメ・ボンプランは、街一番の広場に面した家を借りるが、その家には望遠鏡を据えるのにぴったりな屋上が備わっている。屋上から上を見やれば、日蝕と流星の雨と、怒りに夜通し火を吐く天空とが目に入り、下を見やれば、そこでは奴隷の買い付け人が、クマナの市場に着いて間もない黒人たちの口の中を改めている。この家で彼らは生まれて初めて地震におののき、ここからあたりの探索に出る——珍しい羊歯やら鳥やらを分類し、また妻が患っていた五ヵ月間、息子に乳をふくませ、立派な両の乳首から甘くまろやかな乳が出るようになったという男、フランシスコ・ロヤノを捜す。

その後フンボルトとボンプランは南部高地に向かって旅立つ。その背には七ツ道具——六分儀、磁石、温度計、湿度計、磁気計。ほかに押し花用の紙、鳥や魚、蟹などを腑分けするのに使うメス、そして彼らの目を釘づけにする対象を写生しようと、インクとペンをも携える。騾馬の背にまたがり、荷に押し潰されながら、黒い山高帽に青い眼のドイツ人、あらゆるものを調べつくす虫眼鏡のフランス人がゆく。アメリカの密林《セルバ》も山々も、扱いかねて、この無謀な二人に道を空ける。

(30、46)

貧者の父

1799——モンテビデオ

フランシスコ・アントニオ・マシエルはラ・プラタ河のこちら側に初めて塩漬け工場を建てた。石鹸や獣脂蠟燭の工場もまた、彼のもの。夜の帳が降りると、松明を手に、梯子を肩に担いだ点灯夫は、モンテビデオの辻々にマシエルの蠟燭を灯して歩く。

牧地の見回りに出ないとき、マシエルは塩漬け工場でこれからキューバやブラジルへ売りに出す塩干肉の薄切りを吟味し、あるいは桟橋で荷積みされる皮革をちらりと見やる。彼の所有するベルガンティン船はどれも聖人の名を戴くが、それらの船が入り江の遥か彼方に去るまで付き添うのが彼の習い。モンテビデオの住民が彼を貧者の父と呼ぶのは、神の手から見放された病人を助けるためなら、いやまさかの部類に入りそうだがいくらでも時間を工面するからなのだ。まことこの情け深きマシエルは、自ら設立した慈善《カリダ》病院のためならいつどこへでも皿を延べて寄付を乞う。ミゲレテの細流が注ぎ込むあたりの仮小屋で四旬節を過ごす黒人たちを訪ねることも忘れない。リオ・デ・ジャネイロやハバナから彼の船が連れ帰る奴隷ひとりひとりに、じきじき価格の下限を決めてやる。歯並びの完璧な者はメヒコ銀貨で二百ペソ、左官か大工の技を持つ者なら四百ペソという具合。

マシエルは、牛の肉を人の肉と交換することに長けたモンテビデオ商人の中でも一番の大物である。

（195、251）

1799──グアナファト
支配階級の生活、情熱、そして商売

臨終を迎えつつあるこの世紀の永きに亘り、グアナファトとサカテカスの鉱山主たちはやんごとなき爵位を十と六つも買い込んだ。鉱山主の十名は伯爵に、六名が侯爵に様変わり。彼らが家柄ぶりを御披露目し、鬘合わせに余念のないころ、労働法が改まり、鉱夫たちは債務奴隷に身を落とす。十八世紀のうちに、グアナファトが産出する銀と金の量は八倍にも膨らんだ。

さて、金《かね》という魔法の杖の先が、メヒコ市の商人七名にも触れ、北スペインの山地からやってきた耕作者上がりの彼らは、侯爵伯爵に姿を変えた。

喉から手が出るほど貴族の令名に御執心の鉱山主やら商人たちの間には、爵位ばかりか土地まで買い込む者もある。インディオ共同体が代々受け継いできた空間を食い荒らし食いつくし、際限のない荘園《アシエンダ》はメヒコ全土に進軍する。

片や、好んで高利貸し業に金を注《つ》ぎ込む者たちもいる。たとえば金貸しホセ・アントニオ・デル・マソは僅かな元手で荒稼ぎ。御同輩マソは、とフランシスコ・アロンソ・テランは書き記す、グアナファトー一の遣り手のひとり。もし神が長寿を授け給うたら、市《まち》を丸ごとその胃袋に収めかねない。(49、223)

1799——シウダ・レアル・デ・チアパス

荷担ぎ人《タメメス》

チアパス総督ドン・アグスティン・デ・ラス・ケンタス＝サヤスは、トゥリハ河からコミタンまで、グアテマラに向かう新街道の構想を立てる。荷担ぎ人《タメメス》千二百名が必要な資材を運搬する。

タメメスこと二本足の騾馬とは、七アロバまでの重みに耐えられるインディオたち。額に縄を支《か》い、途方もない嵩の荷や鞍椅子に座る人間たちを背負う。この姿勢のまま高山を縫い、片足をこの世に、片足をあの世に掛けつつ断崖の縁《へり》を伝い歩く。

（146、321）

1799――マドリード

フェルナンド・トゥパク・アマル

表通りでは誰かがギターをかきむしる。

中では、フェルナンド・トゥパク・アマルが熱に震え、口から吐く雪を夢に見つつ死す。

ペルーの偉大な領袖の子は三十の齢にとどかない。極貧のどん底もどん底、流刑と投獄のその短い生涯はマドリードに果てる。

二十年前、猛々しい雨がクスコのマヨル広場に叩きつけ、以来この世に雨は途切れず。

医師の見立てによれば、フェルナンドの死は愁嘆の死。

（344）

1800——アプレ河

オリノコに向かって

アメリカはその数ある太陽に灼かれて目がくらみ、赤々と燃え立ちよろめくが、大木は川面をまたいで抱き合い、その木陰に賢者たちのカヌーが煌めく。

進みゆくカヌーの後を、小鳥たちが、飢えたブヨだの蚊だのの群れが追いかける。虫どもの槍は衣服や革布を突き抜け骨に達する勢い、フンボルトとボンプランはそのとめどない襲撃を容赦なく平手打ちでかわしつつ、ドイツ人はマナティ、つまり手《マノ》のある太った魚を解剖するかと思えば、ウナギの電気やピラニアの歯並びやらを研究し、フランス人は草花の採集分類に勤しみ、あるいは鰐の丈を計ってその齢をはじき出す。二人して地図を引き、水温や気圧を書き留め、砂雲母の薄片、巻貝の殻、オリオンの三ツ星が天をめぐる歩みを分析する。彼らはアメリカに、その知るところを洗いざらい語ってもらいたい、事実こなたの諸王国にあっては、木の葉一枚、小石一かけらといえど黙ってはいない。

ささやかな入江に野営し、手のかかる道具の山を荷揚げする。蚊を追い散らすにも調理のためにも、まずは火を起こす。そんなとき、ジャガーが来たと知らせるかのように犬は吠え立て、ボンプランの股裏へ逃げ込む。フンボルトが肩に乗せるオオハシは、落ち着きなく彼の山高帽をつつく。藪を鳴らし、木々の間から、赤銅色の肌、インディオの顔立ち、縮れ髪の裸の男がひとり顔を覗かせる――

――我が土地へようこそ、旦那方。

そして彼らに深々とお辞儀する――

――ドン・イグナシオと申します。何なりと。

間に合わせのかまどを前に、ドン・イグナシオは顔をしかめる。賢者たちは大ネズミ《カピバラ》の肉を焼いている。

――こりゃインディオの食い物ですぞ――見下したように言うと、弓矢で仕留めたばかりのみごとな鹿は如何かと、彼らを自宅へ夕食に招く。

ドン・イグナシオの家は、河より遠からぬ木々の間に張られた三枚の網。そこで妻のドニャ・イサベラ、娘のドニャ・マヌエラを紹介するが、女性たちは彼ほど一糸まとわぬ身ではない。旅人たちに葉巻を勧める。鹿がこんがり焼き上がる間、彼らを質問攻めにする。マドリードの宮廷の動静や、欧州をこれほどいたぶりながら終わることのない戦乱の近況に、ドン・イグナシオはかぶりつく。(338)

毒の名人　1800――エスメラルダ・デル・オリノコ

河を下る。

ある岩山の麓、人里離れたキリスト教布教の地エスメラルダで彼らは毒の名人に出会う。その仕事場は村で一番小ぎれいな、整頓のよい小屋。老インディオはもうもうと湯気を立てる幾つもの大鍋や素焼きの壺に囲まれ、バナナの葉筒やシュロの漏斗に黄味がかった汁を注ぐ――人を震え上がらせるクラレ毒の液が、ぽたりぽたりと滴り泡立つ。このクラレを塗った矢は、蛇の牙よりも深く喰い込み、確実に命を奪う。

――敵《かな》うまいよ――老人は蔓と樹皮を擦りつぶしながら言う――おまえさん方が何を作ろうとこれには敵うまいよ。

フンボルトは考える――小難し気な口ぶりといい、勿体ぶった様子といい、我々の世界の調剤師にそっくりではないか。

――おまえさん方は黒火薬を発明しなさった――そう老人は続けると、そろりそろり、全神経を手に集中させ、擦りつぶしたものの上に水をふりかける。

――わしは知っとる――ややあって口を開く――黒火薬やらいうものは役立たずじゃ。騒々しい。当てにならん。火薬では音もなく殺すというわけにゆかんし、かと思えば相手を誤っても殺してしまう。

鍋や壺の火をかき立てる。湯気の向こうから尋ねる――

――石鹸の作り方を御存知か？

――彼が承知している――とボンプランが言う。

老人は敬意のこもった眼差しをフンボルトに向ける――
――クラレの次に大事なのは――と言い放つ――石鹸じゃ。（338）

クラレ

トゥカノ・インディオたちの幼き神グアムは毒の王国にたどり着いた。そこでクラレの娘を捕まえ交わった。娘は両脚の間に蜘蛛と蠍と蛇を隠していた。その体に入り込んでゆくたび、グアムの命は消えてゆき、息を吹き返すとこの世のものならぬとりどりの色が見えた。

彼女は彼を父の家へ導いた。人間を食べる老クラレは、舌なめずり。ところがグアムは蚤に姿を変え、蚤の姿で年寄りの口から入り込み、肝を探しあてるとかぶりついた。クラレは蚤が逃げ道にありつけぬよう、口を、鼻を、耳を、目を、へそを、大の穴小の穴までをも塞いだ。グアムは中から彼をくすぐり、くしゃみに紛れて逃げ出した。

飛んで故郷に戻ったが、小鳥となったその身の嘴にはクラレの肝の切れ端をくわえていた。

こうしてトゥカノ・インディオたちは毒を手に入れた、そう悠久の時を携える人々、記憶の防人たちは語り聞かせる。（164）

1800——ウルアナ

土と永劫

ウルアナの島と向かい合うところで、フンボルトは土食《は》むインディオたちを知る。

来る年も来る年も、河という河の父なる河オリノコはいきり立ち、ふた月三月の間、その両岸は水びたし。水かさが増している間、オトマコ人は軟らかな粘土をほとんど火にあぶるかあぶらないかのまま食べ、それで命をつなぐ。それは純然たる土であり、とうもろこし粉も亀の油も鰐の脂も混ざっていないということをフンボルトは確かめる。

こうして、これらのさすらいインディオたち、泥を追って歩む泥、二本足の泥たちは、死に向けて命ある限り旅を続け、彼らの食む土がいつかは彼らを平らげる。

(338)

1801——グアタビタ湖

水底の女神

アメリカの地図を幾つ繙いてもエル・ドラドは依然ギアナの相当部分を占めている。黄金の湖は、これを追う者たちが近寄ろうとすると身をかわし、彼らを愚弄し、命を取る。だが地図の上では、オリノコの上流につながる青い染み然と、大人しく佇んでいる。

フンボルトとボンプランは、蜃気楼の湖の謎を解きほぐす。インディオたちがモンタニャ・ドラダと呼ぶ山、その雲母の山が放つ煌めきこそ、目くらましの一端を成し、あるいは、雨季になるとオリノコ源流に隣り合う広大な平原になだれ込み、雨季が過ぎると霧消する水たまりもまた、錯覚の一端を成していると突きとめる。

ギアナには、アメリカへと妄想を掻き立てる数ある誘惑のうちでも、とっておきの幻の湖あり。遠くボゴタの台地には、本物のエル・ドラド。丸木舟と騾馬を乗り継いだ幾千里の果て、フンボルトとボンプランは聖なる湖グアタビタにエル・ドラドを探し当てる。あたりを包む森のうち、とびきりさやけき葉陰さえ、そっくり再現する水面の鏡——その底に、ムイスカ・インディオたちの財宝が横たわる。

ここなる聖域まで、裸体に金粉を輝かせた貴公子たちがやって来ては、美を極めた金細工師の傑作を湖央に投げ出すのだった。金細工の沈むを待って、彼らも身を沈め、水に遊んだ。再び姿を現わすとき、その肌の金粉が残らずきれいに落ちていれば、フラテナの女神が捧げ物を受け入れたしるし。あのころ、女神フラテナ、蛇の女神は、この世界を深みから統べていた。(326、338)

ムティス　1801――ボゴタ

老修道士はオレンジの皮を剝き剝きお喋り、切れ目ない金色の螺旋が一本、その足の間に置かれた金だらいへするすると舞い降りる。

彼に会い、彼に耳傾けるため、フンボルトとボンプランは路程から南にはずれ、四十日の間、河を遡った。ホセ・セレスティノ・ムティス、アメリカの植物学者たちを率いる族長は、一方的な演説の類には眠り込むが、お互い差しつ差されつのお喋りなら、人一倍これを満喫する。

世界の美と謎を前にするたび我を忘れる三賢者は、植物を、また着想、疑念、発見を交換し合う。グアタビタ湖、シパキラの塩窟、テケンダマの滝の話を聞きながらおのずと心逸《はや》るムティス。フンボルトが引き終えたばかりのマグダレナ河の地図を褒めそやし、それとなく幾つか手直しを示唆するが、そのさり気なさは、あまねく世を踏破し、あまねく世を知りつくし、そして真に奥の奥から、世界の延長としての己れを弁え抜いた人のもの。

そして洗いざらいすべてを見せ、すべてを語る。オレンジを口にし人にも勧めつつ、ムティスはリンネが彼によこした手紙のこと、それらの手紙にどれほど教えられたか、そして異端審問に煩わされたことなど話して聞かせる。あるいはキナの樹皮に備わる薬効、月が気圧計に及ぼす力、花々の目覚めと眠りの周期、つまり花々も我々同様に眠り、我々同様伸びをし、花弁を開きながらひとひらずつ目覚めるのだということ、己れのそうした探索の数々を思い起こし、分かち合う。(148)

ナポレオンは奴隷制を建て直す　1802——アンティル諸島の海

野鴨の部隊がフランス軍を護衛する。魚たちは散る。珊瑚礁の針山をしつらえる碧青《みどりあお》の海、その海を越え軍船はハイチの青き山々を目指す。じき水平線に、勝ち誇った奴隷たちの土地が鼻先を覗かせてくれるだろう。ルクレール将軍は艦隊の先頭にすっくと立つ。船首像の如き彼の影こそ、真っ先に波を切る者。後方にかすむ他の島々は、岩の城砦、どこまでも濃く深々と煌めく緑、新世界の歩哨。三世紀前、この世界に出くわした人間たちは、ここがお目当てではなかったのに。

——植民地が最もよく栄えたのはいつのことだ?

──前の体制にございます。

──ならば元に戻すがよい──とナポレオンは断を下した。

何人も、赤、黒、または白のいかなる肌に生まれつこうと、その隣人に所有されてはならない、こうトゥサン・ルーヴェルチュールは言いおいていた。いまフランス艦隊はアンティル諸島へ奴隷制を連れ帰る。フランスから五十隻を越える船、二万人を越える兵が砲撃任せに過去を復さんとやって来る。

旗艦の船室ではひとりの女奴隷がポリーヌ・ボナパルトに扇の風を送り、いまひとりはその頭を優しくかきけずる。(71)

怒れる者たち

1802──ポワント・ア・ピトゥル

あらゆるフランス植民地の例に洩れず、グアドループ島でも自由黒人は奴隷に逆戻り。黒人市民は差押え可能な動産との扱いの下、再び主人の財産目録や遺言状に書き込まれ、またもや農園《プランテーション》の作業用具だの船の艤装品だの軍の兵器庫だののの一部を成す羽目となる。植民地政府は島を見捨てた白人たちに呼びかけ、財産の返還を保証する。所有者から請求のなかった黒人は競買にかけられ、その利得は公庫へ納められる。

奴隷狩り《カセリア》は屠殺《カルニセリア》へと転ずる。グアドループ当局は叛徒の首ひとつにつき四十四フランを支払う。縛り首に処された者たちはコンスタンタンの丘高く、腐ったままいつまでも棄て置かれる。ポワント・ア・ピトゥルのヴィクトリア広場では、黒人を焼く火は消えることなく、炎は家々の軒より高く燃え立つ。

三人の白人が抗議する。その尊厳ゆえに、その憤激ゆえに、彼らは断罪される。ミレー・ドゥ・ラ＝ジラルディエール、フランス軍の歴戦の将にして幾度もの受勲に輝く彼は、鉄の檻に入れられ、晒し者とされ、鋭利な刃物の上に裸のまま座らされての死を言い渡される。残る二人、バルスとバルベは生きながら火にかけられるが、その前に骨という骨を砕かれる。

(180)

世界の頂にて　1802——チンボラソ火山

雲を越え、底知れぬ雲溪の狭間、チンボラソの無骨な体軀にしがみつき、裸の岩をつかむ両手は切り裂かれながらも這い登る。

騾馬たちに頼るのは道半ばにしてあきらめた。フンボルトが背中に担ぐ袋の中にぎっしり詰まる石は、白くたぎる大地の腹が型破りにも吐き出した山脈、あのアンデス山系の起源について教えてくれる。五千メートルのところでボンプランは蝶を一匹、さらに登って、目を疑うほかない蠅を一匹つかまえ、彼らはなおも、冷気の塊や目まい、いつ滑らせてもおかしくない足許の不安、目や歯茎や割れた唇から吹き出す血などをものともせず、登り続けてきた。霧は彼らを包み、火の山のさらに上へと脇目もふらず執拗に進む彼ら、やがて、やおらひとすじの光が霧を破り、山頂を、そそり立つ白き塔の一糸まとわぬ姿を、言葉を失い立ちすくむ旅人たちの眼前に差し出す。ここがそうなのか、それともそうではないのか？　かつてこれほど天に近く登りつめた者はなく、世界の屋根にあっては、雲居に舞い飛ぶ馬たちや色とりどりの星が昼ひなか姿を現わす、と巷では囁く。北天と南天の間にそびえるこの雪の聖堂は、もしや単なる幻覚なのだろうか？　傷んだ目が彼らを惑わせているのではなかろうか？

フンボルトは溢れんばかりの光を、どんな眩惑よりも強烈な光に満たされるのを感じ取る——我々は光からできているのだ、そうフンボルトは肌に知る。我々は、この光から、大地や時もこの光から。そして朋友ゲーテに、遥かワイマールの自宅にある彼に今すぐこれを、何としても直ちにこれを語りたいとの、抑え難い感情に襲われる。

1803——フォール・ドーファン

再び焼けただれた島

トゥサン・ルーヴェルチュール、自由黒人たちの長《おさ》は捕われの身のまま、フランスのとある城に死す。明け方、錠を開き、門を外した看守が、椅子の上に凍りついているトゥサンを見つけた。

だがハイチの生命は別の体に宿替えし、トゥサンなくとも黒人軍はナポレオン・ボナパルトをうち負かす。フランス兵二万が首を失いあるいは高熱に倒れた。黒い血、腐った血を吐きつつルクレール将軍は卒倒し、己れの手で服従させんとしていた大地がその経帷子《かたびら》と相成った。

ハイチはその人口の半ばを失った。禿鷲の目もくれぬ屍がまき散らされた灰の荒野に、いまだに銃声が、棺に釘打つ槌音が、弔いの太鼓が聞こえている。二世紀前、皆殺しの天使に火を放たれたこの島は、戦《いくさ》に起つ男たちの火に再び呑みこまれた。

くすぶり止まぬ大地の上で、かつて奴隷であった者たちが独立を宣言する。フランスはこの屈辱をただではおくまい。

海岸では、風に抗してたわむ椰子の木々が、幾筋も槍の列を成す。

(71)

1804――メヒコ市

スペインの最も裕福な植民地

神学の教授たちがいまだ外科学や天文学の同僚の五倍も稼いでいるころ、フンボルトはメヒコ市に若き科学者予備軍たちを見出し、目を見張る。それは実験物理学やら、錬金術を脱した化学やデカルト理論のあれこれを愛《め》で、異端審問をものともせずこの地で教え、人々を感化したイエズス会士たち幾名かの置き土産。と同時にそれはまた、副王レビジャヒヘドの働きでもある。時代の風に開かれ、教条とわたり合うこの人は、つい何年か前、この地を治めるに当たり、機械や実験室や近代的著作の欠如にひどく心を痛めた。

フンボルトが見出し称揚したのは鉱山学校とその明晰なる教授陣だが、このころメヒコは世界が束になってかかってもかなわぬほどの銀を産し、ベラクルスの港から欧州へ流れる銀の河は勢いを増すばかり。だが同時に、土地の利用が極めて貧しく下手くそなこと、植民地の貿易独占体制と庶民の窮乏とが手工業の発展を阻んでいることをフンボルトは警告する。メヒコは不平等の国なり、彼は書く――権利と富との度し難い不平等が放っておいても目の前に躍り出る。伯爵たち侯爵たちは金で買い込んだばかりの盾形紋章を馬車に描き、庶民は赤貧に沈み、いかなる産業の育つ余地もない。インディオは目を覆いたくなるような極貧を患う。アメリカ全土と同様ここでも、ともかくも白と言える肌が、社会に人の占める等級を決めている。(163、217)

インディアス枢機会議の監査官《フィスカル》、精白度証書の濫売を慎しむよう進言す、1804——マドリード

褐色《パルド》の者たちがかかる恩典を広めんと画策せぬよう。万一かかる恩典に護られ、偶発事たる肌の色より外、白人と何ら変わりなく対等と思い込み、あらゆる命運と職務を獲得し、また由緒と純血を誇るいかなる家系とも通婚の資質ありなどと自負するならば……その結果は、人品の格付けこそ秩序と安寧、良き統治に資する最善の道となる王政の下では、是非とも避けねばなりませぬ……。

混交の汚れより出来《しゅったい》する褐色びと、又の名浅黒き者《モレノ》は極めて劣等なる種を成し、その気質は悪弊に染まり、その高慢さ、自由への傾倒ゆえに、従来もまた今日も、我らが政府および国《ナシオン》へはほとんどなびかぬのであります……(174)

アンブロシオの罪状

1804——カタマルカ

カタマルカのマヨル広場の杭に繋がれ、アンブロシオ・ミリカイは鞭打ち二十五回の刑を受ける。ムラートのアンブロシオ、歩兵連隊長ニエバ＝イ＝カスティジョの所有になる彼は、読み書きを学ぶという罪を犯したがゆえに、植民地当局に対し訴えられた。スペイン人の間に紛れ込む下司なインディオ、ムラートの類を懲らしめるため、彼の背はよってたかってしたたか傷めつけられた。

中庭の敷石の上にうつ伏せとなり、アンブロシオは呻き、譫言を吐き、復讐を夢見る——

——ごめんなすって——夢の中でそう乞うと、短刀を突き立てる。

(272)

ナポレオン

1804——パリ

オルガンの荘重な和音が、フランスに君臨した六十人の王と、そしておそらくは天使たちをも呼び出すその傍らで、ローマ教皇はナポレオン・ボナパルトに王冠を差し出す。

ナポレオンは自身の額に皇帝《カエサル》の月桂を被せる。それからしずしずと、貂を配した紫の衣の威風そのままに身をかがめ、聖なる宝冠を授ければ、フランス史上初の皇妃ジョゼフィーヌが誕生する。黄金と水晶の馬車に乗り、この国の王座へたどり着いたのは、ごつごつしたコルシカの山地から躍り出た小柄なよそ者にして大いなる武勇の主、そしてマルティニク生まれの妻ジョゼフィーヌ、彼女に抱かれると黒焦げになると噂のアンティル女。フランス人を毛嫌いしていた砲兵隊中尉ナポレオーネは、いまナポレオン一世となり変わる。

今日幕開けを果たす王朝の始祖は、この戴冠式の稽古を幾度となく繰り返した。列席者のそれぞれ、登場俳優のひとりひとりに彼が決めた衣裳を着せ、彼が思い定めた場所に立たせ、彼の命ずるがままに動かしてみた。

——嗚乎、ジョゼフ兄さん！　父上が我らを御覧になったなら……。

欲丸出しの一族郎党、フランス新興貴族の皇子皇女たちは、その義務を履行した。確かに母レティツィアは列席を拒み、王宮で恨みごとを呟いていたが、ナポレオンはお出入り芸術家のダヴィドに命じ、後日この絢爛ぶりを画布に叙するにあたっては、レティツィアに特等席を用意させる。

来賓たちがノートル・ダム聖堂を埋めつくす。その中にひとりの若きベネスエラ人、一部始終を逃すまいと首を長くして見やる。二十歳にしてナポレオン王朝の誕生に立ち会うシモン・ボリバルは、すっかり場の空気にあてられている——この身など、ボナパルトの剣を飾る握り柄の光りもの、そのひとかけにすぎない……。

同じころ、パリの金色《こんじき》の広間において、ボリバルはアレクサンダー・フォン・フンボルトの知己を得ていた。冒険好きの賢者はアメリカから帰り着いたばかり、早速ボリバルにこう告げていた――

――貴国におかれては独立の機が熟したと思われますが、担うべき人物が見つかりませぬ……。

（20、116）

セルバンド師　1804――セビリャ

メヒコの独立を欲するがゆえに、そして異教の神ケツアルコアトルは使徒聖トマスの化身と信ずるがゆえに、セルバンド師はスペインへの流刑を宣告された。

獄から獄へ、脱獄から脱獄へ、いかがわしきメヒコ人はスペインの牢という牢をピンからキリまで泊まり歩いた。ともあれこの、やすりと抜け穴と飛び降りの達人は、旧大陸をすっかり踏破してみせた。

諸国漫遊の人、諸国撃破の人――機敏な翼と鋼鉄の嘴を持つ小鳥よろしく、セルバンド師は見るものすべてを罵倒することで欧州の魅惑から身を守る。私はメヒコ人《ソイ・メヒカーノ》なのだ、一歩踏み出すごとにそう言いまた己れに言い聞かせ、その見解を述べるとなれば、やれフランス女の顔ときたら団子鼻で口ばかり大きな蛙そっくり、やれフランスでは男は女もどき、女は子供もどきだの、やれイタリア語は嘘を並べるための言葉であってイタリアは何でもかんでも最低と不正の故郷、もっともあの国でもフィレンツェばかりはメヒコの諸都市に随分と似ているから見る価値はある、などとのたまう。スペインを向こうに回せば、この無礼な修道士は揶揄だらけのロザリオの祈りを上げる——曰く、スペイン人はフランス人の猿真似野郎、宮廷が娼窟ならエル・エスコリアル宮は単なる石の寄せ集め、バスク人は釘を打つのに額を使う、アラゴン人もそうだが御丁寧に釘の先をこちらへ向けて打つときた、カタルニャ人はカンテラなしでは一歩たりとも前に進めず、親戚が手ぶらで来ようものなら門前払い、マドリードっ子はロザリオの祈りを果てしなく編み出し、監獄を譲り受け、八ヵ月の冬《インビエルノ》と四ヵ月の地獄《インフィエルノ》を天罰に喰らったいじけ者。

　さていまセビリャの牢で、セルバンド師がひと摑み、またひと摑み、胸の虱を掻き落としているのに、南京虫の軍団は毛布に波と押し寄せ、蚤は叩きつぶそうとする手を、鼠は振り下ろされる板べらを嘲笑う。セルバンド師を昼ごはんに、と寄ってたかって迫りくるには、彼もお手上げ、休戦を願い出る。次の脱獄、今にも実行寸前のそれをすっかり細部まで詰めるのに、ひととき静かにしてほしいのだ。

（318、346）

1806——トリニダ島

大博打《アベントゥラス》、不覚の顚末《デスベントゥラス》

虚しく永年待ちぼうけの果て、フランシスコ・デ・ミランダはロンドンを後にする。イングランド人たちは彼に、暮らしに困らぬ報酬とあれやこれやの言葉をあてがい、情け深く微笑みかけはしたが、解放を賭けた彼の遠征計画には弾丸ひとつ寄せられなかった。ミランダは英国外交界の敷居を飛び越し、合州国に運を試す。

ニュー・ヨークで船を一隻入手する。志願兵二百人が彼に同行。コロ湾の岸辺にベネスエラ上陸を果たすが、実に亡命三十六年の月日が流れていた。

掻き集めた兵たちには花と鳴り物、名誉と財宝のにぎにぎしい出迎えを約してあったが、そこにあるのは静寂ばかり。高らかに自由を告げる声明に応える者はない。ミランダは一、二の集落を占領すると、旗と言葉とで埋めつくし、カラカスからやって来る五千の兵が彼の息の根を止めないうちにベネスエラを後にする。

トリニダ島でとんでもない知らせを受け取る。イングランド人どもが既にブエノス・アイレスの港を押さえ、モンテビデオ、バルパライソ、ベラクルスの征服をもくろんでいるという。ロンドンの地から、戦争相は一点の曇りもなき指示を垂れていた――目新しき事態といえば、ひとえに大英帝国国王陛下の支配がスペイン王の支配に取って代わることより外、有り得ざるべし。

ミランダはロンドンの、グラフトン街の自宅へとって返し、直談判に訴えることとなるだろう。すると彼《か》の地では、彼の恩給を年三百ポンドから七百ポンドに引き上げてくれるのだ。(150)

ユダの火刑、禁止さる

1808――リオ・デ・ジャネイロ

ブラジルに到着間もないポルトガル王子の御心により、本植民地では、聖週間《セマナ・サンタ》のならわしであったユダ人形の火刑が御法度となる。キリストと自分たちの仇を討つべく、陸軍元帥に大司教、左うちわの商人を、大地主を警察長官を、年に一夜《ひとよ》、庶民は火にくべていた。そして裸同然の彼らは、ごてごてに飾り立て、爆竹を詰め込まれたぼろ人形が、苦痛に身をよじり、炎に包まれ弾けゆくのを見て、溜飲を下げるのだった。

これより、有力者たちは聖週間にさえ心の痛むことがない。リスボンからお出ましになったばかりの王家は、静寂と敬意を要求する。一隻のイングランド船がポルトガル王子をその宮廷宝石もろとも拾い上げ、かくも遠隔の地まで送り届けてくれていた。

要を得た駆引きのおかげで、ポルトガルの王朝はスペイン、ポルトガルに攻め入ったナポレオン・ボナパルトの猛撃を免れ、イングランドはアメリカの地にまたとない作戦拠点を確保する。イングランド人はラ・プラタ河においてしたたか痛手を喫していた。ブエノス・アイレスとモンテビデオから追い立てられ、彼らは今、盟友のうちでもとりわけ絶対忠実なる盟友の手を借り、リオ・デ・ジャネイロから分け入る。

（65、171）

1809――チュキサカ

アメリカ独立の叫びが

チュキサカに湧き起こる。侵入者フランスに抗して起ち上がったスペインの沸騰をよそに、アメリカは叛旗を翻す。ナポレオンの兄ジョゼフ・ボナパルトがマドリードに占めた王位を、クリオジョたちは否認する。

チュキサカこそ一番手。アメリカのサラマンカが起こした叛乱は、スペインのインディアス領喪失を告知する。

かつてラ・プラタ、チャルカスなどと呼ばれ、いずれスクレと呼ばれることになるチュキサカは、相愛の双丘の足許に横たわる。その中庭や庭園からは柑橘類の芳香が漂い、その辻々をめぐるのは平民より郷士の姿。法服やら剃髪ほどそこここに溢れ返るものはほかにない——チュキサカ名物といえばお高くとまった博士さまたち、黄金の握りも眩しいその手の杖といい勝負、そして灌水器を手に家々を聖水で湿して回る修道士たち。

ここでは、世はすべて不変無疵と見えていた。寝耳に水のことながら、自由の嗄《しわが》れた叫びがこの、裏声で歌うラテン語に慣れきったはずの口から噴き出した。間髪おかず、その声にラ・パスがキトがブエノス・アイレスが唱和する。北ではメヒコに……　(5)

グアダルペの聖母　対　レメディオスの聖母

1810——アトトニルコ

視界を遮る埃を分けて、アトトニルコ村の隅々まで夥しい人の群れが行き渡る。

——アメリカ万歳、悪政に死を！

ミゲル・イダルゴ神父は教会からグアダルペの聖母像を引き剥がし、その画布を槍に結わえる。旗印が群衆の頭上に燦然と翻る。

——我らが聖母グアダルペ万歳！　本国人《ガチュピン》どもはくたばれ！

革命《レボルシオン》の滾《たぎ》り、宗教《レリヒオン》の熱。ドロレスの教会に鐘は鳴り響き、イダルゴ司祭は闘いを呼びかけ、メヒコの聖母グアダルペがスペインの聖母レメディオスに開戦を布告する。インディオの聖母が白い聖母に挑むのだ。テペヤクの丘で貧しきインディオを選んだ聖母が、テノチティトランから退却途上のエルナン・コルテスを救った聖母に向かって進軍する。我らがレメディオスの聖母は総大将のいでたちに身を整え、副王の命令一下、銃殺隊がグアダルペの旗を蜂の巣にしてくれよう。

メヒコ人の母にして女王、そして女神たるグアダルペの聖母は、大天使ガブリエルが彼女の姿をテペヤクの神殿に描き込む以前から、アステカ人たちにトナンツィンの名で知られていた。来る年来る年、人々は行列を成してテペヤクへ参じ、聖母さま《アベ・ビルヘン》、御子を授かる《イ・プレニャダ》、乙女ごが身二つになられる《アベ・ドンセジャ・パリダ》、跪きつつ御顕現の岩へ、薔薇が芽吹いた地の裂け目へと登りつめ、神のものなる聖母さま《アベ・デ・ディオス・ポセイダ》、神のいっとうお気に入り《アベ・デ・ディオス・マス・アマダ》、その泉から水を飲み、神にしとねをこしらえなすった《アベ・ケ・ア・ディオス・アセス・ニド》、愛と奇跡を、御加護を、慰めをと冀う、アベ・マリア、アベ、アベ。

もはや、メヒコ独立のためならば殺めることも厭わず、グアダルペの聖母は進軍する。(178)

エル・ピピラ　1810――グアナファト

イダルゴの部隊は、小山の岩場からつむじ風のように道なき道を駆け下り、つぶての嵐となってグアナファトへ降りかかる。鉱山の民が叛徒の雪崩に合流する。国王の射撃隊がもたらす荒廃をものともせず、群衆は辻々に溢れ出、人波は兵士を押し流し、スペイン権力の牙城に襲いかかる――グラナディタスの穀物庫、三十室を数えるその丸天井の下には、とうもろこしが五千ファネガ、それに銀の延べ棒、黄金、装身具の姿をとり、数え切れない富が転がっている。植民地の当主たちは震え上がり、財宝とともにそこへたて籠もった。

洒落者たちは情けにすがろうとするが無駄なこと。斬首あり、略奪あり、度を越した浮かれ騒ぎあり、インディオたちは死者たちを裸にしては尻尾があるかどうか見る。

鉱山夫エル・ピピラが本日の英雄。人の噂では、彼はばかでかい墓石を背にあてがい、弾丸の雨を亀のようにくぐり抜け、松明の火とたっぷりのタールを用い、穀物庫の扉に火をつけた。人の噂では、エル・ピピラはまたの名フアン・ホセ・マルティネス、さらにほかにも、グアナファトの坑道にかつて、あるいは今日も働くすべてのインディオたちの名がその名だという。

(197)

1810――グアダラハラ

イダルゴ

ドロレスの村に知らぬ者などなかったが、イダルゴ司祭には道を歩きながら本を読むという悪い癖があり、太陽と頁の間を遮るつば広帽子も欠かせない。さて、馬にも異端審問にも蹴散らされずに済んだのは全く強運のおかげだった、何しろ歩きながらの読書が危険などころか、彼の読みものこそ遥かに危険だったのだから。ゆっくりと、ドロレスの辻々に舞い立つ埃の霧を分けてゆく司祭は、いつも何かフランスものの本で顔を覆っていたが、その本はといえば、社会契約だの人間の権利だの、市民の自由だのについて書かれた本のどれかだった。もし知らん顔で行き過ぎたとしても、それは無礼ゆえではなく、知識欲ゆえであった。

イダルゴ司祭は、鉢や壺をこしらえる仲間のインディオ二十名とともに決起したが、一週間後には総勢五万。すると異端審問が彼に襲いかかった。メヒコの異端審問所は宣言す、此奴は異教徒、背教の徒、マリアの処女性を認めぬ者、物欲主義者、放蕩者、姦淫の擁護者、煽動屋、分断者、フランスの自由にかぶれた徒党の輩なり。

グアダルペの聖母は叛乱軍の先頭に立ちグアダラハラへ攻め入る。ミゲル・イダルゴは壁から国王フェルナンドの肖像を外すよう命じ、異端審問への応酬として布告する。奴隷制を廃し、欧州人の財産を接収し、インディオたちに課されている貢納を終わらせ、簒奪された彼らの耕作地を返すべし。

（127、203、321）

モレロス

1810——ピエ・デ・ラ・クエスタ

イダルゴ同様、田舎司祭。イダルゴ同様、タラスコ人のくに、ミチョアカンの山岳部に生まれた。そこは二世紀半前、司教バスコ＝デ＝キロガが自らの理想とする共同《コムニスタ》社会を建てたところ——疫病や、グアナファトの諸鉱山に投げ出されたインディオ数千数万を苦しめる強制労働が、贖罪の地たるこの一帯をいずれは荒廃させたのだが。

——南の熱い土地を回るのに、丸腰でというわけにはゆきますまい。

ホセ・マリア・モレロス、羊を飼い騾馬を追うカラクアロの司祭は革命に合流する。槍を二十五本と何丁かの猟銃を携え、いざ踏み出す。彼が頭に巻く絹の白布を追って、部隊は大きくなってゆく。椰子林に潜むアトヤクのインディオたちを捜し求め、モレロスはピエ・デ・ラ・クエスタの寒村を通り抜ける。

——誰《キエン・ビベ》だ？

——畏き神《サント・ディオス》！——インディオたちは答える。

モレロスは彼らに話しかける。以後、誰何《キエン・ビベ》の叫びに答える合言葉はアメリカ。

（332、348）

モレノ　1811──ブエノス・アイレス

僅かの手に握られた巨富とは、マリアノ・モレノの考えるところでは地を潤さぬ淀んだ水。圧政を倒さずして圧政者のみ入れ替わることのなきよう、植民地事業のうちに貯め込まれた寄生虫同然の資本を収用すべきであった。金なら内にだぶついているものを、なぜわざわざ強盗まがいの利子を払って欧州に求めなければならないのか？　外国から取り寄せるべきものは機械や種子であって、ストーダートのピアノやシナの壺であってはならなかった。国家とは、とモレノは考えた、新生独立の民の大実業家に変貌すべきなのである。彼の考えるところ、革命はすさまじくも抜け目なく、つまり敵には容赦なく、傍観者には目を光らせていなければならなかった。

束の間権力を得た。あるいは権力を得たと思った。

──やれやれ《グラシアス・ア・ディオス》──ブエノス・アイレスの商人たちはほっと息をつく。マリアノ・モレノ、別名地獄の悪魔は外洋に死す。その友フレンチおよびベルティは流刑へと去る。カステリには拘留の令が下る。

コルネリオ・サアベドラは、モレノが編纂し出回らせたルソーの『社会契約論』を回収するよう命ずる、とともに、ラ・プラタ河にはひとりのロベスピエールにも居場所はないと通告する。（2、267）

カステリ

1811――ブエノス・アイレス

それは二人組だった――一本のペンとひとつの声。マリアノ・モレノが文筆のロベスピエールなら、もうひとりは弁舌のロベスピエール。どいつもこいつも手に負えん、とはあるスペイン軍司令官の言葉、だがカステリとモレノは輪をかけて手に負えん。ファン・ホセ・カステリ、かの雄弁の主は、ブエノス・アイレスの獄にある。

保守主義者に簒奪された革命は、革命家たちを生贄とする。非難の雪崩が降りかかる――カステリは女たらし、飲んだくれ、博打うち、教会を冒瀆《とく》する者。インディオを焚きつけ、貧者の正義を執行し、アメリカの大義に声を与えてきた獄中の人は、自らを弁護することができない。彼の口を癌が襲った。舌を切除しなければならない。

革命はブエノス・アイレスにあって舌を抜かれる。

(84)

ナリニョ　1811——ボゴタ

我らはある主人から別の主人の下へ移行した、とアントニオ・ナリニョはコロンビアで認《したた》める。彼が創刊し、編集し、隅から隅まで手を入れる新聞『がらくた《ラ・バガテラ》』は、木偶の頭《かしら》だの名士の台座やらをそのまま放ってはおかない。コロンビア人の愛国的挙兵は仮面舞踏会の茶番に化けつつあるとナリニョは告発し、この際ひと思いに独立を宣言するよう迫る。また、つましき民草に投票権を認め、裸の平民の意志がビロードをまとう貴人の意志と等価に位置づけられるよう迫るが、それは砂漠を渡る声のよう。

我らはある主人から別の主人の下へ移行した、と認める。数カ月前、人々はボゴタのマヨル広場に押し入り、男たちは副王を捕らえ連行し、女たちは副王の妃を娼婦の獄へ放り込んだ。コムネロスの隊長ホセ・アントニオ・ガランの亡霊が、激昂した群衆の頭にとり憑いていたのである。こうなると博士さまやら司教連、商人たち、土地と奴隷の所有者たちはしたたか度肝を抜かれた——フランスの放埒者どもの過ちは何としても避けねばと誓い、彼らは副王夫妻に隠密逃避行をお膳立てしてやった。

我らはある主人から別の主人の下へ移行した。コロンビアを統べるのは、たっぷりと糊の利いたシャツにボタンだらけの上衣《カサカ》を着込んだ紳士諸侯。天においても位階あり、と大聖堂の参事会員は説く、手の指さえ五本等しくはないことを見よ。御婦人方は巻き毛や花やリボンを一緒くたに、黒いマンティリャの下に傾げながら十字を切る。名士評議会は手始めに幾つかの政令を発する。あれこれの愛国的措置に紛れて、既にむしり尽くしたインディオから、彼らに残された唯一のものまでむしり取ることを決議する。彼らを貢納から解放するとの名目の下、評議会はインディオから共有地を引き剝がし、中庭の真ん中に晒し台を誇る大荘園《アシエンダ》での奉仕を強いる。（185、235）

歌い手付きギターのための、あべこべ世界の歌《コプラ》

世界をあべこべに描いたら
間違いだらけに見えちまう
狐《ソロ》が犬《ペロ》を追いかけ
盗人が判官の後追いさ
上をゆくは足
口で地面を蹴ってゆく
火《フエゴ》が水を消し、

盲《シエゴ》は字を教え、
牛が牛車に乗り
御者が車を引く

男のほとりに
河は腰を下ろしていた
その馬《カバジョ》を研ぎ
ナイフ《クチジョ》に水をやりながら

（179）

太鼓腹　1811——チラパ

メヒコでは軍の秩序が民の騒乱を平らげつつある。イダルゴはチワワで銃殺されていた。鎖と拷問の四カ月の果て、己れの思想を捨てたと伝えられている。今や、独立はモレロスに従う軍勢次第。

イグナシオ・ロペス＝ラヨンはモレロスに急ぎの警告を送る——確かな筋によると、副王は刺客を雇って貴殿を討たせるつもりとか。その男の手がかりは、大そうな太鼓腹としかわかりませぬ……。

払暁、馬を乗りつぶし、使者がチラパの野営地へ到着する。

正午、刺客は国の大義に自分も一肌脱ぎたいと言ってやって来る。腕組みをしたまま、モレロスは憂国の弁を雨あられと受ける。何も言わずに刺客を自分の右側に座らせ、昼食を一緒にどうかともちかける。モレロスはひと口ごとに気の遠くなるほど咀嚼する。刺客が食べるのに目をやるが、こちらは皿を見ている。

夜、ともども夕食を摂る。刺客は食べては話し、喉にものを詰まらせる。モレロスは慇懃にも無表情のまま、相手の目を探す。

——何か胸騒ぎがしますな——だしぬけにそう言うと、頬が引きつり、椅子が軋むのを待って、助け舟を出す——

——またリューマチの気配とは。雨ですな。

翳りのあるその眼差しは笑みを断つ。

葉巻に火をつける。煙をじっくり見つめる。

刺客は立ち上がろうとしない。たどたどしく感謝を口にする。モレロスは彼に顔を近づける。

——つかぬことを伺うが——と切り出す。

刺客がすくむのを確かめると、その額を洗う汗の粒を数える。おもむろに問う——

——お寝《やす》みになりたいですかな？

と、間髪おかず——

——小生の隣でお寝み頂けないものですかな？

横になる彼らを分かつのは、果てたものやら決めかねてじりじり消え残る蠟燭一本。モレロスは背を見せる。深々と息をし、おそらくは鼾をかく。夜明け前に馬の蹄が遠のいてゆくのを聞く。

朝もひと段落ついたころ、助手に書きものの用を頼む。

イグナシオ・ロペス＝ラヨンへの手紙——お知らせかたじけない。この野営地には小生より太鼓腹の者はおりませぬ。(348)

《誰もが誰もただの人、人より偉い者はない》　1811——バンダ・オリエンタルの野

と、そう馬上の牧者たちは言う。大地は誰のものでもあり得ない、ちょうど空気と同じように。星々に優る天井はなく、馬を友に、これにまたがり、海の如く波立つ大草原を縫い、あてどなく彷徨う自由ほどの栄光はない。

開け放たれた野に追い回す牛さえいれば、ほとんどすべてが揃っている。牧童《ガウチョ》が肉しか食べないのは、青物といえば牧草であり、牧草は雌牛たち用のものだからである。焼肉はタバコと酒《カニャ》とを伴って成り立ち、起きたこと起きるはずのないこと《ミラグロ》を歌うギターも必携だ。

大所領《ラティフンディオ》に使《ウサ》われては追い立《エクスプルサ》てられる、ガウチョこと不羈の男たちは、ホセ・アルティガスの周りに槍を集める。ウルグアイ河東岸の平原が燃え立つ。（277、278）

脱出

1811——ウルグアイ河のほとり

ブエノス・アイレスは副王と結び、モンテビデオ包囲の兵を退ける。ホセ・アルティガスはその土地をスペイン人に返すという休戦協定の履行を拒み、たとえ歯や爪しか頼るものがなくとも戦争を続けると誓う。

領袖は独立軍を組織するため北へと場を移し、あちらこちらに散在していた民が彼の足跡に寄り集い、民となる。彼を追って歩き回るのは武骨なガウチョ、小作人《ペオン》、耕作人夫、愛国的牧場主《エスタンシエロ》たちの混成軍。北へ向かい行軍する女たちは、傷を手当てし槍を握り、また修道士たちは行軍の永きに亘り、生まれたばかりの兵に洗礼を施してゆく。雨風知らずの者たちが悪天候を、おっとり者たちが危険を選ぶ。北へ進む列には文字の使い手あればナイフの使い手あり、同じ物識りといってもこちら手っ取り早くモノを言うナイフの博士さまたちは、殺しのひとつやふたつ憶えがある気短かなお尋ね者たち。虫歯抜きの名人、聖なる手の持ち主、船から砦からの脱走者、逃亡奴隷が足並み揃えうち進む。インディオたちは急ごしらえの集落を燃やし、矢と投げ玉を携え合流する。

北を指し、牛車と馬と、足頼みの人間たちから成る長い隊列がゆく。隊が立ち寄るたび、祖国《パトリア》を求めんがため、いずれウルグアイと呼ばれる大地から人が引き抜かれてゆく。大地自身《かのじょ》がその息子たちとともに行くのだ。その息子たちの裡に身を託して行くのだ。そして後には何も残らない。灰すらも、静寂すらも。

(277)

1812――コチャバンバ

女たち

コチャバンバでは、男たちがあらかた逃げ出した。だが女たちはひとりとて。丘に怒声が響き渡る。コチャバンバの平民女たちは追い詰められ、火輪の中央から足掻き立てる。スペイン人五千人に囲まれながら、みすぼらしい錫の大砲、あるかなきかの火縄銃を撃ちまくっては踏みとどまり、最後の悲鳴が尽きるまで戦い抜く。

独立を賭けた長い戦争が残響を引き受けよう。その部隊が萎えかけるとき、マヌエル・ベルグラノ将軍は、節度なるものを返上し、勇気を奮わせるにもって来いの台詞を叫ぶのだ。気後れしている兵士たちに将軍は問う――ここにコチャバンバの女たちはおらんのか？

(5)

ボリバル

1812——カラカス

ぐらりとひと揺れ、地震がカラカス、ラ・グアイラ、サン・フェリペ、バルキシメトにメリダをも引き倒す。いずれもベネスエラで独立を宣言した都市である。クリオジョ叛乱の中心地カラカスでは死者一万が瓦礫の下に横たわる。連禱と呪いばかりが聞こえる中、群衆は石の間に屍を探す。

神はスペイン人というわけか？　地震は愛国者たちが高々と掲げた絞首台を呑み込み、生まれたての共和国を称えて感謝頌《テ・デウム》を歌った教会の、ひとつとて生かしてはおかなかった。ラス・メルセデス教会は潰れながらも、スペイン帝国の紋章を戴く柱が無傷ですっくと立ちつくす。コロ、マラカイボ、バレンシア、アンゴストゥラなど、国王に忠実な都市はかすり傷ひとつ負わなかった。

カラカスに、燃え立つ大気。廃墟からねっとりとした埃が立ち、人目を遮る。ひとりの修道僧が衆人に檄を飛ばす。神はもはや侮辱に耐えかねる、と僧は高らかに布告する。

——復讐を！

彼の周囲に、かつてサン・ハシント修道院であったものの跡に、群衆が詰めかける。祭壇の残骸に上がり込み、神の怒りを招いた罪人どもを罰せよと僧は言いつのる。

——復讐を！——キリストの鞭は唸り、その指が、腕組みをしてじっとその場を見守る憂国の将校こそ、非難されるべき者と指し示す。群衆は小柄で骨の浮き出た、みごとな軍服をまとう将校の方へ向き直り、彼を圧しのめそうと進み出る。

シモン・ボリバルは哀願も後ずさりもしない——突進だ。サーベルを手に逆上の波を突っ切り、祭壇によじ登ると、破滅論を煽る修道士をひと振りのもと薙ぎ倒す。

人々は押し黙り、散ってゆく。（116）

独立は革命か虚言か

1813——チルパンシンゴ

三次に亙る軍事作戦をもって、モレロスはメヒコ領の相当部分をかち得ていた。未来の共和国議会、流浪の議会は領袖を追いかけ巡礼行。議員たちは地べたに眠り、兵士用の配給食を口にする。獣脂を固めた大蠟燭の光に、モレロスは国の憲法草案を認《したた》める。自由にして独立かつカトリックのアメリカをうち出す。インディオの賦役に代わり所得税を課し、貧者の日当を増額。敵の資産は没収。貿易の自由を確立しつつも関税障壁を設ける。奴隷制と拷問を廃し、肌の色に社会的差異の根拠を置く身分制《カスタ》を清算し、かくしてこれより先、個々のアメリカ人を分かつ差はひとえに悪徳と美徳のみ。

クリオジョの大尽たちはびっくり仰天。モレロスの部隊は富を召し上げ荘園《アシエンダ》を切り分け切り分け進軍する。対スペイン戦争か、はたまた奴隷蜂起か？　この独立は彼らにとってうまくない。彼らは別の独立を企てる。(348)

1814──サン・マテオ

ボベス

ベネスエラの金満クリオジョにとり、独立という言葉は、いまだたかだか貿易の自由ほどの意味しかなさない。

スペイン人たちの頭目、赤い鬚と碧の瞳をもつ力持ち《ヘラクレス》は、黒人や褐色人《パルド》の領袖である。ホセ・トマス・ロドリゲス＝ボベス、ボベス翁《タイタ・ボベス》を追って奴隷たちは逃亡する。平原《リャノ》の騎手一万が農園《プランテーション》に火をつけ、神と国王の名により主人たちの首を刎ねる。黒地にしゃれこうべのボベスの旗は、スペインからの独立を画策するカカオ貴族を向こうに回し、略奪に仕返し、命懸けの戦争を誓う。ところはサン・マテオの野、ボベスは騎上のままボリバル家の屋敷に入城すると、ナイフの尖端を用いて表玄関の扉に自分の名を刻み入れる。

槍や銃弾が後悔に襲われることはない。鉛の弾で殺める前に、ボベスは空砲を浴びせるが、それは犠牲者がどんな顔をするのか見たいため。部下のうちでもとりわけ勇壮な兵士たちに、最上の名家の令嬢たちを分け与える。闘志ある愛国の志士たちの、項《うなじ》に銛を突き立ててから、闘牛の牛よろしく引き回して遊ぶ。冗談のように首を落とす。

これから程なく、一本の槍が彼を貫く。足を縛られたまま葬られる。

（160）

湖が彼を捜しにやって来る

1815――サン・クリストバル・エカテペク

棘だらけの丘が連なるテスマラカに、スペイン人たちはホセ・マリア・モレロスを召し取る。間違いを敗北を山と重ねたのち、たったひとり、服はぼろぼろ、武器も拍車も身につけぬ彼を木苺の茂みに追い回す。

彼を鎖に繋ぐ。これを罵る。エウヘニオ・ビジャサナ中佐が尋ねる――

――貴殿が勝者、自分が敗者であったらどうされる？

――告解のために二時間差し上げよう――と司祭モレロスは言う――そして銃殺ですな。

彼を異端審問用の知られざる独房へ連れてゆく。

跪かせ、聖職を辱める。背中から刑に処す。

副王曰く、謀反人は後悔のうちに死せり。メヒコの民が言うには、湖は一斉射撃を聞きつけ、逆巻くと岸から溢れ、むくろを引き取りにやって来た。（178、332）

海かはたまた図書館かを渡り歩く航海者

1815——パリ

ジュリアン・メィエ、旅する作家は、その南アメリカ冒険談を欧州の読者に語り聞かせる。たとえばチリのキジョタで盛んに踊られる大そう生々しく婀娜《あだ》な舞踊のこと、それは黒人たちによってギニアからもたらされたことを記述する。メィエは何かに気を取られているふりを決め込み、モンテビデオの黒人ダンスの描写を、八年前ロンドンで旅行家アンソニー・ヘルムズが刊行した通りそっくりそのまま引き写す。さて当のヘルムズはその文を、ドン・ペルネティが一七七〇年にパリで出版した本から丸ごと頂戴していたのである。お次はペルネティの番、彼がじきじき手ずから描いたところの、モンテビデオの奴隷踊りときたら、これより遡ること半世紀、ハーグで編まれた書物において、ジャン－バティスト・ラバ神父がハイチの黒人たちに献呈した表現と、感嘆するほど瓜二つなのだった。

カリブからモンテビデオを経由しチリの都キジョタまで、そしてハーグからロンドンを経由しパリに至るまで、ラバ神父の言い回しは著者を遥かに凌ぐ大旅行。旅券も要らず、変装もせず。（19）

フェルナンド七世

1815──メリダ・デ・ユカタン

めかし込んだユカタンの御領主たちが、埃と陽光とに白光りするメリダのアルマス広場を横切り、ひたすら厳かな列をなして大聖堂へ入る。拱廊の影から、タマルや首飾りを売るインディオたちは、なぜ鐘々がこんなに陽気なのかと不審がり、領主たちの軍旗に見える、王冠を戴く顔がいったい誰のものやら知る由もない。

植民地の貴族層はマドリードの出来事を祝っている。遅れをとりはしたものの知ったのだ、フランス人が追放され、スペインはフェルナンド七世の君臨するところとなったことを。使者たちは、王の周囲でこんな叫びが聞こえると話す──鎖よ永遠に！　道化のタンバリンがカチャカチャ鳴るのをよそに、国王フェルナンドは彼を王位に就けてくれたゲリラたちの投獄と銃殺を命じ、異端審問を復活させ、聖職者や貴人にその特権を返してやる。

(339)

ラ・プラタ河に、皮革の命運ひとまわり　1815――クルス－クアティア

槍の切っ先では半月の形をした刃が逃げる獣の足を狙う。たったのひと振り――馬上の人が狙いすまして殴りかかると、雄牛は足を引きずり、喘ぎ、倒れる。馬上の人は馬を下りる。首を落とし皮を剝ぐ。いつもこう殺すとは限らない。逃亡奴隷《シマロン》の如く荒ぶる四ツ足どもを雄叫びとともに追い立て、ナイフ任せに囲い込み、数知れぬ野生の牛馬を死の暴走へ駆り立てる方が楽であったし、それよりも、夜半、森の奥深く獣たちの寝込みを襲うのはさらに訳ない。

牧童《ガウチョ》は皮をむしり、陽に晒す。残りのうち、口が受けつけないところは鳥たちの取り分。

スコットランド商人、ジョンとウィリアムのロバルトスン兄弟は、金貨をたらふく詰めこんだソーセージに見える袋を携え、この一帯を往き来する。クルス－クアティアの一牧場《エスタンシア》からゴヤの村へ、牛車六十台に皮革一万枚を積み、送り出す。

ばかでかい木製の輪はぎしぎし不平をこぼしつつ転がり、牛突き棒が牛を突く。牛車は野を横切り、小山を這い登り、湿地や水かさの増した小川を渡る。宵闇迫れば、牛車はかがり火を囲む。牧童たちが煙草をふかしマテ茶を飲《や》る間に、燠火の上で黄金《こがね》色に変わりゆく肉の匂いがこってりとあたりを満たす。

焼肉の後には、物語りとギターが響く。

ゴヤの村から、皮たちはブエノス・アイレス港へと旅を続け、リヴァプールのなめし工場を指して海を渡る。やがて、大英帝国製造の長靴短靴、鞭の類に変身し、ラ・プラタ河へ戻るなら、その値は何倍にも膨れていよう。

(283)

名だたる人々は欧州に王を求む

1815——ブエノス・アイレス

鵞鳥の羽根ペンは綴る——ホセ・アルティガス、祖国を裏切りし者。

黄金も位階昇進の提示も彼には利かなかった。度量衡の達人たるブエノス・アイレスの貴族連は、生死を問わずアルティガスにつける値をはじき出す。叛乱陣営を率いる領袖の首と引き換えならば、六千ドゥロを払ってもよい。

牧童《ガウチョ》どもという悪魔を追い払うため、カルロス・デ・アルベアルは一帯の土地をイングランド人に差し出す——これら諸邦は、とカスルレー卿に宛ててアルベアルは書く、無条件に大英帝国への帰属を望んでおります。またストラングフォード卿に泣きつく——御国ブリテンは今しもその寛大な腕に身を投ぜんとするラ・プラタ住民をそのまま捨ておくことはできますまい……。

マヌエル・デ・サラテアはロンドンへ旅し、ブエノス・アイレスで戴冠させるための王捜し。共和制と連邦制を謳う内陸部が港の特権を脅かしては、どんな誓いを立てようと、慌てふためく相手をなだめるに至らない。マドリードではマヌエル・ベルグラノとベルナルディノ・リバダビア、かつての熱烈な共和主義者たちが、フェルナンド七世の弟フランシスコ・デ・パウラ王子に王位をもちかける。ブエノス・アイレスからの使者たちは、ラ・プラタ河からチリ、ペルー一帯すべてにまたがる世襲権力を約束する。新生独立王国の国旗は青と白に致しましょう、自由と私有財産とは神聖不可侵、また公爵、伯爵、侯爵にとり立てられたクリオジョの面々が宮廷を構成することになりましょう。

誰も王位を受けてくれない。　（2、278）

1815——プリフィカシオンの野営地

アルティガス

ここ、煮えたぎり逆立つほど河が憤激動転するところ、窪地と峡谷のとり囲む紫がかった台地上に、アルティガス将軍は統治する。これら貧しきクリオジョが焚く無数の竈《かまど》、泥と藁に革窓のあばら屋群こそ、ラ・プラタ河懐《ふところ》の村々による連邦の首都である。掘っ建て小屋の政庁を前に、相談事を携え来ては、また布告を運んで疾走する使者を、馬たちは待つ。南の領袖《カウディジョ》の軍服には、飾り房も勲章も光らない。

大草原の落とし子アルティガス、かつては密輸を手がけ、また密輸人を追いかける側でありもした。彼はどの河筋も、どの森の秘密も、どの奈辺の牧草の味も心得ている。さらには命はただ捨てるもの、それもめくるめくつむじ風を巻き上げ、槍を闘わせて果てるがよしと決めている、社交下手の騎手たちが、どこに魂の鐙《あぶみ》をかけるか、よくよく知り抜いている。

アルティガスの旗が翻るのは、ウルグアイ、パラナの両河が浸み渡り、コルドバの山地にまで伸びてゆく一帯。この広大な空間を分かち合う内陸諸州は、ひとたびスペインから解き放たれたからには、もはやブエノス・アイレスの植民地となるなど御免蒙る。

ブエノス・アイレスの港は己れが蔑みかつ恐れる土地に背を向けて生きる。商人たちは見晴し台から身を乗り出しては、王様のひとりも連れては来ないが、最新の装いに話題に思想は確かに運んで来てくれる船を待ち望む。

押し寄せる欧州商品を前にしてアルティガスは胸に期す、一方で機械と本と薬とは自由に手に入れつつも、我らの手わざ別名ものづくりを守り抜く、あれこれの歯止めを築きたいものだと。そしてブエノス・アイレスが一手に握って離さない内陸諸州の貿易、その出口をモンテビデオ港へと逸らすのだ。連邦主義を奉ずるアルティガス派は国王無用、その代わり居住民《ベシノ》による総会や議会を要求する。しかも言語道断の沙汰の駄目押しに、領袖は農地改革を布告する。(277、278)

農地改革

1816――バンダ・オリエンタルの野

ブエノス・アイレスの空に憤怒の叫びが満ち満つる。ウルグアイ河の東において、ベルグラノ一族の、ミトレ一族の、サン＝マルティンの舅の、ベルナルディノ・リバダビアの、アスクエナガにアルマグロそしてディアス＝ベレスの土地を接収するアルティガス。モンテビデオの雀《すずめ》たちは、農地改革を「犯罪計画」と呼ぶ。アルティガスはルカス・オベス、ファン・マリア・ペレスその他メヌエットと手練手管の巧者を捕らえては、鉄の足枷に繋いである。

土地所有者たち、つまり国王の慈悲が召し上げなすったやら不正さもなくば掠奪の餌食と化した幾千里もの土地を貪りつくす連中にとり、ガウチョなぞ弾除け使い捨て、つまり牧場《エスタンシア》の下僕にすぎず、それを否定する者は晒し台に打ちつけるか、銃弾をぶち込んでやらねばならない。さてアルティガスはガウチョひとりひとりを土地ひと切れの主にしようと考える。

持たざる者は牧場に侵入する。戦争で荒れ果てた東《オリエンタル》方平原には牧童小屋や播種地や家畜の囲いが芽吹き始める。蹴散らされた田舎者が蹴散らす側に回る。独立戦争に死者を捧げた者たちは、寄辺なき境遇に戻ることを拒む。モンテビデオ市会《カビルド》は、烏合の極悪人どもの先頭を切って土地と牛の分配に疾走《ガロパ》する、アルティガス配下の兵エンカルナシオン・ベニテスを無法者、極道者、浮浪者、攪乱者呼ばわり。その槍の影さすところにつましき者たちは隠れ場を見い出すが、この、文字を識らず、豪胆にして獰猛ですらある褐色男《パルド》は決して彫像になどなるはずもなく、大通りはもとより辻道や路地であれ、その名を冠するものはあるまい。(335)

戦《いくさ》の技芸

1816——チコテの丘

チコテの丘に、王党派歩兵隊が上《アルト》ペルーの愛国者たちひと握りを包囲した。

——敵の手になど堕ちてやるか！——兵卒ペドロ・ロアイサは叫び、断崖に身を投げる。

——我らは祖国に命を捧げん！——司令官エウセビオ・リラは宣明し、やはり飛び降りようと弾みをつける。

——死ぬなぞ面白くない——と、その行く手を遮るのはホセ・サントス＝バルガス、楽隊の第一鼓手である。

——藪を焼いてしまおう——軍曹フリアン・レイナガが提起する。

丈高いススキが燃え立ち、風は炎を敵方の隊列へと押しやる。大波となって火が襲う。周囲を固めて

いた者たちは、銃や弾帯を宙に放り、全能の主に慈悲を乞いつつ大慌てで逃げまどう。(347)

ファナ・アスルドゥイは　1816——タラブコ

教理問答の訓練を受け、修道院暮らしの尼僧となるべくチュキサカに生まれついたが、今は独立を掲げるゲリラ軍の中佐の身。その四子のうち生存者はといえば、戦闘の真只中、馬のいななきと大砲の轟音、その狭間に生み落とした息子がたったひとり。夫の首はスペイン側の槍先に高々と突き立てられている。

ファナは男たちを従え、山間《やまあい》に馬を進める。その空色の肩掛けが風に舞う。片方の拳は手綱を握りしめ、もう一方は剣でもって首という首を斬り落とす。

口に入れるものはことごとく勇気と化す。インディオたちは彼女をファナとは呼ばない。彼女をパチャママ、母なる大地と呼ぶのだ。(126)

1816——ポルトー・プランス

ペティオン

ハイチはフランス人に行手を塞がれ、他のすべてから切り離されて、灰燼の間に横たわる。ナポレオンを倒した奴隷たちの独立は、どこの国からも認知されない。

島は二つに割れている。

北では、アンリ・クリストフが皇帝の名乗りを上げた。無憂宮《サン・スーシ》にメヌエットを踊るのは新興の黒人貴族層、マーマレード公爵やらレモネード伯爵、その傍らで雪の鬘をつけた黒人下僕が深々とお辞儀をし、ヴェルサイユもどきの庭園を行き交う黒い軽騎兵たちはその羽根帽子をひけらかす。

南では、アレクサンドル・ペティオンが共和国を率いる。かつての奴隷たちに土地を分けてゆきながら、戦乱で荒れ、灰となった農園《プランテーション》の上に、とことん貧しくとも自由な武装農民たちの国を創り上げよう、そうペティオンは志す。

ハイチ南部の海岸に、身を寄せる場と支援とを求め、シモン・ボリバルが上陸する。後にしてきたのはジャマイカ、そこでは時計まで売り払っていた。誰ひとりその大義を信じない。華々しい軍事作戦もただの蜃気楼にすぎなかった。フランシスコ・デ・ミランダはカディスの兵器庫の壁に鎖で繋がれ虫の息。そしてスペイン人たちはベネスエラとコロンビアを奪回するが、いずれの地も、過去の方をよしとし、あるいは愛国者たちの約す未来を当面信ずる気にはならないのである。

ペティオンは新年元旦、着くや否やのボリバルを迎える。彼に船を七隻、兵二百五十、モスケット銃、火薬、糧食と先立つものを手渡す。条件はただひとつ。黒人女とフランス男の間の子、奴隷として生まれたペティオンはボリバルに課す、これから解放する地の奴隷たちを自由にせよと。

ボリバルはその手をしっかと握る。戦争は進路を変えることになるだろう。おそらくはアメリカもまた進路を変える。

(115、116、202)

1816——メヒコ市

《疥癬鸚鵡》

ラテンアメリカ最初の小説がスレタ通りの印刷所に産声を上げる。ホセ・ホアキン・フェルナンデス＝デ＝リサルディは『疥癬鸚鵡』の不運を三分冊に綴り、読者は貪り読んではもてはやす。副王は世に出る寸前の四分冊目を禁ずるが、もはや主人公を取り押さえておく術はない。

この鸚鵡、スペイン悪漢小説《ピカレスカ》がアメリカに産み落とした息子は、メヒコの市井を味方につける。ここかしこを歩き回り、風俗の衣を剝ぎ取り、賭博師の卓から公証人の執務室へ、床屋の椅子から監獄の土床へと舞い飛ぶ。その冒険がお気に召さない向きも多い。神父はありがたいお説教を並べ立て、こてんぱんにこき下ろす。リサルディという啓蒙主義モラリストの手にかかれば、おふざけはすべて教訓に早変わり。　（9、111、303）

1817――サンティアゴ・デ・チレ

堕天使《ルシフェル》がゆく

洒落者の若人たちはその指を汚さずに済むよう黄金の煙草《シガレット》挟みで煙をくゆらす、だがサンティアゴ・デ・チレはといえば、四方をごみが区切る有様。北を望めば、家々はごみ捨て場と化したマポチョ河を目のあたりにする。南側にはラ・カニャダの掃き溜めが延々と続く。太陽はサンタ・ルシアの丘に積み上げられたがらくたの上に昇り、その日最後の光線はサン・ミゲルやサン・パブロなど、街はずれの屑置き場を照らし出す。

ごみ捨て場のどこかからむくりと起き上がる姿は、昨夜、一陣の硫黄の風となって街を吹き抜けた訪問者、街角に灯る獣脂の小蠟燭をゆらめかせ、物好きそうにあちらこちらを嗅ぎ回るかと思えば、イエズス会の教会堂近くにまで迫りつつあったが、そのとき夜番の声が十一時を告げた――

――アベ・マリア・プリィシイマア……

悪魔は一目散に逃げ去った。

その落とした靴がサンティアゴの街を一軒一軒めぐり歩く。ひとりの修道士がそれをナプキンにくるみ、銀の盆に載せて持ち運ぶ。信仰篤き御婦人方は十字を切る。

(256)

1817——サンティアゴ・デ・チレ

マヌエル・ロドリゲス

アメリカの解放を語る者は、我が身への判決に署名する次第となる。メンドサから書簡を受け取る者は、即ち絞首台さもなくば銃殺用の刑場へ歩むに等しい。お目付法廷がサンティアゴ・デ・チレに密告を流行らせる。

メンドサから、またメンドサを指し、愛国者たちはスペイン人に嚙みしだかれた軍の立て直しのさなか。抵抗の風はまぶしく光る雪をついて、痕跡すら残さず山脈を往き来する。

使者はサンティアゴの闘鶏の場にひとつ、片や華やかな夜会の場にいまひとつ、そっと密命を滑りこませ、その傍ら街はずれでは競馬馬が二走りする合間に報告書を引き取る。使者はある大そうな家のノッカーを叩くこと軽く三回、見参を告げたかと思うと騾馬の背に揺られて山間に現われ、また草原に馬を駆る。ゲリラ戦士はメリピジャに襲いかかるが早いかサン・フェルナンドの村を突っ切る。ランカグアで大活劇の間にも、ゲリラ戦士はポマイレに馬を下り、一杯の葡萄酒を飲む。

スペイン人総督は、使者にしてゲリラ戦士たるマヌエル・ロドリゲスの首に賞金を懸けたが、その首は修道士の大頭巾やら騾馬追いのつば広帽《ソンブレロ》、行商人の物売り籠、大尽のフラシ天の山高帽に隠れて旅をする。身じろぎもせずに飛び立ち、出ると思えば入り入ると思えば出る彼を、捕らえられる者はなし。

(106)

1817——モンテビデオ

ある偉業に寄せる情景

リオ・デ・ジャネイロから陸伝い海伝いにやって来る大軍は、ホセ・アルティガス殲滅の命を受け、その彼の、次から次へ追随者を呼ぶ模範としての記憶は影すら残させまいとする。このあたりの野から匪賊どもを一掃すると触れ回り、ブラジルの軍勢は流血砲火にまかせ攻め込む——レコル将軍は、傷つけられた財産権や相続権を元通りにすると約束する。

天蓋の下、レコルはモンテビデオへ入城する。ラランニャガ神父とフランシスコ・ハビエル・デ・ビアナが大所領《ラティフンディオ》を救い出す者たちに都の鍵を差し出し、モール飾りに勲章、そして軍帽の羽根飾りから成る前代未聞の行進の足許へ、御婦人たちは花と青い蝶結びの飾りを放る。喪を打つのに飽き飽きした大聖堂の鐘々が、勢いよく鳴り響く。提げ香炉が左右に揺れ、商売人たちもお辞儀と御手への接吻を果てしなく繰り返しては前後に揺れる。(195、278、335)

マヌエラ・サエンス　1817──キト

高々と、海から遠く、火山と火山の狭間にキトは生まれた。そして大聖堂と王宮の狭間、マヨル広場に、マヌエラが生まれた。この地に叛旗を翻したクリオジョたちの息の根を止める役回りのドン・シモン・サエンス、その忍ぶ恋から生まれた娘は、ブリュッセル製の敷布、サテン地の寝台に乗せられてキトへやって来た。

十五歳にしてマヌエラは男装に身を包み、煙草をふかし、馬を馴らした。御婦人方のように横座りではなく、大股で馬にまたがり、鞍など洟《はな》もひっかけなかった。その一番の女友達は彼女に仕える黒人奴隷、猫のように鳴き、小鳥のように歌い、蛇のようにのたうち歩くホナタスだった。何かにつけては祈りを上げる罪深きこの都、その数ある修道院のひとつに押し込まれたのは、マヌエラ十六のとき、そこでは修道士たちが、老いにし尼僧にはまっとうな死に方、若き尼僧にはまっとうな生き方の手ほどきをする。サンタ・カタリナ修道院でマヌエラは刺繍を、クラヴィコードの弾き方を、美徳の振る舞い方を、白目を剝いて失神する術を学んだ。十七の歳、軍服に焦がれ、国王軍の将校ファウスト・デリュジャルと駈け落ちした。

二十歳のいま、めくるめく光を放つ。男という男たちはこの真珠を包む貝になりたがる。周囲は彼女を人望篤いイングランド人医師ジェイムズ・ソーンに嫁がせる。宴は丸々一週間続く。(295)

底辺の民の戦争　1818——コロニアの野営地

もはやすっかり裸の民となり果てた、アルティガスの隊列。馬よりほかに何ひとつ持たざる者たち、黒人たち、そしてインディオたちは、この戦争に自らの命運が懸かっていることを承知する。野から河から槍もて短刀もて、遊撃隊《モントネラ》を組み、装備も数も遥か優るブラジル軍に襲いかかる、とたちまち小鳥のように散り失せる。

押し入られた土地に打ち首を知らせるラッパの音が響くころ、ブエノス・アイレスの政府は失う財産のある者たち向けに、宣伝文を流す。《秩序の友》と署名入りの冊子は、アルティガスを妖才、嘘の伝道者、貪欲な狼、祖国の災厄、アッティラの再来、世紀の面汚し、人類の恥晒しと名指す。

誰かがこの手の文書を野営地へもたらす。アルティガスは焚火から目を逸らさずに——

――わしの部下は読み方を知らん――と言いおく。 (277)

アンドレシト

1818――コリエンテス

――彼らこそまずもって権利の主である――インディオたちについてこう言ったのはアルティガスであった、そして彼に忠誠を尽くしたがゆえに、彼らは夥しい死を嘗《な》めていた。

アンドレス・グアクラリ、通称アンドレシト、アルティガスの養子となったグアラニ・インディオが陣頭に立つ。一、二カ月前のこと、怒濤のようにコリエンテスへ攻め込み、銃を相手に矢を射かけ、ブエノス・アイレスの同盟者たちを蹴散らした。

せいぜい道の辺の泥かぼろ切れのほかには身にまとうものもないまま、アンドレシトのインディオたちは都へ入城した。コリエンテス市民が奴隷として手許に置いていたインディオの子供たちをも幾人か引き連れて。行き合うものは沈黙と、閉じた鎧戸。駐屯軍の隊長は私財を庭に埋め、公証人は肝をつぶしてこと切れた。

インディオたちは長いこと何も口に入れていなかったが、かといって強奪やねだりを働きはしなかった。到着するや否や、名門の家々に敬意を表し、芝居を上演してみせた。キビ組みの枠に張った途方もなく大きな銀紙の翼が、インディオたちを守護天使に仕立て上げた。イエズス会士たちがいた時分の古びた無言劇『聖イグナシオの誘惑』を、誰に向かってというでもなく舞台に乗せる。というのも、誰ひとり芝居を見に駆けつけなかったからである。

——つまりインディオのお楽しみなんぞには付き合いたくないと？

アンドレシトが特大の葉巻に火をつけると、煙はその耳や目から出ていった。

夜明けとともに太鼓が戦道具を鳴らした。槍先を突きつけられ、コリエンテスきっての尊敬の的である紳士方が、広場の草むしりを課され、透き通るほど街路をきれいにさせられた。その日一日、紳士方はこの高貴な任務に勤しみ、晩は晩で、舞台に臨み、インディオたちの耳が馬鹿になるほど拍手喝采を送った。

アンドレシトはアルティガスが彼を呼びにやるまでコリエンテスを統治する。

さてインディオたちは道々都を遠ざかる。あの途方もない銀の翼をつけたまま。地平線を指し馬を進める天使たち、太陽は彼らに輝きをさしかけ、また空舞う鷲たちに影をつくらせる。

(283)

1818──パラナ河

愛国海賊船団

アンドレシトの隊は河岸伝いにサンタ・フェへと下る。パラナの流れに沿い、愛国海賊船のささやかな一団がインディオたちに随いてゆく。

カヌーにボート、中には抜かりなく大砲を備えたベルガンティン船も何隻か、その布陣のおかげでブラジルの大商船はさっぱり商売上がったり。アルティガスの三色旗が河に海に波を切り、腕っぷしのほどを披露する。海賊たちは敵船に突撃して乗り移り、頂くものを頂くと、略奪の成果を遠くアンティル諸島にまで運び去る。

ペドロ・キャンベルがこの、大小混成船団部隊の提督である。

キャンベルは何年か前、イングランド人侵略者たちについてこの地へやって来た。離脱すると平原を疾走する運命へ身を投じた。耳には耳輪、もつれた赤毛の間から険しい眼差しを覗かせるアイルランド産牧童《ガウチョ》はたちまち名を馳せた。アルティガスが海賊の頭に任じたとき、キャンベルは既に御当地式決闘《クリオジョ》に幾度も切り刻まれており、死の借りは何件か、だが騙し討ちとは縁がなかった。彼の銀の短刀は蛇、だが決して背後から噛みつくことはない蛇と、あまねく誰もが知っている。

（277、283）

死を賭した戦争

1818——サン・フェルナンド・デ・アプレ

重なる敗北に押しひしがれた軍を従え、ボリバルは馬を進める。巡礼者のマントが彼の顔に影を投げる。影の奥で食い入るようなその眼光が閃めき、物憂げな微笑がまたたく。

ボリバルは亡きラファエル・ロペスの馬に乗って進む。鞍を飾る銀色の頭文字は死したそのスペイン人将校、ハンモックにまどろんでいた愛国者の長ボリバルめがけ、銃を撃ち放った男のもの。

北への攻勢は失敗していた。

サン・フェルナンド・デ・アプレにて、ボリバルは残る部隊を閲する。

——この人は狂ってる——そう思いめぐらし、あるいは呟く、憔悴し傷めつけられた裸足の兵士たちをよそに、おまえたちは間もなくこの戦争を、聖戦を、死を賭した戦争を、コロンビアとペルーまで、ポトシの頂にまで届けてやるのだと告知する。

(53、116)

教室用掛図――制憲議会　1819――アンゴストゥラ

オリノコの水を切って進む一隻の船、その屋形の陰で、ボリバルは自前の憲法案を書記たちに書き取らせる。野営地にところを移し、読み上げさせ、手直しをし、再び書き取らせる間、かがり火からたち上る煙が彼を蚊の群れから守る。他の船はカラカスから、バルセロナから、クマナやバリナス、ギアナ、そしてマルガリタ島から代議員たちを連れてくる。突如戦争の風向きが変わったのは風までボリバルの執念に兜を脱いだか、手の平を返すようにベネスエラの半分が愛国者たちの手に転がり込んだ。

議会へ向かう代表者たちはアンゴストゥラの港に下船するが、そこは子供が絵に描いたようなかわいらしい家々の並ぶ村。おもちゃの印刷機を使い、ここで毎週毎週『オリノコ便り《エル・コレオ・デル・オリノコ》』紙が刷り上がる。密林《セルバ》から、共和思想を代弁する声の主は、クリオジョの博士たちがものす記事やら、ビールに鵞ペン削り、馬具そして義勇兵がロンドンより到着したとの報せやらを流す。

礼砲が三発、ボリバルと彼の参謀本部に御挨拶。小鳥たちは逃げ去るが、一羽の金剛インコは平然と殺し屋よろしく闊歩する。

代議員たちは石段を昇る。

フランシスコ・アントニオ・セア、アンゴストゥラの市長が開会の口火を切る。その演説はこの愛国の町をメンフィス、テーベ、アレキサンドリア、ローマに比肩させる。議会はボリバルを軍の統率者にして全権の大統領と確認する。内閣が任命される。

その後ボリバルが演壇を我がものとする。無知なる者たちは、と彼は警告する、現実と想像とを、正義と復讐とを混同する……。グラン・コロンビア創建の必要性についてその思うところを披露し、イングランド人たちの大憲章《マグナ・カルタ》を基に練られた彼の憲法案をうち立てる。

（202）

幕切れ

1820——ボケロンの渡し

南の三大港、リオ・デ・ジャネイロ、ブエノス・アイレス、モンテビデオは、陸奥の領袖ホセ・アルティガス麾下の遊撃隊《モントネラ》にお手上げだった。

しかし死が彼の配下の大多数を連れ去った。東方戦役の兵の半ばがカラカラ鳥の腹に収まる。アンドレシトは獄中で死にかけている。ラバジェハ、キャンベルほかの忠臣たちも捕らわれの身。そして幾人かは裏切りにさらわれる。フルクトゥオソ・リベラはアルティガスを罪人呼ばわり、所有権を専制と無秩序《アナルキア》の言いなりにした廉で非難する。エントレ・リオスのフランシスコ・ラミレスは、アルティガスこそ南アメリカの諸悪の根源と宣言し、エスタニスラオ・ロペスもサンタ・フェにあって寝返る。

土地持ちの領袖《カウディジョ》たちは港の商人たちと一丸となり、革命の先導者は敗残から敗残へとさまよい歩く。彼に続くのはインディオと黒人の最後の志士たち、そして彼の将校のうち最後に残ったアンドレス・ラトレが率いるひと握りの行き倒れガウチョたち。

パラナ河のほとり、アルティガスは最良の騎手を選び出す。金貨四千枚、つまり有り金全部を彼に渡し、ブラジルにいる捕虜たちの許へ届けるように言う。

そうしておいて、槍を岸辺に突き立て、河を渡る。アメリカの独立が己れの最も貧しい息子たちを陥れる罠となるのを望まなかったその人は、本意に反し、パラグアイへ、亡命の道へと発つ。(277)

あなたよ

振り向くことなく、あなたは亡命の身に沈む。私はあなたを、あなたを見守っている――パラナの水はトカゲのように気だるく滑り、彼方へ、あなたの擦り切れたポンチョは翻りつつ馬の速足に乗って遠ざかり、木立に消える。

あなたは郷土に別れを告げない。故郷《かのじょ》は別れを信じまい。あるいはきっと、あなたは知らない、まだ知らないのだ、行ったきりになることを。

　眺めは灰色を帯びる。あなたは敗れ去り、郷土は息をする力もなくたたずむ。そこにやがて生まれ来る子供たち、そこにやがてたどり着く恋人たちが、彼女に息を吹き返させてくれるだろうか？　この大地から芽吹く者、彼女の懐に分け入る者が、かくも深い哀しみに値する者となるのだろうか？

　あなたの大地。われらの、南の大地。ドン・ホセよ、あなたはこの大地にとってかけがえない人となるだろう。欲深き者どもが彼女をいたぶり、踏みつけるたび、愚者どもが彼女を唖か石女とみなすたび、あなたは彼女に必要となるだろう。無辜なる者たちの将軍ドン・ホセ・アルティガスよ、なぜならあなたこそ、彼女が発した最高の言葉なのだから。

聖バルタサル、黒き王、東方三博士の筆頭祭司　1821——ラウレルルティの野営地

　近隣の村から、遠隔の地方から、パラグアイ人たちはこの、夜の肌を持つ不思議な生き物どもを見に馳せつける。パラグアイに黒人は知られていなかった。アルティガスが解放し、領袖《カウディジョ》の流謫の足跡を追ってきた奴隷たちは、ラウレルルティに村を造る。

　彼らに付き添うのはバルタサル、地上の神に歓迎の挨拶をするよう選ばれた黒き王。聖バルタサルの

名を唱えつつ、彼らは野菜畑を耕し、アフリカからラ・プラタ河の平原にまで持ち込まれた戦太鼓《いくさ》や戦唄は、彼の名において鳴り渡る。アルティガスの仲間たち、アルティガス‐クエたちは、一月六日がやって来ると赤い絹のマントと花冠を身につける。そして踊りながら三博士の一員たる彼に糞う、どうか二度と奴隷制が戻ってきませんように、どうか頭をなまくらにする悪しき霊や、雄鶏のように啼く雌鶏からわれらをお守り下さいと。

(66)

1821——カラボボ

パエス

十五の歳に人を殺して人と生まれた。殺したのは身を守るため、だが山から逃げねばならず、ベネスエラの広大な草原をさまよう馬上の人となった。乗り手数多とあれ彼こそ騎手の領袖——ホセ・アントニオ・パエス、またの名を平原児《リャネロ》パエスは、槍や投げ縄の名人たち、裸馬にまたがり雪崩をうってあらゆる恐怖に襲いかかる彼らの先頭を舞う。彼は白馬に乗りつけているが、それは白馬の方が草の海を上手に渡ってくれるからである。野戦に出ないときは読み方と、チェロの弾き方とを学ぶ。

ボベスの時代にはスペインに仕えた裸の平原児《リャネロ》たちが、カラボボの戦闘にスペインを倒す。山刀《マチェテ》を振り下ろしては、西に広がる沼と藪だらけのとんでもない密林に道を開き、敵を不意撃ちし、薙ぎ倒す。

ボリバルはパエスをベネスエラ軍総司令官に任ずる。平原児《リャネロ》はボリバルの脇を守ってカラカスへ入城、同じく頭に花冠を飾る。

ベネスエラに、賽は投げられた。(202)

サン＝マルティン　1822―グアヤキル

グアヤキルでの顔合わせ《エンクエントロ》。カリブ海と太平洋の間に凱旋の道が開通する――ボリバル将軍は北から馳せつける。南からはホセ・デ・サン＝マルティン、チリとペルーの解放を求め、アンデス山系を股にかけた将軍がやって来る。

ボリバルが口を開き、進み出る。

――疲れております――と口数少なくサン＝マルティンは遮る。ボリバルは彼の言葉を信じない、あるいは彼に不信を抱いたか。栄光はまた疲弊を伴うものだということを、ボリバルはいまだ知らない。

サン＝マルティンの戦歴はオランからマイプまで三十年に及ぶ。スペインのために闘った兵士が、今はアメリカのために闘う古参の将軍。アメリカのために、決してアメリカに背を向けるためでなく――ブエノス・アイレスの政府がアルティガス率いる連邦軍を粉砕するよう命じたとき、サン＝マルティンは命に背き、チリ独立を賭けた己れの闘いを続けるべく、その軍を山岳部へ向かわせた。ブエノス・アイレスはこれを許さず、今や彼にはパンと塩を断つ。リマでも彼は嫌われ者。ホセ国王と呼ばれる始末。グアヤキルでのすれ違い《デスエンクエントロ》。チェスの名手サン＝マルティンは勝負を避ける。

——指揮を執るのに疲れました——そう言うもののボリバルの耳には別の言葉となって響く——貴殿かこの身か。我ら倶には並び立たず。

その後に続くは宴と舞踏。御婦人方の取り合いの的となりながら、ボリバルは広間の中央で踊る。サン＝マルティンは喧騒に気が遠くなる。真夜中を過ぎると暇乞いをせずに桟橋へと去る。その荷は既にベルガンティン船の上。

錨を揚げよと命ずる。愛犬を伴い蚊に追われつつ、甲板をゆっくりと往き来する。船は岸から身を剝がし、サン＝マルティンは振り返ると、アメリカの地が遠く、遠ざかってゆくさまをひたと見据える。

(53、54)

飛び去る歌びと《パハロ・カントル》　1822——ブエノス・アイレス

モロンの集落をはずれたところ、共同墓地が呑み込むのは、昨日までギターと名とを持っていた、ある詩人の骨。

手ぶらで生きるに越したことなし
鷹のように悩み知らず……

アルティガスの陣地の吟遊詩人バルトロメ・イダルゴは、生きたといっても常に吟詠と戦闘の入り乱れる中、ほんの一瞬を生きたのみ、今は流謫のうちに死す。飢えという名の犬たちがその両肺を嚙み砕いた。ブエノス・アイレスの辻々を広場を、イダルゴは自由の人々を頌し敵の本性を露わにする自作の四行詩《コプラ》を売り歩いていた。詩が食い扶持をあてがうことはろくになかったが、しかし詩は存分に生をあてがってくれた。死出の衣すらまとわぬ肉体が大地に安んじようとするとき、やはり裸の、やはり名もなき四行詩《コプラ》は空へと旅立つからである。

(125)

往来キケン

1822——リオ・デ・ジャネイロ

『リオ・デ・ジャネイロ報知』紙はロンドンから着きたてほやほやの新商品を告知する——道路修理

用もしくは肺病治療用もしくはマンジョカ絞り用の機械類、ろくろに蒸留器に蒸し器、眼鏡、遠眼鏡、剃刀、櫛。それにクッション付きの鞍、銀の鐙、光沢もまばゆい馬具一式、馬車用の角灯などなど。

通りにはいまだ孤高の騎手が影を引き、金色の古びた輿もちらりほらりのろりそろり。しかし流行の命ずるところ、敷石を施した道から火花を蹴り立て、最新型のイングランド製馬車が飛ぶように走る。リオ・デ・ジャネイロの辻々は危険そのもの。速度の出しすぎにより事故は増え、御者の力が強くなる。白手袋に山高帽——御者台の高みから御者たちは、他の黒人奴隷たちを見下ろして意気がった視線をいくばくか投げ、歩行者を慌てふためかせては御満悦。彼らは大酒呑み、女衒、そしてギターの名手として知れ渡る。おまけに近代生活には欠くべからざる存在。馬車一台を売るとき、駿馬に器用な黒人も付ければこれは結構な財産になる。

(119)

十二人の乙女がマヨル広場に彼を待ち受け、

1822——キト

ひとりひとりが冠を捧げ持つ。楽の調べと花火が弾け、石敷の長い道を蹴る馬たちの蹄の音は、さながら雨の前触れ。味方の軍を従え、ボリバルがキトへ入城する——骨の浮き出た剣士、全身これ隙なく、身の丈より長い黄金の剣を携える。花々や刺繡入りハンカチがバルコニーから雨と降る。バルコニーは祭壇と化し、そこではキトの御婦人方が、レースとショールの間に透けてほとんど丸見えの、せり上がった胸を拝ませている。マヌエラ・サエンスは伸び上がる、目もあやな船首像のように――と、片手は垂れるに任せ、その手から月桂冠がはらりと離れる。ボリバルは頭を上げると、その目を彼女にうち据える、まるでじわじわと突き刺さる槍のように。

今宵、彼らは踊る。目もくらむ勢いでワルツを踊り、世界は果てしなく回り回る回る、片や稀代の女人の、幾重にも重なるペティコートはさやさやとさんざめき、その長い黒髪が舞う。（202、249、295）

拍手のあまり彼らの手は腫れ上がる

１８２３――リマ

エル・カヤオから馬にまたがり、二列成す兵に挟まれ、花を踏みしだきつつやって来る。礼砲百発、旗百棹、百の演説に百席の宴を支度の上、リマはボリバル将軍を迎え入れる。

議会は彼にスペイン人放逐の全権を授ける。スペイン人たちはペルーの半分を奪還していた。トレ＝タグレ侯爵は彼にナポレオン伝、トレドのナイフ一式、そして選び抜かれた名句の花束を進呈する――勝利が桂冠を授けんとアンデスの凍てつく頂におまえを待ち、リマクの精たちは早やおまえの勲を祝うため頌歌に声を揃える！　戦争相は運命の女神に命ずる――チンボラソの山裾から我らがアンデスの頂へ汝の厳かな飛翔を企て、そこに不死身のボリバルを待ち受け彼の額にペルーの桂冠を授けるがよい！
リマク、もの言う河こそ、ただひとり黙する者。（53、202）

あらゆる辛酸をはねのけて　1824――リマ

エル・カヤオから馬にまたがり、二列成す兵に挟まれ、花を踏みしだきつつやって来る。国王の旗を掲げ喝采し、リマはスペイン人たちの頭目モネ将軍を迎え入れる。旗が翻り、演説もまた熱くはためく。トレ＝タグレ侯爵はありがたさにめろめろとなり、呪わしきボリバル、あのコロンビアの怪物の脅威からペルーを救い給えとスペインに懇願する。

リマは巻き毛の栄光にくるまり、植民地という桃源郷の夢にまどろみ続ける方を採る。副王たち、聖人たち、騎士たち、悪党どもや婀娜な女たちが、アメリカの暗い砂地の只中、雨も陽光も拒むくせに、都の城壁を守るため天使たちを遣わす空の下、溜息やお辞儀を交わし合う。内ではジャスミンの芳香が息づき、外には孤独と危険が待ち伏せる。内は謁見、行列、媚びの世界――官吏はすべからく国王を、修道士はすべからく教皇をまねぶ。王宮では漆喰が大理石を真似、七十を数える金銀造りの教会では儀式が信仰を真似る。

リマより遠く、ボリバルは海辺の村パティビルカで病に伏す。周りじゅうから、熱にうなされながら書く、破滅の物音が聞こえ……あらゆるものが生を享けては我が目の前に滅びる、まるでひとすじの光を境に切り分けられたかのように……。塵、灰、無。一、二の谷を除き、ペルーは丸々スペインの手に戻っていた。ブエノス・アイレスとチリの独立政府は、この地に自由を、との大義を放り出し、そもそも当のペルー人たち自身、格別興味を抱いているようには見えない。

――さて、これからどうするおつもりか？――誰かがこの、したたか痛めつけられた孤独の人に問いかける。

――勝利せねば――とボリバルは口にする。

（53、202、302）

床屋の椅子から窺える、近ごろ都にはやるもの　1824――モンテビデオ

一本の針金からぶら下がる真鍮の洗面器が扉の空《うろ》に当たって金属音を立て、鬚の手入れに奥歯抜き、放血治療致します、と案内してくれるには、そよ風がさっぱり足りやしない。

単なる習慣か、はたまた夏の睡魔を振り払うためか、アンダルシア出の床屋は口角泡を飛ばし喉を披露しながら、客の顔を泡で覆いつくす。詩句とファンダンゴの狭間を剃刀は滑る。床屋の片目はメレン

ゲを削ぎ落とす剃刀から片時も離れず、もう一方の目は、埃っぽい通りをかき分けかき分け、往き来するモンテビデオっ子たちから離れない。舌は剃刀より切れ味鋭く、その酷評を免れる者はいない。顔を当たってもらう間、床屋の虜も同然の客は、おとなしく身動きもせず、風俗流行沙汰あれこれの講釈を聞き、時折横目づかいに、話のサカナにされている人々の影を何とか追いかけようと試みる。

ひとつがいの雄牛が息のない女を墓場へ引いてゆく。牛車を追い、ひとりの修道僧はロザリオを繰る。どこからか、この第三身分の女をお定まり通りあの世へ送る鐘の音が流れ、床屋の店にまで届く。剃刀が宙に止まる。床屋は十字を切り、口からはいつもの酷評気分とはうって変わった言葉が飛び出す——

——不憫な女よ。いい目を見ずに終わっちまって。

ロサリア・ビジャグランの遺体はアルティガスの敵に押さえられた都を縫ってゆく。彼女は自分が別人であり、また別の時代、別の世に生きているものと信じて久しく、ラ・カリダ病院では壁に接吻し、鳩たちと議論し合った。アルティガスの妻ロサリア・ビジャグランは、その棺を賄う一銭たりとも持ち合わせぬまま、冥界へ発った。

無言の戦闘　1824——フニンの平原

(315)

ボリバルはその不屈の勇気を奮い、みごと味方の軍を立て直し、ペルーはフニンの平原に勝利を収める。世界最高の騎手たちがサーベルと槍を帯び、薙ぎ倒す。戦闘の始めから終わりまで、一発の銃声すら聞かれない。

アメリカ側の軍は、ラ・プラタ河畔の牧童《ガウチョ》とチリの田舎者《ウアソ》、グラン・コロンビアの平原児《リャネロ》から成る混成部隊、膝に手綱を結わえて闘うのがその流儀。またペルーやエクアドルの愛国者たち、サン・ロレンソにマイプ、カラボボやピチンチャの強者もいる。男たちはグアヤキルの槍、カハマルカのポンチョを携え、馬たちはランバイエケの馬具にトルヒジョの蹄鉄を履く。またイングランド人、ドイツ人、フランス人、果ては新世界に感化されたスペイン人に至るまで、はるか欧州はグアディアナ河、ライン河、セーヌ河の歴戦の勇士たちも、ボリバルに従う。

陽が途絶えると、負傷者たちの命も消える。ボリバルの幕屋では、ソワーズビィ中佐、ナポレオンのボロジノ攻めに随行したイングランド人が死にかけている。そこから程遠からぬ、一スペイン人将校のむくろに寄り添い、小犬が吠える。小犬は終始その朋友の騎馬から離れず、フニンの戦を駆け抜いた。ミラー将軍はこの際小犬を捕えるか、叩き出したいところだが、打つ手なし。

ボリビア　1825――ラ・パス

帝国の旗は、アントニオ・ホセ・デ・スクレの足許、齢二十三にして将軍、三十にして大元帥となった、ボリバルお気に入りの将校その人の足許に、白旗となってくずおれる。アヤクチョ平原《パンピタ》の電撃戦が、ペルーに、また大陸全土においてスペイン権力を瓦解させる。

その報がリマに届くと、ボリバルは食堂の卓上に跳び上がり、皿を踏んづけ杯や壜が割れるのも構わず踊りまくる。

その後ボリバルとスクレは轡を並べ、ラ・パスの都に凱旋する。そこにひとつの国が生まれる。リマとブエノス・アイレスの両副王領にまたがった上《アルト》ペルーはいまボリバル共和国と、いずれボリビアと名乗るだろう、子々孫々が解放者の名を不朽のものと銘するように。

天賦の弁舌に恵まれ、黄金の嘴を持つ修道士ホセ・マリアノ・ルイロバが歓迎の一大訓話を用意した。運命が欲したのは、かの大演説がボリバルの耳に入らないうちに、ルイロバをあの世へ送り込むこと。訓話の草稿はギリシア語で書き上げられていた。

教室用掛図——山上の英雄　1825——ポトシ

ポトシにて、ボリバルは銀山の頂に登る。ボリバルが語れば、歴史が語る——宇宙の驚愕羨望たる懐を擁すこの山……　新しきこの祖国《パトリア》あの祖国の旗が、またありとあらゆる教会の鐘が、風に乗る。これほどの豊満も何ほどのものか……　ボリバルの両腕は千里を抱く。谷から谷へといや増す大砲の轟き、言葉のこだま。——たぎり立つ遠き浜から勝利に包まれ自由の軍旗を運びおおせた栄光に比ぶれば……歴史は高みに立つ志士のことを語るだろう。この男の、いまだ歳月にくたびれてはいなくとも、数々の愛と苦悩に深傷を負う顔、その顔に刻まれた千々の皺には触れるまい。ポトシの上空から、彼が大地をあたかも女人のようにかき抱くとき、その彼の胸中を疾駆する仔馬たちのことなど歴史は構うまい。大地をあたかもあの女人のように——彼の剣を研ぎ、ひと目で彼からすべてを剝ぎ取り彼を赦すその女《ひと》。雷鳴もかくやの砲撃や演説や喝采の下でも、彼がこう告げるときその言葉を聴き取れる女《ひと》——おまえはひとりでいいような、マヌエラよ。ならば私は世界の只中にひとりでいよう。我ら自身を克服したことに優る慰めはなかろうよ。

（53、202、238）

1825——ポトシ

イングランドへの負債はポトシひとつ分

独立の身へ生まれ変わったスペイン植民地の面々は、身をかがめて歩む。生まれ落ちたその日から、首筋にぶら下がる重石、それも大きく重くなるばかりの石を引きずる——イングランドへの負債という石、それは英国から武器兵員の加勢を得たのが発端だが、高利貸しや商売人の仕業で何倍にも膨らんだ。金貸しにその仲介人、錬金術の技に通ずる彼らは、どんな石ころでも黄金に変え、英国商人にとってこのあたりは傘下に擁す市場一の金の卵。スペインによる再征服を恐れる新生諸国はイングランドの公式認知を必要とする、だがイングランド側は、予め友好通商条約を結び、自国の工業製品に討ち入りの自由が保証されない限り、誰をも承認しはしない。

スペイン人より負債の方が恐ろしい、とボリバルはコロンビアの将軍サンタンデルに書き送り、その返済のためポトシの諸鉱山を二百五十万ペソでイングランド人たちに売り渡したことを綴る。その上、と書簡は続く、二千万を下らないその国家的債務ゆえ、ありとあらゆる鉱山、あらゆる土地財産、その他政府のあらゆる裁量権を、イングランドで売りに出すよう、ペルー政府には指示済みである。

ポトシの豊満なる丘《セロ・リコ》、落ちぶれ果てた鉱山は、今やロンドンの一幽霊企業ポトシ・ラ・パス・アンド・ペルー鉱山会社の手にある。投機熱の渦中に嵌まった妄想事業の例にもれず、その名は資本の割には仰々しい——同社は百万ポンドを謳うが、かき集めたのは五万ポンド。（40、172、234）

銀山《セロ・デ・プラタ》の呪い

ポトシはさっぱり銀を出さない、あんなに出してくれていたのに。山にその気がないのである。二世紀以上もの間、山はその腹でインディオたちが上げる呻き声を聞いた。インディオたち、坑道に縛りつけられた者たちは、鉱脈を早く空にしておくれと山に哀願したものだ。そして終に山は強欲を呪うに至った。

以来、夜な夜な謎の騾馬隊が到来し、山に入り込んでは銀の積荷をそっと運び出していた。誰も騾馬隊を見る者はなく、捕まえることもできなかった。こうして山は夜ごと中身を空にしていった。

鉱物は大そう重いので、騾馬が足を折ろうものなら、翌朝道の辺に目覚める黄金虫《スカラベ》も、痛々しく足を引きずることになるのだった。（247）

ボリバルとインディオたち

1826――チュキサカ

アメリカのスペイン植民地では、法の守られた試しがない。中身の善し悪しに関わらず、法など現実にはついぞ存在したことがない――たとえばインディオ保護を旨とする数々の勅令は、繰り返し発布されることでその無能ぶりを白状していたし、ユダヤ教徒やら小説やらの通行流通を禁ずる法令も御同様。この伝統をもってしても、開化したクリオジョの将軍たちやら博士たちが、憲法は公共の幸福を約束する特効薬だと信ずることを止められない。

シモン・ボリバルは憲法の仕上げに余念がない。彼の名を冠した新生共和国用の憲法案を、今まさに議会へ上程しようとするところ。文面によれば、ボリビアは終身大統領と三院制議会を有することになる――護民官と、元老と、監察官の三立法院、つまりいささか類例を求むれば、とボリバル曰く、アテネのアレオパゴス会議、またローマの監察官《ケンソル》制度にあり。

文字を読めない者は投票権を持たない。言い換えれば――投票権を持つのはひと握りの選ばれた男子のみ。ボリビア人のほとんどはケチュア語かアイマラ語を話し、カスティリャ語とは無縁にして読む術もない。

コロンビアやペルーでと同様、ボリバルはこの新生国においても、インディオの賦役、インディオの強制労働を廃止すると布告していた。また共同体の土地を私有地所に分割する心づもり。さらにインディオたち、つまり国の圧倒的多数が欧州文明の光に浴し得るよう、ボリバルは自らの恩師シモン・ロドリゲスをチュキサカへ呼び寄せ、学校の創設を命じていた。（42、172）

1826——チュキサカ

何かを生み出す想像力なぞ呪われよ

ボリバルの師シモン・ロドリゲスがアメリカへ帰り着く。四半世紀というもの、ドン・シモンは海の向こう側に遊んだ——あちら、パリやロンドン、ジュネーヴでは社会主義者たちの友となり、ローマの印刷工やウィーンの化学者たちと仕事をし、果てはロシア平原のしがない集落でＡＢＣを教えることさえあった。

歓迎の長い抱擁を交わすと、ボリバルは彼を、建国したてのこの国の教育長官に任ずる。

チュキサカに実験校一校を得ると、伝統の聖櫃に守られた嘘と恐怖を向こうに回し、シモン・ロドリゲスは彼の任務に着手する。この破廉恥行為にお堅い御婦人方が金切り声を上げ、博士さまたちは鵞鳥のようにわめき、犬どもが吠えつく——世も末だわ——あの気違いロドリゲスときたら、良家の子供たちを、夕べまで道端で寝起きしていた山出しのチビ《チョリート》たちと一緒にしようっていうんですよ。いったい何のつもりかしら？　みなし子たちに自分を天国へ連れて行ってもらおうという腹かしら？　それともみなし子たちを悪の道へ引き入れて、一緒に地獄へ連れてゆくつもり？　教室では教理問答《カテキズム》や香部屋のラテン語唱句、文法の規則の代わりに、手仕事は唾棄すべきものと叩き込まれている修道士や似非弁護士の耳にはおよそ耐え難い、のこぎりと槌の喧騒が聞こえる。商売女とこそ泥の学校ですって！　肉体は原罪のありか、女は飾り物、こう考える者たちは天に叫ぶ――ドン・シモンの学校では子供たちが男女構わず誰も彼もべたべたと席を並べ、何しろ我慢ならないのは、勉強すると言って遊んでいるのです。

チュキサカの長官は、若人の道徳を退廃させにやって来た好色漢を追放すべく、運動の先頭に立つ。間もなくボリビア大統領スクレ元帥はシモン・ロドリゲスに辞任を強いる。彼の決算報告に然るべき詳細が欠けていたというのである。（296、298）

シモン・ロドリゲスの構想――《考えることを教授するには》

筆者は正気の主ではないとみなされている。やがて親になろうという人々に、我が無謀さのほどを伝えさせ給え。

人種や肌の色の分け隔てなく、世人すべてを教育すべし。思い違いは禁物なり――普通教育なくして真の社会なし。

指示は教育にあらず。教授せよ、されば分別ある者出づ、教育せよ、されば行為する者出づ。理解されぬ事柄を空で暗誦させるは鸚鵡を造るに等しい。いかなる場合も、児童に対し、《なぜ》を身近に感得できぬ行為を命じてはならない。与えられた命令を裏打ちする理屈に見慣れてこそ、児童は理屈が見あたらぬときそれを不審に思い、それゆえ問いを発する――《なぜ?》と。児童たちが質問好きになるよう教授せよ、命じられた事柄の理由を求めることで、理性に従う習慣を身につけるよう――知能の限られた者の如く権威に、愚者の如く惰性に従うことなきように。

学校では男女児童席を同じうすべし。第一に、かくして幼きより男子は女子を尊ぶことを学び、第二に、女子は男子に恐怖を抱くいわれのなきことを学ぶからである。

男子は次の三大技能を身につけるべし――左官、大工および鍛冶、なぜなら土と木と金属により最も必要なものが創り出されるからである。また女子には、窮して身を売ることのなきよう、日々の糧を確保したいがために婚姻に走ることのなきよう、知識と技能を授けるべし。

知らざる者は騙されやすし。持たざる者は買われやすし。

1826——ブエノス・アイレス

リバダビア

ラ・プラタの峡谷が形作る稜線の、粘土質の河岸の上に、国じゅうの富を一身に奪う港が屹立する。ブエノス・アイレスの円形劇場《コリセオ》では、英国領事がスペイン副王の代わりにその桟敷席を占める。クリオジョの名士たちは、言葉はフランスもの、手袋はイングランドものを使い、かくして独立の世をすり抜ける。

アルゼンチンの規格に合わせ、ヨークシャーかランカシャーかで製造された商品が、テムズ河から怒濤のように押し寄せる。バーミンガムでは、マテ茶を温める昔ながらの銅の大鍋を隅の隅までそっくり模倣、アルゼンチン向けの木製の鐙、投げ玉や投げ縄が生産される。内陸諸州の工房織方は攻勢にろくろく太刀打ちできない。たった一隻の船が特売価の長靴二万足をもたらし、リヴァプール製のポンチョ一枚の値は、カタマルカ製のそれの五ぶんの一。

アルゼンチン紙幣はロンドンで印刷され、発券を一手に握る国立銀行の株主は大多数が英国人。この銀行を介して営業するリヴァー・プレイト鉱山会社は、ベルナルディノ・リバダビアに千二百ポンドの年俸を支払う。

いずれ神聖なるものと化す大椅子の座から、リバダビアは公債と公共図書館を増やしてゆく。四頭立ての馬車を乗り回すブエノス・アイレスの物知り法律家は、自ら知りもせずして見下す国、その国の大統領を名乗る。ブエノス・アイレスの城壁の向こうでは、その国が彼を忌み嫌う。（55、271、342）

1826――パナマ

祖国の数とは孤独の数

赤ん坊が初めて幾らかの言葉を口にした。それが最後の言葉だった。洗礼に招かれた客のうち、パナマに到着したのは四名のみ、しかも洗礼の代わりに終油の秘蹟に立ち会った。悲嘆、父の悲嘆がボリバルの表情を歪ませる。同情も哀悼も彼には虚ろに響くばかり。

旧スペイン領《イスパノ》アメリカの統一を弔う鐘が鳴る。

ボリバルは新生祖国の数々に、イングランドの庇護を得て、ひとつの祖国にまとまろうと呼びかけていた。米国とハイチを招かなかったのは、我らアメリカの算段にとっては部外者ゆえ、だがスペインによる再征服の危険から身を守るため、大英帝国にはイスパノアメリカ連盟の一員になってほしいと望んでいた。

ロンドンはといえば、その新たな勢力圏の統一に何の関心もない。パナマ会議が腹を痛めて送り出したのは、せいぜいもっともらしい宣言の束、何しろ旧副王領の腹から分かれた国々ときたら、海の向こうの新帝国に繋がれておりながら、互い同士は別れた夫婦のようにばらばらなのである。植民地経済、つまり外向けの生産を旨とする鉱山と農園《プランテーション》、工場より市場《バザール》を好む諸都市が拓く道は、大いなるひとつの国ならぬ一大群島。ボリバルが大いなる祖国《パトリア・グランデ》を夢見るはしから、独立諸国は瓦解してゆく。互いには通商条約ひとつまとまらず、欧州産品の溢れ返るこれらの国々が、ほとんどこぞって買い求めたのは自由交換の教義、即ちこれぞ英国の輸出する目玉産品。

ロンドンでは、ジョージ・カニング首相が下院を前にその戦勝杯を披露する。　（202、207）

カニング　1826——ロンドン

王室の真珠が口を開く。平民ジョージ・カニング、英国外交の長は下院を前に、己の手腕をもち上げる。カニングは両腕を、その鷹の翼を広げる——

——余は新世界に生命を吹きこんだ——帝国の建築家は高らかに告げる——旧世界の収支勘定を建て直すべく。

どこかの片隅でくすりと嘲りの笑いがこぼれる。続いて長々と沈黙。カニングが暗がりに、幽霊のような線の細いその横顔をつと上げると、この議場でこれまで耳にされたこともない万雷の拍手が湧き起こる。

イングランドはこの惑星の軸。カスルレー卿は帝国の企てに入れ込みすぎ、終いにはある晩くたびれ果てて、剃刀で喉を切り裂いた。権力の座に就くや否や、カスルレー卿の後継者カニングは、騎士たちの時代はもはや去ったと告げた。矛の栄光は外交の手練手管に道を譲らねばならなかった。イングランドゆえの勲功を積んでいたのは将軍たちより密輸業者、そして今しも商人と銀行家が世界の真の覇権争いに勝利せんとするときが到来した。

猫の忍耐は虎の怒りよりものを言う。

（171、280）

1828——ボゴタ
ここでは彼女は嫌われ者

声をひそめることもなく、皆は彼女をよそ者《ラ・フォラステラ》もしくは女暴君《ラ・メサリナ》と呼び、裏ではいっそうひどい名をつける。彼女のせいで、ボリバルは影の重みにつぶされ、苦悩の皺に苛まれ、また寝台にその才を焦げつかす、とは巷の噂。

マヌエラ・サエンスはアヤクチョで槍もて戦った。敵の一人からむしり取った髭は、愛国軍の護符であった。リマがボリバルに反抗の動きを見せたとき、彼女は男装するとピストル一丁に金《かね》をひと抱え、兵営を回り歩いた。ここボゴタでは女隊長の身なり、軽騎兵の制服を着た二人の黒人女に付き添われ、桜の木々の影を散策する。幾晩か前、ある宴席で壁に立たせたぼろ人形を銃殺したが、その頭上にはこう書きつけがあった――フランシスコ・デ・パウラ・サンタンデルは裏切り者ゆえ死す。

戦争の時代、サンタンデルはボリバルの影の下に育った――ボリバルその人が彼を副大統領に任じた。今日サンタンデルは仮面舞踏会に紛れて、あるいは騙し討ちによって、この無冠の王の暗殺を狙う。

ボゴタの夜回り番がカンテラを手に、最後のひと声を上げる。それに応える教会の鐘々は、悪魔をどきりとさせ、退散を呼びかける。

銃声が飛び交い、夜警たちが倒れる。殺し屋たちは階上へと走り込む。作り事を並べ立てて彼らの気を逸らすマヌエラのおかげで、ボリバルは辛うじて窓から逃げのびる。

（52、202、295）

マヌエラ・サエンスから夫ジェイムズ・ソーン宛の手紙より　1828――ボゴタ

いいえ、いいえ、もうこれ以上、ああ後生ですから！　私の決心をないがしろにして、なぜ貴方は私に書かせるのです？　さあ、貴方にいやというほど「否」の答を繰り返す苦痛を私に課すのはおやめになって、そうしたからといって何もお困りにはなりますまい？　旦那さま――貴方は素晴らしい方、誰にも真似はできません、決して誇張など申しません。ですが、友よ、ボリバル将軍ゆえに貴方の許を去るのはよくよくのこと、貴方のような人品を持たぬ別の夫なら、放り出すのは訳ないことでしょうが。……重々承知しております、貴方が名誉と呼ぶものの庇護の下に、私が彼と結ばれることなぞあり得ないと。彼が我が愛人であり夫でないなら、この身の操に傷がつくとでもお考えなの？　嗚乎！　私はお互い苦しめ合うためにこしらえられた世間の取り越し苦労を気にして生きてなどおりません。

我が君、愛しきイングランドのお方よ、私を行かせて下さいまし。こうしましょう――天国でもう一度婚姻の契りを。でもこの世ではできません……。あちらではすべてがイングランド風、単調な生活は貴方のお国の専売特許ですから（これは恋愛作法について申し上げているのです、というのも、ほかのことで言えば、いったい貿易や海事にこれ以上長けた者たちがいるでしょうか？）あなたがたにとって愛は快楽抜きで丸く収まるのです。会話といえば興に欠け、歩調はそろそろと、慇懃な挨拶、立つも座るも慎重に、そして笑いのない冗談。これらは神聖な形式美ではあります、けれどもいずれは死すべき哀れなこの身は、自分自身を、貴方を、こうしたイングランド流の真面目さを笑うこの身は、いったい天国でどんな目に遭うことでしょう！

1829——コリエンテス

ボンプラン

九千レグアと六万本の若木の間を踏破しつくし、アメリカを見つけた。パリに戻るとアメリカが恋しくなった。思いがけず郷愁に襲われて、エメ・ボンプランは自ら収集した木の根や花々の故郷、まさにその土地に己れも属することを悟った。その土地が彼を呼んでいた、かつて欧州が彼を呼び返したのとは比べものにならないほど。そして、その土地ゆえに海を逆に横切った。

ブエノス・アイレスでは教鞭を執り、上《かみ》パラナに薬草園を耕した。彼の地では、パラグアイの至高至遠の独裁者ガスパル・ロドリゲス＝デ＝フランシア率いる兵士たちに不意撃ちを喰らった。彼らは棒切れで彼をしたたか叩きのめすとカヌーで上流へ連れ去った。

九年の間、パラグアイで虜囚の身にあった。恐怖と秘儀によって世を統べる独裁者フランシアに言わせれば間諜の容疑だと人は言う。並み居る王たち皇帝たち大統領たちが、音に聞こえた賢者を釈放せんととりなしたが、働きかけも使節団も、哀訴も脅しもさっぱり効き目はなかった。

独裁者が彼を断罪したのは北風の吹いたある日のこと、北風はその魂を苛立たせるのである。南風のある日、彼の釈放を決断する。ボンプランが立ち去ろうとしないので、独裁者は彼を追放する。

ボンプランは獄房に囚われてはいなかった。土地を耕しては棉花や砂糖きび、オレンジの恵みを受け、火酒の蒸留所や木工所、病院を建てるかと思えば、あたり一帯の女たち雌牛たちの出産の面倒を見、リューマチや熱病にてきめんのシロップをふるまった。パラグアイは、裸足にぶかぶかシャツのその囚人、珍しい植物を追い求め、これほどの幸運を施しながら不運に見舞われる人を慈しんだ。なのに今、彼は兵士たちに力ずくで連行され、この土地を後にする。 (255)

国境を越え、アルゼンチン領に入るが早いか、彼は馬を盗まれる。

フランシア、至高の人《エル・スプレモ》　1829——アスンシオン・デル・パラグアイ

ちょうど地下の世界の如く、パラグアイには盗人なく、金持ちもおらず乞食もいない。鐘ならぬ太鼓の呼ぶ声に、子供たちは学舎へ駆けつける。皆が皆、文字を読めるにもかかわらず、印刷所ひとつ図書館ひとつ存在せず、外界から一冊の本とて、新聞冊子とて一切受け取らず、郵便は利用が少なく姿を消した。

大自然と隣人たちによって上流へと囲い込まれ、アルゼンチンあるいはブラジルからいつ叩かれるかと待ち受けるこの国は、身構えて生きる。パラグアイ人たちに独立を後悔させてやろうと、ブエノス・

アイレスは彼らから海への出口を取り上げ、パラグアイ船は桟橋沿いに朽ちさらばえる。だが彼らはその尊厳を押し立て、やせ我慢に徹する。一国の尊厳、もしくは孤独——涯なき湿地にすっくと立つガスパル・ロドリゲス＝デ＝フランシアが采配を振るい、目を光らせる。独裁者は孤独に生き、犬に毒見をさせた皿でひとり彼の土地パラグアイのパンと塩を食らう。

パラグアイ人というパラグアイ人は、探る者《スパイ》か探られる者。朝まだき、剃刀を研ぎ研ぎ、床屋のアレハンドロはその日一番、至高の人に巷の噂や謀議を御注進申し上げる。夜の出番が来ると、独裁者は望遠鏡を手に星々を狩り、その星々がまた、敵どもが何を画策しているやら彼に話して聞かせるのである。

(82、281)

1829——リオ・デ・ジャネイロ

対外債務の雪だるま

王太子ペドロがブラジル皇帝を名乗って七年になる。独立への産声を上げるが早いか、この国は英国の銀行家たちの扉という扉を激しく叩く——ペドロの父ジョアン国王は銀行をすっからかんにし、金銀の最後の一グラムまでリスボンへ持ち去っていた。ほどなくロンドンから、スターリング・ポンドの第一陣が百万単位でやって来た。税関収入が担保に押さえられ、現地生まれの仲介人は借款一件ごとに二パーセントを受け取った。

今やブラジルは受け取った額の二倍の借金を抱え、債務は雪だるまよろしく転がり太る。債権者たちが統治し、ブラジル人はひとりひとり、生まれたときから借金を負う。

皇帝ペドロは演説も厳かに、国庫は枯渇、惨状にあり、破産総額が国を危うくしていることをさらけ出す。とはいえ、救済を告知する――皇帝は、現存する災厄の元凶を一撃のもと叩き潰す手段を取る決意。その抜本的手段とは――つまりはブラジルが、ロンドンのロスチャイルド、ウィルソン両商会から都合してもらうつもりの新規融資。高いながら面目に釣り合う利子もついてくる。

そのころ新聞は、皇帝と公女アメリアの結婚を祝うため、無数の宴が用意されているさまを報ずる。新聞広告は黒人奴隷の売り出し貸しつけ、欧州から到着したてのチーズやピアノ、上物毛織のイングランド製上衣《カサカ》、ボルドー産ワインを提供する。キタンダ通りのグロボ・ホテルは外地出身の白人コック、ただし酒も葉巻もやらぬ者を募集中、またオウヴィドル通り七六番地では、盲人の守り役にフランス語を話す女性一名をお望みだ。

(186、275)

1830——マグダレナ河

小舟は海へと下る

緑の大地、漆黒の地。彼方遠く、霧が山々を霞ませる。マグダレナ河《エル・マグダレナ》がシモン・ボリバルを下流へと運ぶ。

——だめだ。

リマの街角では、彼にダイヤモンドの宝剣を贈った当人たちが、彼の憲法を燃やしている。彼を《祖国の父》と呼んだ者たちが、今はボゴタの辻々で彼の肖像を火にくべている。カラカスでは公式に、彼を《ベネスエラの敵》と宣告する。遥かパリにあっては、彼の名誉を貶める記事が雨あられと降る。そして彼を讃える術を知る友人たちは、彼を擁護する術を知らない。

——無理だ。

人間の歴史とはこんなものだったのか？　かくの如き迷宮、影たちの徒《あだ》なる戯れなのか？　ベネスエラの民は、その息子たちの半ばを遠隔の郷に屍と晒し、何も与えてはくれなかった戦争の数々を呪う。ベネスエラがグラン・コロンビアから身を離し、エクアドルもまた袂を分かつころ、ボリバルは小舟の薄汚れた覆いの下に身を横たえ、マグダレナ河を海へと下る。

――もはやこれまで。

法のとり決めにもかかわらず、ベネスエラの黒人たちは依然奴隷のままである。コロンビアやペルーでインディオの文明化を言い渡した諸法令は、彼らを丸裸にするために使われる。植民地期、インディオであるという理由でインディオに課された賦役が、ボリビアでは復活していた。

歴史とはこんなもの、こんなものだったのか？　あらゆる偉業は萎縮する。どの約束も、項《うなじ》のあたりに裏切りを覗かせる。志士たちが貪欲な地主へと姿を変える。アメリカの息子たちは仲間うちでむしり合う。ボリバルのお気に入り、ボリバルの後継者、毒をも短剣をもやり過ごしてきたスクレは、キトへの道すがら、銃弾一発にはね飛ばされ、森に斃れる。

――もはやこれまで。行くぞ。

河を滑る鰐たち丸木たち。その肌は黄ばみ、瞳には光なく、小刻みに震え、うわ言を口にしつつ、ボリバルはマグダレナを海へ、死へと下る。

（53、202）

総督は布告す――

1830――マラカイボ

……悪の天才、無法の松明、祖国の圧制者ボリバルは他界せり。

（202）

1830——ラ・グアイラ

分割して統治せよ《ディビデ・エト・インペラ》

グラン・コロンビア分裂の予言者にして立役者、ラ・グアイラ駐在の米国領事J・G・ウィリアムソンは国務省に一通の的確なる報告書を送付した。ベネスエラが分離し、米国に不都合な関税が停止されることを、一カ月も前に通報したのである。

シモン・ボリバルは十二月十七日に没していた。十一年前の、やはり十二月十七日に彼が樹立したグラン・コロンビアは、コロンビアとベネスエラの融合に端を発し、その後エクアドルとパナマを加えた。彼もろともグラン・コロンビアはこと切れた。

いまひとりの米国領事ウイリアム・テューダーは、ボリバル即ちコロンビアの危険な狂人が画策するアメリカ統一計画を転覆すべく、リマの地から策謀の糸を紡ぎ出すのに貢献した。テューダーの懸念の種は、米国南部にとって悪しき手本となるボリバルの反奴隷制闘争ばかりでなく、何よりもまず、スペインの軛を離れたアメリカがむやみに大きくなることであった。新たな強大国の成長に対し、イングランドと米国は共通かつ強力な国是を有す、と領事が言い放ったのも、まことにむべなるかな。片や大英海軍提督フレミングは、分裂を煽るためバレンシアとカルタヘナの間を往きつ戻りつしているのだった。

1830——モンテビデオ

教室用掛図——憲法宣誓式

インングランド政府は、とジョン・パンサンビ卿のたまわく、ブラジルおよびアルゼンチンの二国のみが南アメリカ東海岸の排他的主人たることを断固容認せず。

ロンドンの威勢とその庇護の下、ウルグアイは独立国となる。ブラジル人をその地から追い出した、ラ・プラタ流域随一の反逆地帯は、古ぼけた幹から身をもぎり、自前の生を引き受ける。ブエノス・アイレスの港はついに、アルティガス蜂起の地、無骨なる大草原を抱え続ける悪夢から解放される。

モンテビデオのマトリス教会にて、ラランャガ神父は感謝の頌歌を神に奉ずる。僧の顔は熱意に火照り、あたかも今を去ること数年前、ブラジルからの侵略者たちを称えて同じ説教壇からやはり感謝頌《テ・デウム》を捧げたときのよう。

市会《カビルド》のバルコニーを前に、憲法の誓いが立てられる。法律上には存在しない御婦人方も、まるでその身に関わりがあるかの如く、新生国の法的叙階の場に付き添う——風の日にはどうなることやら危ぶまれる馬鹿でかい飾り櫛を片手で支え、もう一方の手に持つのは、胸の上にかざす愛国絵図入りの扇。糊

(207、280)

の利いた高襟のせいで、紳士方は首をそちらに向けられない。大憲章《カルタ・マグナ》は一項また一項、広場に、シルクハットの海原に響き渡る。新共和国の憲法によれば、スペインやブエノス・アイレスやブラジルの砲弾に胸をさらした男たちは市民とならない。ウルグアイは貧しいガウチョのものとはならず、残らず殺されつつあるインディオのものにも、自分たちを解放する法令が出たことも知らずにいる黒人たちのものともならない。使用人、小作人もしくは一兵卒、浮浪者、酔っ払いないし文盲者は、憲法に曰く、選挙権も公職に就く権利もない。

夕闇迫り、円形劇場《コリセオ》が埋まる。そこで披露されるロッシーニの「幸せな間違いもしくは無垢の勝利」が、この都で初めて全幕上演される歌劇となる。（278）

1830——モンテビデオ

祖国か墓場か

ウルグアイ詩壇《パルナソ》の生んだ初の詩人フランシスコ・アクニャ＝デ＝フィゲロアの文芸活動は、スペインの軍功を詠い上げる八連頌歌の詩句を手がけるところから始まった。アルティガス配下のガウチョがモンテビデオを占拠すると、リオ・デ・ジャネイロに逃げた。そこではポルトガル王太子とその宮廷丸々に賛美の詩文を奉じた。いつも変わらず竪琴をその背に、ドン・フランシスコはブラジルからの侵略者たちに従《つ》いてモンテビデオへ帰還し、占領軍付きの吟遊詩人を気取った。後年、ブラジル軍が叩き出された翌日、詩の女神たちはドン・フランシスコの耳に囁いた、十音節を基調とする愛国詩、独立の英雄たちのこめかみを縁取る言の葉の桂冠を。そして今、このカメレオン詩人は生まれたての国の国歌を作詞する。我々ウルグアイ人はいついつまでも、彼の詩を起立して聴かなければならないのだ。(3)

国産工業　1832──サンティアゴ・デ・チレ

チリでも紳士方はフランス風に踊りフランス風にめかし込み、ネクタイを結ぶにもバイロンを真似、食卓ではフランス人コックに頭が上がらない。イングランド風に紅茶をいただき、酒はフランス風にたしなむ。

ビセンテ・ペレス＝ロサレスは火酒の工場を設けると、最上の蒸留器と、金色のアラベスク文様に繊細な文字で「オールド・シャンパーニュ・コニャック」と書かれたラベルをしこたまパリで買い込んだ。自分の仕事部屋の扉には、大そうな張り紙を描かせた。

直輸入

お味の方は、結構結構とはゆかざるも、まずまず遜色なしというところだった。ともかくも腹に障った者は誰もいない。商売は申し分なく繁盛し、工場は注文をさばき切れないほどだったが、ドン・ビセンテは愛国心の発作に襲われ、これ以上裏切りを続けるわけにゆかないと思い至った――

――この好評はチリのみが浴すべきもの。

欧州製のラベルを火にくべ、その仕事部屋には以前にも増して大きな張り紙をお目見えさせた――

国　産　品

さていま壜たちが身にまとう新しいお召物――当地で印刷されたラベルにはこうある――「チリ産コニャック」。

一本たりとも売れない。

サンティアゴ・デ・チレの市場の口上

――ずんぐりお嬢ちゃんたちにカーネーションとバジルはいかが！

――さーくさくクッキー！

――きれいなボタン、一連一レアルだよ！
――マァァァッチィィィ！
――革帯どう、馬の腹帯、手袋みたいになめし済み！
――お恵み下さらんか、後生だて。
――極上牛肉！
――哀れな盲にお恵み下さらんか？
――ほぅぅき！　売り切れちまうよっ！
――嚙みタバコ、嚙みタバコいらんか？
――奇跡を呼ぶメダル、バラでもひとまとめでも結構だよ！
――御覧よ、みごとなブランデーケーキ！
――このナイフであんぜんばんぜん！
――切れあじ保証の替刃だよーぉ！
――どちらさんが持ってくかい、このロープ？
――おいしいパンだよ！
――牛の首鈴あとひとつ！
――すいかぁぁ、買っとくれよぉ《ミ・アルマ》！
――女手だけでこね上げたおいしいパンだよ！

——すいかぁぁ！

——おいしいパンだよ！　あっつあつだよぉぉ！ (288)

リャマたち　1833——アレキパ

——幸せな生き物だこと——と呟くフロラ・トリスタン。

フロラは父の祖国ペルーを旅し、人間が貶めることのできなかった唯一の動物を山間《やまあい》に見つけ出す。可憐なリャマたちは騾馬よりもすばしこく、より高いところまで登れる。寒さにも疲労にも重荷にも耐える。何と引き換えにするでもなく、山のインディオに足の便から乳、肉、そしてその体を包む清潔にしてまばゆい絹の毛並みをもあてがう。しかし、繋がれたり手荒な扱いを受けるがままには決してならず、命令など受けつけない。リャマたちが女王の如きその歩みを止めたなら、インディオは前進を再開してくれるよう懇願する。誰かに殴られ、嘲られ、あるいは脅されようものなら、リャマたちは地面にくずおれる——長い頸をもたげ、瞳を、神の造り給いし存在のうちでも比類なき美しさを誇るその瞳を天に向け、人知れずこと切れる。

——幸せな生き物だこと——と呟くフロラ・トリスタン。 (337)

1833――サン・ビセンテ

アキノ

アナスタシオ・アキノの首が首斬り役人の籠に落ちる。

安らかに眠ることなかれ。エル・サルバドルのインディオたちの領袖は槍三千本を掲げ、土地泥棒に立ち向かっていた。葉巻の火で発射されるモスケット銃にうち克ち、ある教会の主祭壇では聖ヨセフを身ぐるみ剝がした。彼はキリストの父のマントに身を包むと、インディオは二度と再び奴隷にも兵士にもされてはならず、飢えで死し、また酒に溺れてはならないという法を布告した。しかしさらなる軍勢が到着し、山間に逃げ場を求めなければならなかった。

彼の名代、人呼んでガラガラ蛇《カスカベル》が、彼を敵に引き渡した。

――自分はもはや爪も牙も失った豹《ティグレ》に等しい――足枷手枷にこれでもかというほど繫がれた我が身を見てアキノは洩らし、生まれてこの方、恐いと思ったのは妻の怒りあるいは涙だけだった、と修道士ナバロに打ち明けた。

――いつでも鬼ごっこ《ガジナ・シエガ》をする用意はできているぞ――目隠しで目を塞がれると、彼は言った。(87)

タクアベ

1834——パリ

ケグアイの流れの枝分かれするところどころ、リベラ将軍の騎馬隊は槍の狙いも鮮やかに、文明化の事業をなし終えた。もはやウルグアイにはひとりのインディオとて生きていない。

政府は最後に残った四名のチャルア人をパリの自然科学アカデミーに寄贈する。彼らは荷物扱いにされ、ほかの包みや鞄に混じり、船倉へ積み込まれる。

フランスの見物客は入場料を払い、この野蛮人たち、ある絶滅した種の稀有なる見本を目にする。科学者たちは動作や習慣、人体測定学上の寸法を書き留める。頭蓋骨の形状から、知能に乏しく粗暴な性質を有す、と結論する。
一、二カ月も経たぬうち、インディオたちは死に身を委ねる。学者たちは死体を奪い合う。
ただひとり生き残った戦士タクアベは、生後間もない娘を連れ、いったいどう逃げおおせたものか、リヨン市までたどり着くとそこで身をくらます。

タクアベは楽人の才であった。博物館の観客が立ち去ると、音楽を奏でていた。唾で湿した細い棒切れで弓をこすり、馬のたてがみの弦をかき鳴らし、甘く震える調べを響かせたものだ。カーテンの陰で彼の様子を窺ったフランス人たちによれば、彼が生み出すのは実に静かな、抑えた音色、聴き取れるか取れないかの内緒話にも似た響きだという。(19)

愛は惜しみなく与う

1834――メヒコ市

酢を満たした南瓜がひとつずつ、家々の扉の裏で目を光らせる。祭壇ごとに千の蠟燭が祈りを上げる。医者たちは瀉血やら、さらし粉を燻《た》いての消毒法を処方する。色とりどりの旗は疫病に襲われた家のありかを示す。おどろおどろしい誦明と叫喚が、死者を山積みにして無人の通りを行く車の往来を告げる。総督は布告を発し、幾種類かの食べ物を禁止する。彼によれば、詰め物入り大とうがらし《チレ・レジェノ》と果物がメヒコにコレラをもたらした元凶なのである。

精霊《エスピリトゥ・サント》通りでひとりの御者が特大のチリモヤを切り分けている。御者台に寝そべり、さてちびちび味わおう、とそのとき通りがかった誰かが、あんぐり開いた彼の口に横槍を入れる――

――とんま！　死にたいのか？　そんなもん喰ったら墓石の下行きだってことがわかんないのか？

御者は躊躇する。みずみずしい果肉をまじまじと見据え、はてかぶりついたものか決めかねている。終いに起ち上がり、車から何歩か離れると、角に腰かけている自分の女房にチリモヤを差し出す。

——なあ、お前、これお上がりよ。

ダーウィン　1835——ガラパゴス諸島

黒ずんだ小山の群れが海から霧の中から姿を現わす。岩々の上を、午睡《シエスタ》の寝息に合わせるかのように、牛ほどもある巨亀たちがもぞつく。かと思えば岩場の合間をすり抜ける無翼の龍イグアナ——

——地獄の首都か——とは《ビーグル号》船長の評。

——木々まで居心地の悪そうなことよ——とチャールズ・ダーウィンが合槌をうつ間に錨が下りる。ここガラパゴス諸島にて、ダーウィンは謎という謎の核心に手をかける。ここで、地上の生命をめぐる間断なき変容過程の鍵を直観する。鶸《ひわ》は嘴が特別に発達したこと、固く大きな種を割る嘴はくるみ割りの形状をとるに至り、サボテンの汁を探す部類の嘴はやっとこ状を成すことなどなど、この地に見出す。またダーウィンは気づく、地表のものを食べるかそれとも高いところにある実を食べるかにより、亀の甲羅や頸についても同じことが起きる、と。

管見のすべての源はガラパゴスにあり、こうダーウィンは記述することとなるだろう。今はその旅行記に、次から次へ驚くことばかり、と書き記す。

四年前、《ビーグル号》がイングランドのある港を出帆したとき、ダーウィンは依然、聖書の一字一句を文字通り信じ切っていた。この世界は神が六日間で今ある姿にお造りになり、大主教アッシャーが太鼓判を押す通り、神のお務めは紀元前四〇〇四年十月十二日土曜日午前九時に終わったものと信じていた。

（4、88）

1835——コロンビア
テキサス

今から十五年前のこと、牛車の列がぎしぎしと、テキサスののっぺりした砂漠を横切り、フクロウやコヨーテの陰気な声に歓迎された。奴隷と犂を携えてルイジアナからやって来た三百家族に、メヒコは土地を譲渡する。今から五年前には、テキサスにおける北米入植者は早や二万人を数え、おまけにキューバから、あるいはヴァージニアやケンタッキーの紳士方が哀れな黒人を餌づけする囲い場から、多数の奴隷を買い込んでいた。入植者たちは今や自前の旗、一頭の熊の図柄を高々と掲げ、メヒコ政府への納税を拒み、また奴隷制を全土から一掃すると決めたメヒコ側の法令に従うことを拒む。

米国副大統領ジョン・カルフーンは、神が黒人を造り給うたのは、選ばれし民のために薪を伐らせ、棉花を摘ませ、水を運ばせる用向きと信じている。織布工場はますます綿をよこせとせがみ、その綿を確保するには土地と黒人がさらに要る。強力なる理由の数々により、と昨年カルフーンは言い放った、テキサスは米国の一部を成すべきである。それまでにはもう、ジャクソン大統領、スポーツマンの肺活量をもって国境線を吹き飛ばすあの大統領が、テキサスにその友人サム・ヒューストンを送り込んでいた。

粗野丸出しのヒューストンは拳を振り回しては我が道を切り開き、自らを陸軍の将に任じ、テキサス独立を宣言する。新たに生まれたこの州、間もなく星条旗に星ひとつを加えるこの州は、フランスより広大な土地を持つ。

かくして対メヒコ戦争の火ぶたが切って落とされる。

(128、207)

自由世界は成長す

1836――サン・ハシント

サム・ヒューストンは一エーカーの土地が四セントで手に入るともちかける。米国人志願兵の大隊はありとあらゆる道から押し寄せ、ニュー・ヨークやニュー・オーリンズからは武器を積んだ船が詰めかける。

かねてメヒコ上空では彗星が災いを予告していた。とはいえ誰にとっても目新しいことはない、何しろイダルゴとモレロスを殺した者たちが独立を宣言し、これを我が物として以来、メヒコは御難続きの有様ときている。

戦争はたちまちにして終わる。メヒコ側の将軍サンタ＝アナが皆殺しを謳って御到着、エル・アラモで打ち首銃殺の大盤振る舞いに及んだが、サン・ハシントでは十五分のうちに配下四百名を失う。サンタ＝アナは自分の命と引き換えにテキサスを明け渡し、メヒコへの帰路につく。彼の敗残兵たち、彼のお抱えコック、彼の七千ドルの剣、彼の星の数ほどもある勲章、そして彼の闘鶏用の鶏たちを積んだ貨車を従えて。

ヒューストン将軍はその勝利を祝し、テキサス大統領の任に就く。

テキサス憲法は、奴隷を合法的に取得された主人の財産とみなし、主人の権利を永久に保証する。自由の地帯を拡大すべし、これこそ勝利を収めた隊列の合言葉であった。

(128)

国境の英雄の肖像

1836――エル・アラモ

テキサス戦争の序の口、まだ運がメヒコ軍に微笑みかけていたころ、デイヴィ・クロケット大佐は銃剣に貫かれて斃れた。彼の率いる果敢な無法者たちの一団もろとも、彼はエル・アラモの陣地に斃れ、クロコンドルたちが彼の歴史を閉じた。

インディオとメヒコ人の土地を食って肥え太る米国は、その誇る西部の英雄たちのひとりを失った。デイヴィ・クロケットの猟銃はベッツィという愛称を持ち、銃弾一発で熊五頭を倒したものだった。

クロケットはもしや、雄くささの見本のような孤高の殺し屋ダニエル・ブーンの息子であり得たかもしれない。ブーンとは、文明を忌み嫌いつつも、仲間のインディオから奪った土地に入植者を押し込んでは稼いでいた前世紀の伝説的開拓者。それにもしや、小説上の人物ながら生身の人と覚しきほど有名な、ナティ・バンポーの父であってもおかしくはない。

フェニモア・クーパーが『モヒカン族の最後の者』を出版してからというもの、高貴にして粗暴な狩人ナティ・バンポーは米国の日常生活に溶け込んでいた。彼が知る道徳とは、ことごとく自然からの教えであり、彼の活力は山と森とに由来する。姿は醜く、大口に覗く歯は一本きりだが、何の見返りも求めずに美しき白人の処女《おとめ》たちをお守りし、彼のお蔭で彼女たちは木立や欲望の狭間をびくともせずに通り抜ける。ナティ・バンポーは多言を費しては静寂を礼賛し、彼が死など恐るるに足りずと言うとき、その言葉に偽りはなく、憂いに満ちつつインディオを殺しても、彼らを称賛する言葉に嘘はない。

(149、218)

コルト銃《エル・コルト》　1836――ハートフォード

技師サミュエル・コルトはコネティカット州ハートフォードにて、自分の発明した回転ピストルの特許を登録する。それは五発分を搭載する回転弾倉付きのピストルで、二十秒間に五回殺すことができる。

テキサスから最初の注文が届く。

(305)

モラサン　1837――グアテマラ市

僧衣の嵐が吹き荒れる。ラファエル・カレラは稲妻の如く恐怖を呼び起こし、グアテマラじゅうに雷鳴がこだまする――

――神の教えに栄あれ《ビバ・ラ・レリヒオン》！　よそ者は死ね！　モラサンに死を！

火の灯らない大蠟燭はなし。大慌てで祈る尼僧たちときたら、九秒間で九日間の祈り《ノベナ》を九回分片づける。聖歌隊は聖母頌歌《サルベ》を詠唱し、同じほどの熱意を傾けモラサンを呪う。

中米大統領フランシスコ・モラサンこそ、謎めいた憤怒の首輪をはずしてしまった異教のよそ者。ホンジュラス生まれのモラサンは、中米諸邦をひとつの国にまとめ上げたばかりではない。その上、伯爵侯爵身分を一市民に格下げし、公立学校を設け、そこではこの世のあれこれを教育しても、天上については一言も触れない。彼の講じた法によれば、今後墓石に十字架は無用、結婚にも司祭は必要ない。婚姻の褥《しとね》に授かった子供と、前もっての成約なく厩の藁に産み落とされた子供とを分け隔つものは何もなく、どちらも同じように相続権を持つ。何より由々しき事態の最たるものは——モラサンは教会と国家を分離し、信仰を持つも持たぬも自由と布告し、主の下僕が取り立てていた十分の一税や初穂税を廃し、教会の土地を売りに出したのである。

モラサンこそグアテマラをうちのめしている疫病の元凶、そう修道士たちは非難する。コレラは次々と死者を生み、説教壇からは触れると間違いなく感電しそうな叱責の雨あられ——やれモラサンが河に毒を撒いたの、やれあの背教者《アンティクリスト》は悪魔と手を結び、死者の魂を悪魔に売り渡しているだのと。

山の民は毒殺者に抗して起ち上がる。ラファエル・カレラ、豚飼いから叛乱の領袖へと駆け上った男は二十歳そこそこにして体内に銃弾三発を持ち運ぶ。肩衣《エスカプラリオ》とメダイユの数々に身を包み、その帽子には緑の枝ひとさし。

（220、253）

ロサス

1838——ブエノス・アイレス

仔馬も人間も残らず手なづける、ファン・マヌエル・デ・ロサスはまさしくラ・プラタの野を統べる領袖。ギターと踊りの腕も確かな彼が物語りを始めれば、焚火の回りに無類の驚きや笑いの輪がはじけること間違いない。だが、彼は大理石でできており、実の子供たちにすら御主人様《パトロン》と呼ばれている。鶏を台無しにした料理女の監獄行きを命ずるかと思えば、己れの発した掟のどれかをうっかり破ることでもあろうものなら、自分で自分に鞭打ちを課す。

彼の牧場《エスタンシア》はどこよりも栄え、彼の塩漬け工場はどこよりも行き届いている。ロサスはとびきりの牧草地を有するが、それはブエノス・アイレス港からインディオたちの集落にまでまたがる、海のような広がり。

ロサスは統治する。ポンチョに藁布団、靴、馬車、船舶、葡萄酒、家具といったアルゼンチン産品を保護する関税法を発布し、内陸河川から外国商人を閉め出した。

『両世界評論《ルヴュ・デ・ドゥ・モンド》』誌は、スペインによる征服が生み落とした堕落の輩にフランスが文明化と規律の教訓を垂れるべし、と騒ぎ立てる。ルブラン提督麾下のフランス艦隊は、アルゼンチンでただひとり海外交

易の権限を持つ港、ブエノス・アイレスを封鎖にかかる。（166、271、336）

1838――ブエノス・アイレス

《屠殺場《エル・マタデロ》》

エステバン・エチェベリアはラ・プラタ流域文学における短編の嚆矢を放つ。『屠殺場《エル・マタデロ》』ではロサス独裁がナイフ使いの群衆に姿を借り、ブエノス・アイレスの無防備な博士さまを執念深く追い回す。場末に生まれ暴力沙汰の中で育ちながら、パリで磨きをかけたエチェベリアは下層民《ラ・チュスマ》を見下す。都の南に位置する屠殺場は、犬どもが臓物拾いの黒人女たちと内臓を奪い合うさまを描写し、獣の首から噴き出る血よろしく平民の口からごぼごぼと、どれほど罵倒の台詞が湧き出るかを物語るには、うってつけの舞台を作者に差し出す。物語に登場する首掻き人は牧童《ガウチョ》の腰布をつけ、顔は血まみれ、短刀を牛の喉元に柄《つか》まで沈めておいてから、彼に敬意を表することを拒んだ、教養ある燕尾服の紳士を追い詰める。（104）

アメリカの食人習慣《カニバリスモ》についていま少し

その最後の騎馬戦において、ファン・ラモン・エストンバ大佐は騎兵たちを当てもなく突撃させる。スペインを向こうに回した戦争は終わっていたが、アルゼンチン人同士の戦争は遥かに凄惨を極めゆく。エストンバ大佐はサーベルを高々と掲げ咆哮する——突撃！　そして怒号とサーベルの斬り合いが渦巻く中、馬たちは何もない地平線めがけ突進する。

ぼろぼろのこの祖国は憤激に我を失う。独立の英雄たちが共食いの始末。エスタニスラオ・ロペスは羊の皮に包まれたパンチョ・ラミレスの首を受け取り、鉄の檻に入れると一晩じゅう首を眺めて悦に入った。グレゴリオ・ラマドリは、ファクンド・キロガの母親を鎖に繋ぎ、辻々を引き回したが、それはまだ、ファクンドが待ち伏せに遭い、片目に銃弾一発を受けて斃れる以前の話だった。とある囲い場の裏手では、牛糞の山の上にファン・ラバジェがマヌエル・ドレゴを銃殺する。以来ドレゴの亡霊はラバジェを追い回し、その踵に嚙みつきとうとうこれを召しとると、せめてラバジェが女の懐に死ねるよう、銃弾を浴びせてその愛人の裸体に縫いつける。

（55、103、110）

中米がてんでんばらばらに割れ　　1838——テグシガルパ

ゆくさなか、モラサンはグアテマラで、修道士たちに焚きつけられた群衆を相手に苦闘する。

一本また一本、この祖国の諸地域を縫いとじていたか弱い糸が弾けてゆく。コスタ・リカとニカラグアは連邦協定を反故にし、ホンジュラスもまた独立を宣言する。テグシガルパ市は、十年前まさにここから統一の大攻勢にうって出た我が子の挫折を、鳴り物と演説入りで祝賀する。地方同士の恨み、羨望や強欲といった年代ものの毒素が、モラサンの情熱に優る。中米連邦共和国は四ツ裂き、まさしく四つに破砕し横たわる。間もなく五つに、追って六つに。哀れなかけらたち。互いの憎悪が同情を凌ぐ。

(220)

五十ドルで聖都は売りに出され、　　1839——コパン中米駐在米国大使ジョン・ロイド・スティーブンズが買い受ける。その都とはホンジュラスのコパン、ある河のほとり、密林《セルバ》に深く食い込まれたマヤ文明の都。

コパンでは神々が石となり、神々の選びあるいは罰し給う人間も石と化す。千年以上も前のこと、コパンには、明けの明星の謎を突きとめ、余人の手の届かぬほど正確に太陽年を測定してみせた、天文学の賢人たちが生きていた。

時は、端正な帯状装飾や浮出文様のある階《きざはし》に飾られた神殿をほころびさせたが、うち負かすには至っていない。神々しき存在は今もって祭壇の陰から姿を覗かせ、仮面の羽根飾りの間《ま》に間に隠れんぼ。ジャガーと蛇は藪にそそり立つ石柱の上でなお牙を剝き、人と神々とは、口を噤んだ、けれど決して黙ることのないこれらの石から吐息を送る。

(133)

太鼓は話し、肉体はもの言う

1839——ラ・アバナ

キューバ総監は、祭日に限り、また人夫頭の監視つきという条件の下、農園《プランテーション》での太鼓踊りを許可する。

かくして、太鼓が叛乱の声を伝えぬよう阻むのが人夫頭たちの役目となる。黒い太鼓、生きた太鼓はひとつきりで鳴るのではない。太鼓は他の太鼓たちと言葉を交わし、雄太鼓を呼び、雌太鼓を愛し、物騒なことに人々とも神々とも会話する。太鼓の呼び出しがかかると、神々は馳せ参じ、人体に入り込み、そこから飛び立つ。

途徹もなく昔の昔、蠍《さそり》のアケケは退屈しのぎにその毒針を一組の人間の男女に突き立てた。それからというもの、黒人たちは母の腹から飛び出すに踊りをもってし、踊りながら愛を痛みを憤怒を示し、情容赦なき人生を、踊りながら渡ってゆく。

(22、222、241)

新聞広告

1839——ラ・アバナ

経済欄——家畜売りたし

当地生《クリオジャ》まれの黒人女一頭売りたし、若年にして健康、疵なし、すこぶる従順忠実、料理の腕良し、洗濯アイロンかけに能あり、子守抜群、五百ペソにて。委細はダオイス通り百五十番地に照会されたし。

3∥11

秀麗なる馬一頭売りたし、毛並み良し、背高六クアルタス三プルガダス……

住宅向け資産としてお貸しします。家事用黒人女。小作その他諸事万端向け黒人男、および子供の遊び相手用ちびくろ。問合せはダオイス通り十一番地まで。

三月二一日

半島より到着したての上等蛭、販売中……

(276)

PARTE ECONOMICA.

Ventas de animales.

Se vende una negra criolla, jóven sana y sin tachas, muy humilde y fiel, buena cocinera, con alguna intelijencia en lavado y plancha, y escelente para manejar niños, en la cantidad de 500 pesos. En la calle de Daoiz, número 150, impondrán de lo demas. 3||11

Se vende un hermoso caballo de bonita estampa, de seis cuartas tres pulgadas de alzada, de-

---

• SE ALQUILAN POSESIONES para viviendas. Negras para el servicio de casa. Negros para peones y para todo trabajo, y se dan negritos para jugar con niños. De todo darán razon en la calle de Daoiz número 11. mzo. 21

SANGUIJUELAS superiores aca-badas de llegar de la península, se hallan de venta en la

光明もたらす人

1839——バルパライソ

坂の上、チリの港バルパライソはラ・リンコナダ区、何の変哲もない家の正面に張り紙一枚——

アメリカ製の光明ならびに美徳 即ち、獣脂蠟燭、忍耐、石鹸、諦念、膠《にかわ》、労働への愛

中は台所の湯気と小僧っ子どものどたばた騒ぎ。ここにシモン・ロドリゲスが住まう。ボリバルの師は自宅に学校とささやかな工場を開いている。彼は子供たちに創造の喜びを伝授する。蠟燭と石鹸をこしらえ支出を賄う。(298)

《後生だから亭主をおくれよ、老いぼれ、片腕、
半身役立たずでもいいからさ》

1839――ベラクルス

スペイン大使は初めてメヒコの地を踏む。ベラクルスでは死者を待ち受けるクロコンドル以外にお出迎えの小鳥はおらず。妻の腕を取り、この国の風俗を視察しようと陰気な街角へ散策に出る。

ある教会で大使は一聖人が叩かれるのに出喰わす。独身女たちは石つぶてに奇跡を乞う。若い娘たちは、的に命中させれば特上の御亭主を授かると信じて期待を胸に石を投げつけ、パドバの聖アントニオにもはや亭主も慰めも期待できない萎れ女たちは復讐を期し、大声で罵詈雑言を喚き、聖人を四方八方からいたぶる。哀れな聖アントニオ、女たちは彼の顔を潰し、腕をもぎ、胸は孔だらけというさんざんな目に遭わせる。その足許には、花を置いてゆく。(57)

仮面舞踏会

1840――メヒコ市

メヒコ市に仕立屋髪結いを営むフランス人たちは、家から家へ、淑女から淑女へと、立ち止まること

もなく走り回る。貧者のための慈善大舞踏会にあって、一体誰が優雅を極めることか？　さてどの美形が匂い立つやら？

マダム・カルデロン＝デ＝ラ＝バルカ、スペイン大使令夫人は、メヒコの国民的晴着である、プエブラ渓谷の典型的衣裳に袖を通す。姿見に映る影の嬉しさよ——レース飾りをふんだんにあしらった白いブラウス、赤いスカート、刺繍入りペティコートの上に瞬くスパンコール。マダム・カルデロンは幾重にも幾重にも、色とりどりの帯を締め、髪は真ん中で分け、三ッ編を輪によってひとつにまとめる。

都じゅうが聞きつける。危険を避けるべく大臣たちを集め諮問会議が開かれる。三大臣——外務、内務、戦争——は大使宅に赴き、正式に警告を発する。名士夫人たちは、およそ信じられない——卒倒、気付け薬、風を送る扇——まあいやだ、あれほどの淑女がそんなあられもない格好で！　しかも公衆の面前ですわよ！　友人諸氏は注進に及び、外交団は圧力をかける——御用心召されよ、醜聞はいけませんぞ、あの手の衣裳は怪し気な筋の女人が着るものですぞ。

カルデロン＝デ＝ラ＝バルカ夫人は赴任先の国民的晴着を断念する。メヒコ女性のいでたちで舞踏会へ行くのは取り止める。代わりに披露するのはラツィオのイタリア農婦の身づくろい。宴を後押しする御婦人方のひとりはスコットランド女王の盛装姿でお出ましになる。ほかの淑女連はフランスの高級娼婦やら、スイスかイングランドかアラゴンの農婦やらになりすまし、奇を衒いトルコのベールに身を包んで現われる者まで出る始末。

楽の調べは真珠とダイヤモンドの海をたゆたうこととなろう。踊りの輪には愛嬌もなく——足さばきのせいではなく、窮屈この上ない拷問靴のせいである。

57 メヒコ上流社会——正しい表敬のお作法

——御機嫌如何でいらっしゃいますこと？　御身麗しく？

——お蔭様で。して、あなたさまは？

——つつがなく、お蔭様で。

——晩方は如何お過ごしになられました？

——お蔭様で。

——まあ結構に存じますこと！　あら奥様、御機嫌麗しくいらっしゃいますかしら？

——畏れ入ります。あなたさまは？

——お気遣いかたじけのうございます。まあ旦那様は？

——お蔭様で、無事にございます。

——どうぞおかけ遊ばせまし。

——お先にどうぞ、お嬢様。

——いえいけません奥様、そちらこそお先にどうぞ。

——それでは、お言葉に甘えて、堅いことは申し上げませんわ。わたくし儀礼や作法を目の仇にしておりますもの。

(57)

メヒコ市の一日を彩る物売りの口上あれこれ

——炭の御用かい、旦那！
——バタァー！　バタァー一レアル半！
——上等の干し肉いかが！
——ろうそーく足りとるかーい？
——ボタァァァン！
——とうがらしにぴったりの山査子！
——バナナにオレンジ、柘榴はどうだい？
——手かぁがみぃぃぃ！
——あつあつ焼きたてゴルディタ！
——プエブラのござ《ペタテ》はいらんかい？　五バラ丈のござはいらんかい？
——蜂蜜ケーキ！　チーズに蜂蜜、凝乳においしい糖蜜！
——飴玉！　ココナツ菓子！　メレェェェンゲ！
——さあ宝くじ最後の一枚、最後の一枚、半レアルでどうだ！

――トルティィイジャ！
――クルミいらんかぁ？
――凝乳のトルティジャ！
――あひるだよ、おまえさん！　焼きたてあひる！
――タマル、ほれタマリト！
――ほかほか焼き栗どうかね？

(57) メヒコ上流社会――医師の暇乞いのお作法

寝台のそばで――
――奥様、いつでもお呼び下さい！
――ありがとうございます、先生。
寝台の足許へ来て――
――拙者こそ奥様にお仕えする気持ちでは誰にもひけをとらぬ下僕にござります。
――御機嫌よう、先生。
テーブルの脇で立ち止まり――
――奥様、そのおみ足に接吻を！

――先生、そのみ手に接吻を！

扉の近くにて――

――奥様、拙宅と拙宅に控えます一切、また無用といえどこの拙者、そして拙者の手中なるものすべては奥様のものでございます！

――かたじけなく存じます、先生。

扉を開けようと私に背を向けるものの、扉を開くと再度私の方を向く。

――さようなら奥様、貴女の下僕はこれにて！

――さようなら、先生。

ようやく立ち去るかと思いきや、扉を半開きにして首を覗かせる――

――御機嫌よう、奥様！

(57)

禁域に沈む尼僧生活の始め方

1840――メヒコ市

汝は正しき途を選びたり
もはや何者も汝の行く手をそらせまい

選ばれし女人よ

十六の齢にして世に別れを告げる。馬車の中から、二度と再び目にすることのない辻々をめぐった。サンタ・テレサ修道院での儀式に出席する親戚友人も、再び彼女にまみえることはない。

何者も　何者も　何事も
汝の行く手をそらせまい

食事は同じくキリストの妻となった者たちと、素焼きの椀を用いて摂るが、その食卓の中央にはしゃれこうべがひとつ。その贖罪の苦行は犯したことなき罪ゆえに。世人は悦しむにもかかわらず、彼女は棘の腰帯、棘の冠で肉を懲らしめ懲らしめ贖うこととなる摩訶不思議な罪ゆえに。いついつまでもただひとり、禁欲の床に眠り、身につける布は肌にやすりをかけることだろう。

大バビロニアの戦《いくさ》から遠く
腐敗誘惑危難から
遠く

その身は花々と真珠とダイヤモンドに包まれている。飾りという飾りが剝ぎ取られ、彼女は衣服を脱がされる。

決してそらせまい

オルガンの音《ね》に合わせ、司教は訓戒と祝福を与える。司教の指輪、とびきり大きなアメジストが跪く娘の頭上に十字を切る。尼僧たちが歌う――

吾はキリストの侍女なり《アンシリャ・クリスティ・スム》――

彼女は黒を着せられる。跪く尼僧たちが顔から床に伏すと、円環を成す大蠟燭の周囲に黒い翼が伸び広がる。

棺を覆う蓋よろしくカーテンが閉まる。　(57)

時が汝を忘れたとて、大地は忘れず　1842——サン・ホセ・デ・コスタ・リカ

グアテマラ市では、淑女に修道士たちが山の領袖ラファエル・カレラのために長き独裁のお膳立て。彼に三角帽やら上衣《カサカ》やら礼装用の短剣まで試着させる。エナメルの長靴を履いて闊歩する方法、名前の書き方、金時計の文字盤の読み方を教え込む。豚飼いのカレラは、彼の生業を別の手だてによって果たし続ける。

コスタ・リカはサン・ホセにて、フランシスコ・モラサンが死を覚悟する。並々ならぬ決意。生を愛《いとお》しみ、これほどまで生を謳歌する人モラサンにとり、この世からきっぱり身を剝がすのは難儀なこと。両の眼で独房の天井を見据え、さらばと唱えつつ夜を過ごす。世界は大したものだった。将軍は辞世に手間取る。統治にもっと力を注ぎ、こんなに争うはずではなかった。幾年も幾年も、中米という大いなる祖国のために、裸の山刀《マチェテ》を振りかざし、戦に明け暮れてきたが、そうする間にもその祖国は頑として崩壊への歩みを止めなかった。

軍らっぱの先を越し、らっぱ鳥が声を立てる。らっぱ鳥の啼き声は天の高みから、幼い日々の奥底から、以前のように、いつものように、暗闇の幕切れを指してやって来る。此度その声が告げるのは、最

後の夜明け。

モラサンは銃殺隊と向き合う。頭布をはずし、彼自ら武器の用意を命ずる。狙いを定めさせ、照準を正してやり、発射の命を下す。

一斉射撃が彼を大地に還す。

(220)

猛禽たち

1844――メヒコ市

教会は地主と金貸しを兼ね、メヒコの半分を所有する。もう半分は、ひと握りの領主方と、村々《コムニダ》に追い込められたインディオたちのもの。大統領職の所有者ロペス＝デ＝サンタ＝アナ将軍は、公共の安寧と闘鶏用の愛鶏《まなどり》たちが元気かどうかに心を砕く。

サンタ＝アナはいずれかの鶏を腕に抱いて統治する。この格好で司教や大使たちを迎え、傷ついた鶏を世話するために閣議を放り出す。病院よりたくさん闘鶏場を設け、教育令よりも闘鶏の規則を布告するのに忙しい。闘鶏師たちは、賭博師だの、大佐を夫に持った試しなどない大佐の未亡人たちだのと、ともども彼のお抱え寵臣を構成する。

彼を大そう喜ばせるのは、雌のふりして敵とじゃれた挙句に間抜けとみると相手をつき殺す斑鶏《まだら》だが、何と言ってもお気に入りなのは猛者ペドリート。ペドリートをベラクルスから連れて来るにあたっては、故郷恋しさに煩わされることなく転げ回れるよう、向こうの土まで取り寄せた。土俵ではサンタ＝アナ手ずから鶏に剣先を結わえてやる。馬方や無宿者たちと賭をし、不運に見舞われよと競争相手の羽根を嚙む。一銭もなくなると闘技場に勲章を投げ出す。

——五番に八賭けるぞ！

——四番に八でどうだ！

ひと筋の電光があたりに散る羽根の渦を貫くかと思うと、ペドリートの蹴爪はいかなる王者の目をも抉り、喉をも搔き切る。サンタ＝アナは片脚立ちで踊り、刺客は鶏冠《とさか》を掲げ、翼を羽ばたかせ、鬨の声を上げる。

（227、309）

1844——メヒコ市

サンタ＝アナは

顔をしかめ、目線を虚空に失う——試合に斃れた鶏のことでも考えているのか、それとも自分の脚、尊い軍功の証に失くした脚のことを考えているのか。

今を去ること六年前、フランス国王を敵に回した戦争もどきの最中に、砲撃が彼の脚をむしり取った。

断末魔の床から、脚もげ大統領が秘書官に書き取らせた祖国への別れは十五葉もの簡潔なる親書となったが、ところが例によって例の如く、生にも権力にも返り咲いた。

とんでもなく遠大な行列がベラクルスから首都までその脚にお供した。脚は天蓋に守られ、馬車の窓から白い羽根帽子を覗かせるサンタ＝アナにも護衛されてたどり着いた。その背後から精一杯めかし込んでやって来たのは、司教たち大臣たち大使たちに加え、軽騎兵、竜騎兵、胸甲騎兵の一軍団。脚は無数の花のアーチをくぐり、村から村へ、居並ぶ旗の間を抜け、ひと足進むごとに死者のための祈りや演説や、頌歌、賛歌、礼砲、鐘の唱和を受けた。墓地に着くと、大統領は霊廟の前で、死が前金代わりに持ち去った彼自身の一部を褒め称え、はなむけの言葉を述べたてた。

以来、欠けたはずのその脚が疼く。今日、ふだんにも増して、これ以上ないというくらい疼くのは、あの脚のしまってあった記念碑を叛徒たちが打ち壊し、メヒコ市中の至るところ、脚を引き回しているからである。(227)

商人たちの侵略

1845——ブエルタ・デ・オブリガド

三年前、英国艦隊は空色の帝国《セレステ・インペリオ》清朝を辱めた。広東と海岸一帯を包囲ののちに攻め入ったイングランドは、自由貿易やら西洋文明やらのお題目を唱え、アヘンの消費を中国人たちに押しつけた。

中国の次は、アルゼンチン。永年に亙るブエノス・アイレス港封鎖策はほとんど、あるいは全く効果がなかった。自分の肖像を拝ませ、国王姿の道化たちを取り巻きに政務を執るファン・マヌエル・デ・ロサスは、アルゼンチン河川の開放を今もって拒んでいる。その無礼ぶりを懲らしめるよう、イングランドとフランスの銀行家や商人たちが苦情を募らせて随分になる。

アルゼンチン人多数が防衛に命を落とすが、世界最強の両国が送った戦艦は大砲の音も華々しく、パラナ河に張りめぐらされた鎖をとうとう吹き飛ばす。


(271、336)

1847——メヒコ市

征服《ラ・コンキスタ》

メキシコは我らが眼前に煌めく——世紀の変わり目、既にアダムズ大統領がすっかり感嘆の声を上げていた。

がぶり最初のひと口で、メヒコはテキサスを失った。

今や米国はメヒコを丸ごと皿の上に乗せている。

退き際に敏い将軍サンタ＝アナは、塹壕にひと筋、剣と死骸の列を残し、南へ逃げる。敗北また敗北、血を滴らせ、ろくに食べず、一度たりとて報酬を受けたこともない兵士たちから成る彼の軍は、後ずさりを重ね、彼らとともに騾馬に引かれた旧式の大砲が退却し、さらにその後ろを、子供やぼろやトルティジャの詰まった籠を背負う女たちの隊列が行く。サンタ＝アナ将軍の軍は兵士よりたくさん将校を抱え、貧しい同国人を殺すことにしか力を発揮しない。

チャプルテペク城では、まだあどけないメヒコの士官候補生たちが降伏を拒む。爆撃に耐え抜くその執念の出どころは希望ではない。彼らの身体の上に瓦礫が雪崩をうつ。瓦礫を分け、勝者たちが星条旗を突き立てると、旗は煙のこちらから、広大な盆地を見下ろすようにそびえ立つ。

征服者たちが首都に入城する。迎えるメヒコ市の陣容は――技師八人、修道士二千人、弁護士二千五百人、物乞い二万人。

民は身を縮め、不平を唸る。屋上から石が降る。

（7、127、128、187）

征服者《ロス・コンキスタドレス》たち

1848――グアダルペ・イダルゴ村

ワシントンではポーク大統領が、我が国は既に全欧州ほどの版図を得たりと宣言する。この若い、貪欲な国の暴走を止められる者は誰もいない。南へそして西へ、インディオを殺し隣人を押しのけ、時には買収しつつ、米国はふくらむ。ナポレオンからルイジアナを買い上げ、スペインには一億ドルでキューバ島を売らないかともちかける。

だが、征服にかかる手数料はそれより栄光に満ちながら安上がり。グアダルペ・イダルゴ村でメヒコとの講和条約が調印される。メヒコは胸にピストルを突きつけられ、版図の半ばを米国に譲る。（128）

1848——メヒコ市

アイルランド人たち

ところはメヒコ市のマヨル広場、勝者たちが罰を加える。刃向かうメヒコ人たちに鞭が振り下ろされる。アイルランドの脱走兵たちは真赤に焼けた鉄に顔を当てられ、それから絞首台に吊るされる。

アイルランド人から成る聖パトリック大隊は、侵略者たちとともにやって来たが、侵略された者の側に立ち戦った。北からモリノ・デル・レイに至るまで、アイルランド人たちはメヒコ人の運命、といっても不運だが、これをまた自らの運命とした。多くの者が、弾薬にも事欠きながら、チュルブスコ修道院の防衛戦に斃れた。捕虜たちは顔に烙印を押され、首吊り台の振り子となる。（128）

赤い石造りの家に白いポンチョの老人ひとり　1848──イビライ

ついぞ都市《まち》は気に入らなかった。愛着を覚えるところはパラグアイの畑地に彼の馬車、馬車といっても薬草のぎっしり詰まった手押し車。ひとふりの棒がその歩みを助け、またその場で陽気な詩を歌い上げる黒人のアンシナが畑仕事に手を貸し、日々陽に当たっても悪しき影の差さぬよう気を配る。

──ホセ・アルティガスじゃ、何なりと。

時にウルグアイから彼の許を訪れる客たちがあると、マテ茶と敬意と、あるかなきかの二言三言をふるまう。

──するとあちらではいまだわしの名が人の口に上っておると。

八十歳を過ぎ、うち二十八年を亡命の身にあって、彼は帰還を拒む。彼の信じた理念も彼の愛した人人も、依然敗北したままである。世界と記憶の重みの程をひしと知るアルティガスは、黙する方を選ぶ。胸奥にできた鞍擦れの傷を癒せる薬草はない。

(277)

ドミンゴ・ファウスティノ・サルミエントの筆によるホセ・アルティガス

彼奴《あやつ》は野盗にして、それ以上にも以下にもあらず。殺生盗みの三十年は、政治動乱《レボルシオン》へとそそのかされたインディオまがいの田舎者どもを指揮するに疑いなくふさわしき資格を彼奴に与え、山賊の頭目アルティガスの畏名は下郎たちの間に刻まれつつあり……。彼奴に従いしは何者どもか？　集住か野放しかを問わず、インディオの種族なり、そして彼奴は野蛮の最たる者、非情の最たる者、白人の最たる敵なるがゆえにその先頭に立つ……。足繁く都市に通うこともかつてなく、自由の統治という人間の伝統を全く知らぬ、無知なる者よ、しかも白人でありながら己れにも見劣りのするインディへナどもを指揮するとは……。アルティガスの前歴と行動に鑑みて、彼奴に政治思想のひと切れでも、人の感情たるもののひとかけらでも与えたいと思うとき、我らは一種、理性の叛逆、つまり白人たる人間の本能に反する想いを覚えるものなり。(311)

恋人たち（I）　1848――ブエノス・アイレス

登場人物《ドラマティス・ペルソナエ》――

カミラ・オゴルマン　二十年前、ブエノス・アイレスの、中庭を三つ持つ家に生まれる。神聖一途の誉れの裡にしつけられ、処女から妻、さらに母へとつまずくことなく、結婚生活の安寧、針仕事、ピアノの夕べ、黒いマンティリャを被って上げるロザリオの祈り、そうしたものに行き着く真直な道を進むはずだった。ソコロ教会の教区司祭と駈落ち。それは彼女の発案であった。

ラディスラオ・グティエレス　神の下僕。齢二十五。トゥクマン知事の甥。大蠟燭の光に跪くあの女人の舌に聖餅を乗せてやって以来、眠れなくなった。終にはミサの典書も僧衣も捨て、びっくりした小天使たち、鐘楼の鳩たちは一斉に飛び立った。

アドルフォ・オゴルマン　食事を始めるたびに、マホガニーの長い食卓の上座から十戒を唱える。貞淑な妻との間に僧となる息子、警官となる息子、家出する娘の三子をもうけた。模範的な父親はまた、家名を辱めた空恐ろしい醜聞に対し、真っ先に模範的処罰を求める人となる。ファン・マヌエル・デ・ロサス宛の書簡において、この国では前代未聞の、破廉恥この上なき行為に対し、厳罰をと訴える。

フェリペ・エロルトンド＝イ＝パラシオ　司教区本部事務長。やはりロサスに書簡を送り、恋人たちを捕らえ、将来同じような犯罪が起きることのないよう、断固たる罰に処すべしと要請する。その書簡上、グティエレス司祭の叙任は司教の領分であり、自分は何ら関与なしと明言する。

ファン・マヌエル・デ・ロサス　恋人たちを狩り出すよう命ずる。ブエノス・アイレスから使者たちは馬を駆り立てる。逃亡者たちの人相書を携えて来る。カミラ——肌の色は白、感じのよい黒い瞳、背は高くやせ型、均整良好。ラディスラオ——肌は褐色、やせ型、鬚面、縮れ毛。神の教えと法の命ずるところを満たし、風紀の乱れ、放埒、無秩序の惹起を阻むべく裁きがなされるであろう、とロサスは約す。国全体が鵜の目鷹の目。

その他の出演――

反ロサス紙　モンテビデオ、バルパライソ、はたまたラ・パスから、ロサスの政敵たちは公序良俗をあげつらう。『エル・メルクリオ・チレノ』紙にはこうある――《ラ・プラタのカリギュラ》の戦慄すべき暴政の下、良俗紊乱はかくも恐るべき極みにまで達し、ブエノス・アイレスの不埒かつ瀆神の僧どもが良家の息女たちと逃げ出すという、身の毛もよだつ背徳行為に対し、悪名のみ高き暴君は手をこまぬいている有様なり。

馬たち　野を突っ切り、街々をよけながら、恋人たちを北へと運ぶ。ラディスラオの馬は黄金の毛並みに長い脚。カミラの馬は灰色がかり、肉付きが良く尾は短い。乗り手と同じく野ざらしに眠る。疲れを知らず。

旅装　彼のもの――毛のポンチョ一枚、着替えがいくらか、短刀一対、拳銃一対、燧《ひうち》道具一式、絹のネクタイ一本、ガラス製インク壺ひとつ。彼女のもの――絹の肩掛け一枚、着替えの揃いが何組か、麻のペティコート四枚、扇子一本、手袋一組、櫛一本、壊れた金《きん》の耳飾り一個。

〔166、219〕

恋人たち（Ⅱ）

彼らが双身《ふたみ》は何かの間違い、その過ちを夜が正す。

恋人たち（Ⅲ）　1848——サントス・ルガレス

夏に駈落ち。秋はパラナ河岸のゴヤ港に過ごす。向こうでは別名を名乗る。冬には見つけ出され、密告され、召し取られる。

別々の荷車に乗せられ、南へ運ばれる。轍が道に傷を残す。

聖なる場所《サントス・ルガレス》の刑務所で、別々の土牢に幽閉される。

もし赦しを乞えば放免されようぞ。カミラは身重ながら悔いはしない。ラディスラオもまた然り。彼らの足には鉄の鉄がはまる。ひとりの僧が足枷に聖水を振る。

中庭で、目隠しをしたまま銃殺される。（219）

セシリオ・チ　1848——バカラル

とうもろこしの実が話したのは、飢えを知らせるためだった。メヒコはユカタン地方、巨大な砂糖農園《プランテーション》が、マヤの村々の擁するとうもろこし畑をみるみる呑み込んでゆく。アフリカにおいてと同様、火酒と引き換えに人間が買われる。インディオたちは背中でものを聴く、とばかり鞭が唸る。

かくして戦が勃発する。他人の戦に死者を奉ずるのはもうまっぴらと、マヤ人は木の虚でできた太鼓の呼び掛けに集結する。藪から、夜から、無から、片手に山刀《マチエテ》、片手に松明を抱え、続々と湧き出でる——荘園《アシエンダ》もろとも彼らの主人やその子供たちを焼き打ちし、またインディオとインディオの子供たちを奴隷化する借金の文書も焼き捨てる。

マヤのつむじ風が荒れ狂い、薙ぎ倒す。セシリオ・チはインディオ一万五千名を引き連れ、火薬をまとめて放ってよこす大砲めがけ突撃し、かくてカスティリャの同名都市と並ぶほど誇り高いと自任する、尊大なるユカタンのバリャドリが落ち、バカラル始め数多くの村々、そして守備隊が、ひとつ、またひとつと陥落してゆく。

セシリオ・チは古《いにしえ》の叛徒ハシント・カネクを、また最古の預言者チラム・バラムを引き合いに出し、敵を殲滅する。メリダの広場は人々の踝まで血に浸かるだろうと公言する。村を占領するごとに、その守護聖人に火酒と爆竹を供える——聖人たちが味方につくことを拒み、変わらず農園主たちに仕えるつもりならば、セシリオ・チは山刀《マチェテ》を振るって彼らの首を斬り落とし、炎をめがけ放り込む。（144、273）

1849——プラット河の岸辺

天然痘《ビルエラ》という名の騎手

ポウニー・インディオ四人につき、今年は天然痘だかコレラだかで一人が死んだ。その永年の敵カイオワ人の方は長老サインダイのお蔭で命拾い。

意地悪爺さんはこのあたりの大草原を、やれやれと嘆きに暮れつつ歩いていた——わしの世は終わった。鹿やバッファローを虚しく求め、ワシタ河が差し出す澄んだ水ならぬ赤い泥を目にしつつ、彼のその想いは裏打ちされるのだった。早晩我がカイオワの民は、牛よろしく囲まれてしまうだろう。すっかり憂鬱に沈みながら長老サインダイがそぞろ歩いていたそのとき、東の方、太陽のあるべきところに黒いものが立ち現われるのを見た。大きな暗い染みは大草原を渡りながらむくむくと膨れ上がって来た。近くまで来てみると、その染みは黒衣にのっぽの黒帽子をつけ、そして黒馬にまたがった騎手の姿。騎手の顔には醜い傷痕があった。

——我が名はビルエラ——そう名乗った。

——聞き覚えがありませんな——とサインダイは言った。

——遠くから、海の向こう側から来ましたのでな——見知らぬ人は説明した——死を連れて。

そしてカイオワ人のことを尋ねた。長老サインダイは彼の行く手を変えさせる術を心得ていた。カイオワ人は相手にするだけ損ですよ、大した数もおらず惨めな暮らし、と説き聞かせ、それよりポウニー・インディオのところへいらっしゃい、彼らは数も多く、立派で力があります、そう言って彼らの暮らす河のありかを示したのだ。(198)

カリフォルニアの黄金

1849——サン・フランシスコ

バルパライソからチリ人が大挙して押し寄せる。その持ち物は長靴一足、短剣ひと振り、カンテラひとつにシャベルが一本。

金門というのが今やサン・フランシスコ湾入口の名となっている。昨日まで、サン・フランシスコはメヒコの村イエルバス・ブエナスであった。このあたり、征服戦争でメヒコから簒奪された土地には三キロもの純金のタネが埋まっている。

あまりの船に、湾内には身の置きどころもない。錨が水底に触れると、冒険者たちは遥か丘の向こうを指して飛び出す。誰も目を丸くしたり挨拶している暇はない。賭博師は自分のエナメル・ブーツをずぶりと泥に沈める――

――俺様の仕込みサイコロ万歳、俺様のジャック万歳！

この地を踏みしめただけで、猫の皮剝ぎ屋も王様となり、彼を見下したはずの麗人は胸ふたがれて息絶える。到着間もないビセンテ・ペレス＝ロサレスは同じチリ人の了見に耳を傾ける――《俺も才人になったものよ！ 何しろチリじゃ、金があれば馬鹿にはされない》。ここで時を失う者は、黄金を失う。途切れなく打ちつける槌音、たぎり立つ世界、何かが生まれ出るときのけたたましい叫び――無から芽吹いた露店では、金粉の詰まった革袋と引き換えに工具や酒類、干肉を都合してくれる。鴉が騒げば人間もガアガアと、それこそありとあらゆる祖国から集まった人間たちの群れがうるさく声を上げ、夜と日を問わずくるくると行き交うフロックコートに船乗り用上衣、オレゴンの毛皮、マウレの縁なし帽、フランス製の短刀、中国製の帽子、ロシア製長靴、そしてカウボーイのベルトに光る弾丸。

みめ麗しきチリ女性がレースの日傘の陰から精一杯微笑みかけるが、コルセットが彼女を締め上げ、また割れた壜を敷きつめたぬかるみの上、彼女を輿に乗せて運ぶ群衆にも気圧されている。彼女はロサリト・アメスティカ、今この港では。今を去ること内緒の年にキリクラで生まれた時分、ロサリト・イスキエルドであった彼女は、その後タルカウアノではロサリト・ビジャセカ、タルカではロサリト・トロ、バルパライソではロサリト・モンタルバになった。

ある船の後甲板から、競売人は群衆に、淑女をずらり売りに出す。ひとりひとり、女たちを並べて見せては褒めそやし、さあ旦那方、御覧よこの腰回り、この若さ、この別嬪ぶり、この……。

——もうひと声はずまんかい？——せき立てる競売人——よそとは比べものにならないこの名花に、もひとついい値をつけるお方はいないかい？

(256)

彼らはここにいた

1849——エル・モリノ

人が呼ぶ《ジャマ》と黄金は砂に岩場に燃え立つ《ジャメア》。黄金の火花は大気に跳ね、黄金はカリフォルニアの河床や渓流から人の手へと大人しく処を移す。

エル・モリノは、黄金の岸辺に姿を現わした夥しい野営地のひとつ。ある日、エル・モリノの鉱夫たちは、糸杉の森遠くしぶとく立ち上る幾筋かの煙に気づく。夜ともなれば、風を小馬鹿にしながら燃えさかる、ひと連なりの火を見る。誰かが合図を見分ける——インディオの電報は闖入者たちへの戦を呼びかけている。

すぐさま鉱夫たちはライフル百七十丁の特務隊を結成し、奇襲に出る。百名を越える捕虜を連れ帰り、

懲らしめに十五名を銃殺する。 (256)

灰

白兎の夢を見て以来、老人はそればかり話していた。話をするのはひと苦労、ひとりで立てなくなってからも随分と月日が経っていた。寄る年波に眼を弱らせ、腰は曲がってもう元に戻らなくなっていた。がりがり尖った膝に顔を埋め、大地の腹に還る姿勢のまま籠の中に暮らしていた。籠にすっかり納まると、子か孫の誰かの背におぶわれてどこへでも行き、誰彼となく夢の話を語って聞かせた——白兎がわしらを食いつくす、たどたどしくそう語るのだった。わしらの種《たね》、わしらの葉、わしらの生命を食いつくす。その話では、鹿より大きく足の丸い、首に毛のある動物にまたがって白兎はやって来る。

老人はここカリフォルニアの地に生じた黄金熱を見るに至らなかった。鉱夫たちが馬に乗ってやって来る前に、こう告げたのである——

——古い根っこはもういつでも大きくなれる。

彼は籠ごと、自分が選んでおいた薪の上で火葬に付された。 (229)

ポー　1849――バルティモア

バルティモアはとある居酒屋の戸口あたり、死に損ないが仰向け大の字に横たわり、自分の吐瀉物に溺れかけている。明け方、いずこかの慈悲深い手が彼を病院へ引きずってゆく。そしてそれだけ、それっきり。

エドガー・アラン・ポー、旅回りのうらぶれ役者の子に生まれ、不服従と錯乱の罪を自認してたじろがぬ流浪《さすらい》の詩人は、見えざる法廷に宣告を言い渡され、見えざる万力に嚙み砕かれていた。

彼は己れを探し求めて迷子になった。カリフォルニアの黄金を探して、ではない――己れを探して。

(99、260)

リーバイのズボン　1849――サン・フランシスコ

暴力と奇跡が煌めき飛び交う中でも、目の眩むことがないレビ・シュトラウスは、はるばるバヴァリアからの流れ者。この地はパラパラとカードを切るか引き金が音をたてる間に、乞食が百万長者に百万長者が乞食ないし死体に姿を変えるところだと、瞬きひとつのうちに悟る。そして次の瞬きひとつ、ここらカリフォルニアの鉱山ではズボンがぼろと化すことを発見し、持参した丈夫な布地によりよい行く手をつけてやろうと決心する。日除けや野営テントを売るのではない。売るのはズボン、荒くれズボン、河や地下道で採掘という荒くれ仕事に就く荒くれ男向け。縫い目が弾けないように銅の鋲を打ち補強する。後部の腰回り下に革の銘札をつけ、レビはその名を捺印する。

間もなく西部じゅうのカウボーイが、ニーム産の青い綾織り仕立て、陽差しにも年月にもくたびれないこのズボンを愛用する。

(113)

開発の道　1850——サン・フランシスコ

カリフォルニアの鉱山に一攫千金の幸運を求め、チリ人ペレス＝ロサレスが行く。サン・フランシスコまで幾里もないというところでは、食べるものなら何であれ、お伽話のような値でも買い手がつくと知り、虫の湧いた干肉《タサホ》を幾袋か、甘いものを幾壺か仕入れ、小舟を一隻買い入れる。今しも波止場から離れようというとき、税官吏が彼の頭に銃を突きつける——

——そこで止まれ。

この小舟は米国のいかなる河を航行することもまかりならぬ、なぜなら国外で建造されており竜骨に米国産木材を用いていないからである。

米国はその初代大統領の時代から、国内市場を防衛する。イングランドに棉花を供給しながら、イングランド綿布はもちろん、自国産業に害を及ぼし得る製品とあらばことごとく、関税によってその立ち入りを阻む。南部諸州の農園主たちは、質はずっと上等でしかもずっと安価なイングランド製衣料を欲しがり、また、生まれたてにあてがうおしめから故人の経帷子に至るまで、北部の織物業者は高いばかりで冴えない自前の織布を押しつける、と文句を垂れる。（162、256）

低開発の道——ドミンゴ・ファウスティノ・サルミエントの思想

1850——ブエノス・アイレス

我々は産業人でも航海人でもないが、我らの原材料と引き換えに、欧州は何世紀にも互り我らにその機械仕掛けを提供してくれよう。（310）

世紀半ばのブエノス・アイレスとモンテビデオ　1850——ラ・プラタ河

フランス学士院の肘掛け椅子からラ・プラタ河の波止場へと、詩人グザヴィエ・マルミエが流れ着く。欧州列強諸国はロサスと合意にこぎつけた。既にブエノス・アイレスの封鎖は返上されている。マルミエはペルー通りを往き来するにつけ、ヴィヴィアンヌ通りを歩いているものと錯覚する。店先のウィンドウにはリヨンの絹に『モード《ジュルナル・ドゥ・モード》誌』、デュマやサンドーの小説、ミュッセの詩が並ぶ。だが市会《カビルド》の門の影さすところ、軍服姿の黒人たちが裸足でぶらつき、舗装の上に一牧童《ガウチョ》の速足《トロット》が響き渡る。

牧童たるもの、ナイフの刀身に口づけし、無垢の聖母《インマクラダ》に誓いを立ててからでなければ、人を慰みものにしたりはしない、と誰かがマルミエに講釈する。そしてもし死者が人望ある者ならば、首搔き人は死者をその馬の背に乗せ、騎上の人として墓地入りできるよう馬具に縛りつけてやるのだと。その先、町はずれの広場でマルミエが見出すのは荷車つまりパンパの舟、内陸地から皮革と小麦をもたらし、帰りにはル・アーヴルやリヴァプールから到来ものの毛織物や酒類を運び去る。

詩人は河を渡る。七年来モンテビデオは背後を封じられ、オリベ将軍率いる牧童軍に悩まされてきたものの、海と一体の河に面し、フランス船が波止場に金品を落としていってくれるお陰で食いつなぐ。

モンテビデオのある新聞は『フランスの愛国者《ル・パトリオト・フランセ》』と題され、なるほど人口の大半はフランス人である。ロサスの政敵たちの隠れ家では、とマルミエは書き留める、金持ちは貧乏人と化し、誰もが正気を失った。黄金一オンスをはたいて恋人の流れる髪に挿す椿一輪を得る伊達男、片や女主人は家を訪ねる客人に、銀とルビーとエメラルドの環で括ったひともとの忍冬《すいかずら》を献呈する。モンテビデオの淑女たちにとっては前衛派と保守派の女の闘いこそ、ウルグアイ農民を向こうに回した本物の殺し戦《いくさ》より大切とみえる。前衛派は髪を短く刈り上げ、保守派はこんもり巻き毛が御自慢である。(196)

デュマ　1850——パリ

アレクサンドル・デュマは上等のバティスト布の袖口をたくし上げ、羽根ペンの動きもひと息に『モンテビデオもしくはトロイふたたび』の雄々しき詩葉を綴り出す。

幻想癖と大食いを習い性とする小説家は、想像力の達人ぶりが如何なく発揮されたこの輝かしい手柄に五千フランの値を付ける。モンテビデオの取るに足らない丘を山と呼び、外国商人がガウチョ騎士道相手に仕掛ける戦いをギリシャの偉業に仕立て替え。モンテビデオを賭けて争うジュゼッペ・ガリバルディの軍勢は、その先頭にウルグアイの旗ではなく、黒地に髑髏、交差した脛骨という古典的な海賊旗を捧げ持つ。ところが注文を受けてデュマがものす小説には、ほとんどフランス人のものに等しいこの都市を守る、殉難者か傑物しか登場しない。(101)

四歳のロートレアモン
1850——モンテビデオ

モンテビデオの港にイジドール・デュカスは生まれた。堡塁を二重にめぐらせた壁が、包囲された都市を野から分かつ。イジドールは耳を聾する砲撃音に呆然とし、死にかけの人間たちが馬からだらりとぶら下がったまま通り過ぎるのを見て育つ。

その靴は海へと歩む。砂に踏ん張り、顔に風を受けながら、彼は海に問う、バイオリンから奏でられた調べはその後どこへ行くのか、夜がやって来ると太陽はどこへ行くのか、そして死者はどこへ行くのかと。イジドールは海に問う。母なる人、彼が思い出すこともできず、その名を口にすべきでもなく、思い浮かべる術もないあの女性はどこへ行ったのか。他の死者たちが彼女を墓地から叩き出したと、そんなことを彼に耳打ちする輩があったのだ。あれほど会話好きな海は何も応えず、子供は峡谷を逃げ上り、泣きながら力一杯巨木を抱き締める。倒れることのないように。(181)

もの言う十字架

1850——チャン・サンタ・クルス

三年の永きに亙るユカタンのインディオ戦争。死者は十五万、逃亡者は十万を越える。人口は半分に落ち込んだ。

叛乱隊長のひとり、メスティソのホセ・マリア・バレラは、インディオたちを密林《セルバ》の中でもとりわけ人里離れた遠い洞窟まで率いてゆく。そこでは、ひときわ丈の高いマホガニーの影に、泉が冷たい水をふるまう。そのマホガニーから、小さな話す十字架が生まれた。

十字架は、マヤ語で言う——

——ユカタンの起つ時ぞ来ぬ。この身はいっときごとにくずれ落ち、山刀《マチェテ》を振り下ろされ、短刀を突き立てられ、棒切れを突き入れられゆく。我が愛するインディオたちを請け戻すべく、この身はユカタンをめぐり歩く……

十字架は指ほどの寸法。インディオたちは彼女に着物を着せてやる。ウィピルと腰布を着せ、色とりどりの糸で飾る。彼女は散り散りの者たちをまとめ上げるのだ。

1851——ラタクンガ

《さすらい歩き、身は裸……》

——メディア人やらペルシア人、エジプト人のことを考える代わりにインディオのことを考えようではないか。我々にはオヴィディウスよりひとりのインディオを理解することが重大である。インディオとともに貴殿の学校を興し給え、校長殿。

シモン・ロドリゲスはエクアドルのラタクンガ村で学校に助言を申し出る——ラテン語の代わりにケチュア語の講座を置き、神学の代わりに物理学を教えること。学校が陶磁器工房とガラス工房を設けること。左官、大工、鍛冶業の修練所を導入すること。

太平洋沿いの浜辺を、アンデスの山々を、村から村へドン・シモンは巡礼する。木でありたいと思ったことはついぞなく、彼は風となることを願った。アメリカの道あるところ、埃を巻き上げ巻き上げ四半世紀。スクレがチュキサカから彼を放逐して以来、学校と蠟燭工場を山のように建て、著書を二冊ばかり出版したが、読んだ者はいなかった。著書は彼が手ずから一字一字組み上げたが、それというのもこれほどたくさんの角括弧やら一覧表の類を扱える植字工はいないからである。禿げ上がり醜く太鼓腹、すっかり陽に灼けさらされ年季の入ったこの流れ者は、資金にも読者にも全く事欠き、お蔵入りを宣告された原稿の詰まった旅行鞄を背負って回る。着替えは荷物の中にない。着たきり雀である。

ボリバルは彼に対して我が師、我がソクラテスと言ったものだ。彼にこう言ったのだ——偉大なるもの、美しいものへと向かう我が心は、あなたによって形造られたのです。変人ロドリゲスがその長広舌をここイスパノアメリカ一帯の抱える悲劇的運命について振るうとき、人々は歯を食いしばって笑いを噛み殺す。

——わしらは目が見えておらん！　見えておらん！

彼の言に耳を傾ける者、その言を信ずる者は皆無に近い。巷にはユダヤ教徒とみなされる、何しろ行く先々で子供をこしらえ歩き、聖人の名前ではなくとうもろこし《チョクロ》だの瓢箪《サパジョ》だの人参《サナオリア》だの異端丸出しの名前を洗礼名につけるときているのだから。姓を三度も変え、カラカス生まれと言ってみたり、フィラデルフィアやサンルカル・デ・バラメダ生まれとも言ってみせる。何でも彼が開いた学校のうち、チリのコンセプシオンにある学校は、人体の成り立ちを教えるのに生徒の前を素裸でぶらついて見せるドン・シモンに気づいた神が地震を遣わされ、見る影もなく潰れたと専らの噂。

日ごと孤立を深めるドン・シモン。アメリカの思索家たちのうち最も大胆にして最も愛されてよい人は、日ごとますます孤立する。

齢八十にして、こう記す——

——小生、地上を万人のための楽園にせんと期す。地上は己れのための地獄と化せり。

シモン・ロドリゲスの思想——
《自力で編み出すか途方に暮れるか》

見よヨーロッパがいかに発明し、見よアメリカがいかに模倣するかを！

港に船が満つるを見、家々が商品倉庫と化すのを見て繁栄と取る者あり、その船も商品も……よそものなれど。日々出来合い服や、あまつさえインディオ用の帽子までもが船荷で届く。間もなく、王室の紋章が入った黄金色の小包も山とお目見えしよう、土を食べ慣れた若者向けに《新たな手法により》調合されたフーラー土を詰めて。

女たちはフランス語で告解すると！　宣教師たチはカスティリャ語デ罪お赦免しいい！

アメリカは卑屈に模倣すべからず、アメリカらしくあれ。

欧州の叡知と米国の繁栄とは、アメリカにおいて思考の自由を妨げる二大敵なり。新生共和国群はお墨付きなきものは何も認めたがらず……。かかる国々の政治家たちはその社会体制を築くに理性のみに諮問し、その理性を彼らは己れの土壌に見出したのだ。すべてを模倣しようとするのなら、その独創性を模倣するがよい！

どこに手本を求めようというのか？　独立はしたものの我らは自由ならず。地表の主ではあれども我ら自身の主にはあらず。
歴史を繙かん――そしていまだ書かれざるところは各人がその記憶の裡に読み取るべし。(285)

先駆者たち

1851――ラ・セレナ

不遇とは、思考の術を知らず、また苦悩以外の想い出を記憶に残す術を知らぬこと、こうフランシスコ・ビルバオは述べ、また人間による人間の搾取は人間に人間となる隙を与えず、とも言う。世間は何でもできる者たちと何でもする者たちとに分かれる。森《モンテ》の下に埋葬された巨人チリが甦るには、宮殿を建設する者に宿をあてがわず、最高級の衣服を織る者にぼろを着せる体制と手を切らねばならない。

チリにおける社会主義の先駆者たちは、齢三十にも達していなかった。フランシスコ・ビルバオとサンティアゴ・アルコス、燕尾服で決め教養はパリ仕込みの若者二人が己れの階級を裏切った。連帯心ある社会を求め、この年一年を通じ、保守派《ペルコネス》と修道士と私有財産とに反対する軍事叛乱や民衆蜂起が、手を変え品を変え全国を暴れ回った。

大晦日、ラ・セレナの市《まち》に陣取る革命派最後の要塞が陥落する。アカたちはばさばさと銃殺隊の前に斃れる。いつぞや女装して難を免れたビルバオが、今回は屋根伝いに逃げ、僧服にミサ書を携え亡命の

途につく。(39)

《独立は貧しき者に何を意味したか？》

チリ人サンティアゴ・アルコスは獄房から自問する

1852——サンティアゴ・デ・チレ

独立以来、政府は終始一貫今日までも富裕な者たちの手にある。貧しき者たちは兵士つまりは国の守り手となり、その主人《パトロン》の言いなりに投票し、土地を耕し、灌漑を敷設し、鉱山を掘り進み、国を牽引し育て依然として一レアル半の稼ぎに甘んじ、鞭打たれ、手足を繋がれ……。貧者は、チャカブコやマイプで国王の軍勢めがけ突進した馬たち程度に、独立の栄光を味わった。(306)

チリの民は天国の栄光を詠頌す

聖ペドロ、我らが守護者《パトロン》の御命令
とうもろこし酒《チチャ》と葡萄酒を探して来い

塩漬け豚肉《トシノ》の包み焼やら
パイ種《サルピコン》用の豚のあんよ
頭がくらくらするポンチ
深かご一杯のトルティジャ
天上の御殿に遊ぶ
ちびちゃんたちが一人残らず
にこにこらんらん
お腹を空かせることのないように

そろそろ佳境を過ぎる頃
聖アントニオがのたもうた——
《どうした、いったい何事だ、
お楽しみはいま真っ盛り！
他の連中がするように
わしも羽目をはずしてしまえ
聖クララ様にはそうっとそうっと
ケープをかぶっていただこう

誰にも気づかれないように
ケープをそうっとかけるだけ》

手相　1852——メンドサ

アルゼンチンでは祭壇の小天使たちまで赤い腕章《コロラダ》を帯びる。拒む者は独裁者の怒りを買う。ロサスの数ある政敵の例にもれず、フェデリコ・マジェル＝アルノルド博士は流謫と投獄の憂き目を見た。

つい先立《せん》って、ブエノス・アイレスのこの若き教授殿は、サンティアゴ・デ・チレにて一冊の書を上梓した。フランス語に英語、ラテン語の引用に飾られたその本は、次のように始まる——ほんの二十二年間！　三つもの都市の懐から私は追われ、四つの獄の懐に迎えられた。然れども私は自己の思想を専制者の鼻先へ心おきなく投げつけてきた！　再び私は我が理念を世界に放ち、運命の引き連れて来るところを恐れずに待つ。

二ヵ月後、角を曲がったところで、フェデリコ・マジェル＝アルノルド博士は血の海にくずおれる。だがそれは暴君の命によるものではない——フェデリコの姑ドニャ・マリア、心がけの悪いメンドサ女がナイフ使いの男たちを雇ったのだ。彼女は婿に止めを刺してくれるよう依頼した、だって性に合わないのですもの、あの男。

(14) イエズス会士たちの宝物　1853——ラ・クルス

彼女は知っている。だからこそ、毎朝ミサへの道すがら、彼女の背後を鴉がパタパタと追いかけ、教会の入口で待ち構えているのだ。

暫く前に百歳の誕生日を迎えた。棺桶に片足を突っ込んだら秘密を口にするだろう。さもなければ彼女には天罰が下るはず。

——いまから三日先に——と約束する。

そして三日経つと——

——来月じゃ。

その月になると——

——明日のお楽しみ。

周囲にうるさく責め立らられると、彼女は目をきょとんとさせ、まごついた風を見せるか、こんなに長生きするなんて何かの冗談とでもいうように、手足をばたつかせて笑いこける。

ラ・クルスの衆はひとり残らず知っている。彼女が知っている、ということを。ミシオネスの森深く、宝物を埋めるイエズス会士たちを手伝ったのは、ものごころつくかつかないかの齢だったが、しかし彼女は忘れてはいなかった。

一度、彼女の留守をよいことに、隣人たちは日がな彼女が座り込んでいる古ぼけた長持を開けてみた。中には黄金の金貨《オンサ》のざくざく詰まった袋、などなかった。長持の中に見つかったのは、彼女のもうけた十一子の、干からびた臍の緒であった。

さて末期の苦しみが訪れる。村じゅうが寝台の足許に。彼女は何か言いたげに、魚よろしく口をぱくぱく。

キリスト教徒の誉れを守り通して死す。あの秘密とは、彼女の生涯ただひとつの持ちものであり、他に明かすことなく出立する。

三人　1853――パイタ

もはや女隊長の身なりはせず、拳銃を撃つことも馬にまたがることもない。両の脚は歩いてくれず、全身から余分な肉がはみ出る。だが不具をかばう椅子も彼女が座せば玉座の如く、世界一美しい手をもってオレンジやグアヤバの皮を剝く。

素焼きの壺に囲まれ、マヌエラ・サエンスは仄暗い自宅の門口に鎮座する。遥か彼方、死の色をした丘の間《ま》に間《ま》に、パイタ湾が広がる。ここペルーの港に流された身のマヌエラは、菓子や果物の砂糖漬をこしらえ糊口をしのぐ。船が買いに立ち寄る。このあたりの海岸線では、彼女の手料理が大そうな評判になっている。たったひとさじ味わいたくて、鯨とりの男たちは溜息をつく。

夜の帳が下りると、マヌエラは野良犬たちに残り物を放って遊ぶが、犬にはボリバルに不実を働いた将軍たちの名を授けてあった。サンタンデル、パエス、コルドバ、ラマルそしてサンタ＝クルスが骨を奪い合う間、彼女は満月のような顔を輝かせ、歯のない口に扇をかざし、笑いに身を任す。全身が笑うので、夥しいレース飾りが揺れる。

アモタペの村から、時折旧友がやって来る。健脚の人シモン・ロドリゲスはマヌエラの脇の揺り椅子に腰かけ、二人は煙草をくゆらせ、お喋りに興じ、そして黙す。ボリバルが誰よりも慕った二人、その師その愛人は、話の中に英雄の名が割り込みかけると、話題を変える。

ドン・シモンが辞すると、マヌエラは銀の宝石箱を持って来させる。胸元に隠した鍵で箱を開け、ボリバルがただひとりの女性に宛て書き送った数多の手紙を愛しむ。すっかり古びた便箋にはいまだ読める――おまえに会いたい、何度でも会いたい、おまえに触れ、おまえを感じ、おまえを味わいつくしたい……。それから鏡を頼むと、長々と髪を梳き下ろす、もしや夢に彼が訪れるかと。


(295、298、343)

ある証人の語る、シモン・ロドリゲスの辞世の仕儀　1854——アモタペ

ドン・シモンはおまけにアモタペの司祭が入って来るのを見なさると、寝台の上に身を起こして座り、ひとつしかない椅子を司祭に勧め、何やら唯物論の講話めいたものを始めなさった。司祭はただただ呆気に取られ、その話を止めようと何とか二言三言発するのが精一杯……。

(298)

ホイットマン　1855——ニュー・ヨーク

出版者に事欠き、詩人は『草の葉』の編集に自腹を切る。

民主主義の神学者ウォルド・エマーソンはこの書を祝福するが、新聞雑誌はやれ平凡だ猥褻だと攻撃する。

ウォルト・ホイットマンの壮大なる哀歌にあっては群衆と機械とが咆哮する。詩人は神と罪人《つみびと》たちを

抱擁し、インディオとインディオ殲滅にあたった開拓者たちを抱擁し、奴隷と主人を抱擁し、処刑される者と処刑する者を抱擁する。こと犯罪なるものは、筋骨隆々と威圧的な新世界アメリカが振りまく恍惚感のうちに贖われる。過去に対して払うべき借りなどあるはずもなく、この進歩の風は男を男の同志となし、男にたくましさと美とをいやというほど降りかからせる。（358）

1855――ニュー・ヨーク
メルヴィル

ひげもじゃの航海者は読者のいない作家である。四年前、白い鯨を追って世界の海をへめぐる船長の物語、悪を追い求める血に飢えた銛《もり》の話を出版したが、誰もまともな注意を払わなかった。

このところの戦勝気分に包まれ、膨張真只中のここ米国の地では、ハーマン・メルヴィルの声は調子はずれ。その著書は、文明への不信感を露わにする。文明は野性に魔物の役回りをあてがい、その役をこなすよう強制する――ちょうどエイハブ船長が見はるかす大海原でモビー・ディックにそうしたように。その著書はまた、一部の人間、選民と信じ込んでいる人間たちが他人に押しつける、唯一にしてお仕着せの真実を拒絶する。その著書は、同じ無の二つの影にすぎぬ悪徳と美徳とを疑い、太陽こそ唯一信頼するに足る灯火であることを教える。（211、328）

《おまえたちは己れの汚物に息詰まらせて死ぬがよい》とは

インディオの長《おさ》シアトルの警告　1855——ワシントン准州

大地は白人の同胞ならず、その敵なり。白人は大地を征服してより、その道を進む。だがあらゆることどもはつながっている。大地に降りかかることは、大地の子たちに降りかかる……。

都市の喧騒がこの耳をののしる……。

大気は赤肌の人にとりかけがえのないもの。なぜなら我々は皆、同じ呼気を分かち合う——獣たちも木々も人々も。幾日かが過ぎれば、死の床にある者も自らの身体が発する異臭を感じはしない……。

残る日々をどこで過ごそうと、我々にとってさしたることではない。しょせん長くはないのだ。もう幾時間か、幾冬かというだけのこと。白人たちもまた過ぎゆくことよ。おそらくは他の部族よりも先に。おまえたちは自分の寝床を汚し続け、そしてある晩、己れの汚物に息詰まらせて死ぬがよい。(229)

極西《ファー・ウェスト》

果たして誰か、老いたる長シアトルの言に耳を傾けるだろうか？　インディオたちはバッファローやヘラ鹿同様、地獄に堕ちる運命の者。銃に撃たれて死ぬのでなければ飢えか愁いが命とり。居留地にあってやつれゆきながら、老いたる長シアトルはその地から、簒奪と皆殺しについてひとりごち、木々の樹液に乗って回り回る彼の民の記憶について、とりとめもなく語る。

コルト銃が唸る。太陽のように、白人開拓者たちは西へと進む。金剛石の放つ一条の光が山地から彼らを導く。約束の地に犂を入れて豊穣の地とする者は若返る。サボテンとインディオと蛇が住みついていた寂寞の地に、通りや家々があれよという間に生え揃う。その気候ときたら、噂によれば極めて、ともかく極めて健康的であるため、墓地を開所式へ持ち込むには一発誰かをくたばらせるほか手はないというくらい。

育ち盛りの資本主義は猪突猛進の大喰《ぐら》い、その手に触れるものは姿を変える。森が存在するのは斧がこれを伐き倒すため、砂漠は鉄道を通すため。河は砂金が見つかればこそ、山は石炭や鉄を擁すればこそ、価値を持つ。誰も歩かない。誰もが走る。急ぎ、急がされて。ここかしこを渡り歩く富と権力の影を追い、誰もが走る。空間は時間に組み伏せられるために存在し、時間は進歩によって祭壇に供せらるべきものとして在る。

（218）

ウォーカー

1856——グラナダ

テネシーの生んだこの息子、即座に銃殺しては、墓碑銘もつけず土を被せる。その目は灰の目。笑いもせず酒も飲まない。食事をするのはお義理にすぎない。聾唖の恋人が死んでから、女は目に入らず、神こそが信ずるに足るただひとりの友。神に約束された男《プレデスティナド》と呼ばせる。黒を着る。触《さわ》られることを忌み嫌う。

ウィリアム・ウォーカー、南部の殿方は、自らニカラグア大統領の名乗りを上げる。緋毛氈がグラナダのマヨル広場を覆う。トランペットは陽に煌めく。楽隊が米軍の行進曲を奏でるなか、ウォーカーは足を踏んばり、片手を聖書に添えて誓いを立てる。礼砲二十一発の挨拶を受ける。英語で演説をぶち、それから水のグラスを高く差し上げ、米国大統領、すなわち同国人にして敬愛する同僚のために乾杯する。米国大使ジョン・ウィーラーはウォーカーをクリストバル・コロンになぞらえる。

ウォーカーは昨年、不死身の重装歩兵隊《ファランヘ・デ・ロス・インモルタレス》を率いてニカラグアへ到来した。我が軍勢の、帝王の風格湛える進軍に刃向かう者は誰あろう、ことごとくその死を命ぜん。肉に庖丁を入れる如く、サン・フランシスコやニュー・オーリンズの波止場で集められた山師《フィリブステロ》たちが切り込んだ。

ニカラグアの新大統領は、中米で三十年以上も前に廃止された奴隷制を復活させ、黒人売買、奴隷身分、強制労働を移植し直す。英語をニカラグアの公用語とする政令を発し、白い米国人がこの地にやって来たいと言うなら、土地と人手とを提供する。

(154、253、314)

1856──グラナダ

かつてありき

五つとも、さもなくばひとつも要らん《ファイブ・オア・ナン》。ニカラグアなどけちな話。ウィリアム・ウォーカーは中米全土を征覇するつもりだった。

モラサンの祖国からほころびた五片の切れ端は、海賊を向こうに一致団結、敵軍を粉砕する。米国人多数をこの人民戦争が殺め、人を皺くちゃにし、血の気を奪い、早技で討ち取る性悪コレラがさらにたっぷり殺してくれる。

奴隷制の救済者《メシア》は敗北にうちひしがれ、ニカラグア湖を渡る。彼を追いかけるのはアヒルの群れに、疫病をばらまく蝿の塊。

米国へ戻る前にグラナダの都を罰せねば、とウォーカーは決意する。あの都の一切合財生かしておくまい。住民であろうが、素焼き瓦の家並であろうが、砂地にオレンジの植わる並木道であろうが。

空高く炎の背が伸びる。

跡形もなく壊れた波止場の桁下に突き刺さる一本の槍。あたかもうらぶれた旗のように、槍から革の端切れが下がる。赤く刻まれた文字は英語でこう読める――ここにグラナダかつてありき。(154、314)

ウォーカー――《奴隷制擁護の弁》

アメリカ文明の敵は――奴隷制の敵がまさにかくあるからこそ――アメリカ文明の友よりも抜かりなさそうに見える。

ニカラグアの大地の下に眠る勇士たちを記念して、南部は何かをすべきである。奴隷制擁護のためにあれらの者たちは家庭を捨て、危険な熱帯気候に冷静かつ粘り強く耐え、遂には命を投げうった……。もし未だ南部に反奴隷制派の兵士どもと闘い続ける気概があるならば――誰がそれを疑おう?――その妨げとなっている睡魔を振り払い、再び闘争に備えよ。

真に奴隷制を実践すべき場は熱帯アメリカ。そこには奴隷制帝国の素地が自然に備わっており、その発展にはただ努力のみで事足りる……。

(356)

1858——ヒーラ河の水源地

アパッチ人の聖地

ここアリゾナの、そそり立つ岩々の間、河の生まれ出る谷に、三十年前ジェロニモを温かく包んだ木がある。彼は母の腹から顔を出したばかりでマントにくるまれた。マントは一本の枝に吊るされた。風が幼子を揺する傍ら、ある年老いた声が木に囁いた——

——おまえが幾度《いくたび》も実を結ぶのを見届けられるよう、この子が大きく元気に育たんことを。

この木は世界の中心にある。その影に立てば、ジェロニモが北を南と、悪を善と取り違えることは決してない。

周囲にはアパッチ人の広大なくにが開ける。彼らの始祖、嵐の息子が、光の敵どもをうち負かした鷲の羽毛を身にまとって以来、彼らはこの無骨な土地に住む。ここでなら狩りの獲物にも、病人を癒す草々にも、死してのちに横たわる岩の洞穴にも、決して困ることはなかった。

数人の見慣れぬ男が馬に乗り、長い縄とたくさんの杖を抱えてやって来た。彼らは失血したかのような皮膚をし、聞いたこともない言葉を話す。大地に色とりどりの標を突き立て、白いメダルに向かって問いを発すると、それは一本の針を動かして答える。

この男たちがアパッチ人の土地を売るべく測量にやって来たことを、ジェロニモは知らない。

(24、91)

1858——カスキエ

ジェロニモ

アパッチ人はソノラとカサス・グランデスの間に位置する南の地、カスキエの市場へ、武器も持たず、バッファローや鹿の皮を食糧と交換しに出かけていた。メヒコ兵たちが彼らの野営地を荒らし、馬を連れ去ってしまった。死者のうちには、ジェロニモの母と妻、そして三人の子供たちの亡骸もあった。

仲間たちが寄り集い、無念にも決を採るあいだ、ジェロニモは何も言わない——彼らは包囲され、丸腰の身、残された道は立ち去ることのみ。

河辺に腰を下ろし、微動だにせず、長《おさ》マンガス・コロラダスの後を追い彼の民が去りゆくのを眺めやる。死者たちはここに留まる。遂に、ジェロニモも発つ、後ろを振り返りながらも。退却するアパッチ人のさやかな足音をぎりぎり聴き取ることのできる距離をおいて、彼の民を追う。

北へ向かう長旅の間、口を開かない。彼らの里へ着くと、皮でできた自分の家を、母親の家を、自分の物、妻の物、母の持ち物をことごとく燃やし、子供たちの遊び道具を燃やす。そうして、炎に背を向け、首をそらすと戦唄《いくさうた》を歌う。(24)

死よ、死すがよい　1858――サン・ボルハ

痛みに苛まれるその肉体は、アメリカの地と混じり合うことを欲していた。エメ・ボンプランは悟っていた、フンボルトともどもカリブ海岸に上陸した遠いあの日から、彼女《アメリカ》の懐に留まり続けて彼女の裡に果てることになろう、と。

泥と藁造りの農家《ランチョ》で、ボンプランは従容と己れの死を死す。星々は死なず、蟻も人も次々生まれ来ることをやめず、クローバーは再び生え揃い、枝々にはオレンジあるいは太陽が再び実ると知りつつ。また、ひょろりとした脚の上に立ち上がったばかりの子馬は、乳房を求めて首を伸ばすということも。年経りた肉体は眠りにつく時間の来た子供がおやすみを言うように、この世に別れを告げる。

その後《のち》、酔っ払いが遺体に短刀を突き刺す。だが、人間というもののいかにも悪意に満ちたこの愚行は瑣末なことがらにすぎない。

ユカタンの叛徒たちの祭祀所

1860――チャン・サンタ・クルス

――我が父は我を富者の許に置かず、将軍たちの許にも、金を持つ者たちの許にも、金を持つと称する者たちの許にも置かず――ユカタンの地に、十字架《ラス・クルセス》の聖母、泉のほとりのマホガニーから湧き出でた聖母がこう告知していた。そして兵士たちが斧を振るってマホガニーを伐り倒し、インディオたちに着衣を施された小さな十字架に火をかけたとき、既に彼女は娘たちをもうけていた。十字架から十字架へ、御言葉は生き残った――

――貧者の許へ、我が父は我を置きたまえり、我もまた貧者なれば。

十字架の周りに、幾つもの十字架の周りに、ユカタンの密林《セルバ》に決起するマヤ人たちの大聖殿、チャン・サンタ・クルスが育った。

アセレト大佐率いる遠征隊の兵士たちは、抵抗を見ることなく入り込む。ひとりのインディオにも出くわさず、呆気に取られる――マヤ人は、堅固な壁と高い穹窿から成る壮大な教会、つまりは神の家、神なる豹《ディオス－ティグレ》の家を建てており、塔にはバカラルからもぎ取ってきた鐘々が揺れる。

人影のない聖都では、何もかもが不安の種となる。水筒の水が底を尽きかけていてもアセレト大佐は井戸の水を飲んではならないと命ずる。六年前のこと、別の兵士たちが井戸に口をつけ、吐いては死ぬのを尻目に、インディオたちは森から、水はうまいかと尋ねたのだった。

兵士たちは待ち、待つことに苛立ち、日を繰ってゆく。そうこうするうち百の村々、千のとうもろこし畑《ミルパ》からインディオたちが馳せつける。銃一丁か山刀《マチェテ》をひと振り、それにとうもろこし粉の入った小袋を携えて。生い茂る緑の中に兵力を集め、アセレト大佐が退却を決めると、ひと吹きで彼の部隊を追い払う。

無傷のまま捕虜となった楽隊は、子供たちに音楽を教え、またマヤの神々に囲まれて生き永らえ語る十字架のまします教会で、ポルカを奏でる。その教会にあっては、人々がとうもろこしのトルティジャと蜂蜜をもって聖体拝領に代え、年に一度、十字架の言《ことば》の媒介者と戦の首長たちを選び出す。選ばれし者たちは黄金の耳飾りを装うが、皆と変わりなくとうもろこしを育てる。

（273、274）

万事休すの詩人

1860――ラ・アバナ

線路一キロごとに十三名を死なせてキューバに建設された鉄道は、グイネスの野からハバナ港まで砂糖を運ぶが、死んだのはアフリカ人、アイルランド人、カナリア人、マカオの中国人、遠路はるばる奴隷商人に連れてこられた奴隷もしくは赤貧の日雇い労働者――そして砂糖ブームはいよいよ多くを要求する。

今を去ること十年前、ユカタンからキューバへ、マヤ人奴隷の初荷が届いた。戦争捕虜のインディオ百四十名が、ひとり頭二十五ペソで売られた。ただし子供はただである。その後メヒコ大統領サンタ＝アナが奴隷売買の独占権をマヌエル・マリア・ヒメネス大佐に与え、男百六十ペソ、女は百二十、子供は八十ペソと価格が吊り上がった。マヤ戦争はうち続き、これに伴いキューバから借り入れる金と銃の流れも続く――ユカタン政府は売却された奴隷ごとに税を徴収し、かくして対インディオ戦争はインディオをもって贖われる。

スペインの詩人ホセ・ソリリャは、キューバへ持って行って売ろうと、カンペチェ港でインディオの一団を買い入れた。準備万端さあ出港というとき、ハバナでは黄熱病が彼の相棒にして出資者であるシプリアノ・デ・ラス・カヒガスを討ち、さて『ドン・フアン・テノリオ』の作者は、あるコーヒー園で詩を綴っては我と我が身を慰める。

（222、273）

1861──ラ・アバナ

砂糖の腕

　間もなくハバナの都はその詩芸の競宴を開催する。学芸協会《アテネオ》の知識人たちが、これぞというお題を出す──彼らは、文芸を競うこの会を、スペインに新品奴隷六万を要請するお墨付きの場としたいのだ。かくして詩人たちは黒人輸入計画を後押しすることになるのだが、既にこの計画は『海洋日報《ディアリオ・デ・ラ・マリナ》』の支持、そして聴聞院《アウディエンシア》検事から合法との祝福をとりつけてある。

　砂糖には腕が不足している。マリエル、コヒマル、バタバノの浜辺から密輸入される黒人の数はたかが知れている上に高くつく。製糖場《インヘニオ》の主三名がこのたびの計画を練ったのだが、それはキューバが疲弊荒廃の裡に沈んでいるがためであり、その痛々しき呻きに耳を留め、どうか黒人を調達されんことを、温和で忠実な奴隷たちにこそキューバはその経済的繁栄を負っているのであります、とスペイン当局に泣きつく。連中をアフリカから連れて来るのは容易なこと、そう太鼓判を押して──スペイン船の到着を目にすれば、連中は大喜びで走り寄ってくるでありましょう。

（222、240）

砂糖の言葉

ハバナの格子窓は鉄製の渦巻き模様を、円柱は漆喰の巻貝を自慢し、内扉には寄せ木作り、ステンドグラスは孔雀の尾。博士様やら修道士様たちの語法は絢爛豪華なアラベスク。詩人たちは未踏の韻を、散文の書き手は幾重にも響く形容詞を追い求める。弁士たちは論点を、ここかと思えばまたあそこ、逃げ回る本題を追いかける――論点は副詞や括弧の陰からそっと顔を覗かせ、弁士は論点めがけて次から次へ言葉を繰り出す。何とか論点に追いつこうと演説は手を伸ばすが、論点はきまってさらなる彼方へ逃げおおせ、かくして追跡は無限に続く。

一方、出納帳簿は無愛想な口ぶりで現実を語る。キューバ全土の製糖場《インヘニオ》では、黒人奴隷の出生ないし購入はいちいち動産収入として登録され、年三パーセントの減価が見込まれている。男ひとりの病気は機械のバルブひとつに欠陥が見つかったのと同じ意味を持ち、ひとつの命の終わりは家畜一頭の損失として扱われる――屠殺に処した牛は雄。カポックノキから落ち雌豚一頭頓死。黒人ドミンゴ・モンドンゴ死亡。

灰色組　対　青色組

1861——ブル・ラン

ワシントン市の近郊に南北戦争の緒戦が起こる。並み居る観衆が馬車に乗り、あるいは馬の背に揺られ、見物に詰めかけていた。血が流れ始めるや否や、恐慌状態に陥った群衆は叫び声を上げ、めったやたらに馬を走らせ、蜘蛛の子散らす勢いで逃げ去る。そして程なく首都の辻々は、手足を欠いた者たち、息絶え絶えの者たちで埋まる。

ここに至るまで、対立する二つの国が、合州国の地図と旗と名とを分け合っていた。とある南部の新聞は、エイブラハム・リンカーンが選挙を勝ち抜いたと外国消息面に報じた。ひと月のうちに南部諸州は別の国を旗揚げし、戦争へと突入した。

新大統領リンカーンは北部の理想を体現する。選挙戦を通じ、国の半身が自由、半身が奴隷であり続けることはできないと公言し、大土地所有《ラティフンディオ》に代わる農場と、欧州の工業力に抗すべく関税を引き上げることを約した。

北と南——ふたつの空間、ふたつの時間。北では工場生産が既に畑を上回り、電信、ミシンに刈り入れ機やら、息つく間もなくひねり出し、ここかしこに新しい都市がお目見え、ニュー・ヨークは人口百万、新たな祖国を求め必死の欧州人でぎゅう詰めになった船は、もはや埠頭に収まり切らない。南は血統と郷愁、タバコ畑、広大な棉花農場《プランテーション》の地——ランカシャーかマンチェスター、イングランドの紡績工場向けに原料品を生産し続ける四百万の黒人奴隷、妹の汚された名誉やら芳しき家名を賭けて決闘三昧の紳士方、淑女たちは花咲く野を幌付馬車に乗って散策し、黄昏どきには大邸宅のベランダで気を失う。（70）

戦争のコンテ　１８６２——フレデリクスバーグ

壁にもたれかかり、地べたに脚を組み、ひとりの若い兵士は視線をさまよわせる。数カ月伸び放題の鬚が軍服の開いた襟に圧《の》しかかる。兵士の片手はその膝に眠る犬の頭を優しく撫でる。

ジョン・ゲイザー、ペンシルヴェニア出身の新兵は、戦争が命を呑み込む間にも、自分と戦友たちを描き、また描く。砲撃の合間に掘り進められた墓穴へ向かう道すがら、一瞬のうちにコンテは彼らの姿をつかまえる——ライフルを運ぶ兵士たち、あるいは銃の手入れをする彼ら、配給のビスケットとベーコンを食べる彼ら、または彼らの悲し気な眼差し——悲し気に視線をさまよわせ、おそらくは視線のさらに彼方を見ている。（69）

1863——メヒコ市

《アメリカのアルジェリア》

とはこのたびパリの報道界がつけたメヒコの別名。ナポレオン三世軍は首都と主要諸都市に猛攻をかけ、征服する。

ローマでは教皇が欣喜雀躍。侵略者に駆逐されたベニト・ファアレス政権こそ、神と神がメヒコにお持ちの御領地とを冒瀆した張本人。ファアレスはカトリック教会からその畏き十分の一税と、天の如く果てしない所領《ラティフンディオ》と、国家の情愛溢れる庇護とを取り上げ、つまりは身ぐるみ剝いで放り出していた。

保守派が侵略者に合流する。メヒコ兵二万が助ける三万のフランス兵は、クリミア、アルジェリア、セネガル、と蹴散らしてきたばかり。ナポレオン三世はラテン精神にラテン文化、ラテン人種をぶち上げてメヒコを牛耳り、ついでに莫大にしておよそ現実のものとは思えない借款の返済を迫る。

新入り植民地の世話を引き受けることになるオーストリアのマクシミリアンは、欧州に数多ましまず失業皇太子のひとりだが、お供の奥方はとびきりの美女。

(15)

マルクス　1863――ロンドン

ナポレオン三世はメキシコの件で首を失うこととなるだろう、もしそれまで絞首台に送られていなければ、だが――こう予告するのはロンドンで居候暮らし、賢いが食うや食わずの一預言者である。いずれ世界を変える著作の草稿に、手直しや推敲を加えながらも、カール・マルクスは世界に生起するありったけの事柄を、いささかたりとも見逃さない。書簡に論文に、三代目ナポレオンを帝国のラサリリョ・デ・トルメス、メヒコ侵略を唾棄すべき企てと呼ぶ。イングランドとスペインは、フランスを交え、戦利品よろしくメヒコ領の山分けを狙っている、と告発し、また他国を掠め取って当たり前の国々、高利貸しや商人がその縄張りを広げられるよう、何千何万の人間を平気で屠殺場に送り込む国々を、ひとつ残らず非難する。

マルクスはもはや、先進国の帝国的膨脹が進歩の後進に対する勝利であるとは考えない。対して十五年前のこと、これを機にメヒコ農民はプロレタリア化し、司教や封建領主たちは台座から転落するだろうと信じてエンゲルスが米国のメヒコ侵攻に喝采したときには、そのエンゲルスと意見を異にしてはいなかった。

(129、201)

1865——ラ・パス

ベルス

叛徒となったインディオたちが押し寄せ、権力をベルスに返す。マヌエル・イシドロ・ベルス、またの名をベルス翁《エル・タタ・ベルス》、貧民の仇を討ち、博士どもを懲らしめる鞭たるその人が、群衆の大波に包まれラ・パスへ帰還する。

かれこれ何年か前、その統治下には、どこであれ彼の赴くところ、そのまたがる馬の尻がボリビアの首都となり、彼を相手に四十回以上も軍事クーデタを仕掛けたこの国の掌握者たちは、ついぞ政権転覆に成功しなかった。外国商人たちはベルスに入国を禁じられ、イングランド製ポンチョの侵入からコチャバンバの職人たちを守るその政策に、憎悪の念を募らせた。血管にはインクか水が流れるだけの、チュキサカの似非弁護士たちは彼に怯える。また鉱山貴族たちも反ベルスの陰謀を企むが、結局布告ひとつ彼に突きつけることはできなかった。

ベルス、細身にして端麗なその人が戻って来た。馬上のまま政庁入りするその足取りはしずしずと、あたかも海を滑る船のよう。

ボリビアの民に向けたベルスの熱弁より

時ぞ今、貴族にはその爵位の証を、私有財産にはその根拠を求むべし……。私有財産こそボリビアにおける非行犯罪の大半を生む主たる要因、ボリビア人同士の永続的闘争の元凶、普遍に通ずる倫理の下で永劫の断罪を受けるあの自己中心主義の、動かし難き本源なり。今後一切、私有地も地主も相続もあってはならぬ！　貴族を打倒せよ！　土地は皆のものとなれ！　人による人の搾取はもはやこれまで！

(213)

メルガレホ　　1865――ラ・パス

マリアノ・メルガレホはベルスの最強の敵にして、肩にらくらく馬を担ぎ上げるヘラクレス。丈高い草の生い茂る高地タラタに、愛を交わしては身をくらます男を父として生まれた。生まれたのは、とある復活祭の日曜日――

――神は御身《おんみ》の甦《よみがえ》りの間に生まれるよう私をお選びになった。

あんよを覚えないうちから、彼は新緑の間に首を覗かせていた馬たちを駆ることができた。母の乳房より先に知ったのは、人を転がしもすれば天翔けもさせるとうもろこし酒《チチャ》、ボリビア一のとうもろこし酒《チチャ》、タラタの乳、性質《たち》の悪さでは他を寄せつけぬ唾液の主たる婆さまたちが嚙みしだき吐《ほ》き出したとうもろこしからできる酒。自分の名も書けないころ、体ごとぶつかり合い上着《カサカ》はずたずた、恐るべき戦意をぶちまけ、拳か槍かサーベルかを叩きつけつけ人々をちぎっては投げゆく彼を止められる者など、既に誰もいなかった。

大勢を無情な目に遭わせていた。殺しは白昼堂々と、また月のない夜にも手を下し、この永遠の叛徒、喧嘩を売って歩く男は、二度までも死刑を言い渡されていた。どんちゃん騒ぎと無礼講の合間に、流謫と権力を知ることとなる。おとといの晩、王座に眠ったかと思えば、昨夜は絶壁の襞陰に床を得た。昨日は軍勢を率い、ばかでかい大砲にまたがり、赤いポンチョを旗のように翻しつつ、ここラ・パスの都へ入城した。そして今日は、陰気にただひとり広場を突っ切る。

（85）

史上最短のクーデタ　1865——ラ・パス

時はベルスの世。メルガレホは敗者として降伏にやって来る。メルガレホは広場を突っ切り、叫声の人だかりを突っ切る――

――ベルス万歳！

二階のだだっ広い客間で、ベルスは待ち受ける。メルガレホが宮殿に入る。目を上げることなく、黒い髭をそのたくましい胸にぴたりと貼りつけたまま、階段を昇る。群衆は広場に吠える――

――ベルス万歳！　ベルス翁《タタ・ベルス》！

メルガレホはベルスの方へと歩む。大統領は立ち上がり、両腕を開く――

――許してやろう。

開いた窓を通して声という声が轟く――

――ベルス翁！

メルガレホは抱擁を受けるがままにしておきながら撃ち放す。銃声が聞こえ、床に倒れ込む音がする。

勝者はバルコニーへ出る。死体を見せ、差し出して言う――

――ベルスは死んだ！　次は誰か？

(85)

リー将軍はルビーの剣を敵に奉ず　1865――アポマトックス

北軍の兵たちはあたりを蹴散らす勢いに乗り、最終攻勢の命を待つ。そのとき、敵の軍列から一陣の粉塵が上がりむくむくと立ち昇る。飢えさらばえ、ずたずたになった軍隊が身にまとう灰色の中から、ひとりの騎手が離れ出る。一本の棒に結わえつけられた白いぼろ切れを携えて。

このところ南軍の兵たちは、死者だらけの中ですぐに身許がわかるようにと、背中に名前を書きつけ戦闘に臨んでいた。南部は壊滅し、とうに敗れ果てていたが、ただ名誉の情にしがみつき、戦争を続けていた。

いよいよ敗軍の将ロバート・リーが、手袋をはめたまま、ルビーに飾られた彼の剣を手渡す。勝者となった将軍ユリシーズ・グラントはサーベルも徽章《きしょう》も帯びず、軍服の上着をはだけ、葉巻をふかす、いや嚙みしだく。

戦争は終わり、奴隷制は終わった。奴隷制ともども、米国における工業発展の全開と国内市場の拡大を阻んできた壁が崩れ落ちた。若人六十万人が戦死。北軍部隊の青い軍服をまとった黒人たちの半数もまたそこに。

(70)

リンカーン　1865——ワシントン

エイブはケンタッキーからやって来る。その地で父親は斧を振り上げ、槌《つち》を振り下ろし、こうして丸太小屋には壁が、天井が、そして落葉を敷く寝台ができ上がった。日々斧は火にくべるための薪を伐り、またある日、斧はエイブの母を雪の下に葬るため、森から丸太を伐り出した。エイブがいたいけのない幼子であることも構わず、槌は木製の止め鋲を打ち込んでいった。母が土曜ごと白パンを焼いてくれることはもはやなく、いつもはにかみがちなあの瞳がしばたたくことも二度となく、そこで斧は筏を造るための丸太を伐り出し、父は子供たちを連れ、インディアナへと河を下った。

インディアナからやって来る。その地でエイブは炭のかけらを手に文字というものを描き始め、地区一帯に並ぶ者のない木こりとなった。

イリノイからやって来る。イリノイでアンという名の女を愛したが、結婚したのはメアリという名の、フランス語を話し、スプリングフィールドの町にあって真っ先に鯨骨《クリノリン》でスカートを膨らませてみせた女性だった。メアリはエイブこそ米国大統領になる者と決めていた。彼女が次々と男児を産み落とす間、彼は演説を書き下ろし、またふと思いついては詩らしきもの、哀しき島、溶けた光に洗われる魔法の島を書きつけた。

首都ワシントン、国会議事堂《キャピトル・ヒル》からやって来る。窓から身を乗り出し、奴隷市場を、黒人たちが馬同然に閉じ込められている馬小屋の境遇を目にしていた。

ホワイトハウスからやって来る。農地改革と産業の保護を公約し、他人の自由を奪う者は自由を享受するに値せずと宣言してホワイトハウスに至った。孤立無援となろうとも己れを唯一の友として統治する覚悟、そう誓ってホワイトハウスへ入城した。戦争の只中《ただなか》を統治し、戦争の下《もと》に公約をすべて果たした。夜明けどき、スリッパ履きでホワイトハウスの戸口に立ち、新聞を待つ彼の姿が見られたものである。

慌てずにやって来る。エイブラハム・リンカーンは決して慌てることがなかった。歩く姿はあひるの如く、その巨大な足をきっぱりと踏みしめ踏みしめ、彼に拍手を寄せる群衆の間に塔の如くそそり立つ。劇場に入り、大統領用のボックス席へゆっくりと階段を昇る。ボックス席を飾る花々と旗また旗を従え、胴にそのまま乗せられたような、彼の骨ばった頭が影の中に浮き上がり、影の中にアメリカ一柔和な瞳とアメリカ一愁いを帯びた微笑が輝く。

勝利から、夢の許からやって来る。今日は聖金曜日、リー将軍の降伏から五日が経っていた。昨夜リンカーンは謎の海を、見慣れぬ船が靄の淵へ向かって進むさまを夢に見た。

リンカーンはその生涯すべてを従えやって来る。今日このとき、予定通りワシントン市のとある喜劇場のボックス席に立つべく、慌てず歩を進めつつ。

今しも彼を目がけ銃弾がやって来る、その頭を割る銃弾が。（81、188）

賛辞　1865――ワシントン

ズボンを一本盗んだ、あるいは白人女性と目が合ったからというだけで、いったいどれほどの黒人が縛り首にされたろう？　一世紀以上前のこと、ニュー・ヨークに火を放った奴隷たちは何という名だったろう？　エライジャ・ラヴジョイの足跡を追う白人は幾人いたことだろう、彼の印刷機は二度も河に投げ込まれ、彼自身もイリノイで暗殺されながら、それで誰かが訴追や処罰を受けることにはならない。米国における奴隷制廃止の歴史を振り返れば、肌の色の黒白問わず実に無数の主役がいたのである。たとえば――

●黒人の新聞を初めて創刊したジョン・ラスワームとサミュエル・コーニッシュ、そして女性と黒人に初めて高等教育機関の門を開いたセオドア・ウェルド。

●六年間に亙りチャールストンで黒人向けの学校を維持し続けたダニエル・ペイン。またコネティカットのクエーカー派女性教師プルーデンス・クランダルは、その女学校にひとりの黒人少女を受け入れたがために白人生徒の数々を失い、中傷と投石の的となり、牢に入れられた。学校のあったところには灰が残った。

●ヴァージニアの黒人同胞に自由をと模索し、自らの首に縄をかけることとなったガブリエル・プロサーや、ジョージア州当局から首に一万ドルの懸賞金をかけられながら、その姿を消すまで、はたまた消されるまで、自分の命をもぎ取りつつある相手を殺すのは喉が渇いたときに水を飲むのと同じほど当然である、と道々触れて回ったデイヴィド・ウォーカー。

●日蝕のしるしに、後なる者は先なるべし、とののろしを読みとり、皆殺しの激情に駆られ、我を失ったナット・ターナー。片や狩人の口髭をたくわえ燃え立つ瞳を持つジョン・ブラウンは、ヴァージニアの銃器店を襲い、機関車の車庫から海兵隊員相手に大太刀回りを演じたのち、弁護士が狂気ゆえの沙汰と供述するのを断わって、堂々と絞首台へ歩んだ。

●人間を盗む連中と闘う熱意にかけて他を寄せつけぬウィリアム・ロイド・ギャリソンは、首にかかる縄でボストンの市中を引き回され、ヘンリー・ガーネットは寺院にあって、奴隷に甘んずることは神の道に反すると説き、ブルックリンの牧師ヘンリー・ウォード・ビーチャーがライフルは時に聖書より有用であると述べたので、南部の奴隷に送られる武器は「ビーチャーの聖書」と呼ばれるようになった。

●ハリエット・ビーチャー＝ストウが建てたトムおじさんの小屋を通じて、白人多数が奴隷解放という大義に合流し、詩人フランシス・ハーパーが権力と金を呪うに不可欠の言葉を見つけ出せば、ルイジアナの奴隷ソロモン・ノーサップは、夜明け前に角笛が響き渡ってからの棉花農園《プランテーション》の一日というものを証言し、その実態を世に広め得た。

●メリーランドの逃亡奴隷フレデリック・ダグラスはニュー・ヨークで独立記念日の祝辞を告発状へと換骨奪胎し、自由と平等は虚《うつ》ろな音をたてるばかりの戯作になり果てたと公言した。

●ハリエット・タブマンは文字を知らない農婦だが、三百人を越す奴隷たちの逃避行を組織し、彼らは北極星を頼りにカナダへ向かった。（12、210）

三国同盟は三重の汚名《トリプレ・インファミア》
1865——ブエノス・アイレス

北米で歴史がひとつの戦争に勝利するころ、南米で噴き出すいまひとつの戦争にあっては、歴史の敗北が見えている。ブエノス・アイレス、リオ・デ・ジャネイロそしてモンテビデオ、半世紀前にホセ・アルティガスを圧殺した三港が、今しもパラグアイを薙ぎ倒す態勢についている。

ガスパル・ロドリゲス＝デ＝フランシアからカルロス・アントニオ・ロペス、その息子フランシスコ・ソラノへと、誰も手を出せない領袖《カウディジョ》たちの独裁が次々引き継がれ、パラグアイは危険の見本と化していた。近隣諸国にも感染する危険は極めて高い——パラグアイでは地主が支配することなく、商人が相場を張ることなく、高利貸しが他人の息を止めることもない。外から包囲され、この国は内へ向かって育ち、世界市場にも外国資本にも服すことなく成長し続ける。よそが借金に首を絞められ、手足をばたつかせているというのに、パラグアイは誰にも一センタボといえど借りはなく、自前の脚力を頼りに歩く。

ブエノス・アイレス駐在の英国大使エドワード・ソーントンこそ、悪魔祓いのすさまじき儀式を執り行なう至高の祭司。アルゼンチン、ブラジル、ウルグアイが高慢ちきどもの胸に銃剣を突き立て、悪魔を追い払うのだ。

（47、60、83）

1865——ブエノス・アイレス
蜘蛛の唾液で同盟を織り上げる

幹は細いが樹冠だけは異様に肥えた木の如く、槍先に突き刺されたチャチョ・ペニャロサの、鉢巻きを締めたぼさぼさ頭が広場の中央を飾っていた。エル・チャチョと彼の馬は人馬一体の力であった——馬のいないところを捕らえられ、欺《だま》し討ちに遭って首を掻かれた。インディオを大人《チュスマ》しくさせるべく、ラ・リオハ平原のガウチョ戦士の首は晒しものに付された。ドミンゴ・ファウスティノ・サルミエントは首斬り人たちを祝福した。

対パラグアイ戦争のおかげで、半世紀の永きに亙る別の戦争がいよいよ長びく——吸血港ブエノス・

アイレスが内陸諸州に仕掛ける戦争。ウルグアイ人ベナンシオ・フロレスは、まつろわぬガウチョどもを撲滅するにあたりミトレやサルミエントと手を結んでいた。引き換えにウルグアイ大統領の座を手に入れた。ブラジルの艦船、アルゼンチンの武器が上からフロレスの政権を押しつけた。見放された都パイサンドゥへの砲撃を皮切りに、ウルグアイ侵攻への道が開かれた。一カ月の間パイサンドゥは保ちこたえたが、防御の長レアンドロ・ゴメスもついには銃殺され、燃え立つ瓦礫の上に斃れた。

かくして二者の同盟は三国同盟となった。イングランドの祝福にイングランドの信用供与を頼みとし、アルゼンチン、ブラジル、ウルグアイの諸政府はパラグアイの身請けにとりかかる。条約が結ばれる。その条約の述べるところに従えば、平和の名の下に戦争を遂行する。パラグアイは己れをすっかり亡き者とするのにかかる費用を支払わねばならず、また勝者が相当の政府をあてがって下さる。パラグアイ国土の不可侵を尊重すると銘打ちながら、条約はその面積の三分の一をブラジルにとりおき、ミシオネス州全土と広大なチャコをアルゼンチンへ与える。戦争はまた自由の名によっても遂行される。奴隷二百万を抱えるブラジルが奴隷ゼロのパラグアイに自由を約束する。

（47、244、291）

ウルキサ

1865——サン・ホセ

女の手に接吻しては、それで身ごもらせる、と世の噂。子を殖やし土地を集めて回る。不確かな例を勘定から割り引いても、なした子の数は百五十人、農地の広がりは果たしていかほどか。鏡と、ブラジルの勲章と、フランス製陶器と、銀貨《パタコネス》の触れ合う音とがお気に入り。

フスト・ホセ・デ・ウルキサ、アルゼンチンの水際一帯に顔の利く古参の領袖《カウディジョ》、もう何年も前にフアン・マヌエル・デ・ロサスを倒した男は、パラグアイ戦争の意義を疑う。自前の牧場《エスタンシア》から馬三万頭を破格の高値でブラジル軍へ売り、同盟軍に塩漬け肉を供給する契約をとりつけることで、疑いは解ける。疑念が晴れると、パラグアイ人殺しを拒む者は銃殺せよと命ずる。

（271、291）

ミトレ

1866——クルパイティ

水面を成り行き任せに漂うのは、かつて船の体をなしていた木の破片。パラグアイ海軍は壊滅したが、同盟軍の船団は引き続き上流へと攻め上るわけにゆかない。クルパイティとウマイタの砲門が船団の行く手を塞ぎ、両要塞をつなぐ河岸から河岸へと、柳でくるんだ大どっくり、おそらくは機雷が、列を作って待ち受ける。

アルゼンチン大統領にして三国同盟の総帥バルトロメ・ミトレの采配下、兵士たちは銃剣を構え、クルパイティの防壁に向かって突撃する。らっぱの音を合図に次々と襲撃の波が放たれる。壕までたどり着く者はほとんどおらず、砦柵へは皆無。昼ひなか遮るものもなく丸見えの態勢をとり続ける敵めがけ、パラグアイ人たちは射撃の稽古。ひとしきり大砲が太鼓のようにごろごろと唸り声を上げると、それに銃撃の乾いた音が続く。パラグアイ側の砦はちろちろと舌を見せるように火を吐き、煙が弱々しい霧となって消えゆくころ、狩りの獲物の兎よろしく湿地に転がる数千の死者はその姿を現わす。そこから程よく離れたところでは、望遠鏡を手に、黒のフロックコートとつば広帽子《チャンベルゴ》を身につけたバルトロメ・ミトレが、己れの軍才の帳尻を慮る。

嘘をつくにも手放しでほめたくなるような誠実さを装い、三月《みつき》もすればアスンシオンへ到達できると彼は侵攻軍に請け合っていた。（61、272）

戦争の絵筆
1866——クルパイティ

ミトレ軍の兵カンディド・ロペスは、クルパイティの大敗北と、これまでに自ら命を張った戦闘の数々、そして野営地における戦下の日常を絵にするだろう。左手を用いて描くことになるのは、クルパイティで手榴弾に右手を吹き飛ばされたためである。

彼は誰の画風も真似ず、また誰も彼の真似はすまい。平日はブエノス・アイレスのとある店で靴を売り、日曜ごと勤しむであろう絵が語ってくれるのは——あの戦争はかくありき。鈍かった左手は過去を偲ぶ情熱ゆえに賢者となるが、彼にほんの僅かの注意を向ける芸術家も、まともに取り上げようと考える批評家もなければ、片腕の兵士が描く回想を買い上げるような物好きもいるはずはない。

——俺は絵筆で記録を残す。

孤独なカンディド・ロペスが群衆を描くだろう。彼の作品には、前景にサーベルが煌めいたり血気盛んな馬たちが並ぶことはなく、血に染まる胸に手を当て、死者に捧げる演説をぶつ瀕死の英雄たちも登場せず、胸をはだけた栄光の女神を思い起こさせるものもない。彼の無心な目を通すと、数え切れぬほどの鉛の兵隊、メリーゴーランドの馬たちが行進し、一糸乱れぬ陣形を組んで戦争という身の毛もよだ

つ遊戯に興ずる。(100)

1867――カタマルカの野

フェリペ・バレラ

アルゼンチンの五州で騎馬遊撃隊《モントネロス》が叛旗を翻す。剪毛鋏を槍にくくりつけ、正規軍の大砲に挑み、白兵戦を窺う。そして騎馬戦が舞い上げる砂塵の合間から叫び声が飛ぶ――パラグアイ万歳！

アンデスから平原まで、フェリペ・バレラは、アルゼンチンを簒奪しアメリカを否定する港ブエノス・アイレスに対抗し、内陸民よ起ち上がれと呼びかけながらやって来た。カタマルカの領袖《カウディジョ》バレラは、姉妹国をもうひとつ潰すために天文学的な額の融資を受けた、この国の破綻を告発する。彼の手下《モントネロス》たちは額にアメリカ統一という記章をつけ、心には年季の入った怒りが脈打つ――内陸の出とは祖国を持たない乞食のようなもの。頬骨とあご鬚ばかりが目立つ、馬の背に生まれ育った細身の牧童《ガウチョ》バレラは、死へと押しやられた貧民の嗄《しわが》れ声。足枷をはめられたまま内陸の義勇兵たちがパラグアイの沼地に馳せつけると、彼らは囲いの中へ追い込まれ、刃向かうかそれとも隊列から抜けようものなら銃弾をぶち込まれる。(239)

拷問　　1867——ラ・リオハの平原

パブロ・イラサバル大佐はラ・リオハ平原の叛徒たちの供述を採る。彼らの供述を採る、とは——彼らを晒し台に突き立て、あるいは足の皮を剝いだ上で歩かせたり、切れない刀でじりじりと首を斬り落とすことをいう。

ブエノス・アイレスの港は叛旗を掲げた内陸諸州の懐柔にあの手この手を用いる。中でもとりわけ効き目のある道具のひとつは**コロンビア式晒し台**なる代物。囚人の体を二つ折りにさせ、湿った革紐を用いて二丁の銃の間に弓なりに縛りつけると晒し台の準備完了、こうして革紐が乾けば背骨はボキボキと音を立て、粉々に砕ける。

(214)

外交、又の名を国際関係の科学、について　　1867——ラ・パス

戦場と晴れの日とを分かち合う愛馬オロフェルネスにまたがり、大統領メルガレホはラ・パスの大聖

堂に到着する。天蓋の下、ビロードの肘掛け椅子に座し、厳かなるミサに耳を傾ける。チリ軍の将軍が身につける軍服を着飾り、その胸には軍功を称えるブラジル帝国の飾り帯が輝く。

紆余曲折と殺戮の挙句、メルガレホは自分のシャツにさえ気を許さぬ処世術を身につけていた。時折シャツを荒々しく脱ぎ捨て、銃弾をしたたか撃ち込むとは巷の言――

――命ずる者が命ずるのだ、そして命ずるとは引き金に指をかけること。

世界には二種、たった二種、鉄の将軍がおざなりには目を向けない存在がある――愛馬オロフェルネスと美姫ファナ・サンチェスである。閣僚や司教や将軍たちに混じってビールを堪能しようと、黒い馬が大統領の座る宴卓に姿を覗かせると、チリ大使は杯を掲げ、オロフェルネスとともに、そしてオロフェルネスの健康を祈念して乾杯する。ブラジル大使はといえば、ファナ・サンチェスの身を首飾りや宝冠や腕輪で覆うが、さすがのメルガレホの愛人も、これまで目にしたことはおろか、うっとりと現を抜かしたことすらない宝石の数々だった。

ブラジルの勲章を胸にしたたか撃ち込まれ、メルガレホはアマゾン流域に広がるボリビア領の密林《セルバ》六万五千平方キロメートルをブラジルに割譲する。チリ軍の将軍ともなったからには、メルガレホは海沿いに位置し硝石の豊富なことこの上ないアタカマ砂漠を半分チリに引き渡す。チリと大英帝国の資本が今その地に掘り出しつつある肥料を、疲弊した欧州の土壌が虎視眈々と狙っている。アタカマ砂漠の切断を機に、ボリビアは海への出口を失い始める。

(85、107、172)

アタカマ砂漠のある岩に刻まれた落書あれこれ

アントニアよ、お前ゆえに俺は死ぬ。
誰からかはわかるだろ。

チャニャルシジョの判事は盗っ人野郎
俺の三オンス返せ、ラモンめ。
査察吏《インテンデンテ》は頭が堅い。
ドンT・Pは自分ではムラートじゃないと言っている。

《マリア》と題する小説が出版される
1867——ボゴタ

淑女たちはハンモックの上で右に左に、象牙のような首筋にその巻き毛も転がり、揺らす殿方たちは死装束と見紛うばかり、茹で上がった鶏のような顔つきである。頭に籠を乗せた黒人たちの一団が、まるでこの世に存在してごめんなさいとでも言うように、黙って彼方を通り過ぎる。コーヒーの香り、クチナシの花いきれ漂う農園《プランテーション》の庭で、ホルヘ・イサアクスは涙壺にペンを浸す。

全コロンビアがむせび泣く。遅かりし、エフライン。彼が海原を分けているころ、従妹マリアは親から受け継いだ不治の病の餌食となって、最期の息をもらし、清らかな身のまま昇天していた。墓前のエフラインは愛の形見を胸にひしと抱き締める。マリアが彼に遺していたのは、手ずから刺繡を施し、その涙に濡らしたハンカチ一枚、彼女に生き写しなことといったら力ないところまでそっくりの、白百合の花弁幾ひらか、カスティリャの薔薇と謳われたあでやかさは見る影もなく、今はこわばったその手から滑り落ちた指輪ひとつ、そして死の訪れとともに凍りつきながらもアイリスのようなその唇が何とか口づけることのできた、ロケットの中の髪ひと房。

（167、208）

1867——ケレタロ

マクシミリアン

ファアレス軍と、メヒコ民衆の組織する千々のゲリラ隊とが、フランス人を追い立てる。皇帝《エンペラドル》マクシミリアンはメヒコ万歳と叫びつつ泥の中に卒倒する。

結局のところ、ナポレオン三世は彼から軍を取り上げていたし、教皇は彼を忌み嫌い、保守派は彼を何でも悪い方へ持ってゆく男《エンペオラドル》と呼んだ。ナポレオンは彼に、この新しいフランス植民地を切り盛りせよと命じていたが、マクシミリアンは言うことをきかなかったのだ。教皇は現世に有する財産が返ってくると期待し、保守派は彼がメヒコから自由派という悪魔を追い払ってくれるものと思ったが、マクシミリアンは、ファレスを向こうに回しての全面戦争の只中で、ファレスが出すのとそっくりな法律を布告していた。

一台の黒い馬車が雨をついてケレタロに到着する。侵入者どもをうち負かした大統領ファレスは蓋の開いた棺を覗き込む。そこには花もなく、大きなソンブレロにぴかぴか光る飾り金貨の伊達男《チャロ》スタイルで並木路を散策するのが好きだった、物憂げな青い目の皇太子が横たわる。（94、143）

原物か写しか、それが問題だ　1867——パリ

パリ万国博覧会にエクアドルの送った油彩画が届く。どれもこれも泰西名画の寸分違わぬ模写である。目録がエクアドルの芸術家たちを持ち上げて言うには、独創性という偉大なる価値は持ち合わせないにしても、少なくともイタリア、スペイン、フランス、フランドル画壇の傑作を、誰の目にも明らかな忠

実さをもって再現してみせる功に輝いております。

片や、エクアドルでインディオたちの集う市《いち》や庶民の住む街はずれには、いまひとつ別の芸術が咲き誇る。それは泥や木材や麦藁を、小鳥の羽根や海辺の貝殻やパンくずを、優美なる存在に変えることができながら、蔑まれた手仕事。この芸術《アルテ》はまるで詫びて回るかのように、自ら民芸《アルテサニア》と名乗る。その担い手は学芸貴族《アカデミコ》ではなく、蚤の肝やら蚊のわたで糊口をしのぐ貧しき人々。(37)

エクアドルの貧しき者の戯《ざ》れ唄

——腹が空いたか《アンブレ》？
——ああ。
——空きっ腹《カランブレ》を食えよ。
蚊を一匹やっつけて
血《サングレ》をすすり
その腸《わた》はとっておいて
冷肉《フィアンブレ》にするがいい。(65)

1869――メヒコ市

ファレス

オアハカの石には、ローマ教皇と三代目ナポレオンとをうち負かした、このメヒコ人インディオの顔が刻まれた。笑みを浮かべず言葉なく、終始燕尾服にハイ・カラー、いついかなるときも黒いいでたちのベニト・ファレスという岩は、その周囲に博士たちの一団を従える。博士さまたちは一席ぶつやら大口叩くやらすまして詠じてみせるやら、天から与えられた黄金の嘴と黄金のペンを頼みに、教養溢れる詞華の才を見せつけ、彼の周囲を飛び回る。

メヒコには教師より僧の数が多く、教会が世の中の半分を握っていたところへ、ファレスが権力の座に達し、自由派は無知と後進を患う国に文明化という彼らの苦い煎じ薬を処方してやった。近代化療法は平和と秩序を要求する。マラリアや肺炎にも増して人を殺す戦争には、いい加減お引き取り願うべきであったが、戦争という名のペストは兵営に足場のないファレスを苛む。手始めは修道士と保守派を敵に回した戦争、それからフランス人侵略者相手の戦争、そこから先は軍の領袖《カウディジョ》たち、つまり引退を拒む英雄たちとの戦争に、共同体の土地を失うまいとするインディオたちとの戦争。

メヒコの自由派たちは、普通選挙と表現の自由をひたすら脇目もふらず信仰する。たとえ投票行為がいかに少数者の特権であり、表現行為なぞまた大方には無縁であろうとも。どのみち不足をかこつ学校が、たとえ残らず都市に固まっていようとお構いなく、教育による救済を信ずるが、それというのも結局のところ、自由派はインディオより文芸の女神たちとウマが合うからである。大土地所有《ラティフンディオ》が拡大してゆくのをよそに、彼らは進取の気風ある農場主たちが荒地を沃野に転じつつある図を夢想し、奇跡と紛う鉄道のレール、蒸気機関車の煙、煙突の煙に憧れ、欧州から進歩をもたらしてくれるはずの思想と人々と資本とに憧れる。

サポテカ・インディオの子であるファレスその人も、メヒコが米国の法に倣えば米国のように成長すると確信し、イングランド製品を消費すればイングランド式の産業国に変身できると確信している。フランス思想を輸入すれば、メヒコも開化された国となるであろう、対仏戦の勝者はこう考えるのである。

(142、143、316)

大地も時も黙しおらず

1869——サン・クリストバル・ラス・カサス

大地の震えるは、地下の死者たちがかくも饒舌であるがため。墓所は市の日の広場を思わせる。チアパスの往年の叛乱に斃れたマヤ人たちが近況を交わす。ここでは、人間の女と犬との間に生まれた子が最初の簒奪者となって共同体の土地に襲いかかった遥かな日よりこのかた、槍と斧もて闘ってきた。死者たちは互いに語り合い喜びを口にし、夢を介して生者を祝福し、また耳が聴こうとしない真実を生者に告げる。

再びこの地のインディオたちは決起した。債務につながれたインディオたちは荘園《アシエンダ》を薙ぎ倒し、牢獄を焼き、村に残された最後の土地、ファレス政権の下でも村一体となって耕してきた最後の土地を守る。山の神々も祝いに加わる。烈風が病や強欲を引き連れてくるとき、その道すじをよそへ逸らすのは彼らである。

（155、274）

1869——メヒコ市

ファレスとインディオたち

不穏の輩、野盗、過激なる社会主義者の廉により、一年前、フリオ・ロペスは銃殺された。チャルコ地方のインディオたちの先頭に立ち、フリオ・ロペスは金持ちどもへの戦争を誓い、奪われた土地を要求して決起したのだった。

チャルコで捕虜となったインディオたちは一兵卒の軍服を着せられ、ユカタンに決起したインディオたちと闘わされた。戦争ごとに生み出される平らげられし者《パシフィカドス》が、次の戦争では平定者《パシフィカドレス》となり、敗れた叛乱者たちが叛乱者を殺すよう強いられ、かくしてファレス大統領を戴く政府はユカタンのマヤ人やチアパスのマヤ人に対し、ナヤリのコラ人やミチョアカンのタラスコ人に対し、ソノラのヤキ人や北のアパッチ人に対し、次々と軍勢を差し向ける。

村の土地を取り戻すべく、インディオたちは荘園《アシエンダ》の境界柵を掘り返す——最初の死者たちが斃れ、もはやあたりの空気は火薬の靄一色に変わる。ファレス憲法はインディオたちを小土地所有者もしくは自由労働者へ衣替えさせようとする。ファレスの講ずる諸法令は足鎖に足枷の類、債務奴隷制、空腹しか与えない賃金を禁ずる。その一方で現実は、インディオたちから何とか彼らがまだ共有する土地をむしり取り、大土地所有制《ラティフンディオ》の奴隷、あるいは都市の物乞いの身へ突き落とす。

(142、274)

ベニト・ファレスは彼に似た岩が転がる山あいの、ゲラタオ湖のほとりに生まれた。メヒコに百を数えるインディオ諸語のひとつによって世界を名指すことを学んだ。そののち、ある慈善家の庇護を受け、博士となった。

1869——ロンドン

ラファルグ

ポール・ラファルグがローラ・マルクス攻略の挙に及んだころ、科学的社会主義の祖は『資本論』第一巻の校正を終えかけていた。カール・マルクスにとり、かのキューバ人の情熱に駆り立てられた猪突猛進ぶりは何ら意に添わず、緑色の目をした我が娘に求愛するつもりならもっと落ち着いた英国式マナーを備えよと男に要求した。併せて彼は経済的保証をも男に要求した。ドイツ、フランス、そしてベルギーからも追われたマルクスは、借金にかじり上げられ、時には新聞を買う一ペニーすら持ち合わせない困窮の日々をロンドンに過ごし、亡命の辛酸が三人の子の命を奪っていた。

だがラファルグを怖気づかせることはできなかった。無理な注文だということはわかっていたのだ。ラファルグはうら若くしてマルクスと争い始め、そして意気投合しだしたのである。このキューバ出のメスティソからいま、マルクスの初孫、ハイチのムラータとジャマイカ先住カリブ人《インディオ》とを曾祖母に持つ赤ん坊が誕生する。

(177、279)

馬どもの蹄に圧《の》され、パラグアイは陥落し、1869——アコスタ・ニュウ

だが倒れてさえも闘う。教会の鐘でこれっきり後がない大砲をこしらえ、石や砂を撃ち放つ間にも、三国同盟軍は北へ攻撃の手を伸ばす。負傷者たちは包帯を引きちぎる、なぜなら敵軍に仕えたり、ブラジルのコーヒー園へ渡って奴隷の烙印を押される羽目となるくらいなら、失血死を選ぶ方が死に甲斐もあ

ろうというもの。

アスンシオンにあっては、墓穴さえ略奪から無事ではない。ピリベブイで、侵略者たちは女たち、手足をもがれた者たち、老人たちが守る塹壕を平らげ、負傷者もろとも病院に火をつける。アコスタ・ニュウでは、羊の毛やら草の葉やらの鬚をつけ、大人に変装した少年大隊が攻勢に耐える。

そして殺戮は続く。銃弾に斃れぬ者はペストに斃れる。しかも死者のひとりひとりが痛みをもたらす。死者が出るたび、今度こそ最後の死者かと見えながら、実は最初の死者にすぎない。

（61、254）

1870――セロ・コラ
ソラノ＝ロペス

これぞ息のある死者たちの隊列。パラグアイ最後の兵たちはフランシスコ・ソラノ＝ロペス元帥の歩みを追い、へめぐり歩く。長靴も弾帯も目につかないのは、既に食べ尽くしてしまったからなのだが、傷やぼろ服の影もない――森から森へとさまよう兵たちは泥と骨からできている。泥の仮面、泥の鎧、焼物細工が肉とするものを沼地の泥や砂漠の赤い塵と一緒に太陽が料理したもの。

ロペス元帥は降伏せず。心ここにあらず、剣を高く掲げ、この最後の、どこにも行き着かぬ行軍の先頭に立つ。謀略を暴き、もしくはその妄想上の謀略を喚き立て、また裏切りの廉でか軟弱さの廉でか、弟を殺すよう命じ、姉妹の婿たちをも残らず殺すよう命じ、加えて司教を、大臣ひとりを、将軍ひとりをも……。火薬が足りず、処刑は槍をもって完遂される。多くの者がロペスの命により斃れ、さらに多くの者たちが憔悴死し、また落伍する。大地は大地の取り分を取り返し、骨たちが追っ手に痕跡をくれてやる。

数知れぬ敵の軍勢はセロ・コラの包囲を閉じる。アキダバン河畔にロペスを倒し、これを槍で傷つけ剣で討ち取る。なお呻く彼にもう一発撃ち込み、止めを刺す。(291)

1870――セロ・コラ

エリサ・リンチ

勝者たちに取り囲まれ、エリサはソラノ＝ロペスのために爪で墓穴を掘る。

もはやらっぱは鳴らず、弾丸は風を切らず、手榴弾が破裂することもない。蠅が元帥の顔を責めたて、無防備な肉体に襲いかかるが、エリサの目には赤い靄しか映らない。ひと搔きふた搔き、土を掘り進めながら、彼女は今日のこの呪われた日に侮蔑の言葉を投げつけ、片や太陽は彼女が存分呪い尽くさぬうちに引っ込むことをためらい、地平線で足踏みする。

金髪のこのアイルランド女性は、鍬と棒切れで武装した女性縦隊を指揮して闘い、ロペスの非情な助言者としてその右に出る者はなかった。昨晩、十六年連れ添い四人の子までなしたのち、彼は初めて彼女に愛していると告げたのである。(25)

グアラニ語

殲滅しつくされたパラグアイに、生き残ったものは言葉。

不思議な力をもつグアラニ語はインディオの言語、征服された者の言語を征服者たちが我がものとした、その言語。禁じられ蔑まれながら、グアラニ語はこの瓦礫に埋もれる祖国の国民言語であり、たとえ法に疎まれようと国民言語であり続ける。ここでは、蚊は悪魔の爪、トンボは悪魔の仔馬と呼ばれ続ける。星々は月の炎、黄昏は夜の口であり続ける。

パラグアイ兵たちは戦争の続く間グアラニ語でその合言葉を唱え、檄を飛ばし、またグアラニ語で歌った。グアラニ語でいま、死者たちは口を噤む。(152)

サルミエント　1870——ブエノス・アイレス

アルゼンチン大統領ドミンゴ・ファウスティノ・サルミエントは、パラグアイにおける勝利の報を軍事公電として受け取る。楽隊にセレナーデを演奏するよう命じておいて、こう書く——ひとりの専制者がかかるグアラニなる民を丸ごと死に至らしめたことは神の摂理なり。かかる人類の異物いっさいから地上を清めることが必要なりき。

動物愛護協会の創設者サルミエントは、歯に衣着せず人種差別を説き、手に震えを来すことなくそれを実践してのける。あらゆる劣等人種の混淆から自由な米国人をほめ称えるが、メヒコから南に彼が見るのはただ野蛮と垢《あか》、迷信、混沌に狂気のみ。そうした蒙昧は彼を脅かすと同時に魅了する——彼は片手にサーベル、片手にカンテラを携え、攻撃に乗り出す。州知事として大統領として、墓地と学校を何倍にも増やし、斬首と貯蓄と読書という高貴なる徳を奨励する。物書きとしては才気溢れる散文を世に出すが、それは牧童《ガウチョ》やインディオ、黒人を一掃し、代わりに北欧の白人農民をと説き、燕尾服の着用、イングランド風の髪型を擁護する。

（310、311）

鏡という鏡が千々の燭台の放つ光を十重二十重にまき散らし、

1870――リオ・デ・ジャネイロ

絹の靴がぴかぴかの床にワルツの円を描く、イタマラティ男爵邸。皇帝夫妻は広間から広間へ、雲霞の如き客人をかきわけ、ひっきりなしの御手に接吻、乾杯のグラスが触れ合う音も途切れなく、夫妻の足の向くところ、お召しを告げる軍楽の音や派手な喝采が舞踏の足を止めさせる。ペンギンかと見えるのは紳士たち、蝶かと見紛うのは鯨骨《クリノリン》をぴっちりと身につけ、ありったけのレースの襞を開いて見せる淑女たち。そして御婦人方はひとりならず、マドモアゼル・アルテミズの輸入した欧州製胸当てをひけらかすが、息をするたびその波動にみごと寄り添い、胸当てもまた波打つ。フランス産シャンパンに今を時めく音楽を揃え、ブラジルはパラグアイ平定を祝う。

祝祭へ馳せつける馬車の列は、異臭漂う土鍋土甕を背負う黒人の行列とすれちがう。夥しい蠅の群れがリオ・デ・ジャネイロの浜辺まで行列を追う。夜の帳が降りるたび、奴隷たちは主人の糞を美しき入江の水に投げ込む。

マウア　1870——リオ・デ・ジャネイロ

パラグアイ殲滅を祝う傍ら、戦勝国は争って敗者の地図を食い荒らす。

リオ・デ・ジャネイロでは、祝賀の浮かれ騒ぎにしかめ面で付き合う男が、新しい国境線談義を耳にして肩をすくめる。イリネオ・エヴァンジェリスタ＝ヂ＝ソウザは皇帝ペドロ二世のおかげでマウア男爵の号を有すが、全くこの戦争は御免だった。はなから凄惨な長期戦になるとの予感がし、また勝者は却って敗者となるだろうと感じていた。ブラジル帝国への栄冠？　栄光に彩られた平和？　戦争などついぞなかったかのように繁栄を続ける帝国？　マウア男爵、実はロンドンのロスチャイルド家と結ぶブラジル側の商売仲間たる彼は、今や敵を根絶した者たちが大英帝国の銀行に負う借金は二倍に膨らんでいることを知っている。大農園《プランテーション》を幾つも持つマウアは、コーヒー園が黒人奴隷を何千何万と戦場に失ってしまったことを知っている。勝者となった国々の予算を用立ててやり、貨幣を発行してやることに慣れ切ったマウアは、びた一文の価値もない紙切れが債権にでっち上げられたことも知っている。そしておそらく知っている、とは一体誰が知る、終結したばかりのこの戦争が己れの破綻の端緒となろうこと、債権者たちは彼から金眼鏡までかっさらってゆくだろうこと、リオの埠頭に一水夫が置き去りに

していったあの、天涯孤独の少年の身に、晩年に至って自分は回帰するだろうことを。 (109)

1870——ヴァスーラス

コーヒー男爵たち

パライバ河南側の溪谷は、世界が飲み干すコーヒーの最大生産地であるとともに、一平方メートルあたり最も大量の子爵、男爵、侯爵を生産する地でもある。

ブラジルの王座から、皇帝ペドロ二世はいま、対パラグアイ戦争に多大の資金を回してくれたコーヒー界の奴隷制支持者たちに、ねぎらいとして新たな貴族の称号を振る舞う。

農園《プランテーション》と名のつくところで奴隷が百人に満たぬところはない。いまだ夜のうちから、鉄の鐘が鳴り響くと奴隷たちは水槽の中で身体を洗い、大きな声で我らが主イエス・キリストに感謝を捧げ、革紐五本を撚った鞭に追い立てられ、丘の上へと仕事に急ぐ。

領主の息子たちはこの世へ到来するに黒人の産婆の手を煩わせ、黒人の乳母たちが彼らに乳をふくませる。黒人の女中たちが彼らに歌や言い伝えや食文化を教える。黒人の子供たちと遊びを覚え、黒人娘たちを相手に愛を知る。だが早くから誰が財産の所有者で誰が財産かということは弁えている。従妹や姪と祝言を上げれば一族の団結は固まり、貴き系譜はいついつまでも続くだろう。 (327)

ナブコ　1870――サン・パウロ

黒人奴隷に誰もが寄食。何もコーヒー男爵や砂糖の君《きみ》に限らない――誰であれ、たとえ貧しくあれ、自由なブラジル人はかれのために労働してくれる奴隷を少なくともひとり所有している。

ジョアキン・ナブコは真っ赤に熱した弁舌をもち、根の深い膿を告発する。地主や玄人政治家の家系に生まれたナブコだが、土地と政治がひと握りの何家族かに属し、国が丸ごと奴隷の背に安んじている限り、ブラジルは近代世界の仲間入りをしないであろうと公言する。

詩人ジョゼ・ボニファシオがサン・パウロ大学から奴隷制廃止論者の団体を統率する。彼とともに力を尽くす知識人、きらびやかな言葉の主の名を挙げれば、ナブコに加え、カストロ＝アルヴェス、ルイ・バルボザ、そしてバイアで実父に売り飛ばされながら、奴隷制の下から逃げおおせ、これを告発するに至ったルイス・ガマなどがいる。

(74)

1870――ブエノス・アイレス

バリオ・ノルテ

緑のブラウスを着た騎手が、危険を告げるべくコルネットに息を吹き込む。いきり立つ蹄の音、けたたましく鳴る小鈴の束、道行く人々は一斉に散る――新参の路面電車が時速十キロという尋常ならぬ速度で軌条の上を駆けてくる。ブエノス・アイレスのある新聞は、犠牲者のために毎日一段を空けておく。期待を裏切らないよう言っておけば、路面電車は死者をぽつぽつ生むのだが、間もなくもう誰も、その突進する凶器のことなど話題にしなくなる。黄熱病がブエノス・アイレスに侵入し、日ごと三百人を殺して回りつつある。

ラ・チャカリタ墓地はこの伝染病の落とし子、というのもそんなにたくさんの貧民を埋める場所に困ったからで、また北区《バリオ・ノルテ》もこのとき生まれるが、それは金持ち連中が年来の牙城から逃げ出すお蔭。五月広場《プラサ・デ・マヨ》の南、十マンサナの土地は、アルゼンチン全土の運命を天地開闢以来決定し、天地開闢以来アルゼンチン全土の犠牲の上に繁栄してきた。そこにはこれまで、パリ喫茶店《カフェ・デ・パリス》で政治や商売を決める紳士たち、ロンドン百貨店《ティエンダ・デ・ロンドレス》でお買い物をする御婦人方が住んでいた。今、彼らを追い立てる黄熱病は、蚊の揺りかご、害虫の温床、つまりごみ捨て場やら湿地やらに囲まれた低地一帯へと、さらに残忍な牙を研いで襲いかかる。そして脱出により空となった邸宅は長屋へと姿を変える。今日まで一家族の住まいだったところに、二百人が精一杯ひしめくこととなる。

河の土手沿いにぶちまけられたこの都市の成長ぶりときたら大したもの。一、二世紀前のブエノス・アイレスといえば、うらぶれたしがない村風情。今日この都市には十八万人が住み、その半数は外国人――左官屋、洗濯女、靴職人、日雇い人夫《ペオン》、料理女、夜回り、大工、その他もろもろ、地中海から貿易風に吹き寄せられ、この地にたどり着いた者たちである。(312)

二十四歳のロートレアモン　1870――パリ

口を開けばまくし立てるが、さらさらくたびれることがない。夜な夜なピアノに向かい旋律や詞句をものすので、夜明けにはその熱っぽい両目が哀れを誘った。

イジドール・デュカスこと架空の人ロートレアモン伯爵は死す。モンテビデオ戦争のさなかに生まれ育った少年、河にして海の水面《みなも》に問いを発していたあの少年は、パリの一ホテルに死す。版元は、彼の『マルドロールの歌《カントス》』を書店に並べるまでの危険は冒していなかった。

ロートレアモンは虱《しらみ》や少年愛への賛歌を書いていた。娼窟の赤いガス灯や、葡萄酒より血を好む昆虫を歌い上げていた。我々を創造した酔いどれ神を叱責し、雌鮫の腹から生まれた方がましだと言って憚らなかった。美と狂気をふたつながらやってのける屑人間は、奈落へと我が身を突き落とし、転落の永きに亙り、非情な想念《イマージュ》と虚を突く言葉を見つけ出していた。彼の書きつけた頁はどれも繙かれるたび咆哮する。

(181)

ファナ・サンチェス　１８７１――リマ

破壊者メルガレホが失脚した。インディオたちに石もて追われ、ボリビアから逃げのび、リマの場末のあばら家に亡命の身をやつす。権力の形見に残るのは、血の色をしたポンチョのみ。愛馬オロフェルネスはインディオたちに殺され、両耳を切り落とされた。

夜はサンチェス家の前で唸り声を上げて過ごす。メルガレホのおどろおどろしい遠吠えがリマを震わせる。ファナは扉を開けない。

ファナは十八歳のとき宮殿に上がった。メルガレホは三日三晩、彼女を伴い閉じこもった。警護の者たちが聞いたのは叫声、殴打、怒号、泣き声、だが言葉のひとつだになし。四日目にメルガレホは姿を現わした――

——俺には軍隊と同じくらいこの女が必要だ！

宴卓は祭壇へと様変わり。大蠟燭に挟まれ、裸身のファナが中央に君臨していた。メルガレホが燃え立つコニャックの杯を高く差し上げ、心酔そのものの詩を朗ずると、大臣たち、司教たち、将軍たちは美姫に賛辞を捧げ、一斉に跪いた。彼女は大理石のように立ちつくし、髪のほか身にまとうものもなく、視線を逸らすのだった。

そして、押し黙っていた。ファナは黙していた。遠征に出かけるときメルガレホは彼女をラ・パスの修道院に閉じ込めるのだった。彼女を腕に抱き宮殿に戻ったが、夜ごとの処女、夜ごと彼のために生まれ直す彼女は口をきかなかった。メルガレホがインディオたちから共同体の土地をむしり取り、彼女には八十を数える所領、彼女の家族には丸ごと一州を贈ったときも、ファナは何も言わなかった。

今またファナは押し黙る。リマの自邸の扉には厳重この上なく閂をかけ、メルガレホの絶望の叫びに姿を見せもしなければ答えもしない。彼にこう告げてさえやらない——

——私は一度としておまえのものになどならなかった。私はあそこにはいなかったのだ。

泣き喚くメルガレホ、その拳は雷《いかづち》となって扉を打つ。この門口で、この女の名を叫びながら、銃弾二発を受けて死ぬ。

（85）

マンビたち

1873——テンプの野営地

松明やら何やらの光に輝く黒人たちは、波打ち、ひらりと身をかわし、跳ね上がり、苦痛と悦楽の叫びを上げつつ神々と語り合う。『ニュー・ヨーク・ヘラルド』紙特派員にとって、こうした騒乱の嵐はおよそ理解の域を越えていたが、理解し難いといえば、キューバではいつ果てるとも知れない夏の間にあらゆる季節が揃ってやって来るというのも、彼の理解を越えていた——新緑弾ける花盛りの枝と死に瀕した黄ばんだ枝とが同じ木から同時に伸びているのを見つけ、記者は目をぱちくり。

ここはキューバ東部の密林《セルバ》のなか、マンビの地。マンビとは、彼方コンゴで匪賊《バンディド》、叛徒《レボルトソ》を意味するが、マンビとは、この島では、闘いを通じて人となる奴隷のことである。

「祖国キューバ」を擁する軍に合流するまで、マンビたちは山奥の逃亡《シマロン》奴隷であった。『ヘラルド』紙特派員の計算では、植民地戦争は五年間でスペイン人八万の命を犠牲にしていた。数多くの兵が病か銃弾かに斃れていた。だがそれ以上に多くの兵はマンビの山刀《マチェテ》に斃れた。戦争のおかげで製糖場《インヘニオ》は、外へ向かっては黒人の攻撃に、内へ向かっては黒人の逃亡を防ぐための武装要塞へと姿を変えていた。

ここ、ぼろをまとい裸身すれすれのマンビたちの野営地では、すべてを分かち合う。記者はコーヒー代わりに糖蜜入りの水を飲み、数日が明けるとサツマイモやフチア――木や岩のうろにこれを捕まえる者の食用となる小動物――への永遠の呪いを誓う。この戦争は永久に続いてもおかしくない、と記者は書く――ここでは、手近に河がなくとも植物の蔓が水を恵んでくれ、木々は果実からハンモック、サンダル、おまけに傷が癒える間その下に腰を下ろし、小咄や冒険談を語り合うにおあつらえ向きの木陰まで与えてくれる。(237)

マルティ　1875――メヒコ市

ぽつぽつと髭が黒い点を見せ出したばかりのころ、ハバナで『いたずら者《エル・ディアブロ・コフエロ》』、『自由な祖国《ラ・パトリア・リブレ》』という短命の新聞二紙を創刊し、スペイン植民地キューバの独立を欲するがゆえに監獄と強制労働を課せられた。それより以前、まだ年端もゆかない時分にシェイクスピアの翻訳を思い立ち、言葉の火を焚きつけ、絞首台からぶら下がる黒人奴隷を前に復讐を誓っていた。ごく初期の詩において、自分はキューバの地に、キューバゆえに死ぬのだと言い当てていた。

監獄から故地喪失《デスティエロ》へと押しやられた。踝《くるぶし》の鉄鎖の跡は消え去らず。植民地に駐屯するスペイン人軍曹の息子だが、その彼ほどの愛国的キューバ人は他にない。亡命の身ながら何でも訊きまくる、その彼ほど世界に驚嘆しまた世界に憤慨する子供はない。

ホセ・マルティはいま二十二歳、メヒコにあり、学生と労働者が初めてともども隊列を組んだデモに立ち会う。帽子職人《ソンブレロ》たちはストライキを宣言した。友愛と誠の理髪師協会、製本業者友愛組合、植字工、指物師、そして思想労働者を任ずる知識人たちの連帯を得る。同時に医学生三名の放校処分に反対する初の学生ストライキが炸裂する。

マルティは帽子職人支援の朗読会を催し、また皆して腕取り合い皆して晴れ着に身を包み、労働者たちとメヒコ市の街頭を行進する学生たちのさまをその評論記事に描き出す。――これらの意気高き若人には、と彼は書く、理がある。だがたとえ彼らが間違っていたにせよ、我らは彼らを愛しむであろう。


（129、200、354）

南部最後のバッファローたち

1875――フォート・シル

カンザスからその白人が到来したとき、南部平原には雑草のように殖え広がったバッファローが一面敷きつめられていた。いま風は腐臭を運ぶ。皮を剝がれたバッファローが大草原に横たわる。何百万枚もの皮革が東欧へと旅した。バッファローを根絶する行為はただ金になるだけではない――シェリダン将軍の説明によれば、その上、これこそ永続的平和を確保し、文明の前進に道を開く唯一の手だてである。

カイオワとコマンチェのインディオたちは、フォート・シル居留地《リザベーション》領内にバッファローをもはや見つけられない。狩りの首尾を祈り、太陽神に奉納する踊りも効果なし。連邦政府の配給は受け取るのも惨めな代物、とても糊口をしのぐに至らない。

インディオたちは遥かパロ・ドゥロ峡谷、バッファローの棲む南部平原最後の地へと逃れゆく。そこでなら食べ物にもそれ以外の何にでもありつける――皮は住まいに、マントや衣服になってくれ、角や骨はスプーン、ナイフそして矢じりに、靭帯やアキレス腱は弦に綱に、膀胱は水壺に使える。

間もなく土埃と火薬の雲を縫い、兵士たちがやって来る。小屋や糧食を焼き払い、ありったけの馬を殺し、インディオたちを牛馬の如く追い立て、元のところに閉じ込める。

逃げおおせたカイオワ人はほんの数えるばかり。平原をさまようも、空腹に耐えかね降参するときがやってくる。フォート・シルに出頭する。彼地で兵は彼らを家畜の囲いへ放り込み、毎日生肉のかけらを投げ与える。

(51、229)

どこまでもさらなる彼方、さらなる内へ

南部バッファローたち最後の群れが総会を開く。議論が長引くことはない。言うべきことは既に尽くされ、夜は続く。バッファローたちはもはや自分たちにインディオを守る力のないことを知っている。河から曙光がたち昇るとき、ひとりのカイオワの女は靄をつき渡河する最後の群れを見る。長《おさ》はゆっくりとした足どりで進み、その後に雌たち、幼子、そしてまだ息のある数少ない雄が続く。スコット山の麓へたどり着くと、頭を垂れ、じっと動かず待ち構える。すると山は口を開き、バッファローたちは中へ入る。あちら、中の世界は青々と瑞々しい。

バッファローたちが渡り切った。山は口を閉ざす。

(198)

口を開けば、一語たりとも過不足はない。

曰く、これ以上、出まかせはたくさんだ。かれこれ八年前、米国政府は勿体ぶった協定をこしらえ、スー人に請け合っていた。スー人はいついつまでもモンタニャス・ネグラス、彼らにとっての世界の中心、戦士たちが神々と語り合う場所の主であると。二年前のこと、このあたりに金《きん》が発見された。昨年、政府はスー人に狩場から立ち退くよう命じたが、それというのも金鉱掘りたちが岩や泉の間《ま》に間《ま》に金を探すあたりこそ、その狩場だったからである。

言うべきことは充分言った。これ以上、出まかせはたくさんだ。トロ・センタド、長の中の長は、スー、シャイアン、アラパオなど平原の戦士たちを幾千と終結させる。三日三晩踊り明かした。その眼で太陽を見据えた。お見通し。

曙光に先駆けて目を覚ます。両の素足は露に湿り、大地の鼓動を受け止める。

夜明けどき、視線を上げ丘陵の彼方を見やる。彼方からカスター将軍がやって来る。彼方から第七騎兵隊がやって来る。

（51、206）

アルセ・ネグロ　1876——リトル・ビッグ・ホーン

九歳にして、声たちを聴いた。脚なり翼なり根なりを持つ存在はことごとく、同じ父なる太陽、同じ母なる大地の子であり、その母の胸から我々は皆、乳を含ませてもらうのだと知った。声たちは彼に告げたのだ、お前こそ聖なる杖、つまりスー人の大地の中央にそそり立つ生命の樹を花咲かせ、嵐雲にまたがり日照りを退治する者なりと。また彼に予告した、戦《いくさ》と苦悶とを。

十歳にして、初めて白人に行き会った。病人なのかと思った。

十三歳のアルセ・ネグロがリトル・ビッグ・ホーン河で水浴びのさなか、兵士たちの到来を告げる鬨の声。丘に這い上がると、そこから見えるのは、轟音怒声の漲る砂塵がもうもうたる雲とたちこめ、そしてその雲を縫い、空っぽの鞍を乗せた馬が山ほど逃げ去るさまである。

（51、230）

カスター　1876——リトル・ビッグ・ホーン

シャイアンの長バシハ・ネグラは、ともに和議の煙管《きせる》をふかした時から警告していた。もしも自らした約束を裏切るならカスターは死ぬ運命にあり、そのしゃれこうべの皮を剝いで手を汚すインディオなどひとりもいまいと。後日、カスターはこの野営地に火をかけ、長バシハ・ネグラは炎の中でしたたか銃弾を浴びせられた。

今となってはジョージ・アームストロング・カスター将軍も、第七騎兵隊の死者のひとりにすぎない。インディオたちはリトル・ビッグ・ホーンの河岸に、敵の部隊を跡形もなく打ち砕いたばかり。カスターは昨夜、黄金色の髪を剃り落としてもらっていた。つるつるのしゃれこうべは手つかずの姿を誇り、一度として敗北を味わったことのない男たちにつきものの、言うならば間の抜けたあの表情をなおも湛えている。

（51、91、198）

1876——ウォー・ボネット溪流《クリーク》

バッファロー・ビル

リトル・ビッグ・ホーンでの敗北後間もなく、数名の兵士が小川のほとりに露営するシャイアン・インディオめがけ襲いかかり、撃ち合いに長マノ・アマリジャが斃れる。

真っ先に駆けつけるのはバッファロー・ビル。一刀のもと、シャイアンの長の頭皮を引き剝がし、馬の速駆けひと走り、遠き都会の表舞台へ舞い戻る。何事か起こるたび、西部の歴史は見世物の度を強めてゆく。戦闘の終わり切らないうちから、皮剝ぎ人はそのものものしい手柄をフィラデルフィア、バルティモア、ワシントン、ニュー・ヨークの劇場また劇場へと売り歩く。カスター将軍を追悼し、またその仇を討つべく、バッファロー・ビルは桟敷をぎっしり埋める客に向かい、両腕を高々とさし上げる——一方の手からは短刀が覗き、血に染まった生皮をつかむ残る手からは、極彩色の羽根飾りが滝となって流れ落ちる。英雄はびっしり飾り立てられたメヒコの衣裳をまとい、腰には一対のリボルバー、弾帯には十五連発のウィンチェスター。御覧の場面は遠からず、この国のどこでも読まれているカウボーイ小説の表紙を飾ることになるだろう。

カウボーイ随一の名声を誇りつつ、バッファロー・ビルは生まれてこのかた牛の一頭追ったことすらなかった。西部征服の生ける象徴、不滅のスーパーマンが名を上げたのは、インディオとバッファローを絶滅へと追いやり、己れの豪胆さと射撃の腕前を休みなく喋りまくったお蔭である。カンザス＝パシフィック鉄道に勤めていたころ、バッファロー・ビルの渾名を頂戴した——彼が言うには、一年半のうちに四二八〇発の弾でバッファロー四二八〇頭を仕止めた。もっとも、女たちのせいで射撃に全精力を注ぐことはできなかったとのこと。(157)

1876——メヒコ市

あの世行き

サンタ＝アナ将軍は十とひとたび、メヒコ大統領の座に就いていた。国を切り売りするやら、犬、馬、窓にまで税金を課しては、部下の将軍たちの忠誠を買っていた。だが幾度、貧民のなりをして宮殿から逃げ出さねばならなかったことか。戦争に負けることにかけては特異の才に恵まれながら、青銅を蹴るギャロップ姿、高々と剣を掲げる己れの胴像をやたら建てさせ、政令を発して自分の誕生日を国の祭日にしてしまった。

流刑《デスティエロ》から戻ってみると、友も敵も残らず先にあの世へ行っていた。肘掛け椅子に深々と身を沈め、一羽の鶏を抱えて片時も離さず、サンタ＝アナは在りし日の勲章を磨いたり、コルクの義足を引っ搔いたりしていた。目は見えなくなっていたが、彼のつもりでは、大公や大統領を乗せた馬車がその戸口に門づけてゆくのが見えていた。耳は聞こえなくなっていたが、彼のつもりでは、謁見か情けか職かを乞うて押し寄せる群衆の、懇願のざわめきが聞こえていた。

――待つのだ！――甲高く叫ぶサンタ＝アナ――黙らんか！――そうする間にも従僕のうち最後に残ったひとりが小便まみれのズボンを取り替えてやっていた。

ベルガラ通りの、抵当に入った、いつもがらんどうの自宅からいま引き出され、彼は墓地へ運ばれる。人を迎え撃ち喧嘩を売るように、鶏たちが棺の先に立つ。（227、266）

文明化の使徒

1877――グアテマラ市

グアテマラ大統領フスト・ルフィノ・バリオスはまぶたを閉じ、ここそこの僧院の沈黙を犯す、鉄道や蒸気機関のけたたましい大音響に耳を傾ける。

世界の市場に人工染料の行く手を阻む者はなく、となればグアテマラが売る緋色染料《グラナ》、インディゴ、コチニールを買う者もない。もはやコーヒーの時代である。市場はコーヒーを求め、コーヒーは土地と人手、列車と港を要求する。国を近代化せんと、バリオスは寄生虫に等しい修道士たちを追放し、カトリック教会からその広大な所領をもぎ取り、その土地を親友中の親友たちに分け与える。またインディオ共同体からも土地を接収する。共同所有の廃止を布告し、強制人夫《ペオン》労働を課す。インディオを国に統合せんと、自由主義政府はインディオを新顔コーヒー農園《プランテーション》の農奴に変える。植民地統治下の強制労働の再来である。

兵士たちは農園《フィンカ》にインディオを割り当てて回る。

(59)

社会主義者とインディオ　1879――メヒコ市

言うは辛いが言わねばならない。アルベルト・サンタ＝フェ大佐はトラテロルコの獄から告発の声を上げる――インディオたちはスペイン支配下の方が幸いだった。今日彼らはにぎにぎしく自由だと言われるが、奴隷である。

テスメルカン溪谷のインディオ叛乱に道をつけた社会主義者サンタ＝フェに言わせれば、メヒコの悪の源は民の窮状、その民の窮状がどこから来るかといえば、少数による土地占有さらには国内産業の欠如に行き着く、我々の手でなし得ることでありながらすべては外からやってくる有様なれば。そしてこう自問する――我々は独立を失い米国の植民地となることを志向すべきか、それとも我らを破滅させた社会組織を変えるべきか？

『社会主義者《エル・ソシアリスタ》』紙の紙上から、ファン・デ・マタ・リベラも同様に、インディオたちは植民地期の方が暮らしよかったと公言し、彼らの土地を彼らに返すよう要求する——暴力や破廉恥行為の成果を盗っ人の権利として認める法はない。

同じころ、シエラ・ゴルダの農民たちは自前の社会主義綱領を発表する。彼らを土地から追い立てる大土地所有制《ラティフンディオ》こそあらゆる不運の元凶、と槍玉に上げ、インディオたちを地主の用に供した諸政府を非難する。荘園《アシエンダ》が集落《プエブロ》にして民と名乗り、また耕作地、水、森、牧草地を共同体の所有する形へと戻すよう提起する。

（129、274）

1879——チョエレ－チョエル島
レミントンの銃声まかせに

アルゼンチン兵たちはインディオの地二万レグアを征する。

ロンドン市場の需要に合わせるには牛を何倍にも殖やさねばならない。かくして、辺境は火を噴く。平原《パンパ》を律する大土地所有制《ラティフンディオ》が南へ、西へと伸びてゆくよう、自動連発銃は無人の地を空にしていった。
パタゴニアから野蛮人どもを一掃し、インディオ集落に火を放ち、インディオと駝鳥の上に照準を定めつつ、将軍フリオ・アルヘンティノ・ロカは、牧童《ガウチョ》やパラグアイ人相手の戦争に始まる華やかな軍歴の頂点をここに極める。

ネグロ河のチョエレ－チョエル島にて、埃まみれの兵四千がミサに与《あずか》る。神に勝利が捧げられる。砂漠の作戦はこれにて終了。

生き残りのインディオは、男も女も辺境の戦利品として牧場《エスタンシア》に、保塁に、馬小屋に、厨房に、寝室に分配される。一万を越える、とフェデリコ・バルバラ中佐は勘定する。アルゼンチン婦人たちの篤志のお蔭で、とバルバラは言うのだが、野蛮人の子供たちは腰布《チリパ》をズボンに着替え、人間らしい顔つきを身に着ける。

(353)

マルティン・フィエロと牧童《ガウチョ》の黄昏

1879——ブエノス・アイレス

ホセ・エルナンデスはブエノス・アイレスにて『マルティン・フィエロ』終結部、祖国を建てながら祖国にはぐれた牧童《ガウチョ》の末期の詠詞《うた》を刊行する。ラ・プラタ河岸の野一帯には暫く前から、このみごとな叙事詩の前《さき》の半分が出回り、その韻律はまるで肉やマテ、タバコほどに必需品となっている。

かがり火を囲み、しみじみと四行詩《コプラ》を口ずさむ大牧場《ラティフンディオ》の下僕や保塁の一兵卒らは、あの武骨な兄弟、

王《レイ》も法《レイ》も知らぬ男の足取りを呼び出しては、自分たちの失われた自由の記憶を取り戻す。 (158)

1879——ポルトー・プランス

マセオ

故地を追われた《デステラド》アントニオ・マセオがサント・ドミンゴを指し、ベル・エールの高みにさしかかると、五人の刺客が飛びかかる。満月の夜だがマセオは銃撃を免れ、馬を駆るが早いか灌木の茂みへ潜り込む。ハイチ駐在のスペイン領事が死刑執行人たちに二万ペソ分の金《きん》を約束していた。キューバ独立の戦士たちの中でもマセオはひときわ人気が高く危険な人物なのである。

戦火の下、父と十四人の兄弟を失っていた。それでも戦場へ戻るだろう。騎馬隊の蹄轟く中、山刀《マチェテ》をカチャカチャ言わせながら大砲の口めがけ突進するとき、マセオは先頭切って馬を進める。昇進という昇進は戦闘によってものにしてきたが、白い上官たちの一部にとっては、黒人すれすれの彼が少将になるなど断じて面白くない。

マセオは正真正銘の革命を賭けて闘う。スペイン人に取って代わろうというのではない、と彼は言う。独立は最終目的ではなく、手始めにすぎない。独立のその日から、キューバを変革せねばならず、民が指揮を執らない限り植民地が祖国に生まれ変わることはない。クリオジョの大地主たちがこの男に不信

を抱くのも全くもってごもっとも、彼に言わせれば私有財産権は神聖でも屁でもないのである。(262)

1879――チンチャ諸島

グアノ

混じりものなしの鳥の糞こそ、島々に隆起する丘の連なりの正体。何千年もの間、何百万羽もの鳥がペルー南部海岸の地にその消化プロセスを了えていた。

どんな土地でも、たとえ死んだと見える土地でも、甦らせる力がこのグアノに備わっていることをインカ人は知っていた。だが欧州がペルー産肥料の魔力を認識するのは、フンボルトが試しに初めて現物をいくらか持ち帰って以来のことである。

ペルーはその銀と黄金とで世界的名声を博していたが、小鳥たちの好意により、その栄光を長保ちさせることができた。欧州を指して航海する船は悪臭ふんぷんのグアノを積み、帰りには、リマの大通りを飾るため、純大理石の彫像をカラーラから運んできたものである。南部山地の織物工場群を倒産させたイングランド製の服や、モケグアの国産葡萄園を軒並み閉鎖に追い込んだボルドー産ワインで溢れ返る船倉が、次々やって来るのだった。エル・カヤオへは、ロンドンから家々が丸ごと到着した。パリからは、料理人その他すべてとり揃えた高級ホテルが一軒と言わずそっくり輸入された。

四十年という時を経て、島々は荒《すさ》み切る。ペルーは千二百万トンに上るグアノを売却、その代金の二倍を浪費し、今や聖人ひとりひとりに蠟燭一本分の借りがある。（43、44、289）

硝石

1879――アタカマとタラパカの砂漠

戦争はグアノゆえには起こらない、というのも、ろくに残っていやしない。チリ軍をして、ペルー・ボリビア同盟軍を敵に回した砂漠征服へと向かわせるのは、硝石さまである。

アタカマとタラパカの不毛の砂漠から、欧州の谷を染める緑が生まれる。このあたり、孤絶の地に出くわすものと言えば、石ころの間に身を隠してしまうトカゲか、くたびれ果てた欧州の土地を回春させる雪の固まり、即ち硝石を太平洋岸の港へ引き運ぶ騾馬の群れくらい。この、ひたすら無の世界には影を落とすものさえなく、例外は、容赦なく太陽に晒され乾き切るまぶしい硝石の山や、鎧の代わりに朽ち果てた小麦粉袋を、槍の代わりに杭、剣の代わりにシャベルを用いる、砂漠の戦士然とした気の毒な労働者たちばかり。

硝石、別名硝酸塩は生と死の商売いずれにもなくてはならぬものと化す。肥料として引く手数多というにとどまらない。さらに炭素、硫黄と混ぜれば、火薬に変身するのである。農業が、また戦争という

名の前途有為な産業が、これを必要とする。(35、268)

1880——リマ　中国人たち

チリは侵略し破壊する。イングランド製の軍服を着、イングランド製兵器を携え、チリ軍はリマの浜辺に沿い、チョリジョス、バランコ、ミラフロレスの各区を完膚なきまでに瓦解させる。殺される場面へはインディオを送り込み、ペルー人将校たちは逃亡の合間にこう叫ぶ——祖国よ永遠に《ビバ・ラ・パトリア》！

中国人、ペルーの中国人多数がチリ側に立って闘う。彼らは大農園《ラティフンディオ》から逃げ出した中国人であり、侵略軍を率いるパトリシオ・リンチ、赤い皇太子とも救世主とも呼ばれる将軍への感謝を唱えながらリマへ入城する。

つい何年か前、イングランド、ポルトガル、フランスの奴隷商人により、マカオと広東の港で船積みされた中国人たち。その三人に二人が生きてペルーへたどり着いた。カヤオ港で売りに出された——リマの新聞各紙は水揚げしたての品と推奨した。多くは灼けた鉄印を押された。鉄道が、綿が、砂糖がグアノがコーヒーが、奴隷労働を求めていた。グアノの島では、警備係は彼らから目を離さなかったが、それというのも、少しでも気を許すと中国人たちは海に身を投げて自殺してしまうからだった。

リマ陥落はペルー全土に混沌を解き放つ。カニェテ溪谷では黒人たちが決起する。謝肉祭の幕切れを迎えた灰の水曜日、何世紀も積もり積もった憎悪が爆発する。屈辱に屈辱を重ねる儀式——黒人たち、つい昨日まで奴隷だった、そして今日も奴隷扱いを受け続ける黒人たちは、同じく奴隷の中国人を棒切れや山刀《マチェテ》で殴り殺し、積年の恨みを晴らす。

(45、329)

1880——ロンドン

怠惰に生きる権利の擁護

フランスの警察に追い立てられ、鍾乳石までおもらししそうなイングランドの冬に懲らしめられながら、ポール・ラファルグはロンドンの地に、人間を機械の哀れな下僕へと貶める犯罪的体制に反対する新たな陳述書を認《したた》める。

資本主義的倫理は神の倫理のもじり損ない、そうマルクスの女婿に当たるキューバ人は書く。資本主義は労働者に対し、修道士よろしく、汝らは労働と苦難を忍ぶべく現世という涙の谷へ生まれ落ちたのだと説き、一日十二時間もの間さんざんな目に遭わせてもらえる工場へ女子供を引き渡すよう仕向ける。ラファルグは、労働の長男たる進歩の神を称える不快きわまりない祝詞への唱和を拒み、怠惰に生きる権利と、人としての情熱を心ゆくまで享受する権利の正当性を主張する。怠け心は神々からの贈り物。キリストでさえ山上の垂訓においてこれを説いた。いずれ、とラファルグは告げている、聖書のイナゴよりも数をたのむ飢えと強制労働の嵐も尽き、大地は歓喜にうち震えるであろう。(177)

ビリー・ザ・キッド　1881——リンカーン・シティ

——忠告をひとつやろう、あんた《ドク》。

一分前までビリー・ザ・キッドは独房で縛り首になるのを待っていた。いま、階段の上から保安官に狙いをつける。

——そんなに待っちゃいられないぜ、あんた《ドク》。

保安官が彼に手錠の鍵を放り、ビリーが腰をかがめた途端、リボルバーが稲妻を噴く。保安官は目に一発食らい、銀の星も粉々に砕けて昏倒する。

ビリーは二十一歳、コルト銃の台尻に刻まれた勝利の切り込みも二十とひとつ、ただし殺しても記録にならないアパッチ人やメヒコ人は勘定から外しての話である。

——俺がおまえさんならこんなことはしないね、よそ者め。

この道に入ったときは十二歳、ちんぴらに母親を罵られ、さて彼は全速力で逃げのびたが、その手が

振り回すナイフは血を滴らせていた。（131、292）

ジェシー・ジェイムズ　1882――セント・ジョゼフ

ジェシーと彼の子分《ムチャチョ》たち、人呼んでジェイムズ一家《ボーイズ》は南部の奴隷制支持軍とともに闘い、その後、敗北した地の恨みを晴らす復讐の天使となった。ただただ名誉の念のみに突き動かされ、銀行十一行、郵便列車七本、駅馬車三台を襲い、洗いざらい金品をむしった。ほらを吹き吹き、その気も見せず、武器を鞘から取り出す手間もとらずに、ジェシーは己れの同類十六人をあの世へ送り込んできた。

とある土曜日の晩、ところはミズーリのセント・ジョゼフ、一番の親友が彼の背に一発撃ち込む。

――おい、ねんね、そんな涙はふいちまって皆にうまい酒を出すんだ。やれやれ、この邪魔物をついでに片付けてもらいたいもんだ。こいつの正体をお前さん方に教えてやろう。こいつは何者だったかって？　こいつはアリゾナじゅうの騾馬に輪をかけた強情もんだったよ。（292）

カウボーイの黄昏

1882——オクラホマ大草原

半世紀前、音に聞こえたオクラホマの野生馬はワシントン・アーヴィングを眩惑し、そのペンに霊感を吹き込んだ。かの大草原の御し難き貴公子、たてがみの生えた白い矢が、今日はもはや荷役用の獣、飼い慣らされた家畜。

同じく、あるときは正義の天使またあるときは復讐に走る盗賊と言われた西部征服の覇者カウボーイも、今や兵士になるか、あるいは時間に合わせて働く従順な人夫《ペオン》へ様変わり。有刺鉄線は一日千キロの速度で前進し、冷蔵貨車は米国の大平原を走り抜ける。バラードや三文小説は古き佳き時代の駅馬車隊の旅、ベーコンの脂を差して言うことを聞かせた木の心棒、コヨーテとインディオの遠吠えなどを懐しく記憶に呼び起こし、バッファロー・ビルは郷愁が極めて利益の上がる産業となることを実地に示しているところ。しかしカウボーイは、綿の種を取りのけるもの、小麦を挽くもの、稲束を積み上げるもの、干し草を打つものなどなど機械また機械のうちの、これまた一台にすぎない。（224、292）

あなたも人生において成功を得られます　1882――ニュー・ヨーク

幸福への道はもはや西部大草原のみに向かっているのではない。今や大都会の時代でもある。列車の汽笛は魔法の笛となり、土くさい午睡《シエスタ》にひたる若者たちの目を覚まさせ、セメントと鋼でできた新手の天国へ仲間入りするよう彼らを誘《いざな》う。ぼろをまとった孤児の誰もが、身を粉にして働き、巨大なビル街の事務所や工場で徳を積めば、羽振りのよい実業家になれる、そうセイレンの甘い声は請け負う。

ホレイショ・アルジャーという一作家がこうした夢を何百万部も売りまくる。アルジャーはシェイクスピアよりもよく知られ、彼の小説は聖書よりも津々浦々まで行き渡る。読者と登場人物はともどもおとなしき賃金労働者、列車や大西洋横断船を降りたときから休みなく駆け回ってきた。実のところ、成功へのレースが繰り広げられる走路《トラック》は、ひと握りのその道の選手用に予め取りおかれているのだが、米国社会は自由競争の幻想を大量消費し、足の悪い者まで徒競走に勝つことを夢見るありさま。(282)

ジョン・D・ロックフェラー版『天地創造』 1882——ニュー・ヨーク

はじめにケロゼンの街灯で光を創造した。獣脂や鯨油の蠟燭を嘲っていた闇は退却した。夕となり、また朝となった。第一日である。

神は私をお試しになり、魔物をして私に友人愛人その他浪費物をあてがわせた。第二日である。

そこで私は言った——《石油が私の許へやって来るようにさせて下さい。》こうして私はスタンダード・オイル社を創った。私は見て、良しとした。夕となり、また朝となった。第三日である。

私は神の手本に従った。主のなさった如く、私への服従に異を唱える者を脅迫し呪ったのである。また主のなさった如く、強要と罰を援用した。神がその競争者を粉砕なさったように、私もピッツバーグとフィラデルフィアの競争相手を容赦なく粉みじんにした。一方、悔い改めた者には赦しと永遠の安寧を約束した。第四日である。

かくして私は宇宙の無秩序に終止符を打った。混沌のあるところに組織を創り上げた。前代未聞の規模で費用をはじき出し、言い値を押しつけ、市場征覇を成し遂げた。二度と再び時間や精力、物資の浪費が生じないよう、何百万という労働力を分散配置させた。そして人類史から偶然や運というものを叩き出した。私の創造した空間に、弱者や効率に欠ける者用の場所など取り置かなかった。夕となり、また朝となった。第五日である。

我が事業を名づけるに際し、私はトラストの語を世に広めた。私は見て、良しとした。世界は確かに、お目付け役のこの両眼の周りを回っている、そう私が確証を得るうちに、夕となり、また朝となった。第六日である。

七日目には施しを行なった。神の完璧なる業を引き継いだことにより神が私にお与えになった金の総和を算出し、貧者たちに二十五セントを喜捨した。かくして私は休みを取った。

(231、282)

北部最後のバッファローたち

1883——ビスマルク・シティ

モンタナではもはやバッファローは珍獣となり、ブラックフィート・インディオたちは古ぼけた骨や樹皮をかじる。

トロ・センタドが北部平原におけるスー人最後の狩猟を司る。随分と歩き抜いた後に、ほんの数頭が見つかる。一頭殺すたび、伝統の求めに則り、スー人は見えざる偉大なバッファローの神に赦しを乞い、死骸の毛一本たりとも無駄にしないことを誓う。

ほどなく、北太平洋鉄道が大陸両岸をつなぐその経路をめでたく開通させる。米国領土を横切る鉄道としては四番手。木炭を食う蒸気機関車が圧縮空気のブレーキとプルマンの客車を伴い、小作人《コロノ》たちの目の前を、かつてインディオたちのものだった平原へと突き進む。ここかしこに新しい都市が芽吹く。巨大な全国市場が育ち、連結し合う。

北太平洋鉄道の当局は開通式の大祝典に長《おさ》トロ・センタドを招き、スピーチを求める。トロ・センタドは、スー人が施しによってようやく命脈を保つ居留地からやって来る。花々と旗に包まれた演台へ登り、米国大統領、列席の高位高官お歴々、そして聴衆一般に向かい口を開く――

――わしは白人を憎む――言葉を続ける――あんたらは盗っ人で嘘つきだ……

通訳の若い将校が翻訳する――

――赤心より温かく皆様を歓迎申し上げます……

トロ・センタドは聴衆の割れんばかりの拍手に割って入る――

――あんたらは我々から土地をむしり取り、我々を賤民に貶めた……

聴衆は、総立ちになって、この羽根飾りをつけた戦士に喝采を送り、通訳は氷の汗をかく。（224）

金融の手品師は兵士の肉を食う

1884――サンティアゴ・デ・チレ

我らが権利は勝利から生まれ、勝利こそは国々の至上の法なり、とは戦勝国の政府の弁。

太平洋戦争、もしくは硝石戦争、終結す。海と陸からチリは敵を撃破した。アタカマとタラパカの涯なき砂漠がチリの地図に組み込まれる。ペルーは硝石と、目ぼしいところは取り尽くされたグアノの島々を失う。ボリビアは海への出口を失い、南米の心臓部に囲い込まれる。

サンティアゴ・デ・チレでは勝利を祝う。ロンドンでは勝利のお代を取り立てる。銃を一発たりともぶっ放すでなく、一ペニーを費すこともなく、ジョン・トマス・ノースは硝石王になりおおせた。ノースはチリの諸銀行から借り入れた資金を使い、ペルー国家が鉱床の元の所有者たちに渡してあった債券を二束三文で買い取った。ノースが債券を買い取るや否や戦争勃発、そして戦争が終わらないうちに、チリ政府は恭々しくも、くだんの債券を正式の所有権証書と認めたのである。

（268、269）

祖国の報い

1884——ウアンカヨ

三年と二百レグアの永きに亙り、アンドレス・アベリノ・カセレス元帥はインディオのゲリラ戦士たちを引き連れ、ペルー山岳部にチリの侵略者を迎え撃ち、休みなき戦闘に駆けずり回った。

村々のインディオたちは彼らの元帥、髯の立派な男にタイタの敬称を捧げ、多くの者たちが彼につき従い、自分たちを見くびる祖国のために万歳を叫びつつ死んでいった。リマでもインディオたちは肉弾となり、社会批評家リカルド・パルマは、かの卑しき堕落人種に敗北の責をなすりつけた。

片やカセレス元帥はつい今しがたまで、ペルーが敗れたのは自国の商人や官僚のせいであると断言していた。つい今しがたまで、ペルーから相当の塊を切断することとなる和平条約にも反対していた。さて、カセレスは考えを変えた。大統領になりたい。それに見合う段取りをつけねばならない。武装インディオたちの武器を取り上げることが必要だ。なるほど連中はチリ人相手に戦ったが、しかしまた荘園《アシエンダ》にも入り込み、大土地所有《ラティフンディオ》の神聖にして侵すべからざる秩序を脅《おびやか》しつつある。

元帥はコルカ地方のゲリラ隊長トマス・ライメスを呼び出す。ライメスはインディオ千五百名を伴いウアンカヨに到着する。こう言いに来たのである——

——何なりと御命令を、我がタイタ殿。

しかしライメスが到着するや、彼の部隊は武器を取り上げられる。兵営の敷居をまたぎかけたそのとき、彼も銃尾の一撃にくずおれる。それから、目隠しをされ、座ったまま銃殺に処される。(194)

「悪は上からやってくる」と
マヌエル・ゴンサレス＝プラダは言う
1885——リマ

ペルーはほんの数えるほどの特権者の支配に呻く……。これらの輩は砂糖きび搾汁機《トラピチェ》の円筒の間に我々を圧《の》し、蒸留器の水盤に我々を漉し、金属を溶かす炉の中で我々を炭にすることも厭わない、もし我らの残りかすからたった一ミリグラムであろうと黄金を抽出できるものならば……。彼らはまるで呪われた大地の如く、種を受け取り水を飲むだけで、決して実をつけない……。

チリとの戦争にあっては、グアノや硝石の溜まりを防衛する勇気すら持ち合わせず、その臆病ぶりを証明した……。我々はあたかも国の体《てい》をなさないかの如く、狼籍を受け、踏みつけにされ、血で汚された。だがチリとの戦争は我々に何の教訓も与えず、我らが悪癖の何ひとつ正されることはなかった。(145)

「すべては皆のもの」　1885——メヒコ市

とは、テオドロ・フロレス、ミステコ・インディオにして三つの戦争を戦い抜いた英雄の言。

——さあ繰り返して！

すると息子たちは繰り返す——すべては皆のもの。

テオドロ・フロレスはメヒコを、米国人と保守派とフランス人とから守った。大統領ファレスは褒美として彼に農園《フィンカ》を三つ、それも質のよい土地に位置するものを与えた。彼は受け取らなかった。

——大地、水、森、家々、家畜、収穫。皆のもの。さあ繰り返して！

すると息子たちは繰り返す。

天を遮るものなく、屋上は糞や油の匂いをほぼ免れ、静寂がまずまずあたりを律する。階下の中庭では男たちが同類の雌一匹を争って刃傷沙汰に訴え、誰かが聖母の名を声高に叫び、犬たちが吠え立てて死の前触れを告げていようと、ここなら風にあたり、お喋りをすることもできる。

——山《シエラ》のお話をしてよ——と末の息子がせがむ。

そこで父親はテオティトラン・デル・カミノでの暮らしぶりについて話してやる。あそこでは働ける者が働き、各自に必要なものが分け与えられる。必要以上のものを取ることは誰にも禁じられている。そんなことをしたら重罪になる。山では、罪には沈黙、軽蔑あるいは追放という罰が下される。ファレス大統領が監獄を持ち込んだが、監獄などそれまであそこでは誰も知らなかった。ファレスは判事やら所有権証書やらを持ち込み、共有地の分配を命じた――

――だが我々は我々がもらった紙切れなど意に介さなかった。

テオドロ・フロレスは十五歳のときカスティリャ語を習い覚えた。いま彼は、息子たちが弁護士となり、インディオを博士さまどもの計略から守ってほしいと願う。そこで彼らを首都へ、このやかましく薄汚れた都市へ、ごろつきや物乞いに混じって汲々と暮らすよう連れてきた。

――神が造り給うたものと、人が造るものと。すべては皆のもの。さあ繰り返して！

夜ごと、子供たちは睡魔に転がされるまで彼の言葉を聴く。

――生まれるときは我々誰もが等しく裸ん坊。我々は皆兄弟。さあ繰り返して！

プレスタン　1885――コロン

コロンの都市《まち》は三十年前に生を享けたが、それは海から海へ、パナマを横切る鉄道の終着駅が要り用だったため。この都市はカリブ海の湿地の上に生まれ、カリフォルニアの黄金を求め流れ込んだ山師たちには熱病と蚊、安宿と賭博場と娼窟を提供、片やみすぼらしい仮小屋をあてがわれた中国人労働者たちとくれば、鉄路を敷くには敷いたが伝染病か望郷の病かで命を落とした。

この年、コロンは焼けた。火は木造アーケード街、家々そして市場を呑み込み、ペドロ・プレスタンがその罪をかぶった。プレスタンは教師にして博識の主、ほとんど黒人、いつも山高帽に蝶ネクタイで決め、泥道を行く姿にはいつも一分の隙もなかったが、民衆叛乱の先頭に立ったことがあった。鉄道を始めとする米国資産の保護を謳い、海兵隊《マリーンズ》千名がパナマの地に襲いかかった。プレスタン、辱められた者たちを魂と生命と帽子に賭けて擁護した彼は、いま絞首台からぶら下がる。

この犯罪がコロンを呪う。贖罪のため、今からこの先いつまでも、二十年ごと火がこの都市を浄める。

（102、151、324）

1886――チビルコイ

サーカス

夜明けどき、チビルコイのこんもりとした雑木林を分け、サーカス馬車が靄の中から姿を現わす。

午下がり、サーカステントの上に色とりどりの小旗が翻る。

街なかへの凱旋行進もある。ポデスタ兄弟率いる馬術・体操・軽業および御当地《クリオジョ》芝居一座は日本の女曲芸師やら話す犬やら、芸達者な鳩、天才少年に道化師四人を引き連れてお出まし。演目表は、道化者ペピノ・エル・88並びにとんぼ返り部隊がロンドン、パリ、ウィーン、フィラデルフィア、ローマの観衆に大好評を博したと太鼓判を押す。

だがサーカスのお出しするとっておきの御馳走はアルゼンチン史上初の御当地《クリオジョ》芝居、題して『ファン・モレイラ』、四行詩《コプラ》と短刀の果たし合い付きパントマイム、兵卒ふぜいからも判事からも市長からも雑貨屋からもいじめられたガウチョの艱難辛苦のものがたり。(34)

コカ・コーラ　1886――アトランタ

ジョン・ペンバートンは薬剤師、その処方する愛の媚薬と禿除けローションとでそこそこ名を上げていた。

さて今度は頭痛を和らげ吐き気を抑える薬を編み出す。新製品は、アンデスから取り寄せたコカの葉と、刺激効果のあるアフリカ産の木の実コーラを素材にしている。水、砂糖、カラメルそしていくらか内緒の成分を加えて処方は完成。

間もなくペンバートンはその発明を二千三百ドルで売り渡す。そうすることが得策だと信じて疑わない。そしてもしどこぞの占い師が、おまえさんは来る世紀の象徴を造り出すということをしでかしたのだなどと言おうものなら、誇らしいどころか、おかしくて笑い死んでしまうだろう。(184)

五月一日が来るたびに、甦るであろう

1887――シカゴ

彼らを待つのは絞首台。仲間は五人だったが、リングはダイナマイトのカプセルを噛み砕き、死を先取りした。フィッシャーは「ラ・マルセイエーズ」をハミングしながら慌てず身づくろいする。鞭か短刀かと見紛う言葉の使い手、煽動の才に秀でたパーソンズは、警備の者が後ろ手に縛り上げようとする前に、同志たちの手を握る。射撃の腕で名を馳せるエンゲルはポルト・ワインを所望し、小咄で皆を笑わせる。アナキズムを生の入口の如く祀り上げ、大いに書きまくったスパイズは、従容として死の入口に向かう。

物見高い人々は、劇場のかぶりつきに陣取り、その視線をひたと処刑台にうち据える。合図ひとつ、物音ひとつ、はめ板が落ちる……。既にして、彼らはおどろおどろしき舞いを舞い、宙に回転しながらこと切れた。

ホセ・マルティはシカゴでのアナキスト処刑を記事にする。世界の労働者階級は毎年五月一日、彼らを生き返らせるであろう。そうなろうとはまだ誰も知らないが、マルティの筆はいつでも、およそ産声とは最も縁遠く思われるところに産声を聴きつけ書き留める。(199)

ノース

1889——ロンドン

かれこれ二十年前、バルパライソの桟橋にひらりと降り立ったのは、青い石の瞳とちりちり縮れた火のような髯の主——ポケットには十ポンドを携え、背には着替えの包み。手始めの職をタラパカのちっぽけな鉱床に得るが、その排水坑で硝石を知り硝石に苛まれ、その後はイキケ港で商人として身を立てた。チリ人とペルー人とボリビア人とが銃剣をぶつけ合い、互いの腹を切り裂き合う太平洋戦争のさなか、ジョン・トマス・ノースはあっと驚くぺてんを弄し、戦場の主に成り上がった。

今や硝石王たるノースはフランスでビールを、ベルギーでセメントを製造し、エジプトに路面電車、ブラック・アフリカに製材所を有し、オーストラリアで黄金を、ブラジルでダイヤモンドを掘る。イングランドにあって、平民の出ながら目にも留まらぬ指さばきのこのミダス王は、女王陛下の軍隊に金を払って大佐の位を手に入れ、ケント郡のフリーメーソンを統括し、保守党きっての名士である。公爵やら、卿と呼ばれる人々やら、閣僚たちがその宴席に集う。居城の壮大な鉄扉は、何でもチリ兵たちがリマの大聖堂から引き剝がしてきたものだそうな。

チリへの旅を目前に控え、ノースはメトロポール・ホテルに送別の舞踏会を張る。イングランド人が千と馳せつける。メトロポールの広間という広間は太陽さながらに照り輝き、舌もとろける料理と酒の数々がきらびやかに並ぶ。巨大な菊の紋章は、中央にNの文字をひけらかす。喝采が湧き起こり、ヘンリー八世に扮し階《きざはし》を下りる全能の人を迎える。公爵夫人のなりをしたその妻の腕をとり、娘はペルシアのお姫様、息子はリシュリュー枢機卿のいで立ちで後に続く。

『タイムズ』紙従軍特派員が、チリにある己れの王国へ旅出つノースの、大随行団に加わる。穏やかならぬ旅程が待ち構えているのだ。かの、銃もて征した砂漠の地でこそ、ノースは硝石と石炭と水と銀行と新聞と鉄道の主。だがサンティアゴの都《まち》には彼の贈り物を突き返す、趣味の悪い大統領がいる。その名はホセ・マヌエル・バルマセダ。ノースの旅の目的は、その転覆。

（269、270）

1889——モンテビデオ

サッカー

七十歳の誕生日をロンドンで迎えるヴィクトリア女王。ラ・プラタ河では足蹴によってお祝いする。

ブエノス・アイレスとモンテビデオの選抜チームが女王の尊大な視線に見守られ、ラ・ブランケアダのささやかなるフィールドに球を取り合う。ボックス席の中央には、世界の海と相当の陸地とを支配するお方の肖像画が旗と旗の間に高々と掲げられている。

ブエノス・アイレスが三対〇で勝利する。いまだペナルティは考え出されておらず、敵のゴールに近付く者は命懸けとなるのだが、幸い死者は出ない。近場からのゴールを決めるには、斧のように振り下ろされる脚なだれとの激突を覚悟せねばならず、試合という試合はどれも鋼鉄の骨が必要な合戦と化す。

サッカーはイングランド人の遊び。鉄道会社にガス会社、ロンドン銀行の社員たちを中心に、また当地に立ち寄る船乗りたちがこれに興ずる。とはいえ既に、何人かのクリオジョがブロンドの髭を蓄えた砲手たちに入り混じり、フェイント技も門番《キーパー》を銃殺するに有効な武器であることを披露しつつある。

同志たち

1890——ラ・プラタ河

五万を越える労働者が毎年ラ・プラタ河に到来するが、その陣容は、絶望の波に南米くんだりまで打ち寄せられた欧州勢——エドムンド・デ・アミーチスがアルゼンチンの岸辺に居ついたピエモンテ移民の集住地を通り過ぎればイタリアの旗が出迎え、ブエノス・アイレスやモンテビデオの労働者の集いでは、スペイン語、イタリア語、フランス語、ドイツ語の檄が飛び交う。

労働者、職人の十人に八人が外国人、しかもイタリアの社会主義者にアナキストあり、パリ・コミューンを経験したフランス人、第一共和制派のスペイン人、ドイツおよび中欧の革命家たちあり。

河の両岸にストライキが炸裂する。モンテビデオをとれば、路面電車の運転手は一日十八時間、製粉所や麺工場の労働者は十五時間働く。日曜などないのだが、ブエノス・アイレス政府の一員は御丁寧にも、休息はあらゆる悪徳の母と見つけたり、と公言していた。

ブエノス・アイレスにラテンアメリカ初の五月一日《メーデー》が祝われる。長広舌の弁士ホセ・ウィニヘルはドイツ語でシカゴの殉難者たちに挨拶を送り、世界に社会主義のときは近しと告げるが、一方、法衣の人、文人武人あるいは僧衣の人々は秩序の敵たる外国人を追放せよと叫び立てる。輿の乗った作家ミゲル・カネはアルゼンチンからよそもの煽動者をつまみ出す法律の草案を書き上げる。

(140、290)

安長屋

1890——ブエノス・アイレス

貧者も金持ちも、謝肉祭の到来とともにコロン劇場へ出かけると、入口では同じ入場料を払うが、扉を通り過ぎれば腕は腕、脳味噌は脳味噌のあるべきところに収まり、誰ひとり、座席を間違えるなどという冒瀆行為には及ばない。通路では下々の者が踊り、桟敷や広間には上の者が遊ぶ。

ブエノス・アイレスはその劇場に似る。北部地区《バリオ・ノルテ》に住まう名門の人々は二階か三階建を誇るフランス風宮殿に眠り、取柄もないどこぞのよそ者と血を交えるくらいなら処女のまま死んだ方がましというお局さま方は独り寝の夜を過ごす。命ずる側の者たちは、幾筋もの流れをなす真珠やら銀器に打ち出した紋章を頼りに家系を飾り、もしくはこしらえ、ザクセンだかセーヴルだかリモージュだかの陶磁器、ウォーターフォードのガラス器、リヨンのタペストリー、ブリュッセルのテーブルクロスを勿体ぶってひけらかす。大いなる田舎村の隠遁生活が行き着く先は、見せびらかし熱に覆われた南米《アメリカ》のパリ。

南へ目を転ずると、世の不運という不運に痛めつけられた者たちがひしめき合う。中庭を三つも擁しながらうち棄てられた植民地期の大邸宅、はたまた特設の安長屋に、ナポリから、ビゴから、ベッサラビアからやって来た労働者たちが代わる代わる睡眠をとる。寝床が冷えることなど有り得ない。第一どこもかしこも火桶や洗面器や揺り籠代わりの木箱が割り込み、寝床さえ数に事欠く。ひとつきりの便所の扉から伸びる長蛇の列には喧嘩がつきもの、静寂は高嶺の花。それでも時折、祝いごとの夜には、アコーディオンやマンドリンやバグパイプ《ガイタ》の音が、主人《パトロン》と亭主の双方に仕える女たち、洗濯女や料理女たちの失われた声を取り戻し、陽が昇ってから落ちるまで、革をなめし、肉を袋に詰め、材木を伐り出し、道端を掃き、荷を担ぎ、塀を建て色を塗り、紙タバコを巻き、小麦を挽きパンを焼く男たちの孤独を慰める。傍らではその子供たちが長靴を磨き、今日の事件を口々に噂する。

(236、312)

孤絶《エル・ソロ》の人

火がひとつ減る、とは、あちらガリシアの村々で、誰か移民が出たときの決まり文句。だがあちらでは余りものだった彼も、こちらではあぶれたくない。騾馬の如く働き、耐え、押し黙る、口数少ないこの男は、見知らぬ都市で犬よりも肩身が狭い。

こちらではからかわれ蔑まれるが、それは彼が署名すらできず、また手仕事は劣等人種の生業《なりわい》と決まっているからである。逆にこちらでは、傲慢の限りを尽くす者が崇められ、要領と運とをしっかと活かし、闘志満々の雄鶏をむしってみせる腕のある小ずるい者が喝采を浴びる。

孤絶《エル・ソロ》の人、移住者はおちおち眠れない。だが睫毛のひっつくが早いか、青く匂い立つ山々や霧の絶壁で妖精や魔女たちに愛される。時には悪夢も訪れる。すると河で溺れる。河ならどこでもとはゆかず、故郷の然るべき河である。それを渡り切る者は、これは噂だが、記憶を失くすという。

タンゴを踏みながら《タンゲアンド》

タンゴは陽気なミロンガの陰気な倅、場末の裏庭や安長屋の中庭に生を享ける。

ラ・プラタ河の両岸でこの音楽は悪名高い。こんなものを、しかも土間で踊るのは、労働者に悪党、槌《マルティジョ》か匕首《クチジョ》の持ち主であり、女の方がかくも艶のある起伏激しいステップに従いてゆけず、あるいはかくもぴったり体を重ね合う抱擁は売女の役と映ると、野郎《マチョ》同士で踊ってみせる——二人は床を滑り、左右に揺れ、伸び上がり、振りの妙、透かし模様《フィリグラナ》の足さばきに粋を凝らす。

タンゴは内陸深く、ガウチョの歌謡に由来し、また海原の、水夫たちの歌唱にも由来する。アフリカの奴隷とアンダルシアのジプシーにも由来する。スペインからギター、ドイツからバンドネオンを、イタリアからマンドリンを持ち込んだ。馬車を操る御者はその角笛を、移民労働者は孤独の友ハーモニカを与えた。じりじりとした足取りで、タンゴは兵営を居酒屋を、巡回サーカスの馬場や町はずれの娼窟の中庭を横切っていった。さて今タンゴは、手風琴に合わせ、ブエノス・アイレスやモンテビデオの河べりの道端から中心街を指してお散歩、さらにはひと騒ぎ巻き起こしに船でパリへ連れてゆかれる。

（257、293、350）

マーク・トウェイン　1890――ハートフォード

小説家の手がコルト武器製造会社社員のハンク・モーガンを遥かなるアーサー王の宮廷へ放り出す。電話、自転車、ダイナマイトが魔術師マーリン、サー・ギャラハッドの時代のキャメロット溪谷へ旅をする。あちらでハンク・モーガンは、新聞を発行しては二セントという手頃な価格で売り出し、ウェスト・ポイント士官学校を創立、世界は柱の上に支えられた皿ではないことを明らかにする。既に独占というものを知る社会の出身ながら、ハンクは封建制下の城に自由競争、自由貿易、自由選挙なる福音を持ち込む。馬上の決闘を野球に、世襲王制を民主主義に、名誉の掟を実利計算に置き換えようとするが実を結ばない。しまいには、武具をまとうイングランド馬三万騎をお払い箱にし、対抗馬として米国のインディオ相手に実験済みの、高圧電線をうち出す。冒険は死屍累々の大団円を迎え、ハンクは彼の犠牲者たちが発する腐臭の毒にあてられて倒れる。

マーク・トウェインはハートフォードの自宅で『アーサー王宮廷の一ヤンキー』を書き上げる。《この作品は我が白鳥の歌》と告げる。彼は終始、百万ドルという逃げ足の速い金を追い、あちらこちらへ跳びはねながら人生を送った。新聞記者に探検家、広告業者、黄金掘り、水先案内人、投機家、機器発明家、保険会社支配人、ツキのない事業家。だが破産また破産の合間にやりくりしては、トム・ソーヤーやハック・フィンを編み出しあるいは記憶中から呼び寄せ、この小僧っ子二人組ともども我々がこぞってミシシッピの水辺を筏で漂う旅に出られるよう、算段してくれた。しかも彼の仕立てた旅は、どこかへ到着する必要にせかされてのそれではなく、ひたすら出立の楽しみゆえの旅なのだった。(149、341)

雪の風

1890——ウーンデッド・ニー

創造主はインディオたちをお造りになったのではない——その歌が、その踊りがインディオとなった。歌と踊りを通じて創造主はいま告げている、年老いて死の色も濃いこの大地は間もなく新しき大地の碧き旋風に薙ぎ倒されるであろうと。預言者ウォヴォカはその言葉をあちらの世界からもたらした——新しき大地にはバッファローが息を吹き返し、死したインディオたちが復活し、猛り狂う洪水が白人たちの息を止めるであろう。簒奪者はひとりとて生き残らぬであろう。

預言者ウォヴォカの歌と踊りは西から、ロッキー山脈を越え来て、平原にうち広まる。スー人たち、かつてこの一帯随一の数と勢力を誇った彼らは、天国到来の告知、飢えと追放の終焉を祝う——曙光が射し初《そ》めてから夜ごと夜の深みにはまるまで、踊り歌う。

降誕祭の四日後、小銃隊の轟声がウーンデッド・ニーに野営するスーの儀式を遮る。兵士は女たち子供たち、そして僅かな男たちをバッファロー同然にめった撃ち。吹雪は死者を殴りつけ、雪の上に凍らせる。

(51、91、230)

スー人の預言歌

我が身は雷鳴の民、まさしく。
我が身は雷鳴の民、まさしく。
生きよ、
生きよ、
生きよ、
生きよ。
(38)

バルマセダ　１８９１——サンティアゴ・デ・チレ

ホセ・マヌエル・バルマセダは、硝石時代がチリに残すものは後悔のみ、と胸騒ぎを覚え、国内産業を振興し、我ら自身の手で衣食を賄うことを欲した。米国やイングランド、フランス、ドイツがその産業の幼少期に実施した奨励策、保護策の類をあてはめたいと考えた。労働者の賃金を上げ、国に公立学校の種を播いた。チリの長大な肉体に鉄路道路の背骨を通した。大統領としてのその任期中、聖なる大英資本は重大な不敬の行為に晒されかけた——バルマセダは鉄道国有化を思い立ち、暴利を貪る銀行、貪欲なる硝石会社と手を切ろうと考えたのである。

バルマセダは大望を抱き、まずまずよくやった。だがそれにも増して力を発揮したのは、金で良心を買い、正義を歪めるべくジョン・トマス・ノースが投じた巨費の方であった。新聞界は堰を切ったかの如く、権力に酔い痴れるカエサル、自由の敵、外国企業を目の敵にする専制者への囂々《ごうごう》たる非難を繰り広げ、司教たちや議員連中の抗議も負けず劣らず響き渡った。あたかも呼応するかの如く軍の叛乱が弾け、そして民の血が流れた。

『ザ・サウス・アメリカン・ジャーナル』はクーデタの勝利を告げる——チリは以前の佳き時代に回

帰するであろう。銀行家エドゥアルド・マッテもまたこれを祝う――チリの主とは我々、資本と土地の主のことである。残る輩は、他人に左右されやすく、己れを売って恥じない大衆にすぎない。

バルマセダは自ら銃で死を選ぶ。(270)

もうひとつのアメリカ　1891――ワシントン

ホセ・マルティは米国在住十年を数える。幾つもの顔を持ち潑剌とした、新しいものにいっさい恐れを抱かないこの国を、称揚するところは多々あるが、だがまたこの若々しい国が持つ帝国主義的野望、もの欲しさを神聖なる権利と持ち上げる高慢さや、インディオを殲滅し黒人を踏みつけラテンアメリカ人を蔑む残忍な人種差別を、その評論において非難する。

ブラボ河の南には、とマルティは言う、もうひとつのアメリカ、我らがアメリカ、呟きの大地がある。欧州北米いずれの鏡にも己れの貌《かお》を写しきらない存在として。また曰く、それはスペイン系アメリカ《イスパノアメリカ》という祖国であり、キューバを加えて完全な姿となるよう主張するが、片や北米はキューバを呑み込もうと、その取り分を主張する。こちらとあちらのアメリカの利害は一致しない。イスパノアメリカの都合にかなうだろうか――マルティは問う――米国との政治的経済的統合が？　そして答える――二羽のコンドル、あるいは二頭の羊同士が集うならば、コンドルと羊とが出会うほどの危険はなかろうに。昨年、ワシントンでは第一回汎米会議が開催され、今日マルティはウルグアイ代表として対話の続きに臨む。経済統合を言う者は、政治統合を言う。ものを買う民が、命ずる。ものを売る民は、仕える……死を求める民はただひとつの民を売るに過ぎないが、命拾いを望む民の売るはひとつの民にとどまらぬ……もし民が自由でありたいと願うならば、同じほどの強さを持つ国々との間で取引を分け持つがよい。特にどこかを選ばねばならないのならば、より必要とされていない相手、より軽蔑されることのない相手を選ぶがよい……。

マルティはその生涯を、このもうひとつのアメリカに捧げた——征服からこのかた、そこで殺《あや》められたありとあらゆるものの裡に彼女を甦らせ、彼女の姿を余すところなく露《レベラル》わにし、余すところなく反逆《レベラル》の声を上げさせたい、なぜなら彼女が解き放たれない限り、その隠され裏切られ続けた真性は露わにならないからである。

——我が偉大なる母アメリカがこれ以上私に何か不足を言い立てることなどあろうか?

欧州人の子でありながらアメリカの子、大いなる祖国《アメリカ》を背負い、また祖国キューバに忠実なるマルティが己れの静脈に感ずる血統は、椰子の種やとうもろこしから生まれた諸民族、銀河を魂の道、月を夜の太陽あるいは眠れる太陽と呼び慣らわした、深傷負う民の血。それゆえ彼は、無縁なものに心酔するサルミエントに応え、こう書く——文明と野蛮との間に闘争はなし、見せかけの博識と自然との間にこそ闘争はあり。(112、354)

思想は我らのものとなりそむ、ホセ・マルティはかく信ず

1891——ニュー・ヨーク

……知るは解くことなり。国を知り、その知識に基づきこれを統治することこそ、これを圧政から解放する唯一の手立てなり。欧州の大学はアメリカの大学に譲るべきなり。たとえギリシアの執政官《アルコン》たちの歴史を教えずとも、アメリカの歴史こそ、インカ人の世よりここに至るまで、もれなく教えられるべきものなり。我らがギリシアは我らのものならぬギリシアより望ましきものなり。我らにとり、より必要なものなり。自国育ちの政治家が異境の政治家に代わるべし。世界は我らが諸共和国に接《つ》がれるがよい、だが幹は我らが諸共和国のものでなければならぬ。また学を衒う者は敗北の裡に黙すがよい、我らがアメリカの痛々しき諸共和国にも増して人が誇れる祖国はほかになし……。

我らはイングランドのズボンにパリの胴着、北米の上着、スペインの帽子を身にまとう仮面なりき……。足に草履《アルパルガタ》、頭に鉢巻きのまま世界に登場せし国々にありながら、我らは軍章や法衣を気取りし者……。欧州の書もヤンキーの書も、イスパノアメリカの謎を解く鍵とはならじ……。

諸国民は起《た》ち、挨拶を交わす。《我らはいかなる者か?》と問いを交わし、互いに何者であるかを口にし合いゆく。コヒマルに難題現われんとき、ダンツィヒに策を求めはせず。いまだフランスのコート

をまとう身であれ、思想はアメリカのものとなりそむ……。(199)

カンタラナス通り三十四番地・その場で写真撮ります
1891——グアナファト

すっぽりと頭巾を被った砲手がかがみ、狙いを定める。犠牲者となるグァナファトの名家の紳士は、笑みもまばたきも息もせず。逃げ道はない——その背後に下がる緞帳はこんもりと草生い茂るチョーク絵の風景をあつらえ、小道具の階段は虚空へ続く。紙の花ににじり寄られ、厚紙製の柱や欄干に取り囲まれ、いかめしい貴人は片手を椅子の背に置き、威厳をもって蛇腹写真機の砲口に対峙する。

グアナファトじゅうがカンタラナス通り三十四番地のスタジオで銃殺に身を委ねる。ロムアルド・ガルシアは血統書付きの旦那方、その令夫人方に令息令嬢、懐中時計付きのだぶだぶチョッキにくるまれ小人然とした男の子やら、ありったけの絹とリボンを飾り立てた帽子のお化けの下で、ひしゃげたお婆ちゃんのようにむすりとした女の子やらを写真に収める。でっぷりした修道士たち、晴着の軍人たち、聖体を拝領したばかりの子供たち、新婚ほやほやの男女を写真に収める。かと思えばまた貧乏人の写真も撮るが、彼らはパリで表彰されたメヒコ人芸術家の構えるカメラの前に立ち、髪にはすっかり櫛を入れ、アイロンがけにも抜かりなく一張羅を着込み、精一杯ポーズを取らんがために、遠路はるばるやって来て、なけなしのものをはたく。
魔術師ロムアルド・ガルシアは人々を彫像に仕立て上げ、死すべき凡夫たちに永遠を売る。(58)

生を写して

1891——プリシマ・デル・リンコン

誰に習い覚えたわけでもなく、好きで絵を描く。エルメネヒルド・ブストスは肖像画を請け負うに現物払いを可とし、もしくは四レアルを申し受ける。プリシマ・デル・リンコンの村に写真師はいないが画家がいる。

四十年前のこと、エルメネヒルドは村の麗人レオカディア・ロペスの肖像を描いたが、出来ばえは生き写しそのものだった。それ以来プリシマの村では、華々しき埋葬と婚礼の数々、求愛の小夜曲《セレナータ》はしじゅう奏でられ、居酒屋での斬り合いが幾度《いくたび》か、どこぞの娘っ子と巡回サーカスの道化師との駈落ち、一度ならぬ地震、メヒコ市から新しい村長とやらが一度ならず派遣され、と賑やかだったものの、のんびりと日々が過ぎ、照る日降る日の往き来する間、エルメネヒルド・ブストスは目に映る生者と脳裡に映る死者の姿を描き続けた。

彼はまた果樹の世話をし、氷菓を売り歩くよろず屋でもある。自前の土地に、あるいは任されて、とうもろこしやフリホル豆を栽培し、作物の虫とりに精を出す。竜舌蘭《マゲイ》の葉で集めた霜から氷菓をこしらえ、寒さが緩むとオレンジの砂糖漬を作る。その上、国旗何枚もに刺繡をあしらい、雨漏りのする屋根を整え、聖週間《セマナ・サンタ》には太鼓の合図を指揮し、屛風や寝台や棺に装飾を施し、繊細そのものの手先を駆使しては、聖母様への感謝を捧げるドニャ・ポンポサ・ロペスを描き、というのも有難き聖母様は彼女を苦悶の床から引き剝がして下さったからであり、ドニャ・レフヒオ・セゴビアの肖像画にあっては彼女の愛らしさを際立たせ、額にかかる巻き毛の毛ひとすじも忘れることなく、首に揺れる黄金のブローチに刻まれた愛しきレフヒオ《レフヒト》の文字までそっくり写し取る。

描きまた自らを描く——髭は剃り上げたばかり、髪は短く、高い頰骨にしかめ眉、いで立ちは軍服。そして自画像の裏にこう書く——エルメネヒルド・ブストス、当地プリシマ・デル・リンコン村のインディオ、一八三二年四月十三日生まれ、一八九一年六月十九日、己れにも可能なりやと自画像を描いてみたものなり。

(333)

運河スキャンダル

1892——パリ

フランスの某法廷がパナマ運河会社の破産を布告した。工事は中断、噴き出す醜聞。一瞬にして、フランスの農民とプチブル数千数万の貯えが蒸気の如く霧消する。大洋と大洋の間の切れ目、征服者《コンキスタドル》たちが探し回り夢見たあの通路を切り開くはずだった会社は、歴史に残る大詐欺行為を犯していた。政治家に鼻ぐすりを嗅がせ新聞記者の口を封じるために注ぎ込まれた、天文学的数字の沙汰が表に出回る。ロンドンからフリードリヒ・エンゲルスは書く――パナマの一件において、ブルジョワの下卑た行状などすべて木端みじんとなっても不思議はない。運河を底知れぬ奈落に変貌させる奇跡が起こった……。

山を分け運河が一キロ切り開かれるたび、黄熱病とマラリアにより七百人を死なせ、根絶やしの目に遭ってきた、アンティル諸島出身の、中国やインド出身の労働者のことには誰も触れない。

（102、201、324）

1892――サン・ホセ・デ・コスタ・リカ
ニカラグアの若き詩人、その名はルベン・ダリオの預言

来る世紀、大地を血に染めた数多の革命のうちでも最大の革命が訪れよう。大魚が小魚を呑み込むであろうか？　たとえそうなるにせよ、間もなく報復に見舞われるだろう。貧困が世を制し、労働者はその双肩に呪いの山を運ぶ。もはやみすぼらしき黄金以外、何ものも価値を持たない。持たざる人々は、終わりなき殺戮の場へいついつまでも送られ続ける……。

宿命と化した復讐の激流を抑えるに足る力は存在すまい。いまひとたびの「ラ・マルセイエーズ」、エリコのらっぱの如く、人非人の棲みかを破壊する歌を歌わねばならぬ……。破局の姿をとる贖いの轟音のうちに、天はおどおどとしながらも歓喜をもって目のあたりにするであろう、傲慢な悪人どもへの罰を、前後不覚の極貧が繰り出す恐るべき至高の復讐とを。(308)

アントニオ・コンセリェイロ　1893――カヌードス

預言者たちがブラジル北東部の灼熱の地を渡り歩いて随分になる。セバスティアン王が霧靄《ブルマス》の島から富者を懲らしめにお戻りになり、白人を黒人に、若人を老人にしておしまいになると告げ回る。世紀の果てるときには、とまた曰く、砂漠は海に、海は砂漠となり、炎が拝金と背徳に狂う海辺の諸都市を舐め尽くすであろう。レシフェ、バイア、リオ、サン・パウロの灰の上に新イェルサレムが建ち、そこでキリストが千年の統治に就くであろう。貧者のときは近づけり、と預言者たちは告げる――あと七年《ななとせ》で天は地に降《くだ》る。そのときにはもはや病も死も存在せず、地上にして天上の新王国ではあらゆる不正義が償われよう。

敬虔なるアントニオ・コンセリェイロは村から村へ、連禱を唱える一団の人々を引き連れ、埃だらけの青白い幽霊となってさすらう。肌は擦り切れた革の鎧、鬚はもつれた柴、衣《ころも》はぼろの経帷子。何も口にせず眠りもしない。受け取る施しは不遇な人々に分ける。女たちには背を向けたまま話す。共和国の不敬な政府に服することを拒み、ボン・コンセリョ村の広場では租税の布告を火中に投げる。

警察に追われ、砂漠へ逃げる。時に水を得る幻河の床に沿い、巡礼者二百人とカヌードスの共同体を建てる。ここでは地上に暑熱が漂い閃光を放つ。暑熱は雨が地表に触れることを許さない。禿げ上がった丘から泥と藁のあばら家がまずは幾つかお目見えする。愛嬌のかけらもないこの土地、天上へ向かう初めての足掛かりともいうべき約束の地のただ中で、アントニオ・コンセリェイロは意気高くキリスト像を掲げ、天啓《アポカリプス》を告げる――富者と不信心者、媚を売る女は残らず消し去られよう。水辺は血に染まるであろう。ひとりの羊飼いとただひとつの群れがあるのみ。数ある帽子に頭は僅か……。(80、252)

自由は一本の葉巻にくるまれ旅をする

1895――カヨ・ウエソ

ついぞ眠らず、食べるものも食べない。ホセ・マルティは人を集め金を集め、評論を書簡をものし、演説に詩に講演に言を費す。議論し、組織し、武器を買う。二十年を越える亡命の歳月も彼を鎮めることはできない。

いつからともなく、キューバが革命を免れ得ないことを悟っていた。三年前、こなたフロリダ海岸部にキューバ革命党を結党した。マルティの言葉を直に、また印刷物を通して聞いた流謫のキューバ人労働者たちに護られ、党はタンパやカヨ・ウエソのタバコ工場で生まれた。

工場は労働者大学の観を呈する。しきたりとして誰かが書物や記事を読み聞かせ、他の者たちは黙々と労働に取り組むのだが、かくしてタバコ労働者たちは日ごと思想と世の動きとを受け取り、日ごと世界を、歴史を、目くるめく想像力の領分を旅する。読み手の口から、人の血肉を備えた言葉が繰り出され、タバコの茎をのける女たちの、太腿や台の上でその葉を撚《よ》り葉巻《プーロ》に仕上げる男たちの、身中深く滲み渡る。

マキシモ・ゴメス、アントニオ・マセオ両将軍との合議により、マルティは決起の命《めい》を発する。その命はフロリダのこうしたタバコ工場から一本の葉巻《アバノ》の裡に身を潜め、キューバへ届く。(165、200、242)

上陸　1895──プラジタス

四十年を経て、マルコス・デル・ロサリオは想い起こすこととなるだろう──

──ゴメス将軍ときたら、初対面ではわしのことが気に入らんかったねえ。わしにこう訊きなさるのよ、《お前さんキューバへ何を探しに行こうというんだ？　あっちで何か失くし物でもしたのかね？》とな。

マルコスは両手で土をはたき落としながら称賛の言を継ぐだろう――

――ゴメス将軍は手に負えない老いぼれでなあ、強いのなんの、おまけに大そうすばしこい、朗々と喋るは、熱が入りすぎて他人を呑み込んじまいそうなこともあったな……。

木陰を求めて果樹畑を横切るだろう――

――とうとう舟を一隻見つけてキューバの海岸近くへ漕ぎつけたわ。

ハンモックの鉄輪を見せるだろう――

――こいつはあのときのボートのだわ。

網上《ハンモック》に身を投げ、葉巻に火をつけるだろう――

――舟のやつ、わしらを海のど真ん中へ流しおって、すさまじい大波でなあ……。

ボートにはドミニカ共和国からの二人とキューバ人が四人。暴風雨が彼らをもてあそぶ。彼らは、キューバ解放の誓いを立てていた。

――暗い晩で、何も見えんかった……。

赤い月が顔を覗かせ、雲と諍《いさか》う。ボートは飢えすさぶ海と諍う。

――老いぼれは舳先におってな。奴さんは舵を、マルティはボートの羅針盤を握っておった。水が一撃、将軍から舵をもぎ取った……わしらを呑み込んでキューバの地へ届かせまいとする海を相手に、奮闘したもんじゃ……。

魔法の仕業か、ボートは暗礁にぶつかりつつも砕けない。ボートは舞い上がり、沈んではまた浮かび上がる――突如風向き一変、波が分かれ、ちっぽけな浜辺《プラジタ》、ささやかな馬蹄形の砂地が姿を現わす――

――するとゴメス将軍は浜辺へひらり、地面の堅いのを見なすっと、まっすぐ地面に口づけなさり、雄鶏みたいに鬨の声を上げたってもんよ。 (258、286)

山脈のさらなる奥へ　1895――アロジョ・オンド

しみじみ哀れを誘うのではなく――熱を帯び晴れがましく、マルコス・デル・ロサリオはマルティを語るであろう――

――あのお人に会ったときは、頼りなさすぎると思ったわい。後になって、神出鬼没、小柄でも活力満々の男と合点はしたがね……。

マルティは彼に書くことを教える。マルティはマルコスの手に手を添え、Ａの文字を描かせる。

――学校でしつけられなすっておって、気高いお人じゃったよ。

マルコスはマルティの世話をする。彼に枯葉で上等の敷布団をしつらえ、飲み水にはココ椰子の実の汁を持って来てやる。プラジタス上陸組の六人は百人に、千人になる……。進む《マルチャ》マルティ、雑嚢を背に、ライフルを斜めにかけ、山を這い上り、民を起《た》たせて。

——わしらが小山を登っていたとき、もちろん何もかんもしょってさ、時々ずり落ちなさったのさ。で、わしが起こしに寄ると、あのお人はたちどころに《いや、心配いらん》ときたもんだ。まだほんの小僧っ子の時分にスペイン人の連中が履かせた足枷の跡が残っておったよ。(286)

マルティの遺書

1895——ドス・リオス野営地

野営地にて、シャツの袖に、マルティはメヒコ人マヌエル・メルカド、心の友への手紙を認《したた》める。彼に語るは、来る日も来る日も命賭けの危険を冒していること、だがキューバゆえにならば生命を投げうつ価値のあること、また然り、キューバの独立をもってして、米国がその勢力をアンティル諸島へ拡大し、さらなるその力に乗じ我らがアメリカの地へ覆い被さってくることを、時機を逸さず阻むべきが我が務めならばこそ。今日まで為《な》した限りの、今後為す覚悟のすべては、その目的のためなり。事は沈黙の裡に為さざるを得ず……血を流しつつ、とマルティは書く、血を流しつつキューバ人が喰い止めんとしているのは、我らがアメリカ、その民が、その存在を蔑む、荒らぶる粗野な北に併合される事態なり……。

かの怪物の身中に棲まいし己れは、身をもってその本性を知る——そして我が石弩はダビデのそれなり。さらに進んで——これは死すか生きるかの問題にして、過誤の許される余地なし。

そののち、調子が変わる。ほかにも語るべきことがある——さてここで、我が身について貴兄に話そう。だが友に魂の内奥を差し出し始めるや、夜が、あるいはもしかすると羞恥の念が彼を止める。かくも繊細なる誠の情あり……と書きつけ、それが最後の句となる。

明けて正午《まひる》どき、一発の銃弾が彼を馬から転げ落とす。(199)

その名は後のサンディーノ　1895——ニキノオモ

この日干煉瓦《アドベ》の家の門口へ、泣き声に誘われ人が集まる。

引っくり返った蜘蛛の如く、嬰児は手足をばたつかす。遠方から三博士が歓迎の挨拶にやっては来ないが、農夫ひとり、大工ひとり、そして市場へ食べ物を売りに出る途中の女がひとり、赤子に贈り物を置いてゆく。

産婆は母親にラベンダー水を、子供には蜜を一さしあてがうが、それは子供にとってこの世で初めての味。

ややあって、産婆は果樹畑の片隅に、根っこそっくりの胎盤を埋める。ここニキノオモの土となるよう、さんさんと陽の当たる、よい場所にこれを埋める。

何年もしないうちに、いま胎盤から離れたばかりの子はやはり土に、大地に、叛乱する全ニカラグアの大地となる。

（8、317）

変装

1896——ポルトー・プランス

ハイチ憲法によれば、自由黒人の共和国はフランス語を話し、キリスト教を奉ずる。博士さまたちが恥じ入るのは、法と処罰をもってしてもクレオールは依然ハイチ人ほぼ皆の舌《ことば》であり、ほぼ皆が、野放しのまま森と肉体の裡をさすらうヴードゥの神々を信じているからである。

政府は農民たちに人前でこう誓いを立てるよう要求する——

——我と我が家もしくは我が土地に偶像または迷信の対象を有する場合には、これをすべて破壊することを誓います。いかなる迷信行為の下にも決して身を置かないと誓います……。

（68）

鎮魂歌

1896――ドス・リオス合流口

――ここだったか？

一年が経ち、マキシモ・ゴメスはカリスト・ガルシアにそのときを語り聞かせてゆく。キューバ独立の老戦士たちはコントラマエストレ河から道を切り開く。背後からはその軍勢が続く。ゴメス将軍は語る、あの正午《まひる》、マルティは食欲旺盛、食後には彼のいつもの習い通り詩を幾編か朗唱したこと、そしてまた、そうこうするうち発砲音が何発か、続いて一斉射撃が聞こえたことを。ひとり残らず馬を目がけて走ったことを。

――ここだったか？

ひと盛りの藪、パロ・ピカドへ向かう道の入り口に彼らは到着する。

――ここです――誰かが示す。

山刀使い《マチェテロ》たちがあたりを払い、地面にささやかな空地を開く。

――彼が愚痴をこぼすなど聞いた試しなく、屈するところも見たことはない――とゴメス。

不平家、かんしゃく持ちの将軍はつけ加える。

――わしは彼に命じた……忠告したのだ、残れと。

その体軀ほどの空地。

将軍マキシモ・ゴメスの手から小石が落ちる。将軍カリスト・ガルシアがまたひとつ小石を投げる。こうして将校兵士は一巡し、小石の落ちる味気ない音が次から次へ、小石は小石に小石を重ね、マルティの墳墓は高く伸びゆき、キューバの果てしない沈黙の裡にただ小石の音のみが聞こえる。(105)

フロラ・トリスタン　1896――パペエテ

キャンバス地はまっさら、無窮にして、その身を差し出し挑みかかる。ポール・ゴーギャンは、色をつけ、色を追い、色を投げてはあたかもこの世に別れを告げるかのよう。そしてその手はなす術もなく、こう書きつける――我らはどこから来たのか、何者なのか、どこへ行くのか？

半世紀以上も前、ゴーギャンの祖母はその著書の一冊において同じ問いを発し、探究のうちに没した。フロラ・トリスタンのペルーの家族は、何かの間違いとでも、さもなければ狂女か幽霊ででもあったかのように、彼女の存在には決して触れなかった。ポールがリマに過ごした遥か幼い日々、祖母のことを尋ねると、大人たちは決まってこう答えた――

——さあ寝なさい、もう遅いよ。

フロラ・トリスタンは革命を、プロレタリア革命を、そして父と主人《パトロン》と夫に隷属させられた女の革命を説き、束の間の人生をあたら散らした。病と警察とが彼女の命を縮めた。フランスに没した。ボルドーの労働者たちがその棺の費用を工面し、棺を担いで墓地へ運んだ。　(21)

ホセ・アスンシオン・シルバ　1896——ボゴタ

愛するはその妹エルビラ、ラベンダーの芳香、ジャワの乳香、ボゴタきってのはかなげな麗人が人目を忍んで寄せる口づけ、そして自作の中でもひときわ秀でた詩の数篇は、彼女ゆえ。夜ごと彼女を墓地に訪ねる。その墓の傍らで過ごす方が文芸サロンより心地よい。

ホセ・アスンシオン・シルバは生まれついて喪服の身、ただ襟元に一輪の花。コロンビアにモデルニスモを開いた物憂い詩人は、かくして痛打また痛打の三十年を生きてきた。絹と香水を扱う商人の父が破産し、彼の口からパンを取り上げた。かと思うと難破の波間にその全作品も沈んだ。

これを最後と、時が更けゆくまで、ある十四音節詩《アレクサンドル》の終止句《カデンツァ》をめぐり議論する。戸口から、カンテラを手に、友人たちを見送る。それから最後のトルコ煙草をふかし、もう一度だけ鏡の前で我が身に情けをかける。パリから救いの手紙ははたと届かない。債権者と、彼を貞女スサナと渾名する悪意の人々に痛めつけられ、詩人はシャツのボタンをはずし、医者の友が心臓の位置にインクで描いてくれた十字の上へ、リボルバーを突き立てる。(319)

1896──マナオス

乳の涙を流す木

インディオたちはこれをカウチョと呼ぶ。これに刻みをつけると乳が湧き出る。どんぶり状に折り畳んだバナナの葉に乳を受け、陽光や煙の熱で固まりかける間に、人の手で形をつけてゆく。大そう古《いにしえ》の彼方より、インディオたちはこの野生の乳を用い、火保ちのよい松明、割れない器、雨をからかってみせる屋根、跳ね飛ぶまりをこしらえる。

今から一世紀以上も前、ポルトガル王はブラジルからピストン無用の注射器や防水服を受け取った。それより前には、フランスの賢人ラ＝コンダミーヌが、重力の法則に見向きもしない怪しからぬゴムの美徳について研究していた。

数千数万の靴がアマゾンの密林《セルバ》からボストン港へ旅をした。事態が変わるのは半世紀前、チャールズ・グッドイヤーとトマス・ハンコックとが、ゴムをひび割れも伸び切りもさせない手段を見つけ出してのことである。以来、寒さにも湿度にも雪にも負けない米国製の靴は年生産高五百万足にも達し、大工場がイングランド、ドイツ、フランスに登場してきた。

しかも、靴だけではない。ゴムは多種多様な製品を産み出し、必要を創出する。近代生活というものは、傷つけると乳の涙を流すこの巨木の周囲を目まぐるしく回る。八年前、ベルファストでは、ジョン・ダンロップの息子が頑丈な車輪の代わりに父親の発明した空気入りチューブをはめ、三輪車競走に勝利を収めた。昨年にはミシュランが、パリ－ボルドー間を走る自動車用に取り外し可能な空気入りチューブを開発した。

アマゾニア、桁はずれの密林、猿とインディオと常軌を逸した者の保護区かと思われた地はいま、ユナイテッド・ステイツ・ラバー・カンパニー、アマゾン・ラバー・カンパニーその他、その乳をふくんで育つ遠来の企業が仕切る禁猟区と化す。(334)

ゴムの黄金時代　1896——マナオス

緞帳が悠長にもち上がるそばから、ポンキエッリ作、歌劇『ラ・ジョコンダ』の冒頭を飾る旋律が響く。今宵はマナオス市上げての豪華絢爛、ついでに蚊もたっぷりの夜。イタリアの叙情歌曲の名手たちが柿落《こけら》としを務めつつあるアマゾナス劇場は、大理石の途方もない伽藍だが、その大理石はといえば彼ら同様、欧州から密林《セルバ》の心臓部まで連れて来られた。

マナオスおよびベレン・ド・パラはブラジルにおけるゴム《カウチョ》の首都。ペルーの密林《アマゾン》にはイキトスあり。これらアマゾンの三都市は欧州産の敷石で街路を舗装し、パリ、ブダペスト、バグダッドはたまた一帯の密林からやって来た、横一列になって踊る娘たちと夜を盛り上げる。黄金の指揮棒がオーケストラを振り、金のインゴットは文鎮代わり。鶏卵一個は目の飛び出るようなお値段。重要中の重要人物《インポルタンティシマス》たちは輸入もの中の最たる輸入酒《インポルタディシマス》を飲み、ヴィシーの温泉に湯治をつかり、子供たちをリスボンやらジュネーヴやらへ勉強にやるが、どれもこれも泥水のアマゾン河を上り下りするブース・ライン社の船舶あってこそ。

ゴムの森で働くのは誰か？　ブラジルでは東北部の旱魃に鞭打たれし者たち。あれほどの砂漠から、農民たちがこの沼沢地までやって来てみれば、ここでは魚に変身することが必要ときている。緑の牢獄で彼らは契約に繋がれ、そして早々に、死が彼らを隷属と、戦慄を覚えるほどの孤独とから救い出しにやって来る。ペルーでは、労働力はインディオである。多数の部族がこの、実に終わりを知らぬと見えるゴムの時代に絶え滅ぶ。

（299、325、334）

1897──カヌードス

エウクリデス・ダ・クーニャ

昼の間、大地はくすぶり、めらめらと燃え、膨張する。夜が氷の斧となって落ちてくると、大地は寒さに震え、委縮する──夜明けは幾つもに砕けた大地と出会う。

地震また地震をくぐった瓦礫の山、とエウクリデス・ダ・クーニャはその手帖に書き留める。また書き留める、駆け出ようとしてできたと見える風景。彼は、大地の皺に河の蛇行、インディオたちが赤い蜜と呼び慣らわした乾いた泥のひねくれ道をへめぐり、育ちの止まった低木の間に虚しく日陰を探す。ここでは空気が触れるものすべてを石に変える。ひとりの兵士が仰向けに、腕を投げ出して寝《やす》む。黒いかさぶたがその額にしみついている。三カ月前、格闘の末に殺されたのだが、今や自ら自前の彫像と相成る始末。

遠くから、聖なるカヌードスの村から、銃声が響く。単調な撃ち合いの音は、時折大砲の爆音や機関銃の連射に乱されながらも、日を繰り、月を重ね、大胆不敵にも三十個大隊の包囲に抗う神がかりのこれら農民たちの力はいったいどこから来るのやら、エウクリデスは突きとめてみたくなる。何千何万という農民たちは、救世主アントニオ・コンセリェイロへの帰依ゆえに命を投げ出しているのである。この聖戦の記録者は、ここらの荒地を天上と、また、たまたま空きがなかったために精神病院を免れただけの呆け者をイエス・キリストと、どうしたら取り違えることができるのかと自問する。

吐気と賛辞の間に迷いながら、エウクリデス・ダ・クーニャはサン・パウロの某紙読者に向け、その目にするところ、驚愕また驚愕のほどを描き出す。欧州流の社会主義者、メスティソたちを蔑むメスティソ、ブラジルを恥じるブラジル人たるエウクリデスは、誕生間もない国旗に「秩序と進歩」なる合言葉を誇示する共和国の、輝ける知識人の先頭に立つひとり。殺戮が起きる間、彼は北東部の奥地《セルタンウ》、熱狂者たちの土地、恨みと献身が受け継がれ、やせこけた雌牛のふさぎ病《マル・トリステ》が祈りで治り、子供たちの死にギターの音を添えて寿ぐ、あの土地の謎を覗き込もうと試みる。

(80)

どの死体も骨よりたくさん銃弾を擁す

1897——カヌードス

が、カヌードス最後の守り手たちは、いまだ大天使たちの到着を待ちわび、木製の大十字架の向こうで歌う。

第一縦隊の司令官は、確かに死んだと保証すべく、アントニオ・コンセリェイロのおぞましき遺体を写真に撮らせる。彼もまた確証が要るのだ。横目使いに、司令官は椅子にかけたまま、その、ひと握りのぼろと骨くずの塊を盗み見る。

あらゆる年齢層、あらゆる肌の色をした幸薄き農民たちが、この潰瘍だらけの老いぼれ《マトゥサレン》、罪深き共和国と諸都市とを敵《かたき》とするこの男の周りに、人の城壁を造り上げていた。五次に亙る軍事遠征が必要だった――五千の兵がカヌードスを取り巻き、二十門の大砲が小山から爆撃を浴びせる、らっぱ銃対ノルデンフェルト機関銃の信じ難い戦争。

塹壕は塵を埋めて浅くなったが、私有財産も法も知らぬユートピア、貧しき者たちがかつかつの土地、乏しいパン、無窮の天への信仰を分かち合うカヌードスの村は、なお降伏しない。

一軒また一軒、じりじりと勝負が続く。

最後の四人が斃れる。男三人、少年ひとり。

(80)

マシャド＝ヂ＝アシス　1897――リオ・デ・ジャネイロ

ブラジルの作家たちは派閥に割れ、お互い忌み嫌い合うが、聖体拝領や叙階の儀式は「コロンボ」を始めとする喫茶店や本屋で執り行なう。聖性の誉れにくるまれ、彼らはそこから、パリに眠るモーパッサンの墓へ花を手向けに旅立つ同人たちを見送り、またこの種の寺院のいずこかで、グラスの触れ合う音に合わせ、聖なる液体の祝福を受けたブラジル文芸アカデミーが生まれる。初代会長の名はマシャド＝ヂ＝アシスという。

彼はこの世紀のラテンアメリカを代表する偉大な小説家である。その著書は、ムラートを父とする彼自身が制し、誰よりもよく知り抜いている上流社会、与太者揃いの上流社会の正体を、いとしさ《アモル》とおかしさ《ウモル》をまぶしながら暴いてみせる。マシャド＝ヂ＝アシスは、いかさまな窓のいかさまな窓枠に欧州の風景をはめ込んだ壁紙を引き剝がし、泥壁を裸にしてみせながら、読者に目配せを送る。（62、190）

あとは熟柿の落つるを待て

1898——キューバ沿岸部

ウィリアム・シャフター将軍の百四十五キログラムがキューバ東方の海岸に上陸する。目方の出どころは将軍がインディオを殺して歩いた北部の寒波、それがここでは、うんざりするような毛織軍服の内側に溶ける。シャフターは踏み台を用いてその肉体を持ち上げ、馬の背へと送り出し、そこから望遠鏡を用いて地平線を見つめる。

彼は采配を振りに来た。部下の一将校、ヤング将軍が言う通り、キューバ人叛徒は堕落者の塊、アフリカの野蛮人に優る自治能力はなし。スペイン軍が愛国者たちの妥協なき包囲の前に崩れるのであれば、米国はキューバ解放の任を引き受けようと決め込む。米国が首を突っ込んできたら、これをつまみ出せる者はなかろう――そうマルティもマセオも警告していた。そして米国は首を突っ込む。

スペインはこの島を妥当な価格で売ることなど拒否していたが、その時を待っていたかのように米国は、装甲艦メイン号がハバナ市の眼前で大砲も乗組員もたっぷり積んだまま爆沈するという、介入にうってつけの口実とめぐり会った。

侵略軍は米国市民の保護を、また泥沼化した戦争と経済的痛手の両者に脅される米国の権益の救済を謳う。だが将校たちは、内輪のお喋りとなると、自分たちはフロリダ海岸の向こうに黒人共和国が出現することを阻止するのだとのたまう。(114)

1898――ワシントン

リンチ一万件

米国黒人の名において、アイダ・ウェルズは、過去二十年の間一万件のリンチが起こったことをマッキンリー大統領に提訴する。もし政府がその国境線内において米国市民を保護しないのであれば、とアイダ・ウェルズは問う、いったいいかなる権利をもって、保護の任とやらを他国への侵略の謳い文句にするのか？　もしや黒人は市民ではないとでもいうのか？　それとも憲法が保証する黒人の権利は、焼き殺される権利だけなのか？

何かにとり憑かれた大群衆が、新聞紙面や説教壇から挑発され、黒人たちを監獄から引きずり出し、木々に縛り上げ、生きたまま焼き殺す。事後、死刑執行人たちは酒場で祝杯を上げ、その軍功を街頭に触れ回る。

黒人狩りは白人女性への辱めをその無実の証に用いるが、その同じ国で白人男性が黒人女性を犯すことは当たり前のこととみなされ、そもそも火をつけられた黒人たちの圧倒的多数は、たまたま身持ちが悪いとの評判やら、盗みの疑いをかけられているやら、横柄だという以上の罪に問われるいわれはないのである。

マッキンリー大統領は対処を約する。(12)

1898——サン・ファンの丘
テディ・ルーズヴェルト

帽子を振り回し、テディ・ルーズヴェルトは麾下におく荒馬隊《ラフ・ライダーズ》の先頭を速駆ける。サン・ファンの丘から駆け降りるその手には、くしゃくしゃのスペイン国旗。彼はサンティアゴ・デ・クーバへの道を開くこの合戦の、栄光を丸ごとすっかり携えてゆく。キューバ人も同じく闘ったのだが、彼らについて語る記者はひとりもいない。

テディは帝国の偉大なる運命と、己れの両拳の力とを信ずる。子供のころ、病弱で喘息持ち、強度の近視ゆえに患った屈辱失意の数々から逃れるべく、ニュー・ヨークでボクシングを身につけた。成人してからは王者たちとグラブを交え、ライオンを狩り、投げ縄で牛を捕らえ、著作をものし、演説をがなる。その書きつける紙葉に、また演壇に、支配を任として生まれた強い人種、己れの属するが如き戦闘的人種の美徳を称揚し、インディオなるものは十人中九人まで、死んだインディオほどよいインディオはないと主張する（ちなみに十人目も、彼に言わせれば、よくよく近寄って吟味する必要がある）。あらゆる戦争に義勇兵として馳せ参ずる彼は、戦場の昂揚の裡に胸中の狼を感ずる究極の兵卒根性を崇拝し、二、三千の部下ごときを失ったくらいで悩み悶える涙もろい将軍たちを見下す。

キューバ戦争をさっさと片付けるため、テディは米軍部隊がカディスとバルセロナを徹底的に砲撃すべきと提起したが、キューバ人相手の戦争に憔悴し切ったスペインは、四カ月も待たず降伏する。サン・フアンの丘から、勝ち誇ったテディ・ルーズヴェルトはまずはニュー・ヨーク州知事職、さらに米国大統領の座を指しまっしぐら、途徹もない勢いで馬を飛ばす。乳香よりも火薬を好む神を己れの神とするこの熱狂者は、つと小休止、そして書く——戦争における至高の勝利に比べれば、平和的勝利など、偉業とはいいかねる。

何年かのうちに、彼はノーベル平和賞を手にする。（114、161）

今しも熟柿は落ちてゆく　1898——プエルト・リコ沿岸部

ラモン・エメテリオ・ベタンセス、長く伸ばした白い鬚、憂いを湛えた瞳の主は、亡命の地パリに末期を喘ぐ。

——植民地は望まない——と彼は言う——スペインの下であろうと、米国の下であろうと。

プエルト・リコ独立を率いる族長が死の淵を覗きみるころ、マイルズ将軍の兵士たちは歌いながらグアニカ海岸へ上がり込む。銃を肩から斜めに吊り、歯ブラシを帽子《ソンブレロ》に挿した兵士たちは、砂糖きびやコーヒーをつくる農民が我関せずと投げる視線の中を行く。

さてエウヘニオ・マリア・デ・オストス、やはり祖国を欲した彼は、ある船の甲板からプエルト・リコの丘並みを見つめるが、その丘という丘がある主人から別の主人の手に渡る事態を目にするに、哀しく恥じ入る。

（141、192）

マッキンリー大統領、米国は神の直々《じきじき》の命により
フィリピン諸島を手中にすべきであると説く

1898――ワシントン

我、夜な夜なホワイトハウス内を深夜まで歩き回り、恥ずるところなく認めんとするは、ひと夜ならず跪き、全能の神に光と導きを冀いしこと。然るに一夜、夜更けどき、神の御指示を賜りき――如何に、とは不明なれども確かにこれを拝受せり――その一、我らフィリピンをスペインに返すべからず、その返還は卑怯かつ不名誉なる行為を意味するものなり、その二、我らこれをフランスもしくはドイツ、即ち東洋における我らが商敵に手渡すべからず、その委譲は破廉恥にして不利益なり、その三、我らフィリピンをフィリピン人に任すべからず、彼ら自治の備えを欠き、程なくスペイン時代にも増して劣悪なる無秩序無政府状態を病むならん、その四、我ら全フィリピン人を掬い上げ、これを教育しその資質を高め文明化しキリストの教えに醇化させ、主キリストが隣人に命を投げうたれた如く、神の恩寵により彼らがために為し得べきすべてを為すよりほか、我らの道はなし。かくて我、床へ戻りて熟睡せり。

(168)

マーク・トウェイン、国旗の変更を提起する　1899——ニュー・ヨーク

我は我が灯火を黄金の扉の傍らに掲ぐ。自由の女神像は「約束の地」を求めて欧州から押し寄せる無数の巡礼者にこう歓迎の言葉をかけ、それとともに世界の中心がユーフラテスからテムズへ、さらにいまハドソン河へ拠を移すには、幾千年をも要したことが告知される。

帝国にふさわしき幸福を十二分に謳歌する米国は、ハワイにサモア、フィリピン、キューバ、プエルト・リコの島々と、その名が自ずと語るところの大なる泥棒《ラドロン》諸島とやらの、どこぞのちっぽけな島の征覇を祝う。いまや太平洋とアンティル諸島の海とは米国の湖にすぎず、ユナイテッド・フルーツ・カンパニーも産声を上げつつある。ところが小説家マーク・トウェイン、お楽しみに水を差す老名人が、国旗を変えようと言い出す——白い条《すじ》は、と彼の言う、黒なるべし、また星々に代えて髑髏を用い、その下には交差する脛骨を添えるがよい。

労働組合の総大将サミュエル・ゴンパーズはキューバ独立の承認を要求し、自由か利潤かの選択にあたって犬に自由を投げてやる輩を非難する。これに引き換え、大新聞からすれば、独立を求めるキューバ人などひと握りの恩知らず。キューバは占領地である。米国国旗が、黒い条や髑髏を携えぬまま、ス

ペイン国旗の代わりに翻る。侵略軍は一年のうちに勢力倍増。学校では英語が教えられ、新しい歴史教科書はワシントンやジェファソンの話をするが、マセオやマルティには言及しない。もはや奴隷制は存在しない、だがハバナのカフェには注意書きの貼紙がお目見えする——「白人のみ」。市場は砂糖と煙草を熱望する資本に、無条件でその身を明け渡す。

(114、224)

1899——ローマ

カラミティ・ジェーン

人の噂では、眠るときにはそのリボルバーをベッドの柱に架け、ポーカーと酒と天に唾する口の悪さではまだまだ男を凌ぐやら。何でもカスター将軍と一緒に闘ったというワイオミング時代、はたまたスー人の土地モンタニャス・ネグラスでインディオを殺し殺して鉱夫たちを守ったという時代からこのかた、下顎への一発で、とこれも噂だが、沈められた者は多数に上る。噂のそのまた噂では、ラピッド・シティの目抜き通りで雄牛を乗りこなしたの、列車強盗に及んだの、ララミー砦では美形の保安官《シェリフ》ワイルド・ビル・ヒコックを夢中にさせたの、その彼は彼女に娘ひとりと馬一頭を与えたが、その馬サタンは跪いて女主人が降りるのを助けたんだとか。またまた巷の言うところ、決まってズボンを穿くが、それを脱ぎ捨てることもしばしばで、酒場《サルーン》多しといえど、色恋と欺し合いにかけて彼女ほど気前のよい、しかも鼻っ柱の強い女はいなかった。

それは巷の言うところ。おそらくそんな女はいなかった。おそらく今宵、ワイルド・ウエスト・ショウの闘技場《アリーナ》に登場するのは彼女ではなく、老バッファロー・ビルがまたもや我々をそのいかさまにまんまと乗せているのだろう。観衆の拍手がなければ、当のカラミティ・ジェーンすら、四十と四歳の花も実も欠く肥満体、ステットソン帽を投げては穴だらけにしてみせるその女がまさか自分とは思えないはず。

生まれ出ずる帝国はその力こぶを誇示する

1899——ローマ

大そう勿体ぶった祝典の場において、バッファロー・ビルはイタリア国王の手から、ダイヤをぐるりと散りばめた金時計を拝領する。

ワイルド・ウエスト・ショウは欧州を巡行する。西部征服は片づき、世界征服が始まった。バッファロー・ビルの下では五百人から成る多国籍軍がいつでも彼の命を待つ。彼のサーカスには、何もカウボーイのみがお勤めとは限らない——プリンス・オブ・ウェールズの本物の槍騎兵あり、フランス共和国警備隊軽装歩兵、ドイツ皇帝の胸甲騎兵あり、ロシアのコサック、アラブの騎兵、メヒコの馬使い《チャロ》、ラ・プラタ河のガウチョあり。第五騎兵隊の兵たちは勝者の役どころを演じ、居留地から引きずり出されうち負かされるインディオはさながらエキストラ、舞台の砂上にその敗北を繰り返す。バッファローの一群が博物館の珍品といった風情を湛え、青の軍服、羽根兜に現実味を添える。テディ・ルーズヴェルトの荒馬隊が観客向けに、ついこの間のキューバ征服を芝居に仕立てて披露し、キューバ人、ハワイ人、フィリピン人の小隊は勝者の旗に屈辱の忠誠を奉ずる。

大興行の演目表は、西部征服を説明するにダーウィンの言を借りる――適者生存の法則は不可避なり。武勲詩の口上を駆使し、バッファロー・ビルは、メヒコの半分と幾つもの島々を呑み下し、いま強大国の足取りで世界を踏みしだき、二十世紀へと乗り込む自国の、民心および軍功その両面にわたる徳を持ち上げる。(157)

遠くに

1899――セント・ルイス

あの口この口から火が吹き、山高帽からはウサギ。魔法の角からガラスの小馬たちが生まれ出る。馬車は横になった女をぺしゃんこにするが、女はひと跳ね、飛び起きる。別の女は腹に剣を突き立てて踊る。巨体の熊が英語で下される込み入った命令に従う。

ジェロニモは窓の四つある小さな家に入るよう誘《いざな》われる。不意に家は動き、空に上る。驚くジェロニモが身を乗り出すと――彼方下界では人々が蟻つぶとなっている。警護の者たちは笑う。彼に物見のめがねが何枚か、ちょうど戦場に斃れた将校たちから彼がもぎ取ったあれに似たものが渡される。めがねを通すと遠くのものが接近する。ジェロニモは太陽を見定め、激しい光に目を痛める。警護の者たちは笑う。そして警護の者たちが笑うので、彼もまた笑う。

ジェロニモは米国の戦争捕虜にして、セント・ルイスのお祭りの客寄せのひとつ。群衆は飼い馴らされた猛獣を眺めに集まる。アリゾナのアパッチ人の長は弓矢を売ったり、幾セントかと引き換えにポーズをとって写真に収まったり、あるいは彼なりに自分の名をアルファベットで描いてみせる。 (24)

殺しつつ癒す術

1899――リオ・デ・ジャネイロ

魔手がコーヒー価格をもてあそび、ブラジルはロンドン・アンド・リヴァー・プレート銀行に対しても、その他の性急至極な債権者に対しても、支払いの手立てがない。

犠牲を払うべきときなり、と財務大臣ジョアキン・ムルティニョは告げる。大臣は経済の自然法を、即ち自然淘汰により断罪されるのは弱き者、と信ずるが、弱き者とはつまるところ貧乏人を、貧乏人とはつまるところほとんどすべての者を意味する。国家がコーヒー取引を投機家の手から取り上げろと？そんなことをすれば、とムルティニョはむっとして言う、自然法を犯し、社会主義という、欧州人労働者がブラジルへ持ち込みつつあるとんでもない疫病への危険な一歩を踏み出すに等しい――社会主義とは、彼の言では、自由を否定し、人間を蟻に変貌させる。

国内工業など、ムルティニョの考えるところ、自然ではない。小規模といえど、国内工業というものは農園《プランテーション》から人手を引き抜き、労働力の値段を吊り上げている。ムルティニョこと大土地所有秩序《ラティフンディスタ》の守護天使は、奴隷制廃止や共和国宣言もどこ吹く風でやり過ごしてきた、人間と土地の所有者たちが、この危機にびた一文払わなくて済むよう、手を打ってやる。イングランドの諸銀行との約束を守り、財政の均衡を取るべく、大臣は目につく限りの紙幣をかまどに入れて燃し、公共業務を手当たり次第廃止し、貧民層の上に課税の雨をぶちまける。

経済学者を天職とし、医師を本職とするムルティニョはまた、生理学の分野でも興味深い経験を実地に積む。自分の実験室で、鼠や兎から脳味噌を取り出し、また蛙の頭を落としては、依然として頭があるかのように動き続ける胴体の、その痙攣現象を研究する。

パティニョ　1900――ウアヌニ

騎上の人は荒涼から発って、荒涼のなか、氷の風を切り、この星の裸身の上を、ゆっくりと大またぎ、馬を進める。小石を背負う騾馬が一頭、その後を追う。

騎上の人は長いこと、ダイナマイトの発破まかせに岩を貫き、洞窟を開いて過ごしてきた。彼は一度たりとも海を見たことなく、ましてラ・パスの都市《まち》など知る由もないが、世界は工業全盛期に突入しており、これまで価値を認められて来なかった鉱物資源をがつがつ食うもの、とあたりをつける。先人たちのように銀を求めて山深く分け入ったのではなかった。誰の真似でもなく、錫を探して山底へ、山の魂にまで入り込み、そして行き当たったのだ。

シモン・パティニョ、寒さに全身を刺し抜かれた騎上の人、孤独と債務に追い立てられたこの鉱山《ヤマ》掘りは、ウアヌニの村へたどり着く。騾馬の背嚢は、世界最高の錫鉱を砕いた見本を携える。これらの小石が彼をボリビアの王とするであろう。

(132)

ポサダ　1900——メヒコ市

詩連《コプラ》に事件に絵をつける。その刷り絵が売られているのは市場であったり教会の門口だったり、あるいは流しの歌い手が、ノストラダムスの予言はたまたテママトラの脱線事故の身の毛もよだつ一部始終、グアダルペの聖母がこの前はどこへ姿をお見せになっただの、この都市のある地区で蜥蜴を四匹産んだ女の悲劇やらを語り聞かせるところならどこであれ。

ホセ・グアダルペ・ポサダの魔法の手の為せる業、走る物語歌《コリード》は走ることを決して止めず、出来事話《スセディド》は生起を止めない。彼の生み出す図像の中では、空威張りする男たちのナイフも訳知り女たちの舌もいつまでも研ぎすまされ、相も変わらず悪魔が踊るは炎を吐くは、死神は笑いかけ、濁り酒《プルケ》は髭を湿し、ろくでなしのエレウテリオ・ミラフエンテスは、彼にさんざんな日々をもたらした張本人たる老父の頭骸を途方もない石の巨塊で潰し続ける。ポサダの版画の一枚が、今年はメヒコの辻々に初めて路面電車の出現したさまを祝った。また別の一枚は、今しも、路面電車が墓地前で葬列と衝突、骸骨が散乱した目もあてられない惨状を語る。一センタボで売られる複製画は粗悪紙に印刷されているが、字を読め、従って涙する能のある者用には詩句が添えられている。

彼の工房は圧し棒にインク皿、亜鉛版、版木の寄り合い所帯、ありとあらゆるものは印刷機の周囲に積み重なり、刷り立ての、そのへんに架けられて乾燥を待つ紙が上から雨と降り注ぐ。ポサダは朝から晩まで働き続け、お見事あっぱれそのものの画を次々彫り上げる――それも本人に言わせれば、お絵かき。時折一服するために戸口へ出るが、必ず頭に山高帽を乗せ、でっぷりした腹は地味な毛織のチョッキで包むことを忘れない。

ポサダ工房の門口を、近所にある芸術アカデミーの先生方が日々通り過ぎる。中を覗き込むことは決してなく、挨拶をするでもない。（263、357）

1900――メヒコ市　ポルフィリオ・ディアス

ファアレスの庇護下に育った。泣きながら人殺しをする男、こうファアレスは彼を呼んだものだ――

――泣きながら、泣きながら、わしを出しぬけに撃ち殺す。

ポルフィリオ・ディアスがメヒコにその采配を振るい続けて四半世紀。公認の伝記作家たちは後世のために彼のあくびや警句を記録する。こんな台詞を口にするときは書き留めない――

――最高のインディオは地下四メートルのところにいる。

——さっさと奴らを殺せ。

——でくのぼうどもをつついてくれるな。

でくのぼうども、とは議員たち、居眠りのせいで舟を漕ぐのが賛意を示し、ドン・ポルフィリオを唯一の人《エル・ウニコ》、不可欠の人《エル・インディスペンサブレ》、余人を以て代え難き人《エル・インススティトゥイブレ》と呼ぶ御仁たちのこと。民草は彼をドン・裏切り者《ペルフィディオ》と呼び、彼の廷臣たちをからかう——

——何時だ？

——御意のままのお時間にございます、大統領閣下。

小指を見せて曰く——トラスカラが痛むわい。心臓を指して曰く——オアハカが痛いわ。肝臓に手を当てて曰く——ミチョアカンが痛いのう。

叛徒や好奇の輩には逃亡者狩りの法が適用される。たちまち三人の知事が震えながら彼の前へ出頭する。ポルフィリオの平和《パクス・ポルフィリアナ》の真只中を、メヒコは前へ前へと進歩する。かつて騾馬や馬あるいは鳩が運んだ知らせはいま電信によって七万キロを飛ぶ。乗合馬車の通い道には鉄路一万五千キロが敷かれる。国は債務を期限通りに支払い、世界市場へ鉱物と食糧をあてがう。大地所《ラティフンディオ》ごとに砦が建つ——主人を変えることすら能わぬインディオたちを、見張番が銃眼から監視する。経済学を講ずる学校は存在しなくても、次に鉄道が通ることとなる土地を間違いなく買い上げる術に長けた実証主義者《シエンティフィコ》たちに囲まれて、ドン・ポルフィリオは統治する。資本は米国より到来し、思想とモードはフランスから、中古品を買い入れる。首都は好んで南北米州《ラス・アメリカス》のパリと名乗るが、街頭にはまだまだズボンより白い穿きものの方が目につく。フロックコートを着る少数派は、第二帝政風の館に住まう。詩人たちは日暮れどきを呼ぶに緑の時なる雅名を授けたが、それは枝葉の光ゆえにではなく、ミュッセが謳ったニガヨモギに因んでのことである。（33, 142）

1900——メヒコ市

フロレス＝マゴン兄弟

民が濁り酒《プルケ》の河を流れ下る間にも鐘はうち鳴らされ、爆竹が響き渡り、彩色花火《ベンガラ》の光の合間にナイフがきらり。群衆はアラメダ通りなど、コルセットの御婦人やジャケットを着た御大尽の聖域としていつもは立入禁止の道々へ、聖母を輿に乗せなだれ込む。燦然たる光の舟の高みから、聖母の翼が庇護と導きを与える。

今日はアンヘレスの聖母の日、メヒコでは一週間にわたって祭が続き、さて民衆の荒々しい歓喜の淵に、我が身こそこの歓喜にふさわしいと言いたいかの如く、新しい新聞が誕生する。その名は刷新《レヘネラシオン》。独裁体制によって閉鎖された『民主主義者《エル・デモクラタ》』の熱気と借金とを引き継ぐ。ヘスス、リカルド、エンリケのフロレス＝マゴン三兄弟が執筆し、編集し、販売する。

フロレス＝マゴン兄弟は罰をくぐり成長する。父親死して以来、法律の勉強、臨時仕事のあれこれ、闘う新聞記者稼業、銃撃に投石で対抗する街頭デモとを、獄中の日々と交互に繰り返す。

──すべては皆のもの──と父インディオ、テオドロ・フロレスは彼らに言ったもの。骨張った、星空にそそり立つあの顔は、数知れぬほど彼らに言ったもの──さあ繰り返して！(287)

サイザル麻《エネケン》

1900──メリダ・デ・ユカタン

ユカタンのマヤ人の三人にひとりは奴隷、つまりサイザル麻の人質であり、彼らの債務を引き継ぐこととなる子供たちも、奴隷となろう。土地はインディオも何も丸ごと込みで売買されながら、サイザル麻の大農園《プランテーション》は科学的手法と近代的な機械仕掛を用い、ニュー・ヨークの諸銀行から電報で命令を受け、融資を得る。蒸気動力の牽引機が繊維を剝ぎ、インターナショナル・ハーヴェスター社の列車がこれを進歩《プログレソ》という名の港まで引いてゆく。一方、警備団は夜の帳が降りるとインディオたちをバラックへ閉じ込め、夜明けどきには馬上から、ぴんと棘の立つ植物の列なすところへインディオたちをせき立ててゆく。

サイザル糸、エネケンの糸は、およそ陸に存在する限りのものをあまねく縛り、海に存在する限りの船はすべてエネケンの綱を用いる。メヒコで最も豊かな地域のひとつユカタンは、エネケン《エネケネアンド》を転がして繁栄する──その主都メリダでは、金色の鉄格子が、ヴェルサイユを真似し損なった庭園に驟馬だのインディオだのの立ち入ることを阻む。司教の馬車はローマで教皇が使うそれとほとんど寸分の違いもなく、パリからやって来る建築家たちは中世フランスの城を模してみせるが、今様の英雄たちは、囚われの姫君ならぬ自由の身のインディオを追い求めて突き進む。

将軍イグナシオ・ブラボ、鋭利な目、白い髭、黙する口の持ち主が、いまだ戦太鼓を響かせるマヤ人の掃討にあたるべく、メリダへ到着する。サン・ベニト城砦の砲門はサイザル麻の救い主に礼砲を放つ。アルマス広場《プラサ・デ・アルマス》にあっては、花咲く月桂樹の下、ユカタンの主人たちが銀の剣をブラボ将軍に献ずる。その剣は、密林《セルバ》に拠る叛徒たちの聖都チャン・サンタ・クルスを制する者を待ち受ける。

そうしてそれから、まぶたがゆっくりと閉じるように夜の帳が降りそぼつ。（273）

メヒコ第二十八大隊のコリドより

俺は行く、もう行くぜ
意気揚々と、もう行くぜ
何しろマヤのインディオどもは
びっくり仰天死んじまう

俺は行く、もう行くぜ
海の向こうへもう行くぜ
何しろインディオどもはもう
逃げ道すらもないときた

俺は行く、もう行くぜ
達者でいろよ、娘っ子
何しろマヤのインディオどもは
薪の代わりになっちまう

俺は行く、もう行くぜ
冬の間《インビエルノ》のお勤めだ
何しろマヤのインディオどもは
地獄《インフィエルノ》に向かう御身分さ

(212)

鉄の蛇　1900——タビ

最前線を大砲がごろごろと進み、防塁を覆しまた死にかけた者たちの息の根を止めてゆく。大砲の裏手で兵士たち、ほとんどインディオばかりの兵士たちは共同体のとうもろこし畑に火を放ち、銃口から弾を込める旧式火器を相手に、モーゼル連射銃を撃ちまくる。兵士たちの背後には人夫《ペオン》たち、ほとんどインディオばかりの彼らが鉄道用線路を敷きのべ、電信用と首吊り用の柱を立てる。

鉄道とは鱗のない蛇、その尾はメリダに、長い体軀はチャン・サンタ・クルスへと伸びる。頭はサンタ・マリアに達し、かと思えばオボンピチへ、またオボンピチからタビへと跳ぶ、何ともすばしこく《ベロス》、何でも呑み込む《ボラス》鉄の二枚舌——密林《セルバ》を破壊し、大地を切り分け、苛み、襲い、嚙みしだく——ぎらぎらと進みつつ、自由の身のインディオを呑み下し、奴隷を踏みつけてゆく。

聖地チャン・サンタ・クルスは滅亡の運命。半世紀前、藪の中に現われ、この聖地を産み落としたマホガニーの小さな十字架はこう言った——

——我が父は汝らと、大地そのものの汝らと話すようにと、私を遣わされた。

預言者

それはここで、四世紀以上も前にあったこと。

ござの上に仰向けになり、ユカタンの神官－ジャガーは神々の言葉を聞いた。神々は彼の住まいにまたがり、屋根から他の誰にもわからない言葉で語りかけた。

チラム・バラム、神々の口は、いまだ生起していないことがらを想起させ、到来するところを告知した――

――闘いを賭け、棒と石は起ち上がらん……犬はその主人に牙を立てん……借りものの王座に在る者たちは、呑み下ししものを投げ出さねばならぬ。呑み下ししものはごく甘く、ごく美味なれど、吐き出さん。簒奪者は水の域へ去らん……もはや人を食う者はなからん……強欲の尽きるとき、世界の貌が、手が、足が解き放たれん。(23)


(『火の記憶』第二巻　了)

索　引

項目の選定はスペイン語原書にほぼ準拠した．ただし集団名を補ったので，その項には＊を付してある．

ア行

アイマラ＊　aymara　27, 114, 236（一語）
アイルランド　Irlanda　216, 291, 331, 367
アーヴィング，ワシントン　Irving, Washington　399
アウサンガテ　Ausangate　111
アエネアス　Eneas　23
赤い皇太子　Príncipe Rojo→リンチ，パトリシオ
アキダバン河　Aquidabán, río　367
アキノ，アナスタシオ　Aquino, Anastasio　259
アクニャ＝デ＝フィゲロア，フランシスコ　Acuña de Figueroa, Francisco　254
悪魔　Diablo/Satanás　53, 210, 244, 268, 460
アケケ　Akeké　274
アコス　Acos　109
アコスタ・ニュウ　Acosta Ñú　365–366
アーサー王　Arturo, rey　419
『アーサー王宮廷の一ヤンキー』 *Un yanqui en la corte del rey Arturo*　419
アジア　Asia　85, 143
アシジの聖人　el santo del pueblo de Asís　146
アスクエナガ，ミゲル・デ　Azcuénaga, Miguel de　204
アステカ＊　aztecas　124, 181
アスト，シモン・デ　Asto, Simón de　27
アスマル伯　Assumar, conde de　33
アスルドゥイ，フアナ　Azurduy, Juana　206
アスンシオン　Asunción　247（一・デル・パラグアイ），352, 366
アセレト大佐　Acereto, coronel　330–331
アタイデ→コスタ＝アタイデ
アタカマ　Atacama　356–357（一砂漠），394, 404
アダムズ（大統領）　Adams, John　289
アチャカチ　Achacachi　114
アッシャー大主教　Usher, arzobispo　263
アッティラ　Atila　213
アデア（隊長）　Adair　42
アテネ　Atenas　236
アトトニルコ　Atotonilco　180
アトヤク　Atoyac　184
アトランタ　Atlanta　410
アパサ，グレゴリア　Apaza, Gregoria　115
アパサ，フリアン　Apaza, Julián →トゥパク・カタリ
アパッチ＊　apaches　327–328, 364, 397, 457

アパラチア　Apalaches　86
アバルクロンビ将軍　Abercromby, general　151–152
アブラハム　Abraham　63
アフリカ　África　22（一女），44, 46–47, 55, 59, 68（北一），83–85, 133, 146, 222, 297, 331, 333, 410, 412（ブラック・一），418, 447
アフリカン号　*African*　46
アプレ河　Apre, río　159
アポマトックス　Appomattox　343
アマゾナス劇場　Amazonas, Teatro　443
アマゾニア　Amazonia　442
アマゾン　Amazonas / Amazonia　99（一流域），356（一流域），441–443
アマゾン・ラバー・カンパニー　Amazon Rubber Company　442
アマト＝イ＝ジュニエント，（ドン）マヌエル・デ　Amat y Junyent, Manuel de　68, 70（副王）
アミーチス，エドムンド・デ　Amicis, Edmundo de　414
アメスティカ，ロサリト　Améstica, Rosarito　300
アメリア（公女一）　Amelia, princesa　249
アメリカ　América　5, 7–9, 16, 48, 64–66, 74, 79, 85, 89, 92–94, 96, 119, 140–141, 148, 150–151, 155, 159, 164–165, 172, 179–180, 184, 195, 208, 220, 223–224, 228, 236–237, 246, 252, 271, 311–312, 326（熱帯一），345, 423–426
アメリカ合州国／米国　Estados Unidos（de América）　84, 85（連合州），86（アメリカ連合州），91, 129, 241, 252, 263–264, 266, 273, 289, 291, 305, 312, 321, 324–326, 338, 343–344, 346, 362, 369, 383, 399–400, 403, 407, 409, 419, 422–423, 435, 442, 448, 450–453, 457, 462→合州国，北米
アメリカ人　americano　100（アメリカ生まれ），152, 195, 276（アメリカ製），326（一文明）
アメリカのアルジェリア　337→メヒコ
アモタペ　Amotape　320
アヤクチョ　Ayacucho　232（一平原），243
アラグア　Aragua　149
アラゴン＊　aragoneses　176, 278
アラパオ＊　arapahos　383
アラメダ　Alameda, la（メヒコ市）　463
アラモ，エル　Álamo, fuerte del（El Álamo）　265
アリアガ（代官一）　Arriaga, corregidor　94
アリカ　Arica　94
アリゾナ　Arizona　327, 457
アルコス，サンティアゴ　Arcos, Santiago　313–314
アルジェリア　Argelia　337
アルジャー，ホレイショ　Alger, Horatio　400
アルセ・ネグロ　Alce Negro　384（cf. ブラック・エルク）
アルゼンチン　Argentina　247, 253, 269, 271, 289, 316, 349–352, 354, 374, 390, 410, 415
アルティガス，ホセ　Artigas, José　192, 201–205, 211, 213–216, 219–222, 225, 230, 253–254, 292–293, 348
アルテミズ（マドモアゼル・一）　Arthémise, mademoiselle　370
アルベアル，カルロス・デ　Alvear, Carlos de　201
アルマグロ　Almagro　204
アレイジャディニョ　Aleijadinho, el

145-146
アレキサンドリア　Alejandría　219
アレキパ　Arequipa　258
アレコ　Areco　61-62
アレチェ，ホセ・アントニオ・デ　Areche, José Antonio de　104, 107
アレハンドロ（床屋）　Alejandro, barbero　248
アロジョ，オンド　Arroyo Hondo　434
アン（リンカーンの恋人）　Ann　344
アンゴストゥラ　Angostura　194, 218-219
アンゴラ　Angola　23
アンシナ（アルティガスの召使）　Ansina　292
アンソン，ジョージ（司令官／卿）　Anson, George　44-45
アンダルシア　Andalucía　229, 418
アンティグア島（英領一）　Antigua　41
アンティル諸島　Antillas, las　46, 74, 133, 138, 166-167, 174, 216, 429, 435, 453
アンティル糖　138
アンデス　Andes, los　6, 9-10, 26-27, 99, 130-131, 168, 223, 227, 310, 354, 410
アントニア　Antonia　357
アントニオ（聖一）　Antonio, san　54, 315
アントニオ（パドバの聖一）　Antonio de Padua, san　277
アンドレシト　Andresito→グアクラリ，アンドレス
アンヘレスの聖母　Ángeles, Nuestra Señora de los→聖母
イエス　Jesús　25（幼子一），46, 80, 111-113, 144（一・キリスト），150（一・キリスト），372（我らが主一・キリスト），445（一・キリスト）→キリスト
イェルサレム　Jerusalén　430（新一）
イエルバス・ブエナス　Yerbas Buenas　299→サン・フランシスコ
イカルス　Ícaro　23
イキケ　Iquique　412（一港）
イキトス　Iquitos　443
イグナシオ（ドン・一）　Ignacio, don　160
イサアクス，ホルヘ　Isaacs, Jorge　358
イサク　Isaac　63
イサベラ（ドニャ・一）　Isabela, doña　160
イスキエルド，ロサリト　Izquierdo, Rosarito　300→アメスティカ，ロサリト
イスパノアメリカ　Hispanoamérica　142, 311, 423, 425
『いたずら者』（エル・ディアブロ・コフエロ）　*El diablo cojuelo*　379
イタポアン　Itapoã, playa　51（一の浜辺）
イタマラティ男爵　barón de Itamaraty　370
イタリア　Italia　64, 92, 176, 278, 359, 415, 418, 442, 455（一国王）
イダルゴ，バルトロメ　Hidalgo, Bartolomé　225
イダルゴ，ミゲル　Hidalgo, Miguel　180（一神父），180-184（一司祭），265
異端審問　Inquisición　166, 171, 183, 197, 199
一（いち）の神　Padre Primero　5

イビライ　Ibiray　292
イラサバル，パブロ　Irrazábal, Pablo　355（一大佐）
イリノイ　Illinois　344, 346
インカ＊　incas　6, 25, 72, 102, 106, 111, 113, 393, 425
インカ，エル　Inca, el　93, 95（ロス・インカス），102, 104, 107–108, 130–131
インカ＝リペ，トマス　Inca Lipe, Tomás　114
イングランド　Inglaterra　8, 11–13, 20, 30, 41, 43, 45–46, 58, 66–67, 73, 84–86, 88–89, 104, 119, 134, 140, 143, 151, 177–179, 201, 213, 216, 219, 226, 231, 234, 240–241, 243, 245, 252–253, 255, 263, 278, 288–289, 305, 336, 338–339, 350, 362, 369, 393, 395–396, 412–414, 419, 422, 425, 442, 458
インターナショナル・ハーヴェスター社　International Harvester　464
インディアス　Indias　179
インディアス枢機会議　Consejo de Indias　172
インディアナ　Indiana　344
インド　429

ヴァージニア　Virginia　84, 87, 263, 347
ヴァスーラス　Vassouras　372
ヴァチカン　Vaticano　40
ウアヌニ　Huanuni　459
ウアンカヨ　Huancayo　405
ヴィヴィアンヌ通り　Vivienne, rue　306
ヴィエイラ，アントニオ（神父）　Vieira, padre Antonio　7
ヴィクトリア一世　Victoria I　412（女王陛下），413–414（女王）
ヴィシー　Vichy　443
ウイチョル＊　huicholes　35–37
ウィニヘル，ホセ　Winiger, José　415
ウィーラー，ジョン　Wheeler, John　324
ヴィラ・ノヴァ・ド・プリンシペ　Vila Nova do Príncipe　22
ウィリアムソン，J. G.　Williamson, J. G.　252
ウィルソン（商会）　Wilson　249
ウィーン　Viena　237, 410
ウィンチェスター　Winchester　386
ウエウエテナンゴ　Huehuetenango　81
ウエスト・ポイント士官学校　West Point, academia militar de　419
ヴェルサイユ　Versalles　129–130, 207, 464
ウェルズ，アイダ　Wells, Ida　448
ウェルド，セオドア　Weld, Theodore　346
ウォー・ボネット・クリーク　War Bonnet Creek　386
ウォヴォカ（預言者一）　Wovoka, profeta　420
ウォーカー，ウィリアム　Walker, William　324–326
ウォーカー，デイヴィド　Walker, David　347
ウォーターフォード　Waterford　416
ヴォルテール　Voltaire　28, 74, 92
ウク，ハシント　Uc, Jacinto→カネク，ハシント
ウマイタ　Humaitá　352
ウマントゥウ　Umantuu　27
ウルアナ　Uruana　163
ウルキサ，フスト・ホセ・デ　Urquiza, Justo José de　351
ウルグアイ　Uruguay　193, 253–255,

292, 307, 349–350, 424
ウルグアイ河　Uruguay, río　38, 62, 192, 203–204
ウルフ，ジェイムズ　Wolfe, James 66
ウーンデッド・ニー　Wounded Knee　420–421

英国（英／英領）　13, 21, 41, 58, 86, 89, 104, 151（英語），177, 234, 240, 242, 248, 288, 316, 324–325（英語），349, 365, 454（英語），457（英語）
エイハブ船長　Ahab, capitán　321
『英雄伝』（プルタルコス）　*Vidas* 149
エヴァンジェリスタ＝ヂ＝ソウザ，イリネオ　Evangelista de Souza, Irineo　371→マウア男爵
エカテリーナ　Catalina de Rusia 153（—大帝）
エクアドル　Ecuador　231, 250, 252, 310, 359–360
エジプト　Egipto　310, 412
エストンバ，フアン・ラモン　Estomba, Juan Ramón　271
エスパニャ，ホセ・マリア・デ　España, José María de　150
エスペホ　Espejo→サンタ＝クルス＝イ＝エスペホ，フランシスコ・ハビエル・エウヘニオ・デ
エスメラルダ・デル・オリノコ　Esmeralda del Orinoco　160, 161（エスメラルダ）
エチェベリア，エステバン　Echeverría, Esteban　270
エディンバラ　Edimburgo　92
エマーソン，ウォルド　Emerson, Waldo　320
『エミリ・モンタギューの話』　*La historia de Emily Montague*　66
エリコ　Jericó　430
エル・アラモ　El Álamo→アラモ，エル
エル・エスコリアル（宮）　El Escorial　176
エル・カヤオ　El Callao　227–228, 393→カヤオ
エル・クスコ　El Cuzco→クスコ
エル・サルバドル　El Salvador 259
エル・シド　Cid Campeador　23
エル・チャチョ（チャチョ・ペニャロサ）　El Chacho　349
エル・ドラド　El Dorado　8, 164
エル・ピピラ　El Pípila　181–182
『エル・メルクリオ・チレノ』　*El Mercurio Chileno*　295
エル・モリノ　El Molino　301
エルヴェシウス　Helvetius　74
エルナンデス，ホセ　Hernández, José　391
エロス　Eros　23
エロルトンド＝イ＝パラシオ，フェリペ　Elortondo y Palacio, Felipe 294
円形劇場（コリセオ）（ブエノス・アイレス）　Coliseo　240
円形劇場（コリセオ）（モンテビデオ） Coliseo　254
エンゲル，G.　Engel, G.　411
エンゲルス，フリードリヒ　Engels, Friedrich　338, 429
エンディミオン　Endimión　23（美少年—）
エントレ・リオス　Entre Ríos　219

オアハカ　Oaxaca　124, 361, 462
老いぼれ（ロス・ビエホス）踊り Danza de los Viejos　112
オヴィディウス　Ovidio　310

オウヴィドル通り（リオ・デ・ジャネイロ）　Ouvidor, calle　249
欧州　Europa　21, 25, 29–30, 57, 73–74, 82, 85, 99, 106, 119, 129–130, 136, 143, 147, 151, 160, 171, 175, 185, 198, 201, 203, 231, 237, 242, 246, 249, 256, 290（全一），305, 312, 335–337, 356, 359（泰西），362, 369（北欧），370, 380（東欧），393–394, 414, 415（中欧），423–425, 443, 447, 453, 455→ヨーロッパ
オウロ・プレト　Ouro Preto　10, 21, 39–40, 136, 145
オグム　Ogum　53–54, 61
オクラホマ　Oklahoma　399
オゴルマン，アドルフォ　O'Gorman, Adolfo　294
オゴルマン，カミラ　O'Gorman, Camila　294–296
オシャラ　Oxalá　55
オシュン　Oshún　61
オストス，エウヘニオ・マリア・デ　Hostos, Eugenio María de　451
オーストラリア　Australia　412
オーストリア　Austria　337
オソリオ，アントニオ・デ　Osorio, Antonio de　140
オトマコ＊　otomacos　163
オブリタス，アントニオ　Oblitas, Antonio　94–95, 109
オベス，ルカス　Obes, Lucas　204
オボンピチ　Hobompich　467
お目付法廷　Tribunal de Vigilancia　210
オヤ　Oyá　61
オラン　Orán　223
オランダ　Holanda　11, 14–15, 82–83, 119, 126, 140
オリノコ　Orinoco　8（一上流），13（一河口），99, 159, 163–164, 218
『オリノコ便り』（エル・コレオ・デル・オリノコ）　*El Correo del Orinoco*　218
オリベ，マヌエル　Oribe, Manuel　306（一将軍）
オルギン　Holguín→ペレス＝オルギン，メルチョル
オレゴン　Oregón　300
オロフェルネス（メルガレホの馬）　Holofernes　355–356, 376
女暴君（ラ・メサリナ）　*la Mesalina*　243→サエンス，マヌエラ

カ行

カイオワ＊　kiowas　298–299, 381–382
『疥癬鸚鵡』　*El Periquillo Sarniento*　208
カイバテ　Caybaté　63–64
『海洋日報』（ディアリオ・デ・ラ・マリナ）（ラ・アバナ）　*Diario de la Marina*　333
下院（英国）　Cámara de los Comunes　242
カウカ　Cauca　18（下一）
カエサル　César　422
カエサルたちとアマゾネスたちの頭領　Señor de los Césares y Amazonas →トゥパク・アマル二世
学芸協会（アテネオ）（ラ・アバナ）　Ateneo　333
カサ・バヨナ伯爵　Casa Bayona, conde de　144
カサス・グランデス　Casas Grandes　328
カスカベル　Cascabel　→ガラガラ蛇
カスキイェリ　Kaskiyeli　328
カスター，ジョージ・アームストロング　Custer, George Armstrong

383, 385–386, 454
カスティジョ伯爵　Castillo, condesa del→コントレラス＝イ＝フスティス，マリア・イグナシア・デ
カスティリャ　Castilla　118, 297, 358
カスティリャ語　66, 107–108, 151–152, 312, 408
カステリ，フアン・ホセ　Castelli, Juan José　186
カストロ＝アルヴェス　Castro Alves, Antonio de　373
カスピ海　Caspio　8
ガスリー大佐　Guthrie, coronel　42
カスルレー卿　Castlereagh, lord　201, 243
カセレス，アンドレス・アベリノ　Cáceres, Andrés Avelino　405（一元帥）
カタマルカ　Catamarca　173, 240, 354
カタリナ（聖女一）　Catalina, santa　19
カタルニャ*　catalanes　176
合州国　United States　85（連合州），87, 91, 177, 335
カディス　Cádiz　（一港）119, 151, 207, 450
ガド－サビイ　Gado-Saby　82
カナダ　Canadá　28–30, 66, 348
カナリア*　canarios　331
カニェテ（渓谷）　Cañete　396
カニング，ジョージ　Canning, George　242–243
カヌードス　Canudos　430–431, 444–446
カネ，ミゲル　Cané, Miguel　415
カネク，ハシント　Canek, Jacinto　48–50, 298
ガーネット，ヘンリー　Garnet, Henry　347
カバジェロ＝イ＝ゴンゴラ，アントニオ　Caballero y Góngora, Antonio　98（ドン・一猊下），116（ドン・一）
カハマルカ　Cajamarca　231
カヒガス，シプリアノ・デ・ラス　Cagigas, Cipriano de las　332
ガブリエル（大天使一）　Gabriel, arcángel　181
ガマ，ルイス　Gama, Luis　373
神なる豹（ディオス－ティグレ）の家　Dios-Tigre, Casa del　330
神に約束された男（プレデスティナド）　Predestinado, el　324→ウォーカー，ウィリアム
カヤオ　Callao　395（一港）→エル・カヤオ
カヨ・ウエソ　Cayo Hueso　431–432
カラカス　Caracas　147–150, 152, 177, 194, 218, 223, 250, 311
ガラガラ蛇　Cascabel　259→カスカベル
カラクアロ　Carácuaro　184
『がらくた』（ラ・バガテラ）　*La Bagatela*　187
ガラパゴス諸島　Galápagos, islas　262
カラバヤ　Carabaya　106
カラボボ　Carabobo　222, 231
カラミティ・ジェーン　Calamity Jane　454–455
カラーラ　Carrara　393
ガラン，ホセ・アントニオ　Galán, José Antonio　100, 116, 187
ガリシア　Galicia　417
ガリバルディ，ジュゼッペ　Garibaldi, Giuseppe　307
カリブ*　caribes　133–134, 365
カリブ　Caribe　46, 198, 223（一海），

329（一海岸），409（一海）
カリフォルニア California 299, 301–304, 409
ガリラヤ Galilea 144
カール大帝 Carlos, emperador 23
ガルシア，カリスト García, Calixto 438–439
ガルシア，ロムアルド García, Romualdo 426–427
ガルシア＝プマカウア，マテオ García Pumacahua, Mateo （プマカウア）102, 113
カルタヘナ→カルタヘナ・デ・インディアス
カルタヘナ・デ・インディアス Cartagena de Indias 18, 100, 152, 252
カルティエ Cartier 30–31
カルデロン＝デ＝ラ＝バルカ Calderón de la Barca 278（マダム・一／一夫人）
カルフーン，ジョン Calhoun, John 263–264
ガルベス，マティアス・デ（副王） Gálvez, Matías de 125
ガルボー＝デュ＝フォール夫人 Galbaud du Fort, señora 78
カルモ，マリア・ド Carmo, María do 146→カルモのマリア
カルモのマリア María do Carmo 146→聖母マリア
カルロス三世 Carlos III 72, 119
カレー Calais 131
カレニョ，シモン Carreño, Simón →ロドリゲス，シモン
ガレノス Galeno 21
カレラ，ラファエル Carrera, Rafael 267–268, 285
歓喜の広場（プラサ・デ・ラ・アレグリア）（クスコ） Plaza de la Alegría 117
カンザス Kansas 380
カンザス・パシフィック（鉄道） Kansas Pacific 387
カンタラナス通り Cantarranas, calle 426
カンディド Cándido 74
広東 Cantón 288, 395
カンブレ Cambray 126
カンペチェ Campeche 332（一港）
カンポマネス，ペドロ・ロドリゲス・デ Campomanes, Pedro Rodríguez de 119

ギアナ Guayana 99, 164, 218
キジョタ Quillota 198
キスペ＝ティト，ディエゴ Quispe Tito, Diego 24–25
北太平洋鉄道 Pacífico Norte, Ferrocarril del 403
キタンダ通り（リオ・デ・ジャネイロ） Quitanda, calle 249
キト Quito 104, 141–142, 180, 212, 226, 251
ギニア Guinea 83（一貿易），138, 198
キャプ・フランセ Cap Français 47, 76
キャメロット Camelot 419（一渓谷）
ギャラハッド，サー Galahad, sir 419
ギャリソン，ウィリアム・ロイド Garrison, William Lloyd 347
キャンベル，ペドロ Campbell, Pedro 216, 219
救世主 Salvador→リンチ，パトリシオ
キューバ Cuba 58–59, 140, 143–144, 155, 263, 273, 291（一島），331–334, 365, 378–379, 392, 396, 423, 432–

433, 435, 438–439, 447–450, 453, 456
キューバ革命党　Partido Revolucionario Cubano　432
極西　Far West　323→西部
キリクラ　Quilicura　300
ギリシア　Grecia　87（—語），232（—語），425
キリスト　Cristo　49, 54, 76, 178, 195, 259, 283–284, 397, 430–431, 431（—像），452→イエス
キリスト教／教徒　31–32, 45, 61, 74, 79, 81, 105, 161, 318, 437
霧靄（ブルマス）の島　Brumas, la isla de las　430
キロガ，ファクンド　Quiroga, Facundo　271
金曜日（フライデー）　Viernes　13

クアオ　Quao　42–43
グアクラリ，アンドレス　Guacurarí, Andrés　214–216, 219
グアタビタ湖　Guatavita, laguna　164–165
グアダラハラ（メヒコ）　Guadalajara　182–183
グアダルペ・イダルゴ（村）　Guadalupe Hidalgo　290–291
グアダルペの聖母　Guadalupe, Virgen de→聖母
グアディアナ（河）　Guadiana　231
グアテマラ　Guatemala　79–80, 157, 267–268, 272, 388
グアテマラ市　Guatemala, ciudad de　80, 267, 285, 388
グアドゥアス　Guaduas　116
グアドループ島　Guadalupe, isla　167–168
クアトロ・ヴィンテンス　Quatro Vintens　22（—峡谷）
グアナファト　Guanajuato　125–127, 156–157, 181–182, 184, 426
グアニカ　Guánica　451（—海岸）
グアム（トゥカノの神）　Guam　162
グアヤキル　Guayaquil　223–224, 231
グアラニ*　guaraní　5, 6, 61–64, 214, 369
グアラニ語　63, 65–66, 368
グイネス　Güines　331
クォレル，ウィリアム・ドーズ　Quarrell, Willliam Dawes　143（—大佐）
『草の葉』　*Hojas de hierba*　320
クジョー　Cudjoe　41–42
クスコ　Cuzco　24–25, 93–94, 96, 102–104, 106–113, 117, 158→カラバヤ
グッドイヤー，チャールズ　Goodyear, Charles　441
グティエレス，ラディスラオ　Gutiérrez, Ladislao　294–296
クーニャ，エウクリデス・ダ　Cunha, Euclides da　444–445
クーパー，ジェイムズ・フェニモア　Cooper, James Fenimore　266
クマナ　Cumaná　154, 218
クラーク，ペレグ　Clarke, Peleg　83
グラナダ（ニカラグア）　Granada　324–326
グラナディタス　Granaditas　182
クラビヘロ，フランシスコ・ハビエル　Clavijero, Francisco Javier　92
グラフトン街（ロンドン）　Grafton, calle　178
クララ（聖—）　Clara, santa　315
クラレ　Curare　161–162
グラン・コロンビア（共和国）　República de la Gran Colombia　219, 231, 250, 252
クランダル，プルーデンス　Cran-

dall, Prudence　346
グランデ河　Grande, río→ブラボ河
グラント，ユリシーズ・シンプソン　Grant, Ulysses Simpson　343
クリストバル，ディエゴ　Cristóbal, Diego　117
クリストフ，アンリ　Christophe, Henri　207
クリミア　Crimea　337
クルス－クアティア　Curuzú-Cuatiá　200
クルーソー，ロビンソン　Crusoe, Robinsón　12-13, 132
クルパイティ　Curupaytí　351-353
クレオール語　*créole*　133-134, 437
黒いスパルタクス　Espartaco negro →ルーヴェルチュール，トゥサン
クロケット，デイヴィ　Crockett, Davy　265-266
グロボ・ホテル　Hotel do Globo　249

ゲイザー，ジョン　Geyser, John　336
芸術アカデミー（メヒコ市）　Academia de Bellas Artes　461
ケグアイ　Queguay　260
ケシントゥウ　Quesintuu　27
ケチュア語*　quechua　236, 310
ケツアルコアトル　Quetzalcóatl　175
ゲーテ　Goethe　169
ケニオン，ジョン　Kennion, John　58
ケープ・コースト砦　Cape Coast Castle　83
ケベック　Quebec　28, 66-67
ゲラタオ　Guelatao　364（一湖）
ケレタロ　Querétaro　358-359
ケンタス＝サヤス，アグスティン・デ・ラス　Quentas Zayas, Agustín de las　157（ドン・―）
ケンタッキー　Kentucky　263, 344
ケント（郡）　Kent, condado de　412

コイジョリティ　Coylloriti　111
鉱山学校　Escuela de Minas　171
皇帝→インカ，エル
コカ・コーラ　Coca-Cola　410
五月広場（プラサ・デ・マヨ）　Mayo, plaza de　374
ゴーギャン，ポール　Gauguin, Paul　439
コスタ，クラウディオ・マヌエル・ダ　Costa, Cláudio Manuel da　136
コスタ＝アタイデ，マヌエル・ダ　Costa Ataíde, Manuel da　146
コスタ＝カルドゾ，ジョアキン・ダ　Costa Cardoso, Joaquim da　51-52
コスタ・リカ　Costa Rica　272, 285
五大湖　Grandes Lagos　29, 32
コチャバンバ　Cochabamba　193, 339
国会議事堂（ワシントン）　Capitolio　345
コディ，ウィリアム・フレデリック　Cody, William Frederick→バッファロー・ビル
ゴドイ，マヌエル　Godoy, Manuel　140（ドン・―）
コーニッシュ，サミュエル　Cornish, Samuel　346
コネティカット　Connecticut　267（一州），346
コパン　Copán　272-273
コヒマル　Cojímar　58, 333, 425
コミタン　Comitán　157
ゴメス，マキシモ　Gómez, Máximo

432–434, 438–439
ゴメス，レアンドロ　Gómez, Leandro　350
ゴメス＝フェレイラ，ルイス　Gomes Ferreira, Luis　21–22
『コモン・センス』　*Sentido común*　84
ゴヤ　Goya　201, 296（一港）
コラ*　coras　364
コリエンテス　Corrientes　214–215, 246
コルカ　Colca　405（一地方）
コルシカ　Córcega　174
コルテス，エルナン　Cortés, Hernán　124, 181
コルテス＝ララス，ペドロ　Cortés Larraz, Pedro　80
コルト（銃）　Colt　267, 323, 397, 419
コルト，サミュエル　Colt, Samuel　267
コルドバ（地名）　Córdoba　203
コルドバ（マヌエラ・サエンスの犬）　Córdoba　319→コルドバ，ホセ・マリア
コルドバ，ホセ・マリア　Córdoba, José María　319
コロ　Coro　177（一湾），194
コロニア（野営地）　Colonia, campamento de　213
コロニア・デル・サクラメント　Colonia del Sacramento　38
コロン（パナマ）　Colón　408–409
コロン，クリストバル　Colón, Cristóbal　324
コロン劇場（ブエノス・アイレス）　Colón, teatro　415
コロンビア　Colombia　1, 187, 208, 217, 228, 234, 237, 251–252, 355, 358, 440
コロンビア　Columbia　263
「コロンボ」（リオ・デ・ジャネイロ）　Colombo, la　446
コンゴ　Congo　378
コンゴニァス・ド・カンポ　Congonhas do Campo　145
ゴンサレス＝プラダ，マヌエル　González Prada, Manuel　406
コンスタンタン（丘）　Constantin, colina　168
コンセプシオン　Concepción　311
コンセリェイロ，アントニオ　Conselheiro, Antonio　430–431, 444–445
コンデマイタ，トマサ　Condemaita, Tomasa　109
コントラマエストレ河　Contramaestre, río　438
コンドルカンキ，イポリト　Condorcanqui, Hipólito　106, 109
コンドルカンキ，フェルナンド　Condorcanqui, Fernando　109–110, 158
コンドルカンキ＝ノゲラ，ホセ・ガブリエル　Condorcanqui Noguera, José Gabriel→トゥパク・アマル二世
コントレラス＝イ＝フスティス，マリア・イグナシア・デ　Contreras y Jústiz, María Ignacia de　143（ドニャ・一）
ゴンパーズ，サミュエル　Gompers, Samuel　453
コンバパタ　Combapata　103（一河）

サ行

『最新文化報』（プリミシアス・デ・ラ・クルトゥラ）　*Primicias de la Cultura*　142
サインダイ（長老）　Saynday, Viejo

Tío 298–299
『ザ・サウス・アメリカン・ジャーナル』 *The South American Journal* 422
サウス・カロライナ Carolina del Sur 84
サエンス，シモン Sáenz, Simón 212（ドン・―）
サエンス，マヌエラ Sáenz, Manuela 212, 227, 233, 243–244, 319
サカテカス Zacatecas 35, 156
ザクセン Sajonia 416
サタン（カラミティ・ジェーンの馬） Satán, caballo de Calamity Jane 454
『刷新』（レヘネラシオン） *Regeneración* 463
サトゥルヌス Saturno 35
サブロン Sablons 130（―平原）
ザベス Zabeth 77–78
サポテカ* zapotecas 362
サモア Samoa 453
サラテア，マヌエル・デ Sarratea, Manuel de 202
サラマンカ Salamanca 179
サルミエント，ドミンゴ・ファウスティノ Sarmiento, Domingo Faustino 293, 305, 349–350, 369, 424
サン・アンドレス・イツァパン San Andrés Itzapan 79
サン・クリストバル・エカテペク San Cristóbal Ecatepec 197
サン・クリストバル・ラス・カサス San Cristóbal Las Casas 362
サン・サルヴァドル・ヂ・バイア San Salvador de Bahía 7, 11（バイア），23（バイア），51, 53（バイア），55–56（バイア），147, 373（バイア），430（バイア）
サン・ジョゼ・デル・レイ São José del Rei 33
サン・パウロ（ブラジル） San Pablo 373, 430, 445
サン・バシリオ San Basilio 18
サン・ハシント（テキサス） San Jacinto 264–265
サン・ハシント修道院 San Jacinto, convento de 194
サン・ハビエル布教団 San Javier, misión 61
サン・パブロ San Pablo 209
サン・ビセンテ San Vicente 259
サン・フアン（キューバ） San Juan 449–450
サン・フェリペ San Felipe 194
サン・フェリペおよびサンティアゴ侯爵 San Felipe y Santiago, marquesa de→コントレラス＝イ＝フスティス，マリア・イグナシア・デ
サン・フェルナンド（村） San Fernando, pueblo de 210
サン・フェルナンド・デ・アプレ San Fernando de Apure 217
サン・フランシスコ（カリフォルニア） San Francisco 299, 303–304, 325
サン・フランシスコ教会（マリアナ） San Francisco, iglesia 146
サン・フランシスコ修道院（バイア） San Francisco, covento 54
サン・ペドロ San Pedro 112
サン・ペドロ区（ポトシ） San Pedro, barrio de 34
サン・ベニト（メリダ・デ・ユカタン） San Benito 465（―城砦）
サン・ホセ（アルゼンチン） San José 351
サン・ホセ・デ・コスタ・リカ San José de Costa Rica 285, 429
サン・ボルハ San Borja 329

サン・マテオ　San Mateo　148, 196
サン・マテオ・ウイツィロポシュコ　San Mateo Huitzilopochco　78
サン＝マルティン，ホセ・デ　San Martín, José de　204, 223–224
サン・ミゲル　San Miguel　209
サン・ルイス・デ・ゴンサガ（布教村）　San Luis de Gonzaga, misión　65
サン・ロレンソ　San Lorenzo　231
サンガララ　Sangarara　93, 95
サンクト・ペテルブルグ　San Petersburgo　153
三国同盟　Triple Alianza　348, 350, 352, 365
三重の汚名　Triple Infamia, La　348　→三国同盟
サンタ＝アナ，アントニオ・ロペス・デ　Santa Anna, Antonio López de　265, 286（ロペス＝デ＝サンタ＝アナ），286–290, 332, 387–388
サンタ・カタリナ修道院　Santa Catalina, convento　212
サンタ＝クルス（マヌエラ・サエンスの犬）　Santa Cruz　319
サンタ＝クルス，アンドレス　Santa Cruz, Andrés　319
サンタ＝クルス，フランシスコ　Santa Cruz, Francisco　103
サンタ＝クルス＝イ＝エスペホ，フランシスコ・ハビエル・エウヘニオ・デ　Santa Cruz y Espejo, Francisco Javier Eugenio de　141–142
サンタ・テレサ修道院　Santa Teresa, convento de　283
サンタ・フェ　Santa Fe　104, 152（—地方），216, 220
サンタ＝フェ，アルベルト　Santa Fe, Alberto　389（—大佐）
サンタ・マリア（メヒコ）　Santa María　467
サンタ・マルタ　Santa Marta　20, 20（—港）
サンタ・ルシア（丘）　Santa Lucía, cerro　209
サンタ・ロサ・デ・ランパ　Santa Rosa de Lampa　106
サンタンデル（マヌエル・サエンスの犬）　Santander　319
サンタンデル，フランシスコ・デ・パウラ　Santander, Francisco de Paula　234, 244, 319
サンチェス，フアナ　Sánchez, Juana　356, 376–377
サンチェス家（リマ）　Sánchez, familia　376–377
サンティアゴ（使徒）　Santiago apóstol　80（騎士—）
サンティアゴ・デ・クーバ　Santiago de Cuba　449
サンティアゴ・デ・チレ　Santiago de Chile　209–210, 255–256, 314, 316, 404, 413（サンティアゴ），422
サンディーノ，アウグスト・セサル　Sandino, Augusto César　436
サンドー　Sandeau　306
サント・ドミンゴ　Santo Domingo　139–140, 392
サントス＝バルガス，ホセ　Santos Vargas, José　205
サントス・ルガレス　Santos Lugares　296
サンルカル・デ・バラメダ　Sanlúcar de Barrameda　311

シアトル　Seattle　322–323
「幸せな間違いもしくは無垢の勝利」　*El engaño feliz o el triunfo de la inocencia*　254
シウダ・レアル・デ・チアパス　Ciu-

dad Real de Chiapas　157
シェイクスピア　Shakespeare　379, 400
ジェイムズ，ジェシー　James, Jesse　398
ジェイムズ一家　*James boys*　398
ジェファソン，トマス　Jefferson, Thomas　87–88, 454
シエラ・ゴルダ　Sierra Gorda　390
シエラ・レオネ河　Sierra Leone, río　45–46
シェリダン，フィリップ・ヘンリー　Sheridan, Philip Henry　380–381（―将軍）
ジェロニモ　Gerónimo　327–328, 457
シカゴ　Chicago　411–412, 415
鹿の神　Señor de los Venados　36
シクアニ　Sicuani　117
シケイラ，ジャシンタ・ヂ　Siqueira, Jacinta de　22–23
至高最上の君主　duque de la Superlativa　105→トゥパク・アマル二世
シサ，バルトリナ　Sisa, Bartolina　114–115
システイル　Cisteil　48–50
自然科学アカデミー（パリ）　Academia de Ciencias Naturales de París　260
シパキラ　Zipaquirá　100, 165
『資本論』　*El capital*　364
『市民日録』（エフェメリドゥ・デュ・シトワイヤン）　*Ephémerides du citoyen*（*Efemérides del Ciudadano*）　74
シャイアン*　cheyennes　383, 386
『社会主義者』（エル・ソシアリスタ）　*El Socialista*　390
ジャクソン，アンドリュー　Jackson, Andrew　264（―大統領）
ジャシンタ　Jacinta→シケイラ，ジャシンタ・ヂ
シャフター，ウィリアム・ルーファス　Shafter, William Rufus　447
ジャマイカ　Jamaica　41–43, 46, 84, 143–144, 150, 207, 365
シャンゴ　Shangó　61
シャンプラン　Champlain　30–31
『自由な祖国』（ラ・パトリア・リブレ）　*La patria libre*　379
自由の女神　Estatua de la Libertad　453
シュトラウス，レビ　Strauss, Levi　303–304→リーバイ
ジュネーヴ　Ginebra　237, 443
ジョアン六世（ポルトガル王）　Juan VI　248（ジョアン国王）
ジョージ三世　Jorge III　85
ジョージア（州）　Georgia　84, 347
ジョゼフィーヌ（ボーアルネ，ジョゼフィーヌ〔・ド〕）　Beauharnais, Josefina　174
シリアコ＝イ＝セルダ，マティアス　Ciriaco y Selda, Matías　35（ドン・―）
シルヴァ，シカ・ダ　Silva, Chica da　57
シルヴァ，ペドロ・ダ　Silva, Pedro da　28
シルヴァ＝シャヴィエル，ジョアキン・ジョゼ・ダ　Silva Xavier, Joaquim José da　136（―見習士官），137（ティラデンテス）
シルバ，エルビラ　Silva, Elvira　440
シルバ，ホセ・アスンシオン　Silva, José Asunción　440
白兎　Conejo Blanco　302
新世界　Nuevo Mundo　92, 104, 115,

154, 242
進歩（プログレソ）（ユカタンの港） Progreso 464

スー* sioux 383–384, 402–403, 420–421, 454
スイス 82, 278
スクレ Sucre 179→チャルカス，チュキサカ，ラ・プラタ
スクレ，アントニオ・ホセ・デ Sucre, Antonio José de 232, 238（一元帥），251, 310
スコット山 Scott, monte 382
スコットランド Escocia 12, 200, 278
スサナ Susana 441（貞女一）→シルバ，ホセ・アスンシオン
すすり泣きの広場（プラサ・デ・ロス・ジャントス）（クスコ） Plaza de los Llantos 102, 109
スタンダード・オイル社 Standard Oil 401
スティーブンズ，ジョン・ロイド Stephens, John Lloyd 273（米国大使一）
ステットソン帽 Stetson, sombrero 455
ストーダート（ピアノ） Stoddard, pianos 185
ストラングフォード卿 Strangford, lord 201
スパイズ，A. Spies, A. 411
スプリングフィールド Springfield 344
スペイン España 8, 11, 16, 23, 25–26, 35, 38, 44–45, 48, 56, 58, 62–64, 72, 78, 98, 100, 102, 104–105, 108–109, 113–116, 119（一国王），129, 134, 139–140, 143, 147, 150–152, 157（北一），171, 173, 175–176, 178–179, 181–182, 186, 192–194, 196–197, 199, 203, 206, 208, 210–211, 217, 222–223, 227–229, 231–232, 234, 236, 240–241, 252, 254, 269, 271, 277–278, 291, 332–333, 338, 359, 378–379, 389, 392, 415, 415（一語），418, 423（一系アメリカ），425, 435, 447–454
スリナム Surinam 14–15, 74, 82

セア，フランシスコ・アントニオ Zea, Francisco Antonio 219
『聖イグナシオの誘惑』 *La tentación de san Ignacio* 215
聖書 Biblia, la 12, 263, 347（「ビーチャーの一」），397, 400
聖パトリック大隊 Saint Patrick, batallón irlandés 291
西部 Oeste 86, 266, 304, 323（極西），386–387, 399–400, 455
「征服の踊り」 Baile de la Conquista 79
聖母 407, 428
- アンヘレスの一 Nuestra Señora de los Ángeles 463
- カンデラリアの一 Virgen de la Candelaria 61
- グアダルペの一 Virgen de Guadalupe 180–181, 183, 460
- 十字架（ラス・クルセス）の一 Madre de las Cruces 330
- 処女懐胎（コンセプシオン）の一 Nuestra Señora de la Concepción 48
- ママ／パチャママとしての一 Virgen 26
- 一マリア Virgen María 25（聖母），26, 54（聖母），79（聖母），146（聖母），183→カルモのマリア，マリアなる石，マリアなる丘

無垢の―　Virgen de la Inmaculada　306
モンセラトの―　Virgen de Montserrat　113
レメディオスの―　Virgen de los Remedios　180-181
製本業者友愛組合　Sociedad Fraternal de Encuadernadores　380
精霊（エスピリトゥ・サント）通り（メヒコ市）　Espíritu Santo, calle　261
セーヴル　Sèvres　416
セゴビア，レフヒオ　Segovia, Refugio　428（ドニャ・―）
セーヌ河　Sena　231
セネガル　Senegal　337
セバスティアン（聖―）　Sebastián, san　25
セバスティアン（ポルトガル王）　Sebastián, rey de Portugal　430
セビリャ　Sevilla　175-176
セリ　Sery　14
セルキルク，アレグザンダー　Selkirk, Alexander　12-13, 45
セルバンド師　Servando, fray　175-176
セロ・コラ　Cerro Corá　366-367
セント・ジョゼフ　Saint Joseph　398
セント・ジョンズ　Saint John's　40
セント・ルイス　Saint Louis　456-457
セント・ローレンス河　San Lorenzo, río　28

ソウザ，トマス・デ　Souza, Tomás de　21（一隊長）
ソクラテス　Sócrates　311
ソコロ（町）　Socorro, villa del　98, 116
ソコロ教会（ブエノス・アイレス）　Socorro, iglesia　294
ソノラ　Sonora　328, 364
ソーヤー，トム　Sawyer, Tom　420
空色の帝国　Celeste Imperio　288
ソラノ＝ロペス，フランシスコ　Solano López, Francisco　348, 366-367
ソリリャ，ホセ　Zorrilla, José　332
ソロカバ修道院　Sorocaba, convento　11
ソワーズビィ中佐　Sowersby, teniente coronel　231
ソーン，ジェイムズ　Thorne, James　213
ソーントン，エドワード　Thornton, Edward　349

タ行

大英帝国　Gran Bretaña　45, 66, 85, 91, 178, 201, 241, 252, 356, 371, 422
第五騎兵隊　Quinto de cabellería　456
泰西　359→欧州，ヨーロッパ
大西洋　Atlántico　400
タイタ　Taita→カセレス，アンドレス・アベリノ
第七騎兵隊　Séptimo de Caballería　383, 385
太平洋　Pacífico　13, 223, 310, 394, 404（―戦争），412（―戦争），453
『タイムズ』　*Times*　413
太陽神　Sol, dios　130
ダヴィド　David, Jaques-Louis　174
ダーウィン，チャールズ　Darwin, Charles　262-263, 456
ダオイス通り（ラ・アバナ）　Daoiz, calle　274
ダオメー　Dahomey　53
タクアベ　Tacuabé　260

ダグラス，フレデリック　Douglass, Frederick　348
ターナー，ナット　Turner, Nat　347
タビ　Tabi　467
ダビデ　David　436
タブマン，ハリエット　Tubman, Harriet　348
タマラ　Támara　99
タラスコ*　tarascos　184, 364
タラタ　Tarata　340–341
タラパカ　Tarapacá　394, 404, 412
タラブコ　Tarabuco　206
ダランベール　D'Alembert　129
ダリオ，ルベン　Darío, Rubén　429
タルカ　Talca　300
タルカウアノ　Talcahuano　300
ダンケルク　Dunkerque　131
ダンツィヒ　Danzig　425
タンパ　Tampa　432
ダンピア，ウィリアム　Dampier, William　12
ダンロップ，ジョン　Dunlop, John　442

チ，セシリオ　Chi, Cecilio　297–298
チアパス　Chiapas　157（—総督）362, 364
チコテ　Chicote　205
地中海　Mediterráneo　375
チッペワ*　chippewa　32
チビルコイ　Chivilcoy　409
チムー*　chimús　72
チャカブコ　Chacabuco　314
チャコ　Chaco　350
チャニャルシジョ　Chañarcillo　357
チャプルテペク城　Chapultepec, castillo de　290
チャララ　Charalá　116
チャルア*　charruas　260
チャルカス　Charcas　179→スクレ，チュキサカ，ラ・プラタ
チャルコ　Chalco　363
チャールストン　Charleston　346
チャン・サンタ・クルス　Chan Santa Cruz　309, 330, 465, 467
中欧　415
中国　China　29, 185（シナ），289, 300, 331, 395–396, 409, 429
中米連邦共和国　República Federal de Centroamérica　272
チュキサカ　Chuquisaca　6, 179–180, 206, 236–238, 310, 339→スクレ，チャルカス，ラ・プラタ
チュシグ　Chusig→サンタ＝クルス＝イ＝エスペホ
チュルブスコ修道院　Churubusco, convento　291
聴聞院（アウディエンシア）　Audiencia　140–141, 333
チョエレ－チョエル島　Choele-Choel, isla　390–391
チョコ　Chocó　17（—地域）
チョリジョス（リマ）　Chorrillos　395
チラパ　Chilapa　190
チラム・バラム　Chilam Balam　298, 468
チリ　Chile　12–13, 44, 104, 198, 202, 223–224, 229, 231, 255–256, 299–300, 304, 311, 313–314, 356, 394–395, 404–406, 412–413, 422–423
チリグアノ*　chiriguanos　6
チリリコ　Chililico　124
チルパンシンゴ　Chilpancingo　195
チワワ　Chihuahua　189
チンチェロス　Chincheros　113
チンチャ諸島　Chinchas, islas　393
チンボラソ　Chimborazo　168, 168（—火山），227

ディアス，ポルフィリオ　Díaz, Porfirio　461, 462（ドン・ポルフィリオ）
ディアス＝ベレス　Díaz Vélez　204
ディエス＝デ＝メディナ，フランシスコ　Díez de Medina, Francisco　117（判事―）
ディケ　Dique　18（―水路）
ティジュコ　Tijuco　56
ティティカカ　Titicaca　27, 114
ディドロ，ドゥニ　Diderot, Denis　73
ティラデンテス　Tiradentes→シルヴァ＝シャヴィエル，ジョアキン・ジョゼ・ダ
ティンタ　Tinta　106
テオティトラン・デル・カミノ　Teotitlán del Camino　407
デカルト　Descartes　73, 171（―理論）
テキサス　Texas　263–265, 267, 289
テグシガルパ　Tegucigalpa　272
テケンダマ　Tequendama　165
テジョ河　Tajo, río　11
テスマラカ　Tezmalaca　197
テスメルカン　Texmelucan　389（―溪谷）
テネシー　Tennessee　324
テノチティトラン　Tenochtitlán　181
デフォー，ダニエル　Defoe, Daniel　13
テーベ　Tebas　219
テペウア*　tepehuas　112–113
テペヤク　Tepeyac　181
テママトラ　Temamatla　460
テムズ河　Támesis　240, 453
デュカス，イジドール　Ducasse, Isidoro→ロートレアモン伯爵
デューク号　*Duke*　12
テューダー，ウィリアム　Tudor, William　252
デュパ島　Isle Dupas　29
デュポン＝ド＝ヌムール，ピエール　Dupont de Nemours, Pierre　74
デュマ，アレクサンドル　Dumas, Alexandre　306–308
テラン，フランシスコ・アロンソ　Terán, Francisco Alonso　157
デリュジャル，ファウスト　D'Elhuyar, Fausto　213
デリル，ギョーム　Deslile Guillaume　7–8
天然痘（ビルエラ）　Viruela　298–299
テンプ（野営地）　Tempú, campamento de　378

ドイツ　Alemania　8, 11, 119, 155, 159, 231, 365, 415, 418, 422, 442, 452, 456
トウェイン，マーク　Twain, Mark　419, 453
東欧　380
トゥカノ*　tukano　162
トゥクマン　Tucumán　94, 294
トゥヌパ　Tunupa　27
トゥパク・アマル　Túpac Amaru　93
トゥパク・アマル，フェルナンド　Túpac Amaru, Fernando→コンドルカンキ，フェルナンド
トゥパク・アマル二世　Túpac Amaru II　93–96, 99–100, 102–107, 109–110, 113, 116–117
トゥパク・カタリ　Túpac Catari　114–116
トゥリハ河　Tulijá, río　157
トゥンガスカ　Tungasuca　94, 106

『屠殺場』(エル・マタデロ)　*El matadero*　270
ドス・リオス合流口　Dos Ríos, Boca de　438
ドス・リオス野営地　Dos Ríos, Campamento de　435
トナラ　Tonalá　124
トナンツィン　Tonantzin　181
トマス（聖―）　Tomás, santo　175
ドミニカ共和国　República Dominicana　433
トムおじさん　Tom, tío　347
トラスカラ　Tlaxcala　462
トラテロルコ　Tlatelolco　389
トリスタン，フロラ　Tristán, Flora　258, 439–440
トリニダ島　Trinidad, isla de　177
トリローニー・タウン　Trelawney Town　41
トルカ　Toluca　124
トルコ　Turquía　278, 440
トルヒジョ（ペルー）　Trujillo　231
トレ＝タグレ侯爵　Torre Tagle, marqués de　227–228
ドレゴ，マヌエル　Dorrego, Manuel　271
トレド　Toledo　227
トロ，センタド　Toro, Sentado　383, 402–403（cf. シッティング・ブル）
トロ，ロサリト　Toro, Rosarito　300–301→アメスティカ，ロサリト
トロイ　Troya　23
泥棒（ラドロン）諸島　Ladrones, los　453
ドロレス　Dolores　180, 182–183
『ドン・フアン・テノリオ』　*Don Juan Tenorio*　332

ナ行

ナイジェリア　Nigeria　53
ナバロ（修道士）　Navarro, fraile　259
ナブコ，ジョアキン　Nabuco, Joaquim　373
ナポリ　Nápoles　416
ナポレオン一世　Napoleón I　166–167, 170（―・ボナパルト），173–174, 174（―・ボナパルト／ナポレオーネ），179, 179（―・ボナパルト），207, 227（―伝），231, 291
ナポレオン三世　Napoleón III　337–338, 359, 361（三代目ナポレオン）
ナヤリ　Nayarit　35（―山地），364
ナリニョ，アントニオ　Nariño, Antonio　187
ナント　Nantes　78, 138
ナンニィ　Nanny　42–43
南米　América del sur　348, 414, 416→南アメリカ
南北米州　las Américas　462

ニエバ＝イ＝カスティジョ歩兵連隊長　Nieva y Castillo, maestre de campo　173
ニカラグア　Nicaragua　143, 272, 324–326, 429, 437
ニキノオモ　Niquinohomo　436–437
ニーム　Nimes　304
ニュー・イングランド　Nueva Inglaterra　85–86
ニュー・オーリンズ　Nueva Orleans　264, 325
ニュー・ナンニイ・タウン　New Nanny Town　42
ニュー・ヨーク　Nueva York　177, 264, 320–321, 335, 346, 348, 386, 400–401, 425, 450, 453, 464

『ニュー・ヨーク・ヘラルド』 *New York Herald* 378
ニュートン，ジョン　Newton, John 45–46（船長―）

ヌエバ・エスパニャ　Nueva España 92

ネグロ河　Negro, río 391
ネバダ山脈（サンタ・マルタ）　Nevada de Santa Marta, Sierra 20

ノーサップ，ソロモン　Northup, Solomon 347
ノース，ジョン・トマス　North, John Thomas 404, 412–413, 422
ノストラダムス　Nostradamus 460
ノートル・ダム　Notre-Dame 174（―聖堂）
ノーベル　Nóbel 450（―平和賞）
ノルデンフェルト　Nordenfeldt 446（―機関銃）

ハ行

バイア　Bahía→サン・サルヴァドル・ヂ・バイア
背教者（アンティクリスト）　Anticristo 268
パイサンドゥ　Paysandú 350
パイタ（湾）　Paita, bahía de 318–319
ハイチ　Haití 47–48, 76–77, 132–134, 138–140, 143, 152, 166, 170, 198, 207, 241, 365, 392, 437
パイティティ　Paitití 105（大―）
バイロン　Byron 255
パウ，コルネイユ・デ　Pauw, Corneille de 93
バヴァリア　Bavaria 303–304
パウケ，ヘルマン　Paucke, Herman 61–62（―師）
パエス（マヌエラ・サエンスの犬）　Páez 319
パエス，ホセ・アントニオ　Páez, José Antonio 222–223, 319
バカラル　Bacalar 297, 330
ハーグ　La Haya 198
バグダッド　Bagdad 443
バジェ・デ・サリナス　Valle de Salinas 6
バシハ・ネグラ　Vasija Negra 385
馬術・体操・軽業および御当地芝居一座　*Compañía Ecuestre, Gimnástica, Acrobática y de Dramas Criollos* 410
バシリオ　Basilio, san 18（聖―），18（サン・バシリオ）
バスク＊　vascos 176
バスコ＝デ＝キロガ（司教）　Vasco de Quiroga, obispo 184
バスティダス，ミカエラ　Bastidas, Micaela 102, 107–110
パーソンズ，A.　Parsons, A. 411
パタゴニア　Patagonia 390
バタバノ（浜辺）　Batabanó, playa 333
パチャママ　Pachamama 26（ラ・―），206
バッファロー・ビル　Buffalo Bill 386–387, 399, 455–456
パティニョ，シモン　Patiño, Simón 459
パティビルカ　Pativilca 229
ハドソン河　Hudson, río 453
ハートフォード　Hartford 267, 419
パナマ　Panamá 118, 241, 252, 408–409, 429
パナマ運河会社　Compañía del Canal de Panamá 428
パナマ市　Panamá, ciudad de 118

ハーパー，フランシス　Harper, Frances　347
ハバナ　Habana, La　58, 156, 331（一港），332–334, 379, 448（一市），454→ラ・アバナ
バビロニア　Babilonia　283（大一）
パペエテ（タヒチ）　Papeete　439
バーミンガム　Birmingham　240
パライバ（河）　Paraíba　372
パラグアイ　Paraguay　109, 220–221, 246–248, 292, 348–352, 354, 365–366, 368–372
パラナ（河）　Paraná　203, 216, 220, 246（上一），289, 296（一河岸）
パラマリボ　Paramaribo　14
バランコ（リマ）　Barranco　395
パリ　París　7, 73–76, 88, 92, 129–133, 138–139, 151, 173, 175, 198, 237, 250, 255, 260, 307, 337, 359, 375, 393, 410, 418, 425–426, 428, 441–443, 446, 451, 465; 416（南米の一）→ブエノス・アイレス; 462（南北米州の一）→メヒコ市
パリ喫茶店（カフェ・デ・パリ）（ブエノス・アイレス）　París, Café de　374
パリ・コミューン　Comuna de París　415
バリオ・ノルテ（ブエノス・アイレス）　Barrio Norte　374, 416
バリオス，フスト・ルフィノ　Barrios, Justo Rufino　388
バリナス　Barinas　218
パリ万国博覧会　Exposición Universal de París　359
パリマ　Parima　8→エル・ドラド
バリャドリ（ユカタン）　Valladolid　297
バルキシメト　Barquisimeto　194
バルス　Barse　168
バルセロナ　Barcelona　218（ベネスエラの一），450
バルタサル（聖一）　Baltasar, san　221
バルティモア　Baltimore　303, 386
バルバドス　Barbados　84
バルバラ（聖一）　Bárbara, santa　61
バルバラ，フェデリコ　Barbará, Federico　391
バルパライソ　Valparaíso　12, 69, 177, 276, 295, 299, 301, 412
バルベ　Barbet　168
バルボア，バスコ・ヌニエス・デ　Balboa, Vasco Núñez de　132
バルボザ，ルイ　Barbosa, Rui　373
パルマ，リカルド　Palma, Ricardo　405
バルマセダ，ホセ・マヌエル　Balmaceda, José Manuel　413, 422–423
パルマンティエ，アントワーヌ　Parmentier, Antoine　129–130
バレラ，フェリペ　Varela, Felipe　354
バレラ，ホセ・マリア　Barrera, José María　309
バレンシア（ベネスエラ）　Valencia　194, 252
パロ・ドゥロ峡谷　Palo Duro, cañón de　381
パロ・ピカド　Palo Picado　438
ハワイ　Hawaii　453
ハワイ*　hawaianos　456
ハンコック，トマス　Hancock, Thomas　441
パンサンビ卿，ジョン　Ponsonby, John (Lord)　253
バンダ・オリエンタル　Banda Oriental　191, 204

バンポー，ナティ　Bumppo, Natty　266
パンヤ　Ceiba　60

ビアード　Biard　31
ビアナ，フランシスコ・ハビエル・デ　Viana, Francisco Javier de　211
ピエ・デ・ラ・クエスタ　Pie de la Cuesta　184
ピエモンテ*　piamontes　414
ビオオ，ドミンゴ　Bioho, Domingo　18
光の祖母　Abuela de la Luz　79　→聖母（マリア）
《ビーグル号》 *Beagle*　262–263
ビゴ　Vigo　416
ヒコック，ワイルド・ビル　Hickok, Wild Bill　454
ビジェガス，ミカエラ　Villegas, Micaela　68–69
ビジャグラン，ロサリア　Villagrán, Rosalía　230
ビジャサナ，エウヘニオ　Villasana, Eugenio　197（一中佐）
ビジャセカ，ロサリト　Villaseca, Rosarito　300→アメスティカ，ロサリト
ビジャロエル，イポリト　Villarroel, Hipólito　120
ビスマルク・シティ　Bismarck City　402
ビーチャー，ヘンリー・ウォード　Beecher, Henry Ward　347
ビーチャー＝ストウ，ハリエット　Beecher Stowe, Harriet　347
ピチュ　Picchu　106
ピチンチャ　Pichincha　231
ピッツバーグ　Pittsburgh　401
ピット，ウィリアム　Pitt, William　151–152
火の祖神　Abuelo Fuego　36
ヒメネス，マヌエル・マリア　Jiménez, Manuel María　332（一大佐）
『百科全書もしくは科学・技芸・手工業の解読辞典』 *Enciclopedia, Diccionario Razonado de las Ciencias, de las Artes y de los Oficios*　73
ヒューストン，サミュエル　Houston, Samuel　264（サム・一），265（一将軍）
ビュフォン伯　Buffon, conde de　92
ヒーラ河　Gila, río　327
ビリー・ザ・キッド　Billy the Kid　397
ビリコタ台地　Viricota, meseta　36
ピリベブイ　Piribebuy　366
ピルコマヨ河　Pilcomayo, río　6
ビルバオ，フランシスコ　Bilbao, Francisco　313

フアレス，ベニト　Juárez, Benito　337, 358–359, 361–364, 407–408, 461
フアン・フェルナンデス諸島　Juan Fernández, islas de　12, 44
『フアン・モレイラ』 *Juan Moreira*　410
フィッシャー，A.　Fischer, A.　411
フィラデルフィア　Filadelfia　85, 88, 91, 311, 386, 401, 410
フィリピン　Filipinas　452–453
フィリピン*　filipinos　452, 456
フィレンツェ　Florencia　176
フィン，ハック　Finn, Huck　420
ブエノ，バルトロメウ　Bueno, Bartolomeu　51
ブエノス・アイレス　Buenos Aires　38, 61, 63, 65, 96, 104, 114, 177, 179–180, 185–186, 192, 201–204, 213–214, 219, 223–225, 229, 240–241, 246–248,

253–254, 269–270, 289, 293–295, 305–306, 316, 348–349, 353–355, 369, 374–375, 391, 414–416, 418
プエブラ（メヒコ） Puebla 278（―溪谷），280
プエルト・リコ Puerto Rico 140, 451, 453
フェルナンデス＝ヂ＝オリヴェイラ，ジョアン Fernandes de Oliveira, João 57
フェルナンデス＝デ＝リサルディ，ホセ・ホアキン Fernández de Lizardi, José Joaquín 208, 209（リサルディ）
フェルナンド七世 Fernando VII 183（フェルナンド），199, 202
フォート・シル Fort Sill 380–381
フォール・ドーファン Fort Dauphin 170
ブザンソン Besançon 129
不死身の重装歩兵隊（ファランヘ・デ・ロス・インモルタレス） Falange de los Inmortales 324
プショ Pouchot 31
ブース・ライン社 Booth Line, la 443
ブストス，エルメネヒルド Bustos, Hermenegildo 427–428
ブダペスト Budapest 443
プティ・ゴアヴ Petit Goâve 132–133
フニン（草原） Junín, llano de 230–231
プノ Puno 27（―大聖堂）
プマカウア Pumacahua→ガルシア＝プマカウア，マテオ
ブラウン，ジョン Brown, John 347
ブラコ・ヂ・タトゥ Buraco de Tatú 51
プラジタス Playitas 432, 434（プラジタ），435
ブラジル Brasil 7, 10–12, 22, 33, 38, 51–52, 56, 128, 135–137, 145, 147, 155, 178, 211, 213, 216, 220, 247–249, 253–255, 349–351, 356, 370–373, 412, 430, 441, 443, 445–447, 457–458
ブラジル文芸アカデミー Academia Brasileña de Letras 447
ブラックフィート* blackfeet 402
プラット河 Platte, río 298
フラテナ（女神） Furatena 165
プラトン Platón 87, 152
ブラボ河 Bravo, río 423
ブラボ，イグナシオ Bravo, Ignacio 465
フランクリン，ジェイン Franklin, Jane 89–90
フランクリン，ベンジャミン Franklin, Benjamín 88–90, 129
フランシスコ（聖―） Francisco, san→アシジの聖人
フランシスコ・デ・パウラ王子 Francisco de Paula, infante 202
フランス Francia 8, 11, 23, 28–31, 34, 66, 74–76, 84, 88, 91, 119, 130, 132（―革命），138（―革命），139, 143, 150–152, 155, 159, 166–168, 170, 173–176, 179, 183, 187, 199, 207–208, 231, 240, 249（―語），255, 261, 264, 269, 277–278, 287, 289, 300, 306–308, 312（―語），316（―語），337–338, 344（―語），351, 358–359, 361–362, 365, 370, 395–396, 407, 412, 415（―語），415–416, 422, 425, 428–429, 437（―語），440–442, 452, 455, 462
フランス学士院（アカデミー・フランセーズ） Academia Francesa 306
『フランスの愛国者』（ル・パトリオト・フランセ）（モンテビデオ）

Le Patriote Français 307
フランドル Flandes 69, 140, 359
プリシマ・デル・リンコン Purísima del Rincón 427–428
ブリテン Nación Británica, La 201
→大英帝国
ブリト＝マリェイロ，バシリオ・デ Britto Malheiro, Basílio de 136
プリフィカシオン Purificación 202
ブリュッセル Bruselas 212, 416
プリンス・オブ・ウェールズ el príncipe de Gales 455
ブル・ラン Bull Run 335
フルジョー大佐 Fourgeaud, coronel 82–83
プルタルコス Plutarco 149
ブルック，フランシス Brooke, Frances 66–67
ブルックリン Brooklyn 347
プルマン Pullman 403
プレスタン，ペドロ Prestán, Pedro 408–409
フレデリクスバーグ Fredericksburg 336
ブレブゥフ Brébeuf 31
フレミング Fleming 252
フレンチ French 185
プロサー，ガブリエル Prosser, Gabriel 347
プロシア 129
フロラ Flora 14
フロリダ Florida, la 432, 448
フロレス，テオドロ Flores, Teodoro 407–408, 464
フロレス，ベナンシオ Flores, Venancio 350
フロレス＝マゴン，エンリケ Flores Magón, Enrique 463
フロレス＝マゴン，ヘスス Flores Magón, Jesús 463
フロレス＝マゴン，リカルド Flores Magón, Ricardo 463
ブーン，ダニエル Boone, Daniel 266
フンボルト，アレクサンダー・フォン Humboldt, Alexander von 131–132, 154–155, 159, 161–165, 168–169, 171, 175, 329, 393
フンボルト，ヴィルヘルム・フォン Humboldt, Wilhelm von 132

ペイン，ダニエル Payne, Daniel 346
ペイン，トム Paine, Tom 84–85
ベタンセス，ラモン・エメテリオ Betances, Ramón Emeterio 451
ベッサラビア Besarabia 416
ベッツィ Betsy 266
ペティオン，アレクサンドル Pétion, Alexandre 207–208
ペドリート（サンタ＝アナの愛鶏） Pedrito 287
ペドロ（聖—） Pedro, san 314
ペドロ一世（ブラジル皇帝） Pedro I, emperador de Brasil 248（王太子ペドロ），249（皇帝ペドロ）
ペドロ二世（ブラジル皇帝） Pedro II, emperador de Brasil 371–372
ベニテス，エンカルナシオン Benítez, Encarnación 205
ペニャロサ，チャチョ Peñaloza, Chacho→エル・チャチョ
ベネスエラ Venezuela 149, 151, 174, 177, 194, 196, 208, 218, 222–223, 250–252
ベネディクト（聖—） Benedicto, san 54
ペピノ・エル・88（道化者） Pepino el 88, arlequín 410
ベフカル Bejucal, señora del 143

(一の女領主）→コントレラス＝イ＝フスティス，マリア・イグナシア・デ
ベラクルス　Veracruz　171, 177, 277, 287–288
ベラクルス山地　Veracruz, Sierra de　113
ペリチョリ　Perricholi→ビジェガス，ミカエラ
ペルー　Perú　13, 72, 94, 103–105, 117, 129, 158, 202, 205（上一），217, 223, 227–229, 231–232, 232（上一），234, 237, 251, 258, 319, 393–396, 404–406, 412, 439, 443
ベル・エール　Belle Air　392
ベルガラ通り（メヒコ市）　Vergara, calle　388
ベルギー　Bélgica　365, 412
ベルグラノ，マヌエル　Belgrano, Manuel　193, 202
ベルグラノ一族　Belgrano, familia　204
ペルシア　310, 413
ベルス，マヌエル・イシドロ　Belzu, Manuel Isidoro　339–342
ベルティ，アントニオ・ルイス　Beruti, Antonio Luis　185
ペルー通り（ブエノス・アイレス）　Perú, calle　306
ベルトラン，マヌエラ　Beltrán, Manuela　98
ペルネティ，ドン　Pernetty, Dom　198
ベルファスト　Belfast　442
ヘルムズ，アンソニー　Helms, Anthony　198
ベルリン　Berlín　92
ペレス，フアン・マリア　Pérez, Juan María　204
ペレス＝オルギン，メルチョル　Pérez Holguín, Melchor　23–24
ペレス＝ロサレス，ビセンテ　Pérez Rosales, Vicente　255, 256（ドン・一），300, 304
ベレン・ド・パラ　Belem do Pará　443
ペンシルヴェニア　Pensilvania / Pennsylvania　84, 336
ペンバートン，ジョン　Pemberton, John　410–411
ヘンリー八世　Enrique VIII　413

ポー，エドガー・アラン　Poe, Edgar Allan　303
ホイットマン，ウォルト　Whitman, Walt　320
ポウニー*　pawnees　298–299
豊満なる丘（セロ・リコ）　Cerro Rico　234
ポーク，ジェイムズ・ノックス　Polk, James Knox　290（一大統領）
北欧　369
北米　notreamericanao / Notreamérica　83–85, 88, 263, 348, 423, 425, 435（北）
ボケロン　Boquerón, paso del　219（一の渡し）
ボゴタ　Bogotá　96, 98–100, 117, 164–165, 187, 243–244, 250, 357, 440
ポサダ，ホセ・グアダルペ　Posada, José Guadalupe　460–461
保守党（イングランド）　Partido Conservador　412
ボストン　Boston　347, 441（一港）
ホセ一世　José I→トゥパク・アマル二世
ポデスタ兄弟　Podestá, hermanos　410
ポトシ　Potosí　10（一銀山），23–24, 26（一銀山），34–35, 93, 127,

217, 233–235
ポトシ・ラ・パス・アンド・ペルー鉱山会社　Potosí, La Paz and Peruvian Mining Association　234–235
ホナタス（マヌエラ・サエンスの召使）　Jonatás　212
ボナパルト，ジョゼフ　Bonaparte, José　174, 179
ボナパルト，ナポレオン　Bonaparte, Napoleón→ナポレオン一世
ボナパルト，ポリーヌ　Bonaparte, Paulina　167
ボニイ　Bonny　82–83
ボニファシオ，ジョゼ　Bonifácio, José　373
ボベス翁（タイタ・ボベス）　Boves, *Taita*　196, 222
ポマイレ　Pomaire　211
ポマカンチ　Pomacanchi　96
ボヤカ　Boyacá　1
ボリバル，シモン　Bolívar, Simón　148–150, 174–175, 194–195, 207–208, 217–219, 223–224, 226–229, 231–234, 236–237, 241–245, 250–252, 276, 311, 319
ボリバル家　Bolívar, familia　196
ボリビア　Bolivia　114, 232, 236, 238, 251, 339–340, 356, 376, 394, 404, 412, 459
ポルト　Oporto　411（—・ワイン）
ボルドー　Burdeos　138, 249, 393, 440, 442
ポルトー・プランス　Port-au-Prince　207, 392, 437
ポルトガル　Portugal　8, 10–12, 21, 28, 38, 40, 55–57, 62–64, 128, 135, 178–179, 254, 395, 441
ホルヘ（聖—）　Jorge, san　54, 80
ボロジノ　Borodino　231
ボローニャ　Bolonia　92
ボワ・カイマン　Bois Caiman　133
ホワイトハウス　Casa Blanca, la　345, 452
ポワント・ア・ピトゥル　Pointe-à-Pitre　167–168
ボン・コンセリョ　Bom Conselho　431（—村）
ポンキエッリ，アミルカレ　Ponchielli, Amilcare　442
ホンジュラス　Honduras　268, 272–273
ボンプラン，エメ　Bonpland, Aimé　154–155, 159, 161, 164–165, 169, 246–247, 329

マ行

マイプ　Maipú　223, 231, 314
マイルズ，ネルソン・アプルトン　Miles, Nelson Appleton　451（—将軍）
マウア男爵　Mauá, barón de　371
マウレ　Maule　300
マカオ　Macao　331, 395
マカンダル，フランソワ　Macandal, François　47–48
マーキュリー号（帆船）　*Mercury*　143
マクシミリアン（オーストリアの）　Maximiliano de Austria　337, 358–359
マグダレナ河　Magdalena, río　18, 165, 250–251
マサチューセッツ　Massachusetts　84
マシエル，フランシスコ・アントニオ　Maciel, Francisco Antonio　155–156
マジェル＝アルノルド，フェデリコ　Mayer Arnold, Federico　316（—

博士)
マシャド＝デ＝アシス　Machado de Assis　446–447
マセオ，アントニオ　Maceo, Antonio　392, 432, 448, 454
マソ，ホセ・アントニオ・デル　Mazo, José Antonio del　157
マッキンリー　McKinley, William　448–449（一大統領），452
マッテ，エドゥアルド　Matte, Eduardo　423（銀行家）
マトリス教会（モンテビデオ）　Matriz, iglesia　253
マドリード　Madrid　64, 72, 119, 140, 158, 172, 176, 179, 199, 202
マナオス　Manaos　441–443
マヌエラ（ドニャ・一）　Manuela, doña　160
マノ・アマリジャ　Mano Amarilla　386（長一）
マポチョ河　Mapocho, río　209
マヤ*　mayas　48, 80–81, 273（一文明），297, 330–332, 332（一戦争），362, 364, 464–466
マヤウエル　Mayahuel　122
マラー，ジャン－ポール　Marat, Jean-Paul　138
マラカイボ　Maracaibo　194, 251
マリー・アントワネット　María Antonieta　130（王妃一）
マリア（ドニャ・一）　María, doña　316
『マリア』（ホルヘ・イサアクス）　*María*　357
マリアナ　Mariana　146
マリアなる石　María-piedra　26
マリアなる丘　María-cerro　26
マリエル（浜）　Mariel, playa　333
マーリン（魔術師一）　Merlín, mago　419
マルガリタ島　Margarita, isla　218
マルクス，カール　Marx, Karl　338, 365, 396
マルクス，ローラ　Marx, Laura　364
マルセイユ　Marsella　138
マルティ，ホセ・フリアン　Martí, José Julián　379–380, 412, 423–425, 431–435, 438–439, 448, 454
マルティニク　Martinica　174
マルティネス，フアン・ホセ　Martínez, Juan José→エル・ピピラ
『マルティン・フィエロ』　*Martín Fierro*　391
『マルドロールの歌』　*Cantos*　375
マルミエ，グザヴィエ　Marmier, Xavier　306（詩人一）
マンガス・コロラダス　Mangas Coloradas　328（長一）
マンシュ海峡　Mancha, canal de la　151
マンチェスター　Manchester　336

見えざる偉大なバッファローの神　Gran Búfalo Invisible　402
ミゲレテ　Miguelete, arroyo　156（一の細流）
みさき座（コメディア・デル・カボ）　Comedia del Cabo　76
ミシオネス　Misiones/ las misiones　62–66（布教村），350
ミシシッピ　Mississippi　420
ミシュラン　Michelin　442
ミスキート*　misquitos　143
ミステコ*　mixtecos　407
ミズーリ　Missouri　30（一河），398
ミチョアカン　Michoacán　184, 364, 462
ミトレ，バルトロメ　Mitre, Bar-

tolomé　350–353
ミトレ一族　Mitre, familia　204
ミナス・ジェライス　Minas Gerais　23, 33, 51
南アメリカ　América Meridional　108, 198, 253
ミュッセ，アルフレド・ドゥ　Musset, Alfred de　306
ミラー将軍　Miller, general　231
ミラフエンテス，エレウテリオ　*Mirafuentes, Eleuterio*　460
ミラフロレス（リマ）　Miraflores　395
ミランダ，フランシスコ・デ　Miranda, Francisco de　150–153, 177–178, 207
ミリカイ，アンブロシオ　Millicay, Ambrosio　173
『民主主義者』（エル・デモクラタ）　*El Demócrata*　463

ムイスカ*　muiscas　164
ムティス，ホセ・セレスティノ　Mutis, José Celestino　165–166
無憂宮（サン・スーシ）　Sans-Souci, castillo de　207
ムリ　Murrí　17
ムルティニョ，ジョアキン　Murtinho, Joaquim　457–458

メアリ（リンカーン夫人）　Mary, esposa de Lincoln　344
メィエ，ジュリアン　Mellert, Julien　198
名士評議会（ボゴタ）　Junta de Notables　188
メイン号　*Maine*　448（装甲艦—）
メシュエン条約　Methuen, tratado de　12
メスキタル　Mezquital　123
メディア　310
『メデイアの魅惑』　*Los encantos de Medea*　57
メテペク　Metepec　124
メトロポール・ホテル　Metropole, hotel　413
メヒアス＝ベハラノ，ディエゴ　Mejías Bejarano, Diego　148
メヒコ　México　10, 92, 112, 123–125, 156–157, 171, 175–176, 180–181, 183, 189, 195, 198, 208, 261, 263–266, 277–279, 281, 286, 289–291, 297, 299, 328, 332, 337–338, 358–359, 361–362, 364, 369, 380, 386–387, 389, 397, 407, 426, 435, 456, 460–465
『メヒコ古代史』　*Historia antigua de México*　92
メヒコ市　México, ciudad de　120–121, 125, 157, 171, 208, 261, 277–278, 280, 282, 286–291, 337, 361, 363, 379–380, 387, 389, 407, 427, 460–461, 463
メリダ（ベネスエラ）　Mérida　194
メリダ・デ・ユカタン　Mérida de Yucatán　49（メリダ），199, 298（メリダ），464, 465（メリダ），467（メリダ）
メリピジャ　Melipilla　210
メリーランド　Maryland　348
メルヴィル，ハーマン　Melville, Herman　321
メルカド，マヌエル　Mercado, Manuel　435
メルガレホ，マリアノ　Melgarejo, Mariano　340–342, 355–356, 376–377
メルクリウス　Mercurio　23
メロ＝エ＝カストロ　Melo e Castro　120（大臣—）
メンドサ　Mendoza　210, 316
メンフィス　Menfis　219

モーガン，ハンク　Morgan, Hank　419
モケグア　Moquegua　393
モーゼル（連射銃）　Máuser　467
モチーカ*　mochicas　72
モーツァルト　Mozart　89
『モード誌』（ジュルナル・ドゥ・モード）　*Journal de Modes*　306
モネ将軍　Monet, general　228
モーパッサン，ギ・ドゥ　Maupassant, Guy de　446
モビー・ディック　Moby Dick　321
『モヒカン族の最後の者』　*El último de los mohicanos*　266
モラサン，フランシスコ　Morazán, Francisco　267–268, 272, 285–286, 325
モランジュ（マドモアゼル・—）　Morange, mademoiselle　76
モリナイ（船長）　Molinay　14
モリノ・デル・レイ　Molino del Rey　291
モレノ，マリアノ　Moreno, Mariano　185
モレロス，ホセ・マリア　Morelos, José María　184, 189–191, 195–197, 265
「モーロ人とキリスト教徒の踊り」　Baile de Moros y Cristianos　79
モロン（集落）　Morón, caserío de　224
モンタナ　Montana　402
モンタニャ・ドラダ　Montaña Dorada　164
モンタニャス・ネグラス　Montañas Negras　383, 454
モンタルバ，ロサリト　Montalva, Rosarito　301→アメスティカ，ロサリト
モンティセロ　Monticello　87
モンテゴ・ベイ　Montego Bay　143, 144（—湾）
モンテスキュー　Montesquieu　74, 93（—男爵）
モンテビデオ　Montevideo　38–39, 155–156, 177, 179, 192, 198, 203（—港），204（—市会），211, 219, 229–230, 253–255, 295, 306–308, 348, 413–415, 418
『モンテビデオもしくはトロイふたたび』　*Montevideo o la nueva Troya*　307
モントリオール　Montreal　28
モンドンゴ，ドミンゴ　Mondongo, Domingo　334

ヤ行

ヤキ*　yaquis　364
ヤング将軍　Young, general　447

友愛と誠の理髪師協会　Sociedad Fraternidad y Constancia de Peluqueros　380
ユカタン　Yucatán　48, 199, 297, 309, 330, 332, 363–364, 464–465, 468
ユークリッド　Euclides　87
ユダ　Judas　54, 178（—人形）
ユナイテッド・ステイツ・ラバー・カンパニー　United States Rubber Company　442
ユナイテッド・フルーツ・カンパニー　United Fruit Company　453
ユーフラテス　Éufrates　453

ヨーク　York　13
ヨークシャー　Yorkshire　240
ヨセフ（聖—）　José, san　25, 49, 259
よそ者（ラ・フォラステラ）　*la Fo-*

rastera 243→サエンス，マヌエラ
ヨーロッパ Europa 8, 67, 92, 94, 154, 312→欧州

ラ行

ラ・アバナ La Habana 58, 144, 273–274, 331, 333→ハバナ
ラ＝ヴェランドリ，ピエール・ドゥ La Vérendrye, Pierre de 29
ラ・カニャダ Cañada, la 209
ラ・カリダ病院 Caridad, hospital de la 156（慈善病院），230
ラ・グアイラ La Guaira 150, 194, 252
ラ・クルス La Cruz 317–318
ラ＝コンダミーヌ，シャルル・マリー・ドゥ La Condamine, Charles Marie de 441
ラ＝サール La Salle 30
『ラ・ジォコンダ』 *La Gioconda* 442
ラ＝ジラルディエール，ミレー・ドゥ La Girardière, Millet de 168
ラ・セレナ La Serena 313
ラ・チャカリタ La Chacarita 374（—墓地）
ラ・パス La Paz 114–115, 180, 232, 295, 339–341, 355, 377, 459
ラ・プラタ La Plata 179→スクレ，チャルカス，チュキサカ
ラ・プラタ河 Plata, río de la 38, 155, 179, 200–202, 222, 231, 240, 253, 306, 413–414, 418, 456
ラ・プラタのカリギュラ *Calígula del Plata*→ロサス，フアン・マヌエル・デ
ラ・ブランケアダ La Blanqueada 414
「ラ・マルセイエーズ」 *La Marsellesa* 411, 430
ラ・リオハ（アルゼンチン） La Rioja 349, 355
ラ・リンコナダ区（バルパライソ） La Rinconada, barrio de 276
ライメス，トマス Laimes, Tomás 405–406
ライン（河） Rin 231
ラヴォワジェ Lavoisier 129
ラヴジョイ，エライジャ Lovejoy, Elijah 346
ラウレルティ（野営地） Laurelty, campamento 221
ラス・メルセデス教会（カラカス） Mercedes, iglesia de las 194
ラスワーム，ジョン Russwurm, John 346
ラタクンガ Latacunga 310
ラツィオ Lazio 278
ラテンアメリカ Latinoamérica 208
ラトレ，アンドレス Latorre, Andrés 220
ラバ，ジャン＝バティスト Labat, Jean Baptiste 198（—神父）
ラバジェ，フアン Lavalle, Juan 271
ラバジェハ，フアン・アントニオ Lavalleja, Juan Antonio 219
ラピッド・シティ Rapid City 454
ラファルグ，ポール Lafargue, Paul 364–365, 396–397
ラフィトウ Lafitau 31
ラブレー Rabelais 28
ラマドリ，グレゴリオ Lamadrid, Gregorio 271
ラマル（将軍） Lamar, general 319
ラマル（マヌエラ・サエンスの犬） Lamar 319
ラミレス，パンチョ Ramírez, Pan-

cho　271→ラミレス，フランシスコ
ラミレス，フランシスコ　Ramírez, Francisco　219→ラミレス，パンチョ
ラモリノ，レティツィア（ナポレオン一世の母）　Ramolino, Letizia　174
ラモン　Ramón　357
ララニャガ神父　Larrañaga, padre　211, 253
ララミー砦　Fort Laramie　454
ランカグア　Rancagua　210–211
ランカシャー　Lancashire　240, 336
ランギ　Langui　103
ランバイエケ　Lambayeque　231

リー，ロバート　Lee, Robert　343（—将軍），345
リヴァー・プレイト鉱山会社　River Plate Mining Association　240
リヴァプール　Liverpool　46, 201, 240, 306
リオ・デ・ジャネイロ　Río de Janeiro　33, 55–57, 135, 137, 156, 178–179, 211, 219, 225–226, 248, 254, 348, 370–371, 430（リオ），446, 457
『リオ・デ・ジャネイロ報知』 *Diario de Rio de Janeiro*　225
リシュリュー　Richelieu　413（—枢機卿）
リズボア，アントニオ・フランシスコ　Lisboa, Antonio Francisco→アレイジャディーニョ
リスボン　Lisboa　11（—湾），34, 55–57, 128, 178, 248, 443
リトル・ビッグ・ホーン　Little Big Horn　383–386
リーバイ　Levi　303→シュトラウス，レビ
リバダビア，ベルナルディノ　Rivadavia, Bernardino　202, 204, 240–241
リビタカ　Livitaca　106
リベラ，フアン・デ・マタ　Rivera, Juan de Mata　390
リベラ，フルクトゥオソ　Rivera, Fructuoso　219, 260（—将軍）
リマ　Lima　23（—副王），68–70, 96, 117, 224, 227–229, 232, 244, 250, 252, 376–377, 393, 395–396, 405–406, 413, 439
リマク　Rímac　227–228
リモージュ　Limoges　416
『両世界評論』（ルヴュ・デ・ドゥ・モンド）　*Revue des Deux Mondes*　269
リヨン　Lyon　69, 260, 306, 416
リラ，エウセビオ　Lira, Eusebio　205（司令官—）
リンカーン，エイブラハム　Lincoln, Abraham　335, 344–345
リンカーン・シティ　Lincoln City　397
リング，L.　Lingg, L.　411
リンチ，エリサ　Lynch, Elisa　367
リンチ，パトリシオ　Lynch, Patricio　395
リンネ　Linneo　166

ル・アーヴル　El Havre　306
ル＝ジュヌ　Le Jeune　31
ルイ十六世　Luis XVI　130
ルイジアナ　Louisiana / Luisiana　263, 291, 347
ルイロバ，ホセ・マリアノ　Ruyloba, José Mariano　232
ルーヴェルチュール，トゥサン　Louverture, Toussaint　138–139, 167, 170

ルクレール将軍 Leclerc, general 166, 170
ルーズヴェルト，セオドア（テディ） Roosevelt, Theodore 449–450, 456
ルソー，ジャン・ジャック Rousseau, Juan Jacobo 74, 149
ルター Lutero 140（一派）
ルビオ＝モルシジョ＝デ＝アウニョン，ディエゴ Rubio Morcillo de Auñón, Diego 23
ルブラン提督 Leblanc, almirante 269

レイナガ，フリアン Reinaga, Julián 205（軍曹一）
レイナル，ギョーム Raynal, Guillaume 74（僧一），93
レオガヌ Léogane 77
レコル将軍 Lecor, general 211
レシフェ Recife 430
レビジャヒヘド（副王） Revillagigedo, virrey 171
レミントン（銃） Rémington 390
レメディオスの聖母 Remedios, Virgen de→聖母
レンカストレ，ジョアン・ヂ Lencastre, João de 11

ロアイサ，ペドロ Loayza, Pedro 205（兵卒一）
ロカ，フリオ・アルヘンティノ Roca, Julio Argentino 391
ロサス，フアン・マヌエル・デ Rosas, Juan Manuel de 269–270, 289, 294–295, 306–307, 316, 351
ロサリオ，マルコス・デル Rosario, Marcos del 434
ロシア 153, 237, 300, 456
ロジャース（船長） Rogers, capitán 12
ロスチャイルド Rothschild 249（一商会），371（一家）
ロッキー山脈 Montañas Rocosas 30, 420
ロックフェラー，ジョン・ダヴィソン Rockefeller, John Davison 401
ロッシーニ Rossini 254
ロード・アイランド Rhode Island 83
ロードス島の巨人 Rodas, Coloso de 23
ロドリゲス，シモン Rodríguez, Simón 148–149, 237–238, 276, 310–312, 319–320
ロドリゲス，マヌエル Rodríguez, Manuel 210–211
ロドリゲス＝デ＝フランシア，ガスパル Rodríguez de Francia, Gaspar 246–248, 348
ロドリゲス＝ボベス，ホセ・トマス Rodríguez Boves, José Tomás →ボベス翁
ロートレアモン伯爵 Lautréamont, conde de 308, 375
ロバルトスン，ウィリアム Robertson, William 200
ロバルトスン，ジョン Robertson, John 200
ロビンソン，シモン Robinsón, Simón→ロドリゲス，シモン
『ロビンソン・クルーソー』 *Robinsón Crusoe* 149
ロペス，エスタニスラオ López, Estanislao 220, 271
ロペス，カルロス・アントニオ López, Carlos Antonio 348
ロペス，カンディド López, Cándido 353（兵一）
ロペス，フリオ López, Julio 363

ロペス，ポンポサ　López, Pomposa 428（ドニャ・―）
ロペス，ラファエル　López, Rafael 217
ロペス，レオカディア　López, Leocadia 427
ロペス＝デ＝サンタ＝アナ，アントニオ　López de Santa Anna, Antonio→サンタ＝アナ，アントニオ・ロペス・デ
ロペス＝ラヨン，イグナシオ　López Rayón, Ignacio 189, 191
ロペス＝ルイス，セバスティアン　López Ruiz, Sebastián 118（賢人―）
ロベスピエール，マクシミリアン・ドゥ　Robespierre, Maximilien de 138, 151, 185–186
ロベルト（僧）　Roberto, monje 11
ローマ　Roma 26（―教皇），174（―教皇），219, 236, 337, 361（―教皇），410, 454–455, 465
ロヤノ，フランシスコ　Loyano, Francisco 155
ロヨラ　Loyola 64
ロヨラ修道会　Orden de Loyola 63
ローリー，ウォルター　Raleigh, Walter 8
ロンドン　Londres 45, 57, 66, 150–151, 177–178, 198, 202, 218, 225, 234, 237, 241–242, 248–249, 253, 338, 364–365, 371, 390（―市場），393, 396, 404, 410, 412–413, 429
ロンドン・アンド・リヴァー・プレート銀行　London and River Plate Bank 457
ロンドン銀行　Banco de Londres 414
ロンドン百貨店（ブエノス・アイレス）　Tienda de Londres 374

ワ行

ワイオミング　Wyoming 454
ワイマール　Weimar 169
ワイルド・ウエスト・ショウ　Show del Salvaje Oeste 455
ワシタ（河）　Washita 298
ワシントン　Washington 290, 335, 344–346, 386, 423–424, 448, 452
ワシントン（准州）　Washington, Territorio 322
ワシントン，ジョージ　Washington, George 91, 454

出典一覧

1. Abreu y Gómez, Ermilo, *Canek. Historia y leyenda de un héroe maya,* México, Oasis, 1982.
2. Acevedo, Edberto Oscar, *El ciclo histórico de la revolución de mayo,* Sevilla, Escuela de Estudios Hispanoamericanos, 1957.
3. Acuña de Figueroa, Francisco, *Nuevo mosaico poético,* prólogo de Gustavo Gallinal, Montevideo, Claudio García, 1944.
4. Adoum, Jorge Enrique, «Las Galápagos: el origen de *El origen*...», y artículos de Asimov, Pyke y otros en *Darwin,* «El Correo de la Unesco», París, mayo de 1982.
5. Aguirre, Nataniel, *Juan de la Rosa,* La Paz, Gisbert, 1973.
6. Ajofrín, Francisco de, *Diario de viaje,* Madrid, Real Academia de la Historia, 1958.
7. Alcáraz, Ramón, y otros, *Apuntes para la historia de la guerra entre México y los Estados Unidos,* México, Siglo XXI, 1970.
8. Alemán Bolaños, Gustavo, *Sandino, el libertador,* México/Guatemala, Ed. del Caribe, 1951.
9. Anderson Imbert, Enrique, *Historia de la literatura hispanoamericana,* México, FCE, 1974.
10. Anson, George, *Voyage autour du monde,* Amsterdam/Leipzig, Arkstée et Merkus, 1751.
11. Antonil, André João, *Cultura e opulencia do Brasil por suas drogas e minas,* comentado por A. Mansuy, París, Université, 1968.
12. Aptheker, Herbert (Ed.), *A documentary history of the negro people in the United States,* Nueva York, Citadel, 1969.
13. Arciniegas, Germán, *Los comuneros,* México, Guarania, 1951.
14. Arnold, Mayer, *Del Plata a los Andes. Viaje por las provincias en la época de Rosas,* Buenos Aires, Huarpes, 1944.
15. Arriaga, Antonio, *La patria recobrada,* México, FCE, 1967.
16. Arzáns de Orsúa y Vela, Bartolomé, *Historia de la Villa Imperial de Potosí* (Ed. de Lewis Hanke y Gunnar Mendoza), Providence, Brown University, 1965.
17. Astuto, Philip Louis, *Eugenio Espejo, reformador ecuatoriano de la Ilustración,* México, FCE, 1969.
18. Atl, Dr., *Las artes populares en México,* México, Instituto Nal. Indigenista, 1980.

19. Aubry, Octave, *Vie privée de Napoléon,* París, Tallandier, 1977.
20. Ayestarán, Lauro, *La música en el Uruguay,* Montevideo, SODRE, 1953.
21. Baelen, Jean, *Flora Tristán: Feminismo y socialismo en el siglo XIX,* Madrid, Taurus, 1974.
22. Barnet, Miguel, *Akeké y la jutía,* La Habana, Unión, 1978.
23. Barrera Vásquez, Alfredo, y Silvia Rendón (Versión e introducción), *El libro de los libros de Chilam Balam,* México, FCE, 1978.
24. Barrett, S. M. (Ed.), *Gerónimo, historia de su vida* (Notas de Manuel Sacristán), Barcelona, Grijalbo, 1975.
25. Barrett, William E., *La amazona,* Barcelona, Grijalbo, 1982.
26. Basadre, Jorge, *La multitud, la ciudad y el campo en la historia del Perú,* Lima, Treintaitrés y Mosca Azul, 1980.
27. Bastide, Roger, *Les religions africaines au Brésil,* París, Presses Universitaires, 1960.
28. — *Les Amériques noires,* París, Payot, 1967.
29. Bazin, Germain, *Aleijadinho et la sculpture baroque au Brésil,* París, Du Temps, 1963.
30. Beck, Hanno, *Alexander von Humboldt,* México, FCE, 1971.
31. Benítez, Fernando, *Los indios de México* (tomo II), México, Era, 1968.
32. — *Los indios de México* (tomo IV), México, Era, 1972.
33. — *El porfirismo. Lázaro Cárdenas y la revolución mexicana,* México, FCE, 1977.
34. Benítez, Rubén A., *Una histórica función de circo,* Buenos Aires, Universidad, 1956.
35. Bermúdez, Oscar, *Historia del salitre, desde sus orígenes hasta la guerra del Pacífico,* Santiago de Chile, Universidad, 1963.
36. Bermúdez Bermúdez, Arturo, *Materiales para la historia de Santa Marta,* Bogotá, Banco Central Hipotecario, 1981.
37. Beyhaut, Gustavo, *America centrale e meridionale. Dall'indipendenza alla crisi attuale,* Roma, Feltrinelli, 1968.
38. Bierhorst, John, *In the trail of the wind. American indian poems and ritual orations,* Nueva York, Farrar, Straus and Giroux, 1973.
39. Bilbao, Francisco, *La revolución en Chile y los mensajes del proscripto,* Lima, Imprenta del Comercio, 1853.
40. Bolívar, Simón, *Documentos* (Selección de Manuel Galich), La Habana, Casa de las Américas, 1975.
41. Boorstin, Daniel J., *The lost world of Thomas Jefferson,* Chicago, University of Chicago, 1981.
42. Bonilla, Heraclio, *La independencia del Perú* (con otros autores), Lima, Instituto de Estudios Peruanos, 1981.
43. — *Nueva historia general del Perú* (con otros autores), Lima, Mosca Azul, 1980.
44. — *Guano y burguesía en el Perú,* Lima, Instituto de Estudios Peruanos, 1974.
45. — *Un siglo a la deriva. Ensayos sobre el Perú, Bolivia y la guerra,* Lima, Instituto de Estudios Peruanos, 1980.

46. Botting, Douglas, *Humboldt and the Cosmos,* Londres, Sphere, 1973.
47. Box, Pelham Horton, *Los orígenes de la guerra de la Triple Alianza,* Buenos Aires/Asunción, Nizza, 1958.
48. Boxer, C. R., *The golden age of Brazil (1695/1750),* Berkeley, University of California, 1969.
49. Brading, D. A., *Mineros y comerciantes en el México borbónico (1763/1810),* México, FCE, 1975.
50. Brooke, Frances, *The history of Emily Montague,* Toronto, McClelland and Stewart, 1961.
51. Brown, Dee, *Bury my heart at Wounded Knee. An indian history of the american West,* Nueva York, Holt, Rinehart and Winston, 1971.
52. Brunet, Michel, *Les canadiens après la conquête (1759/1775),* Montréal, Fides, 1980.
53. Busaniche, José Luis, *Bolívar visto por sus contemporáneos,* México, FCE, 1981.
54. — *San Martín vivo,* Buenos Aires, Emecé, 1950.
55. — *Historia argentina,* Buenos Aires, Solar/Hachette, 1973.
56. Cabrera, Lydia, *El monte,* La Habana, CR, 1954.
57. Calderón de la Barca, Frances Erskine de, *La vida en México durante una residencia de dos años en ese país,* México, Porrúa, 1959.
58. Canales, Claudia, *Romualdo García. Un fotógrafo, una ciudad, una época,* Guanajuato, Gobierno del Estado, 1980.
59. Cardoza y Aragón, Luis, *Guatemala: las líneas de su mano,* México, FCE, 1965.
60. Cardozo, Efraím, *Breve historia del Paraguay,* Buenos Aires, EUDEBA, 1965.
61. — *Hace cien años. Crónicas de la guerra de 1864/1870,* Asunción, Emasa, 1967/1976.
62. Carlos, Lasinha Luis, *A Colombo na vida do Rio,* Río de Janeiro, s/e, 1970.
63. Carpentier, Alejo, *El reino de este mundo,* Barcelona, Seix Barral, 1975.
64. Carrera Damas, Germán, *Bolívar,* Montevideo, Marcha, 1974.
65. Carvalho-Neto, Paulo de, *El folklore de las luchas sociales,* México, Siglo XXI, 1973.
66. — «Contribución al estudio de los negros paraguayos de Acampamento Loma», en la revista *América Latina,* Río de Janeiro, Centro Latinoamericano de Pesquisas em Ciencias Sociais, enero/junio de 1962.
67. Casarrubias, Vicente, *Rebeliones indígenas en la Nueva España,* México, Secretaría de Educación Pública, 1945.
68. Casimir, Jean, *La cultura oprimida,* México, Nueva Imagen, 1980.
69. Catton, Bruce, *Reflections on the Civil War,* Nueva York/Berkeley, 1982.
70. — *Short history of the Civil War,* Nueva York, Dell, 1976.
71. Césaire, Aimé, *Toussaint Louverture,* La Habana, Instituto del Libro, 1967.
72. Clastres, Hélène, *La terre sans mal. Le prophetisme tupi-guarani,* París, Seuil, 1975.

73. Clavijero, Francisco Javier, *Historia antigua de México,* México, Editora México, 1958.
74. Conrad, Robert, *Os últimos anos da escravatura no Brasil,* Río de Janeiro, Civilização Brasileira, 1975.
75. Corrêa Filho, Virgilio, *Joaquim Murtinho,* Río de Janeiro, Imprensa Nacional, 1951.
76. Cortesão, Jaime, *Do Tratado de Madri à conquista dos Sete Povos,* Río de Janeiro, Biblioteca Nacional, 1969.
77. Coughtry, Jay, *The notorious triangle. Rhode Island and the african slave trade, 1700/1807,* Filadelfia, Temple, 1981.
78. Craton, Michael, *Testing the chains. Resistance to slavery in the British West Indies,* Ithaca, Cornell University, 1982.
79. Crowther, J. G., *Benjamín Franklin y J. Willard Gibbs,* Buenos Aires, Espasa-Calpe, 1946.
80. Cunha, Euclides da, *Os sertões,* San Pablo, Alves, 1936.
81. Current, Richard N., *The Lincoln nobody knows,* Nueva York, Hill and Wang, 1981.
82. Cháves, Julio César, *El Supremo Dictador,* Buenos Aires, Difusam, 1942.
83. — *El presidente López. Vida y gobierno de don Carlos,* Buenos Aires, Ayacucho, 1955.
84. — *Castelli, el adalid de Mayo,* Buenos Aires, Ayacucho, 1944.
85. Daireaux, Max, *Melgarejo,* Buenos Aires, Andina, 1966.
86. Dallas, Robert Charles, *Historia de los cimarrones,* La Habana, Casa de las Américas, 1980.
87. Dalton, Roque, *Las historias prohibidas del Pulgarcito,* México, Siglo XXI, 1974.
88. Darwin, Charles, *Mi viaje alrededor del mundo,* Valencia, Sampere, s/f.
89. Davidson, Basil, *Black mother: Africa and the atlantic slave trade,* Londres, Pelican, 1980.
90. Debien, Gabriel, «Le marronage aux Antilles Françaises au XVIIIe. siècle», en *Caribbean Studies,* vol. 6, núm. 3, Río Piedras, Institute of Caribbean Studies, octubre de 1966.
91. Debo, Angie, *A history of the indians of the United States,* Oklahoma, University of Oklahoma, 1979.
92. Defoe, Daniel, *Aventuras de Robinsón Crusoe,* México, Porrúa, 1975.
93. Descola, Jean, *La vida cotidiana en el Perú en tiempos de los españoles (1710/1820),* Buenos Aires, Hachette, 1962.
94. Díaz, Lilia, «El liberalismo militante», en *Historia general de México,* varios autores, México, El Colegio de México, 1977.
95. Doucet, Louis, *Quand les français cherchaient fortune aux Caraïbes,* París, Fayard, 1981.
96. Douville, Raymond, y Jacques-Donat Casanova, *La vie quotidienne en Nouvelle-France. Le Canada, de Champlain a Montcalm,* París, Hachette, 1964.
97. — *Des indiens du Canada a l'époque de la colonisation française,* París, Hachette, 1967.

98. Duchet, Michèle, *Antropología e historia en el Siglo de las Luces,* México, Siglo XXI, 1975.
99. Dugran, J. H., *Edgar A. Poe,* Buenos Aires, Lautaro, 1944.
100. Dujovne, Marta, con Augusto Roa Bastos y otros, *Cándido López,* Parma, Ricci, 1976.
101. Dumas, Alejandro, *Montevideo o una nueva Troya,* Montevideo, Claudio García, 1941.
102. Duval Jr., Miles P., *De Cádiz a Catay,* Panamá, Editorial Universitaria, 1973.
103. Echagüe, J. P., *Tradiciones, leyendas y cuentos argentinos,* Buenos Aires, Espasa-Calpe, 1960.
104. Echeverría, Esteban, *La cautiva/El matadero* (Prólogo por Juan Carlos Pellegrini), Buenos Aires, Huemul, 1964.
105. Escalante Beatón, Aníbal, *Calixto García. Su campaña en el 95,* La Habana, Ciencias Sociales, 1978.
106. Eyzaguirre, Jaime, *Historia de Chile,* Santiago de Chile, Zig-Zag, 1977.
107. — *Chile y Bolivia. Esquema de un proceso diplomático,* Santiago de Chile, Zig-Zag, 1963.
108. Fals Borda, Orlando, *Historia doble de la costa,* Bogotá, Carlos Valencia, 1980/1981.
109. Faria, Alberto de, *Irenêo Evangelista de Souza, barão e visconde de Mauá, 1813/1889,* San Pablo, Editora Nacional, 1946.
110. Felce, Emma, y León Benarós (Selección), *Los caudillos del año 20,* Buenos Aires, Nova, 1944.
111. Fernández de Lizardi, José Joaquín, *El Periquillo Sarniento,* Buenos Aires, Maucci, s/f.
112. Fernández Retamar, Roberto, *Introducción a José Martí,* La Habana, Casa de las Américas, 1978.
113. Fohlen, Claude, *La vie quotidienne au Far West,* París, Hachette, 1974.
114. Foner, Philip S., *La guerra hispano-cubano-norteamericana y el surgimiento del imperialismo yanqui,* La Habana, Ciencias Sociales, 1978.
115. Franco, José Luciano, *Historia de la revolución de Haití,* La Habana, Academia de Ciencias, 1966.
116. Frank, Waldo, *Nacimiento de un mundo. Bolívar dentro del marco de sus propios pueblos,* La Habana, Instituto del Libro, 1967.
117. Freitas, Décio, *O socialismo missioneiro,* Porto Alegre, Movimento, 1982.
118. Freitas, Newton, *El Aleijadinho,* Buenos Aires, Nova, 1944.
119. Freyre, Gilberto, *Sobrados e mucambos,* Río de Janeiro, José Olympio, 1951.
120. Friedemann, Nina S. de (Con Richard Cross), *Ma Ngombe: Guerreros y ganaderos en Palenque,* Bogotá, Carlos Valencia, 1979.
121. — (con Jaime Arocha), *Herederos del jaguar y la anaconda,* Bogotá, Carlos Valencia, 1982.
122. Frieiro, Eduardo, *Feijão, agua e couve,* Belo Horizonte, Itatiaia, 1982.
123. Frota, Lélia Coelho, *Ataíde,* Río de Janeiro, Nova Fronteira, 1982.
124. Furst, Peter T., y Salomón Nahmad, *Mitos y arte huicholes,* México, Sep/Setentas, 1972.

125. Fusco Sansone, Nicolás, *Vida y obras de Bartolomé Hidalgo,* Buenos Aires, s/e, 1952.
126. Gantier, Joaquín, *Doña Juana Azurduy de Padilla,* La Paz, Icthus, 1973.
127. García Cantú, Gastón, *Utopías mexicanas,* México, FCE, 1978.
128. — *Las invasiones norteamericanas en México,* México, Era, 1974.
129. — *El socialismo en México, siglo XIX,* México, Era, 1974.
130. Garraty, John A., y Peter Gay, *Columbia history of the world,* Nueva York, Harper and Row, 1972.
131. Garrett, Pat, *La verdadera historia de Billy the Kid,* México, Premiá, 1981.
132. Geddes, Charles F., *Patiño, the tin king,* Londres, Hale, 1972.
133. Gendrop, Paul, «La escultura clásica maya», en *Artes de México,* número 167, México.
134. Gerbi, Antonello, *La disputa del Nuevo Mundo,* México, FCE, 1960.
135. Gibson, Charles, *Los aztecas bajo el dominio español (1519/1810),* México, Siglo XXI, 1977.
136. Girod, François, *La vie quotidienne de la société créole (Saint-Domingue au 18e. siècle),* París, Hachette, 1972.
137. Gisbert, Teresa, *Iconografía y mitos indígenas en el arte,* La Paz, Gisbert, 1980.
138. — (Con José de Mesa), *Historia de la pintura cuzqueña,* Lima, Banco Wiese, 1982.
139. Gisler, Antoine, *L'esclavage aux Antilles françaises (XVIIe./XIXe. siècle),* París, Karthala, 1981.
140. Godio, Julio, *Historia del movimiento obrero latinoamericano,* México, Nueva Imagen, 1980.
141. González, José Luis, *La llegada,* San Juan, Mortiz/Huracán, 1980.
142. González, Luis, «El liberalismo triunfante», en *Historia general de México,* México, El Colegio de México, 1977.
143. — y otros, *La economía mexicana en la época de Juárez,* México, Secretaría de Industria y Comercio, 1972.
144. González Navarro, Moisés, *Raza y tierra. La guerra de castas y el henequén,* México, El Colegio de México, 1979.
145. González Prada, Manuel, *Horas de lucha,* Lima, Universo, 1972.
146. González Sánchez, Isabel, «Sistemas de trabajo, salarios y situación de los trabajadores agrícolas (1750/1810)», en *La clase obrera en la historia de México. 1. De la colonia al imperio,* México, Siglo XXI, 1980.
147. Granada, Daniel, *Supersticiones del río de la Plata,* Buenos Aires, Kraft, 1947.
148. Gredilla, A. Federico, *Biografía de José Celestino Mutis y sus observaciones sobre las vigilias y sueños de algunas plantas,* Bogotá, Plaza y Janés, 1982.
149. Green, Martin, *Dreams of adventure, deeds of Empire,* Nueva York, Basic Books, 1979.
150. Grigulévich, José, *Francisco de Miranda y la lucha por la liberación de la América Latina,* La Habana, Casa de las Américas, 1978.

151. Griswold, C. D., *El istmo de Panamá y lo que vi en él,* Panamá, Ed. Universitaria, 1974.
152. Guasch, Antonio, *Diccionario castellano-guaraní y guaraní-castellano,* Sevilla, Loyola, 1961.
153. Guerrero Guerrero, Raúl, *El pulque,* México, Instituto Nal. de Antropología e Historia, 1980.
154. Guier, Enrique, *William Walker,* San José de Costa Rica, s/e, 1971.
155. Guiteras Holmes, Cali, *Los peligros del alma. Visión del mundo de un tzotzil,* México, FCE, 1965.
156. Guy, Christian, *Almanach historique de la gastronomie française,* París, Hachette, 1981.
157. Hassrick, Peter H., y otros, *Buffalo Bill and the Wild West,* Nueva York, The Brooklyn Museum, 1981.
158. Hernández, José, *Martín Fierro,* Buenos Aires, EUDEBA, 1963.
159. Hernández Matos, Román, *Micaela Bastidas, la precursora,* Lima, Atlas, 1981.
160. Herrera Luque, Francisco, *Boves, el Urogallo,* Caracas, Fuentes, 1973.
161. Hofstadter, Richard, *The american political tradition,* Nueva York, Knopf, 1948.
162. Huberman, Leo, *We, the people. The drama of America,* Nueva York, Monthly Review Press, 1970.
163. Humboldt, Alejandro de, *Ensayo político sobre el reino de la Nueva España,* México, Porrúa, 1973.
164. Ibáñez Fonseca, Rodrigo, y otros, *Literatura de Colombia aborigen,* Bogotá, Instituto Colombiano de Cultura, 1978.
165. Ibarra, Jorge, *José Martí, dirigente político e ideólogo revolucionario,* La Habana, Ciencias Sociales, 1980.
166. Irazusta, Julio, *Ensayo sobre Rosas,* Buenos Aires, Tor, 1935.
167. Isaacs, Jorge, *María* (introducción de Germán Arciniegas), Barcelona, Círculo de Lectores, 1975.
168. Jacobs, Paul, con Saul Landau y Eve Pell, *To serve the Devil. A documentary analysis of America's racial history and why it has been kept hidden,* Nueva York, Random, 1971.
169. Jane, Calamity, *Cartas a la hija (1877/1902),* Barcelona, Anagrama, 1982.
170. Juan, Jorge, y Antonio de Ulloa, *Noticias secretas de América,* Caracas, Ayacucho, 1979.
171. Kaufmann, William W., *British policy and the independence of Latin America (1804/1828),* Yale, Archon, 1967.
172. Klein, Herbert S., *Bolivia. The evolution of a multiethnic society,* Nueva York/Oxford, Oxford University Press, 1982.
173. Kom, Anton de, *Nosotros, esclavos de Surinam,* La Habana, Casa de las Américas, 1981.
174. Konetzke, Richard, *Colección de documentos para la historia de la formación social de Hispanoamérica,* Madrid, Consejo Superior de Investigaciones Científicas, 1962.
175. Kossok, Manfred, *El virreynato del río de la Plata. Su estructura económico-social,* Buenos Aires, Futuro, 1959.

176. Lacoursière, J., con J. Provencher y D. Vaugeois, *Canada/Quebec. Synthése historique,* Montreal, Renouveau Pédagogique, 1978.
177. Lafargue, Pablo, *Textos escogidos,* Selección e introducción por Salvador Morales, La Habana, Ciencias Sociales, 1976.
178. Lafaye, Jacques, *Quetzalcóatl y Guadalupe. La formación de la conciencia nacional en México,* México, FCE, 1977.
179. Lanuza, José Luis, *Coplas y cantares argentinos,* Buenos Aires, Emecé, 1952.
180. Lara, Oruno, *La Guadeloupe dans l'histoire,* París, L'Harmattan, 1979.
181. Lautréamont, Conde de, *Oeuvres complètes,* prólogo de Maurice Saillet, París, Librairie Générale Française, 1963, y *Obras completas,* prólogo de Aldo Pellegrini, Buenos Aires, Argonauta, 1964.
182. Laval, Ramón, *Oraciones, ensalmos y conjuros del pueblo chileno,* Santiago de Chile, 1910.
183. Lewin, Boleslao, *La rebelión de Túpac Amaru y los orígenes de la emancipación americana,* Buenos Aires, Hachette, 1957.
184. Liedtke, Klaus, «Coca-Cola über alles», en el diario *El País,* Madrid, 30 de julio de 1978.
185. Liévano Aguirre, Indalecio, *Los grandes conflictos sociales y económicos de nuestra historia,* Bogotá, Tercer Mundo, 1964.
186. Lima, Heitor Ferreira, «Os primeiros empréstimos externos», en *Ensaios de Opinião,* núm. 2/1, Río de Janeiro, 1975.
187. López Cámara, Francisco, *La estructura económica y social de México en la época de la Reforma,* México, Siglo XXI, 1967.
188. Ludwig, Emil, *Lincoln,* Barcelona, Juventud, 1969.
189. Lugon, Clovis, *A república «comunista» cristã dos guaranis (1610/1768),* Río de Janeiro, Paz e Terra, 1977.
190. Machado de Assís, *Obras completas,* Río de Janeiro, Jackson, 1961.
191. Madariaga, Salvador de, *El auge y el ocaso del imperio español en América,* Madrid, Espasa-Calpe, 1979.
192. Maldonado Denis, Manuel, *Puerto Rico: una interpretación histórico-social,* México, Siglo XXI, 1978.
193. Mannix, Daniel P., y M. Cowley, *Historia de la trata de negros,* Madrid, Alianza, 1970.
194. Manrique, Nelson, *Las guerrillas indígenas en la guerra con Chile,* Lima, CIC, 1981.
195. María, Isidoro de, *Montevideo antiguo. Tradiciones y recuerdos,* Montevideo, Ministerio de Educación y Cultura, 1976.
196. Marmier, Xavier, *Buenos Aires y Montevideo en 1850,* Buenos Aires, El Ateneo, 1948.
197. Marmolejo, Lucio, *Efemérides guanajuatenses,* Guanajuato, Universidad, 1973.
198. Marriott, Alice, y Carol K. Rachlin, *American indian mythology,* Nueva York, Mentor, 1972.
199. Martí, José, *Letras fieras,* selección y prólogo de Roberto Fernández Retamar, La Habana, Letras Cubanas, 1981.

200. Martínez Estrada, Ezequiel, *Martí: el héroe y su acción revolucionaria,* México, Siglo XXI, 1972.
201. Marx, Karl, y Friedrich Engels, *Materiales para la historia de América Latina,* selección y comentarios de Pedro Scarón, México, Pasado y Presente, 1979.
202. Masur, Gerhard, *Simón Bolívar,* México, Grijalbo, 1960.
203. Matute, Álvaro, *México en el siglo XIX. Fuentes e interpretaciones históricas* (Antología), México, UNAM, 1973.
204. Mauro, Frédéric, *La vie quotidienne au Brésil au temps de Pedro Segundo (1831/1889),* París, Hachette, 1980.
205. Maxwell, Kenneth, *A devassa da devassa. A Inconfidência Mineira, Brasil-Portugal, 1750/1808,* Río de Janeiro, Paz e Terra, 1978.
206. McLuhan, T. C. (Compilador), *Touch the earth. A selfportrait of indian existence,* Nueva York, Simon and Schuster, 1971.
207. Medina Castro, Manuel, *Estados Unidos y América Latina, siglo XIX,* La Habana, Casa de las Américas, 1968.
208. Mejía Duque, Jaime, *Isaacs y María,* Bogotá, La Carreta, 1979.
209. Mello e Souza, Laura de, *Desclassificados do ouro: a pobreza mineira no século XVIII,* Río de Janeiro, Graal, 1982.
210. Meltzer, Milton (Compilador), *In their own words. A history of the american negro (1619/1865),* Nueva York, Crowell, 1964.
211. Melville, Herman, *Moby Dick* (traducción de José María Valverde), Barcelona, Bruguera, 1982.
212. Mendoza, Vicente T., *El corrido mexicano,* México, FCE, 1976.
213. Mercader, Martha, *Juanamanuela, mucha mujer,* Buenos Aires, Sudamericana, 1982.
214. Mercado Luna, Ricardo, *Los coroneles de Mitre,* Buenos Aires, Plus Ultra, 1974.
215. Mesa, José de (Con Teresa Gisbert), *Holguín y la pintura virreinal en Bolivia,* La Paz, Juventud, 1977.
216. Mir, Pedro, *El gran incendio,* Santo Domingo, Taller, 1974.
217. Miranda, José, *Humboldt y México,* México, UNAM, 1962.
218. Mitchell, Lee Clark, *Witnesses to a vanishing America. The nineteenth-century response,* Princeton, Princeton University, 1981.
219. Molina, Enrique, *Una sombra donde sueña Camila O'Gorman,* Barcelona, Seix-Barral, 1982.
220. Montes, Arturo Humberto, *Morazán y la federación centroamericana,* México, Libro Mex, 1958.
221. Morales, Franklin, «Los albores del fútbol uruguayo», en *Cien años de fútbol,* núm. 1, Montevideo, Editores Reunidos, noviembre de 1969.
222. Moreno Fraginals, Manuel, *El ingenio,* La Habana, Ciencias Sociales, 1978.
223. Morin, Claude, *Michoacán en la Nueva España del siglo XVIII. Crecimiento y desigualdad en una economía colonial,* México, FCE, 1979.
224. Morison, Samuel Eliot, con Henry Steele Commager y W. E. Leuchtenburg, *Breve historia de los Estados Unidos,* México, FCE, 1980.
225. Mörner, Magnus, *La mezcla de razas en la historia de América Latina,* Buenos Aires, Paidós, 1969.

226. Mousnier, Roland, y Ernest Labrousse, *Historia general de las civilizaciones. El siglo XVIII,* Barcelona, Destino, 1967.
227. Muñoz, Rafael F., *Santa Anna. El que todo lo ganó y todo lo perdió,* Madrid, Espasa-Calpe, 1936.
228. Museo Nacional de Culturas Populares, *El maíz, fundamento de la cultura popular mexicana,* México, SEP, 1982, y *Nuestro maíz. Treinta monografías populares,* México, SEP, 1982.
229. Nabokov, Peter, *Native american testimony. An anthology of indian and white relations: First encounter to dispossession,* Nueva York, Harper and Row, 1978.
230. Neihardt, John G., *Black Elk speaks,* Nueva York, Washington Square, 1972.
231. Nevins, Allan, *John D. Rockefeller: the heroic age of american business,* Nueva York, 1940.
232. Nimuendajú, Curt, *Los mitos de creación y de destrucción del mundo,* Lima, Centro Amazónico de Antropología, 1978.
233. Nino, Bernardino de, *Etnografía chiriguana,* La Paz, Argote, 1912.
234. Núñez, Jorge, *El mito de la independencia,* Quito, Universidad, 1976.
235. Ocampo López, Javier, y otros, *Manual de historia de Colombia,* Bogotá, Instituto Colombiano de Cultura, 1982.
236. Oddone, Juan Antonio, *La formación del Uruguay moderno. La inmigración y el desarrollo económico-social,* Buenos Aires, EUDEBA, 1966.
237. O'Kelly, James J., *La tierra del mambí,* La Habana, Instituto del Libro, 1968.
238. O'Leary, Daniel Florencio, *Memorias,* Madrid, América, 1919.
239. Ortega Peña, Rodolfo, y Eduardo Duhalde, *Felipe Varela contra el Imperio británico,* Buenos Aires, Peña Lillo, 1966.
240. Ortiz, Fernando, *Los negros esclavos,* La Habana, Ciencias Sociales, 1975.
241. — *Los bailes y el teatro de los negros en el folklore de Cuba,* La Habana, Letras Cubanas, 1981.
242. — *Contrapunteo cubano del tabaco y el azúcar,* La Habana, Consejo Nacional de Cultura, 1963.
243. Paine, Thomas, *Complete writings,* Nueva York, Citadel, 1945.
244. Palacio, Ernesto, *Historia de la Argentina (1515/1943),* Buenos Aires, Peña Lillo, 1975.
245. Palma, Ricardo, *Tradiciones peruanas,* Lima, Peisa, 1969.
246. Palma de Feuillet, Milagros, *El cóndor: dimensión mítica del ave sagrada,* Bogotá, Caja Agraria, 1982.
247. Paredes, M. Rigoberto, *Mitos, supersticiones y supervivencias populares de Bolivia,* La Paz, Burgos, 1973.
248. Paredes-Candia, Antonio, *Leyendas de Bolivia,* La Paz/Cochabamba, Amigos del Libro, 1975.
249. Pareja Diezcanseco, Alfredo, *Historia del Ecuador,* Quito, Casa de la Cultura Ecuatoriana, 1958.
250. Parienté, Henriette, y Geneviève de Ternant, *La fabuleuse histoire de la cuisine française,* París, Odil, 1981.

251. Pereda Valdés, Ildefonso, *El negro en el Uruguay. Pasado y presente,* Montevideo, Instituto Histórico y Geográfico, 1965.
252. Pereira de Queiroz, María Isaura, *Historia y etnología de los movimientos mesiánicos,* México, Siglo XXI, 1978.
253. Pereyra, Carlos, *Historia de América española,* Madrid, Calleja, 1924.
254. — *Solano López y su drama,* Buenos Aires, Patria Grande, 1962.
255. Pérez Acosta, Juan F., *Francia y Bonpland,* Buenos Aires, Peuser, 1942.
256. Pérez Rosales, Vicente, *Recuerdos del pasado,* La Habana, Casa de las Américas, 1972.
257. Petit de Murat, Ulyses, *Presencia viva del tango,* Buenos Aires, Reader's Digest, 1968.
258. Pichardo, Hortensia, *Documentos para la historia de Cuba,* La Habana, Ciencias Sociales, 1973.
259. Plath, Oreste, *Geografía del mito y la leyenda chilenos,* Santiago de Chile, Nascimento, 1973.
260. Poe, Edgar Allan, *Selected prose and poetry,* prólogo de W. H. Auden, Nueva York, Rinehart, 1950.
261. Ponce de León, Salvador, *Guanajuato en el arte, en la historia y en la leyenda,* Guanajuato, Universidad, 1973.
262. Portuondo, José A. (Selección y prólogo), *El pensamiento vivo de Maceo,* La Habana, Ciencias Sociales, 1971.
263. Posada, José Guadalupe, *La vida mexicana,* México, Fondo Editorial de la Plástica Mexicana, 1963.
264. Price, Richard (Compilador), *Sociedades cimarronas,* México, Siglo XXI, 1981.
265. Price-Mars, Jean, *Así habló el Tío,* La Habana, Casa de las Américas, 1968.
266. Prieto, Guillermo, *Memorias de mis tiempos,* México, Patria, 1964.
267. Puiggrós, Rodolfo, *La época de Mariano Moreno,* Buenos Aires, Partenón, 1949.
268. Querejazu Calvo, Roberto, *Guano, salitre, sangre. Historia de la guerra del Pacífico,* La Paz/Cochabamba, Amigos del Libro, 1979.
269. Ramírez Necochea, Hernán, *Historia del imperialismo en Chile,* La Habana, Revolucionaria, 1966.
270. — *Balmaceda y la contrarrevolución de 1891,* Santiago de Chile, Universitaria, 1958.
271. Ramos, Jorge Abelardo, *Revolución y contrarrevolución en la Argentina,* Buenos Aires, Plus Ultra, 1965.
272. Ramos, Juan P., *Historia de la instrucción primaria en la Argentina,* Buenos Aires, Peuser, 1910.
273. Reed, Nelson, *La Guerra de Castas de Yucatán,* México, Era, 1971.
274. Reina, Leticia, *Las rebeliones campesinas en México (1819/1906),* México, Siglo XXI, 1980.
275. Renault, Delso, *O Rio antigo nos anúncios de jornais,* Río de Janeiro, José Olympio, 1969.
276. Revista *Signos,* Santa Clara, Cuba, julio/diciembre de 1979.

277. Reyes Abadie, W. (Con Oscar H. Bruschera y Tabaré Melogno), *El ciclo artiguista,* Montevideo, Universidad, 1968.
278. — (Con A. Vázquez Romero), *Crónica general del Uruguay,* Montevideo, Banda Oriental, 1979/1981.
279. Riazanov, David, *Karl Marx and Friedrich Engels. An introduction to their lives and work,* Nueva York, Monthly Review, 1973.
280. Rippy, J. Fred, *La rivalidad entre Estados Unidos y Gran Bretaña por América Latina (1808/1830),* Buenos Aires, EUDEBA, 1967.
281. Roa Bastos, Augusto, *Yo el Supremo,* Buenos Aires, Siglo XXI, 1974.
282. Robertson, James Oliver, *American myth, american reality,* Nueva York, Hill and Wang, 1980.
283. Robertson, J. P. y G. P., *Cartas de Sud-América* (Prólogo de José Luis Busaniche), Buenos Aires, Emecé, 1950.
284. Rodrigues, Nina, *Os africanos no Brasil,* San Pablo, Editora Nacional, 1977.
285. Rodríguez, Simón, *Sociedades americanas,* edición facsimilar, con prólogos de Germán Carrera Damas y J. A. Cora, Caracas, Catalá/Centauro, 1975.
286. Rodríguez Demorizi, Emilio, *Martí en Santo Domingo,* La Habana, Ucar García, 1953.
287. Roeder, Ralph, *Hacia el México moderno: Porficio Díaz,* México, FCE, 1973.
288. Rojas-Mix, Miguel, *La Plaza Mayor. El urbanismo, instrumento de dominio colonial,* Barcelona, Muchnik, 1978.
289. Romero, Emilio, *Historia económica del Perú,* Lima, Universo, 1949.
290. Romero, José Luis, *Las ideas políticas en Argentina,* México/Buenos Aires, FCE, 1956.
291. Rosa, José María, *La guerra del Paraguay y las montoneras argentinas,* Buenos Aires, Huemul, 1965.
292. Rosenberg, Bruce A., *The code of the West,* Bloomington, Indiana University, 1982.
293. Rossi, Vicente, *Cosas de negros,* Buenos Aires, Hachette, 1958.
294. Rubín de la Barbolla, Daniel F., *Arte popular mexicano,* México, FCE, 1974.
295. Rumazo González, Alfonso, *Manuela Sáenz. La libertadora del Libertador,* Caracas/Madrid, Mediterráneo, 1979.
296. — *Sucre,* Caracas, Presidencia de la República, 1980.
297. — *Ideario de Simón Rodríguez,* Caracas, Centauro, 1980.
298. — *Simón Rodríguez,* Caracas, Centauro, 1976.
299. Rumrrill, Roger, y Pierre de Zutter, *Amazonia y capitalismo. Los condenados de la selva,* Lima, Horizonte, 1976.
300. Sabogal, José, *El desván de la imaginería peruana,* Lima, Mejía Baca y Villanueva, 1956.
301. Salazar, Sonia (Recopiladora), «Testimonio sobre el origen de la leyenda del Señor de Ccoyllorithi», en la revista *Sur,* núm. 52, Cuzco, julio de 1982.

302. Salazar Bondy, Sebastián, *Lima la horrible,* La Habana, Casa de las Américas, 1967.
303. Salomon, Noel, «Introducción a José Joaquín Fernández de Lizardi», en la revista *Casa del Tiempo,* vol. II, núm. 16, México, diciembre de 1981.
304. Sánchez, Luis Alberto, *La Perricholi,* Lima, Nuevo Mundo, 1964.
305. Sanford, John, *A more goodly country. A personal history of America,* Nueva York, Horizon Press, 1975.
306. Sanhueza, Gabriel, *Santiago Arcos, comunista, millonario y calavera,* Santiago de Chile, Pacífico, 1956.
307. Santos, Joaquim Felício dos, *Memórias do Distrito Diamantino,* Belo Horizonte, Itatiaia, 1976.
308. Santos Rivera, José (Recopilador), *Rubén Darío y su tiempo,* Managua, Nueva Nicaragua, 1981.
309. Sarabia Viejo, María Justina, *El juego de gallos en Nueva España,* Sevilla, Escuela de Estudios Hispano-Americanos, 1972.
310. Sarmiento, Domingo Faustino, *Vida de Juan Facundo Quiroga,* Barcelona, Bruguera, 1970.
311. — *Conflicto y armonías de las razas en América,* Buenos Aires, La Cultura Argentina, 1915.
312. Scobie, James R., *Buenos Aires del centro a los barrios (1870/1910),* Buenos Aires, Hachette, 1977.
313. Scott, Anne Firor, «Self-portraits», en *Women's America,* de Linda Kerber y Jane Mathews, Nueva York, Oxford University, 1982.
314. Scroggs, William O., *Filibusteros y financieros. La historia de William Walker y sus asociados,* Managua; Banco de América, 1974.
315. Schinca, Milton, *Boulevard Sarandí. 250 años de Montevideo; anécdotas, gentes, sucesos,* Montevideo, Banda Oriental, 1976.
316. Scholes, Walter V., *Política mexicana durante el régimen de Juárez (1855/1872),* México, FCE, 1972.
317. Selser, Gregorio, *Sandino, general de hombres libres,* Buenos Aires, Triángulo, 1959.
318. Servando, fray (Servando Teresa de Mier), *Memorias,* prólogo de Alfonso Reyes, Madrid, América, s/f.
319. Silva, José Asunción, *Prosas y versos,* prólogo de Carlos García Prada, Madrid, Eisa, 1960.
320. Silva Santisteban, Fernando, *Los obrajes en el Virreinato del Perú,* Lima, Museo Nacional de Historia, 1964.
321. Simpson, Lesley Byrd, *Muchos Méxicos,* México, FCE, 1977.
322. Solano, Francisco de, *Los mayas del siglo XVIII,* Madrid, Cultura Hispánica, 1974.
323. Soler, Ricaurte, «Formas ideológicas de la nación panameña», en *Tareas,* Panamá, octubre/noviembre de 1963.
324. Sosa, Juan B., y Enrique J. Arce, *Compendio de historia de Panamá,* Panamá, Editorial Universitaria, 1977.
325. Souza, Márcio, *Gálvez, Imperador do Acre,* Río de Janeiro, Civilização Brasileira, 1981.

326. Sozina, S. A., *En el horizonte está El Dorado,* La Habana, Casa de las Américas, 1982.
327. Stein, Stanley J., *Grandeza e decadência do café no vale do Paraíba,* San Pablo, Brasiliense, 1961.
328. Stern, Milton R., *The fine hammered steel of Herman Melville,* Urbana, University of Illinois, 1968.
329. Stewart, Watt, *La servidumbre china en el Perú,* Lima, Mosca Azul, 1976.
330. Syme, Ronald, *Fur trader of the north,* Nueva York, Morrow, 1973.
331. Taylor, William B., *Drinking, homicide and rebellion in colonial mexican villages,* Stanford, Stanford University, 1979.
332. Teja Zabre, Alfonso, *Morelos,* Buenos Aires, Espasa-Calpe, 1946.
333. Tibol, Raquel, *Hermenegildo Bustos, pintor de pueblo,* Guanajuato, Gobierno del Estado, 1981.
334. Tocantins, Leandro, *Formação histórica do Acre,* Río de Janeiro, Civilização Brasileira, 1979.
335. Touron, Lucía Sala de, con Nelson de la Torre y Julio C. Rodríguez, *Artigas y su revolución agraria (1811/1820),* México, Siglo XXI, 1978.
336. Trías, Vivian, *Juan Manuel de Rosas,* Montevideo, Banda Oriental, 1970.
337. Tristán, Flora, *Les pérégrinations d'une paria,* París, Maspero, 1979.
338. Tulard, Jean (Recopilador), *L'Amérique espagnole en 1800 vue par un savant allemand: Humboldt,* París, Calmann-Lévy, 1965.
339. Tuñón de Lara, Manuel, *La España del siglo XIX,* Barcelona, Laia, 1973.
340. Turner III, Frederick W., *The portable north-american indian reader,* Londres, Penguin, 1977.
341. Twain, Mark, *Un yanqui en la corte del rey Arturo,* Barcelona, Bruguera, 1981.
342. Un inglés, *Cinco años en Buenos Aires (1820/1825),* Buenos Aires, Solar/Hachette, 1962.
343. Uslar Pietri, Arturo, *La isla de Robinsón,* Barcelona, Seix Barral, 1981.
344. Valcárcel, Carlos Daniel, *La rebelión de Túpac Amaru,* México, FCE, 1973.
345. — (Recopilación y comentarios), *Colección documental de la independencia del Perú,* tomo II, vol. 2, Lima, Comisión Nal. del Sesquicentenario, 1971.
346. Valle-Arizpe, Artemio de, *Fray Servando,* Buenos Aires, Espasa-Calpe, 1951.
347. Vargas, José Santos, *Diario de un comandante de la independencia americana (1814/1825),* México, Siglo XXI, 1982.
348. Vargas Martínez, Ubaldo, *Morelos, siervo de la nación,* México, Porrúa, 1966.
349. Velasco, Cuauhtémoc, «Los trabajadores mineros en la Nueva España (1750/1810)», en *La clase obrera en la historia de México. 1. De la colonia al imperio,* México, Siglo XXI, 1980.
350. Vidart, Daniel, *El tango y su mundo,* Montevideo, Tauro, 1967.
351. Vieira, Antonio, *Obras várias,* Lisboa, Sá da Costa, 1951/1953.
352. Villarroel, Hipólito, *Enfermedades políticas que padece la capital de esta Nueva España,* México, Porrúa, 1979.

353. Viñas, David, *Indios, ejército y frontera,* México, Siglo XXI, 1983.
354. Vitier, Cintio, *Temas martianos,* La Habana, Centro de Estudios Martianos, 1969 y 1982.
355. Von Hagen, Víctor W., *Culturas preincaicas,* Madrid, Guadarrama, 1976.
356. Walker, William, *La guerra de Nicaragua,* San José de Costa Rica, Educa, 1975.
357. Westheim, Paul, y otros, *José Guadalupe Posada,* México, Instituto Nal. de Bellas Artes, 1963.
358. Whitman, Walt, *Hojas de hierba* (Traducción de Jorge Luis Borges), Barcelona, Lumen, 1972.
359. Williams García, Roberto, *Mitos tepehuas,* México, Sep/Setentas, 1972.
360. Wissler, Clark, *Indians of the United States,* Nueva York, Doubleday, 1967.
361. Ziegler, Jean, *Les vivants et la mort,* París, Seuil, 1975. [Hay trad. cast., *Los vivos y la muerte,* México, Siglo XXI, 1976.]

著者略歴

(Eduardo Galeano)

1940年ウルグアイのモンテビデオ生まれ．早くからジャーナリストとして活躍するが，1973年の軍事クーデタによりアルゼンチン，スペインへ亡命．1985年帰国．ラテンアメリカと世界の現実を鋭く切り取る発言で知られる．著書『収奪された大地——ラテンアメリカ五百年』(1971，邦訳藤原書店刊，1991)，『愛と戦争の昼と夜』(*Días y noches de amor y de guerra*, 1978)，『われわれは否と言う』(*Nosotros decimos no*, 1989)，『闊歩する言葉たち』(*Las palabras andantes*, 1993)，『スタジアムの神と悪魔』(1995，邦訳みすず書房刊，1998)，『あべこべ世界』(*Patas arriba*, 1998)，『時の口』(*Bocas del tiempo*, 2004)，『鏡たち——ほとんど普遍の歴史（ものがたり）』(*Espejos: una historia casi universal*, 2008)，その他アンソロジーなど多数．

訳者略歴

飯島みどり〈いいじま・みどり〉 1960年東京生まれ．東京大学教養学科卒．岐阜大学教養部を経て，現在立教大学教員．ラテンアメリカ近現代史およびイベリア－アフリカ関係史専攻．訳書 S.ラシュディ『ジャガーの微笑——ニカラグアの旅』(1995)，ロケ・ダルトン他『禁じられた歴史の証言』(編訳，1996，いずれも現代企画室)，E.ガレアーノ『スタジアムの神と悪魔』(1998，みすず書房)，歴史的記憶の回復プロジェクト編『グアテマラ 虐殺の記憶』(共訳，2000，岩波書店) ほか．

エドゥアルド・ガレアーノ
火の記憶
2　顔と仮面
飯島みどり訳

2008年11月7日　印刷
2008年11月19日　発行

発行所　株式会社 みすず書房
〒113-0033 東京都文京区本郷5丁目32-21
電話 3814-0131(営業) 3815-9181(編集)
http://www.msz.co.jp

本文印刷所　理想社
扉・表紙・カバー印刷所　栗田印刷
製本所　誠製本

ISBN 978-4-622-04639-4
[ひのきおく]